des amoureux à Paris

Cofondateurs : Philippe GLOAGUEN et Michel DUVAL

Directeur de collection et auteur
Philippe GLOAGUEN

Secrétaire général
Gavin's CLEMENTE-RUIZ

Rédacteurs en chef
Amanda KERAVEL (France)
Benoît LUCCHINI (Étranger)

Directrice administrative
Bénédicte GLOAGUEN

Conseiller à la rédaction
Pierre JOSSE

Responsable voyages
Carole BORDES

Direction éditoriale
Élise ERNEST

Rédaction
Isabelle AL SUBAIHI
Emmanuelle BAUQUIS
Mathilde de BOISGROLLIER
Thierry BROUARD
Marie BURIN des ROZIERS
Diane CAPRON
Véronique de CHARDON
Laura CHARLIER
Florence CHARMETANT
Fiona DEBRABANDER
Anne-Caroline DUMAS
Éléonore FRIESS
Géraldine LEMAUF-BEAUVOIS
Olivier PAGE
Alain PALLIER
Anne POINSOT
André PONCELET

hachette

TABLE DES MATIÈRES

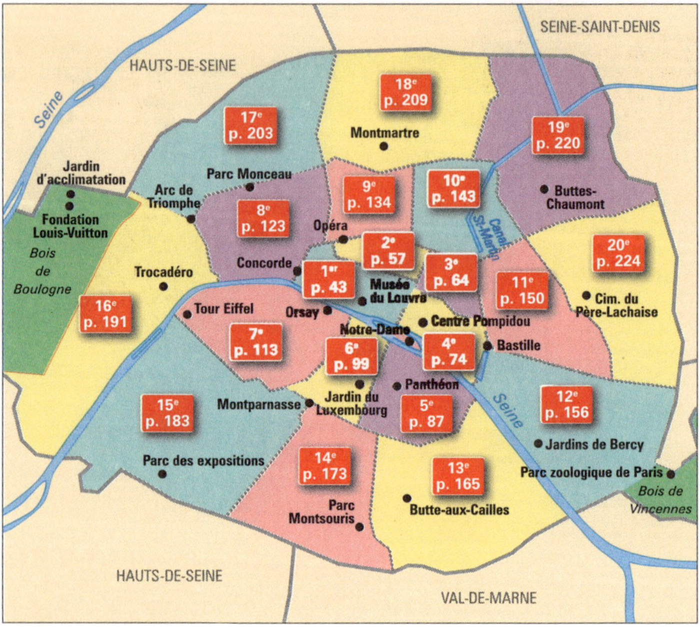

PRÉAMBULE

BON À SAVOIR AVANT LE DÉPART 32

1er ARRONDISSEMENT 43

2e ARRONDISSEMENT 57

UNE PANDÉMIE INOUÏE !

Depuis toujours, ***Le Routard* se plaît à dénicher hôteliers et restaurateurs** qui accueillent nos lecteurs avec sourire et professionnalisme. Malgré toute notre vigilance, certains d'entre eux auront malheureusement fermé quand ce livre sortira. De même, les horaires et modalités d'accueil de certains sites et musées auront été momentanément modifiés. Cette terrible **pandémie de Coronavirus** a, on le sait, des conséquences importantes pour tous les professionnels du tourisme. **Nous sommes de tout cœur avec eux !**

« OSONS LE PAS DE CÔTÉ »

Le surtourisme ? Tous concernés. Et pourtant, à l'écart des grands flux touristiques, il existe plein de pépites méconnues, souvent oubliées des circuits trop encombrés. Ici un site ignoré ; là un quartier secret ; plus loin un village caché au charme discret, avec un troquet d'une autre époque. Il existe une infinité de lieux peinards que l'on a envie de mettre en avant avec ce pictogramme. Un vagabondage enfin calme favorisé aussi par les **visites aux heures creuses**. Vive le *slow trip* !

#osonslepasdecote

☎ **112 :** c'est le numéro d'urgence commun à la France et à tous les pays de l'UE, à composer en cas d'accident, d'agression ou de détresse. Il permet de se faire localiser et aider en français, tout en améliorant les délais d'intervention des services de secours.

© Degas Jean-Pierre/hemis.fr

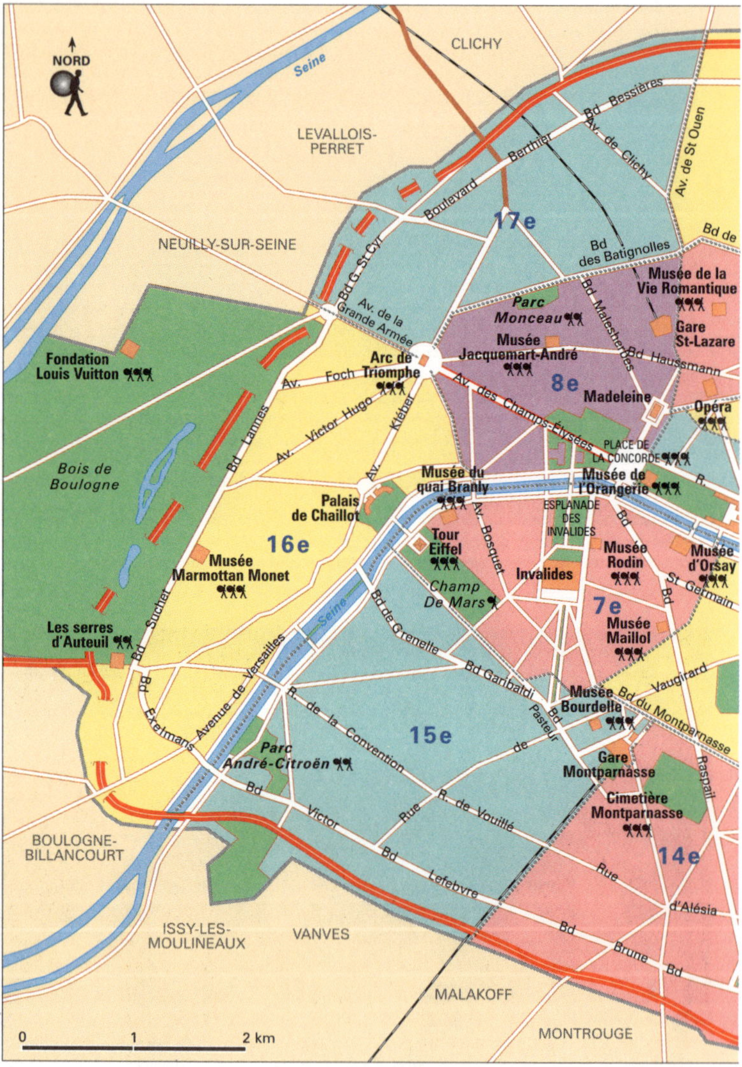
NORD
Seine
CLICHY
LEVALLOIS-PERRET
NEUILLY-SUR-SEINE
Bd Bessières
Boulevard Berthier
Av. de Clichy
Av. de St Ouen
17e
Bd de
Bd des Batignolles
Bd G. St Cyr
Av. de la Grande Armée
Musée de la Vie Romantique
Parc Monceau
Bd Malesherbes
Gare St-Lazare
Musée Jacquemart-André
Bd Haussmann
Fondation Louis Vuitton
Arc de Triomphe
Av. Foch
8e
Madeleine
Opéra
Av. des Champs-Élysées
Av. Victor Hugo
Av. Kléber
Bd Lannes
PLACE DE LA CONCORDE
Bois de Boulogne
Musée du quai Branly
Musée de l'Orangerie
Palais de Chaillot
Av. Bosquet
ESPLANADE DES INVALIDES
16e
Tour Eiffel
Musée Rodin
Musée d'Orsay
Musée Marmottan Monet
Invalides
St Germain
Champ De Mars
7e
Seine
Bd de Grenelle
Musée Maillol
Les serres d'Auteuil
Bd Suchet
Bd Garibaldi
Vaugirard
Avenue de Versailles
Bd Exelmans
Musée Bourdelle
Bd du Montparnasse
Bd Pasteur
R. de la Convention
15e
Parc André-Citroën
Gare Montparnasse
Raspail
Bd Victor
Rue R. de Vouillé
Cimetière Montparnasse
BOULOGNE-BILLANCOURT
14e
Bd Lefebvre
Rue d'Alésia
Bd Brune
ISSY-LES-MOULINEAUX
VANVES
MALAKOFF
MONTROUGE
0
1
2 km

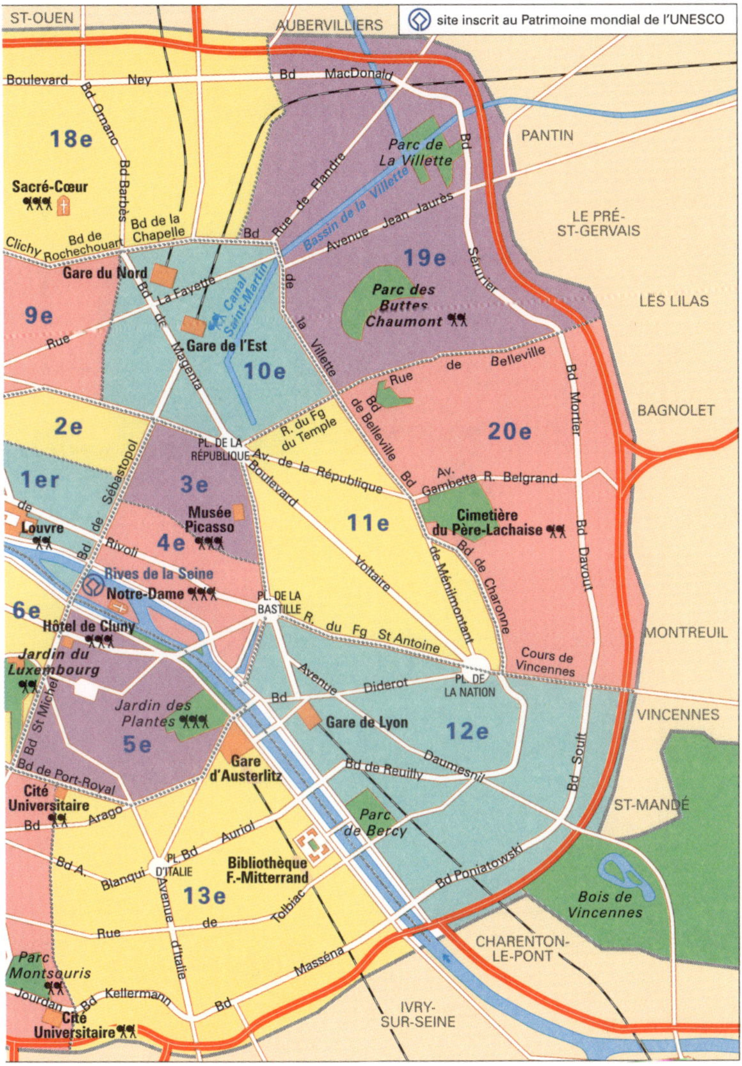
site inscrit au Patrimoine mondial de l'UNESCO
ST-OUEN
AUBERVILLIERS
PANTIN
LE PRÉ-ST-GERVAIS
LES LILAS
BAGNOLET
MONTREUIL
VINCENNES
ST-MANDÉ
CHARENTON-LE-PONT
IVRY-SUR-SEINE
18e
19e
10e
9e
2e
1er
3e
4e
11e
20e
6e
5e
12e
13e
Sacré-Cœur
Gare du Nord
Gare de l'Est
Parc de La Villette
Bassin de la Villette
Canal Saint-Martin
Parc des Buttes Chaumont
Musée Picasso
Louvre
Rives de la Seine
Notre-Dame
Hôtel de Cluny
Jardin du Luxembourg
Jardin des Plantes
Gare d'Austerlitz
Gare de Lyon
Cimetière du Père-Lachaise
Parc de Bercy
Bibliothèque F.-Mitterrand
Bois de Vincennes
Cité Universitaire
Parc Montsouris
PL. DE LA RÉPUBLIQUE
PL. DE LA BASTILLE
PL. DE LA NATION
PL. D'ITALIE
Boulevard Ney
Bd MacDonald
Bd Ornano
Bd Barbès
Bd de la Chapelle
Bd de Rochechouart
Clichy
Rue La Fayette
Bd de Magenta
Rue de Flandre
Avenue Jean Jaurès
Bd Sérurier
Bd de la Villette
Rue de Belleville
Bd de Belleville
R. du Fg du Temple
Av. de la République
Boulevard Voltaire
Bd Mortier
Av. Gambetta
R. Belgrand
Bd de Ménilmontant
Bd de Charonne
Bd Davout
Bd de Sébastopol
Rue de Rivoli
R. du Fg St Antoine
Cours de Vincennes
Bd Diderot
Avenue Daumesnil
Bd de Reuilly
Bd Soult
Bd St Michel
Bd de Port-Royal
Bd Arago
Bd Auriol
Bd A. Blanqui
Avenue d'Italie
Rue de Tolbiac
Bd Poniatowski
Bd Masséna
Bd Kellermann
Bd Jourdan

PARIS

M RER T
Paris
RATP
ratp.fr
Légende
RER : au delà de cette limite, en direction de la banlieue, la tarification dépend de la distance. Les tickets t+ ne sont pas valables.
Correspondance
Fin de lignes en correspondance
Pôle d'échange multimodal, métro, RER, tramway
Liaison urbaine
* Comptoir-Club
Pontoise
Épinay Orgemont
Le Bourget
Épinay sur-Seine
Les Courtilles
Asnières Quatre Routes
Gennevilliers
Les Grésillons
Les Agnettes
Gabriel Péri
Saint-Ouen
Ouverture courant 2020
Mairie de Saint-Ouen*
Carrefour Pleyel
Mairie de Clichy*
Garibaldi
Pont de Bezons
La Garenne Colombes
Asnières sur-Seine
Clichy Levallois
Porte de Clignancourt
Cergy
Poissy
St-Germain en-Laye*
Pont de Levallois Bécon*
Porte de Clichy
Porte de Saint-Ouen
Guy Môquet*
Lamarck Caulaincourt*
Anatole France
Louise Michel
Porte de Champerret*
Porte d'Asnières Marguerite Long
Brochant
La Fourche
Abbesses
La Défense Grande Arche
Pereire – Levallois
Pereire
Pont Cardinet
Blanche
Esplanade de La Défense*
Pont de Neuilly*
Wagram
Malesherbes
Villiers*
Rome*
Place de Clichy
Pigalle*
Liège
Saint-Georges
Les Sablons
Monceau*
Europe
Trinité d'Estienne d'Orves
Notre-Dame de-Lorette*
Porte Maillot
Neuilly – Porte Maillot
Courcelles
Gare Saint-Lazare
Saint-Lazare*
Haussmann Saint-Lazare
Ternes
Argentine*
Saint-Augustin
Chaussée d'Antin La Fayette
Richelieu Drouot*
Avenue Foch
Porte Dauphine*
Charles de Gaulle Étoile
Miromesnil
Havre Caumartin
Opéra*
RoissyBus
Saint-Philippe du-Roule
Victor Hugo
Kléber*
George V
Auber
Quatre Septembre
Bourse
Franklin D. Roosevelt
Madeleine*
Boissière
Alma Marceau*
Champs Élysées Clemenceau
Pyramides
Palais Royal Musée du Louvre
Louvre Rivoli*
Rue de la Pompe
Iéna
Concorde
Avenue Henri Martin
Trocadéro
Pont de l'Alma
Invalides*
Tuileries
Musée d'Orsay
Pont Neuf
Assemblée Nationale
La Muette*
Passy
La Tour Maubourg
Solférino
Boulainvilliers
Champ de Mars Tour Eiffel
Bir-Hakeim
Varenne
Saint Germain des-Prés
St-Michel
Ranelagh
Avenue du Pdt Kennedy
École Militaire
Rue du Bac
Saint François Xavier*
Sèvres Babylone*
Mabillon
Odéon
Dupleix
Saint-Sulpice
Jasmin
La Motte Picquet Grenelle*
Vaneau
Avenue Émile Zola
Rennes
Javel
Cambronne
Ségur
Duroc*
St-Placide*
Notre-Dame des-Champs
Michel Ange Auteuil*
Église d'Auteuil
Porte d'Auteuil*
Mirabeau
Javel André Citroën
Charles Michels*
Commerce
Falguière
Montparnasse Bienvenüe*
Vavin
Boulogne Jean Jaurès
Michel Ange Molitor
Chardon Lagache
Sèvres Lecourbe
Pasteur*
Gare Montparnasse
Edgar Quinet*
Raspail
Félix Faure
Exelmans
Boulogne Pont de St-Cloud*
Volontaires
Gaîté
Pont du Garigliano
Porte de St-Cloud
Boucicaut*
Vaugirard*
Pernety
Lourmel
Marcel Sembat*
Convention
Plaisance*
Alésia*
Billancourt
Balard*
Porte de Versailles
Parc des Expositions
Porte de Vanves
Porte d'Orléans
Pont de Sèvres
Issy Val de Seine
Malakoff Plateau de Vanves
Mairie de Montrouge*
Corentin Celton*
Issy
Malakoff Rue Étienne Dolet*
Barbara
Viroflay Rive Droite
Mairie d'Issy
Bagneux Lucie Aubrac*
Meudon Val-Fleury
Châtillon – Montrouge
Chaville – Vélizy
Viroflay Rive Gauche
Robinson
Bourg-la-
Versailles Château
Antony*
Massy – Palaiseau*
St-Quentin en-Yvelines
Saint-Rémy lès-Chevreuse

Villetaneuse Université
Creil
Garges Sarcelles
Épinay-sur-Seine
RoissyBus
Aéroport Charles de Gaulle
13 Saint-Denis – Université
Guynemer
Roger Sémat
Baudelaire
Marché de St-Denis
Théâtre Gérard Philipe
Delaunay-Belleville
Basilique de St-Denis
Cimetière de St-Denis
Hôpital Delafontaine
Cosmonautes
La Courneuve 6 Routes
Hôtel de Ville de La Courneuve
Dugny La Courneuve
Le Bourget
Parc des Expositions
Aulnay sous-Bois
Mitry – Claye
Rougemont – Chanteloup
Freinville – Sevran
L'Abbaye
Montfermeil
Bondy
Pierre de Geyter
Saint-Denis Porte de Paris*
La Courneuve Aubervilliers
Stade Géo André
Danton
La Courneuve 8 Mai 1945
Maurice Lachâtre
Drancy – Avenir
Hôpital Avicenne
Gaston Roulaud
Escadrille Normandie-Niémen
La Ferme
Libération
Hôtel de Ville de Bobigny
Stade de France Saint-Denis
La Plaine Stade de France
Fort d'Aubervilliers
12 Aubervilliers Front Populaire*
Aubervilliers Pantin Quatre Chemins
5 Bobigny Pablo Picasso
Jean Rostand
Auguste Delaune
Porte de la Chapelle
Diane Arbus
Colette Besson
Porte d'Aubervilliers
Canal St-Denis
Pantin
Ella Fitzgerald
Simplon*
Jules Joffrin*
Marcadet Poissonniers*
Marx Dormoy*
Rosa Parks
Pte de la Villette*
Corentin Cariou
Bobigny – Pantin Raymond Queneau
Delphine Seyrig
Église de Pantin*
Pont de Bondy
Petit Noisy
Chelles Gournay
Funiculaire de Montmartre
Château Rouge
Crimée*
Barbès Rochechouart
Riquet
La Chapelle
Ourcq
Porte de Pantin
Hoche
Butte du Chapeau Rouge
Noisy-le-Sec
Tournan
Anvers
Stalingrad*
Laumière
Pré St-Gervais
Gare du Nord
Jaurès*
Danube
Magenta
Louis Blanc
Bolivar
Hôpital Robert Debré
11 Mairie des Lilas*
Château Landon*
Botzaris
Colonel Fabien*
Buttes Chaumont
Poissonnière*
Cadet
Gare de l'Est
Pyrénées
Jourdain
Place des Fêtes*
Télégraphe
Porte des Lilas
Le Peletier
Château d'Eau*
Belleville
Adrienne Bolland
Jacques Bonsergent
Saint-Fargeau
Strasbourg Saint-Denis
Goncourt*
Couronnes
Séverine
Grands Boulevards
Bonne Nouvelle
Temple
République*
Ménilmontant
Pelleport
Arts et Métiers
Oberkampf*
Réaumur Sébastopol*
Sentier
Parmentier
Père Lachaise
Gambetta*
3 Gallieni
Porte de Bagnolet
Étienne Marcel
Filles du Calvaire
Rue Saint-Maur*
Les Halles*
Châtelet Les Halles
Rambuteau*
St-Sébastien Froissart
Saint-Ambroise
Philippe Auguste*
9 Mairie de Montreuil
Marie de Miribel
Croix de Chavaux*
Châtelet
Hôtel de Ville
Richard Lenoir
Voltaire*
Alexandre Dumas
Robespierre
Chemin Vert
Porte de Montreuil
Cité*
St-Paul
Bréguet Sabin
Charonne
Maraîchers
Pont Marie
Bastille*
Rue des Boulets
Avron
Marne-la-Vallée*
Parcs Disneyland
St-Michel Notre-Dame
Ledru-Rollin*
2
Buzenval
Sully Morland*
Faidherbe Chaligny
6 Nation
Vincennes
Cluny La Sorbonne
Maubert Mutualité
Reuilly – Diderot
Porte de Vincennes*
St-Mandé*
Boissy-St-Léger*
Cardinal Lemoine
Quai de la Rapée
Picpus
Alexandra David-Néel
Bérault
Montgallet
Gare de Lyon
1 Château de Vincennes*
Jussieu*
Gare d'Austerlitz
Bel-Air*
Montempoivre
Place Monge
Daumesnil*
Michel Bizot
10
Censier Daubenton*
Dugommier
Port-Royal
Porte Dorée
Saint Marcel
Les Gobelins
Bercy
OrlyBus
Denfert Rochereau*
Porte de Charenton
Campo Formio*
Cour St-Émilion
Quai de la Gare*
Saint-Jacques
Corvisart
Place d'Italie
Chevaleret
Baron Le Roy
Liberté
Glacière
5 Nationale*
Bibliothèque Fr. Mitterrand*
Charenton – Écoles
Tolbiac
Olympiades 14
Avenue de France
Cité Universitaire*
Maison Blanche*
Porte d'Italie
Porte de Choisy
Porte d'Ivry*
Maryse Bastié
Ivry sur-Seine
École Vétérinaire de Maisons-Alfort*
Maisons-Alfort – Stade
Stade Charléty
Poterne des Peupliers
Pierre et Marie Curie
Gentilly
Le Kremlin Bicêtre
Vitry sur-Seine
Maisons-Alfort Alfortville
Maisons-Alfort Les Juilliottes
Laplace*
Villejuif Léo Lagrange
Mairie d'Ivry 7
Les Ardoines
Créteil – L'Échat
Ouverture fin 2020
Arcueil – Cachan
Villejuif Paul Vaillant Couturier
Choisy-le-Roi
Le Vert de Maisons
Créteil – Université
Créteil – Préfecture
7 Villejuif – Louis Aragon*
Orly Gaston Viens
Les Saules
Créteil – Pompadour
8 Créteil Pointe du Lac*
La Fraternelle
Orly Ville
OrlyBus
Aéroport d'Orly
Orly 1, 2, 3
Orly 4
Versailles – Chantiers
Dourdan
St-Martin-d'Étampes
Athis-Mons
Malesherbes
Melun

LA RÉDACTION DU ROUTARD

(sans oublier nos 50 enquêteurs, aussi sur le terrain)

© R. Delalande et E. Dessons

Jean-Sébastien, Olivier, Mathilde, Thierry, Alain, Gavin's, Éléonore, Anne-Caroline, André, Laura, Florence, Véronique, Isabelle, Géraldine, Fiona, Amanda, Benoît, Emmanuelle, Bénédicte, Philippe, Carole, Diane, Anne, Marie.

La saga du *Routard* : en 1971, 2 étudiants, Philippe et Michel, avaient une furieuse envie de découvrir le monde. De retour du Népal germe l'idée d'un guide différent qui regrouperait tuyaux malins et itinéraires sympas, destiné aux jeunes fauchés en quête de liberté. 1973. Après 19 refus d'éditeurs et la faillite de leur 1re maison d'édition, l'aventure commence vraiment avec Hachette. Aujourd'hui, *Le Routard*, c'est plus d'une cinquantaine d'enquêteurs impliqués et sincères. Ils parcourent le monde toute l'année dans l'anonymat et s'acharnent à restituer leurs coups de cœur avec passion.

Merci à tous les routards qui sont solidaires de nos convictions : liberté et indépendance d'esprit ; découverte et partage ; sincérité, tolérance et respect des autres.

NOS SPÉCIALISTES PARIS

Amanda, Mathilde et Marie : quand l'une arpente les routes bretonnes en quête de la meilleure pâte à crêpes, l'autre explore le bocage normand à coups de gorgées de cidre, pendant que la 3e chausse ses skis pour dégoter le meilleur refuge alpin. La curiosité, l'enthousiasme et la gourmandise sont leur meilleur sonar, que complètent 2 décennies d'expérience à user leurs semelles sur les routes de l'Hexagone. Un trio complice et indépendant qui essaie, entre 2 voyages, de garder la ligne.

Carole Fouque : elle est rentrée au *Routard* en 1997. Sa passion des terroirs et des produits authentiques a nourri son amour des voyages, l'incitant à repousser toujours plus loin les frontières de sa curiosité gourmande. Depuis près de 20 ans, éclectique et hédoniste dans l'âme, elle prend plaisir à partager ses belles découvertes avec les lecteurs.

Cédric Fischer : grandir entouré de voyageurs, ça donne la bougeotte ! Mais peu importe la destination. Pour lui, le voyage, c'est d'abord les rencontres... surtout hors piste autour d'une spécialité locale (capital !) et d'un bon cru (tout aussi vital !). L'appel de la route, ce fut en stop dès le lycée et à la fac d'histoire, puis avec le *Routard* depuis 2000.

Jean Tiffon : passionné par les cartes depuis l'enfance, il a commencé à voyager dans les livres. Longtemps éditeur de guides de voyage, il aime parcourir le monde avec ses obsessions pour bagages : manger local et penser global. Ce qui lui donne envie de repartir ? Une grande ville méconnue, un jardin qu'il n'a pas arpenté ou la promesse d'une nuit de fête.

Pictogrammes du Routard

Établissements

- Hôtel, auberge, chambre d'hôtes
- Camping
- Restaurant
- Terrasse
- Pizzeria
- Boulangerie, sandwicherie
- Pâtisserie
- Glacier
- Café, salon de thé
- Café, bar
- Bar musical
- Club, boîte de nuit
- Salle de spectacle
- Boutique, magasin, marché

Infos pratiques

- Office de tourisme
- Poste
- Accès Internet
- Hôpital, urgences
- Adapté aux personnes handicapées

Sites

- Présente un intérêt touristique
- Point de vue
- Plage
- Spot de surf
- Site de plongée
- Recommandé pour les enfants
- Inscrit au Patrimoine mondial de l'Unesco
- Pas de côté

Transports

- Aéroport
- Gare ferroviaire
- Gare routière, arrêt de bus
- Station de métro
- Station de tramway
- Parking
- Taxi
- Taxi collectif
- Bateau
- Bateau fluvial
- Piste cyclable, parcours à vélo

Le *Routard* est imprimé sur un papier issu de forêts gérées.

I.S.B.N. 978-2-01-787117-0

Sur le quai d'Orléans

« Le 14 Juillet, il y a beaucoup de bals publics installés sur les places et carrefours de Paris. [...] Sois à jamais bénie, date sacrée, car tu fais gagner joliment du temps aux amoureux et même aux autres. »
Alphonse Allais

« Paris est tout petit pour ceux qui s'aiment comme nous d'un aussi grand amour… » Arletty et Prévert avaient raison ! C'est à la faveur d'une passion que l'on découvre vraiment les charmes de la Ville Lumière.

Paris est une ville secrète : ligne brisée de passages couverts, pointillée de portes cochères propices aux étreintes, ponctuée d'impasses où s'enlacer.

Paris est une ville magique : on s'y cache en pleine rue ! Serré(e) tendrement par son amant(e), on y parcourt des dizaines de kilomètres, brindille insignifiante charriée par un fleuve de passants pressés.

Paris est une ville audacieuse : elle offre ses bars aux éclairages tamisés, ses pelouses accueillantes, ses squares et ses placettes bien cachés.

Paris est une ville amoureuse : elle regorge de statues de Maillol et Rodin aux formes voluptueuses, de petits hôtels charmants acceptant à bras ouverts les touristes de l'amour buissonnier.

Paris ruisselle de poésie : Apollinaire regarde ses amours couler sous le pont Mirabeau, Prudence prend garde à son jupon sur le pont des Arts, les amants du Pont-Neuf s'y enlacent pour l'éternité. Et nous, accoudés au-dessus du zouave du pont de l'Alma, on déguste un petit gâteau bien sucré au nom prédestiné – le fameux puits d'amour ! – sous les yeux d'une tour Eiffel débonnaire qui nous ressemble : solidement campée sur ses pieds, elle a, comme tous les amoureux du monde, la tête dans les nuages !
Pour ce petit guide, nous avons pris le parti de faire des choix parmi les nombreux musées et monuments de la capitale en privilégiant ceux qui sont parfois moins connus, plus confidentiels ou, au contraire, carrément spectaculaires. En aucun cas nous n'avons cherché à être exhaustifs, ce qui explique certaines absences. Main dans la main, il nous a semblé que l'on recherchait moins les monstres sacrés, comme le Louvre, que des lieux intimistes propices aux confidences.

NOS COUPS DE CŒUR

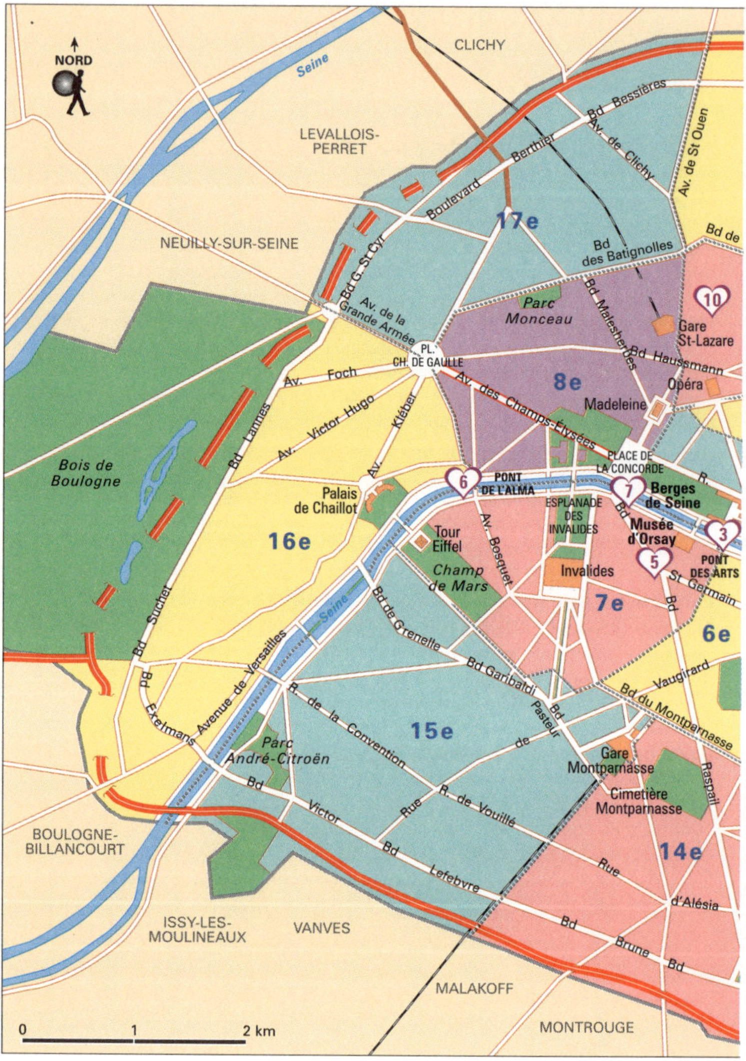

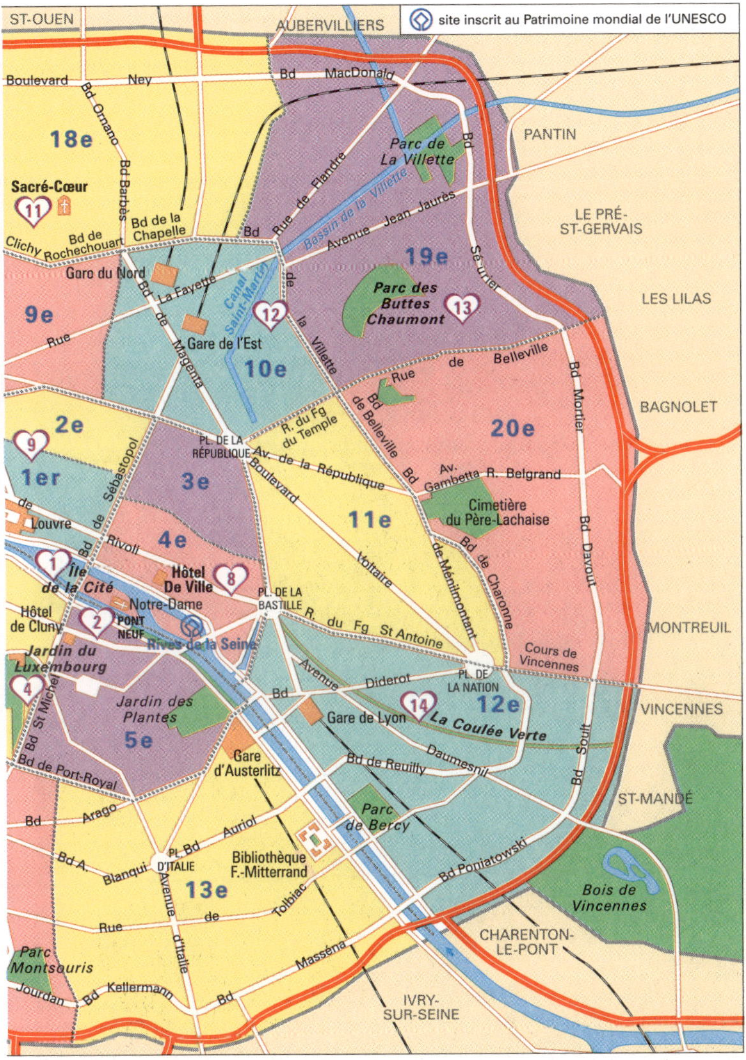
site inscrit au Patrimoine mondial de l'UNESCO
ST-OUEN
AUBERVILLIERS
PANTIN
LE PRÉ-ST-GERVAIS
LES LILAS
BAGNOLET
MONTREUIL
VINCENNES
ST-MANDÉ
CHARENTON-LE-PONT
IVRY-SUR-SEINE
18e
19e
10e
9e
2e
1er
3e
4e
11e
20e
12e
5e
13e
Sacré-Cœur
Parc de La Villette
Parc des Buttes Chaumont
Gare du Nord
Gare de l'Est
Canal Saint-Martin
Bassin de la Villette
PL. DE LA RÉPUBLIQUE
PL. DE LA BASTILLE
PL. DE LA NATION
Cimetière du Père-Lachaise
Louvre
Île de la Cité
Hôtel De Ville
Notre-Dame
PONT NEUF
Rives de la Seine
Hôtel de Cluny
Jardin du Luxembourg
Jardin des Plantes
Gare d'Austerlitz
Gare de Lyon
La Coulée Verte
Parc de Bercy
Bibliothèque F.-Mitterrand
PL. Bd D'ITALIE
Parc Montsouris
Bois de Vincennes
Boulevard Ney
Bd MacDonald
Bd Ornano
Bd Barbès
Bd de la Chapelle
Bd de Rochechouart
Clichy
Rue de Flandre
Avenue Jean Jaurès
Bd Sérurier
Rue La Fayette
Bd de Magenta
Rue de la Villette
Rue de Belleville
Bd de Belleville
Bd Mortier
Bd Davout
Bd Soult
Bd de Sébastopol
Rue de Rivoli
R. du Fg du Temple
Av. de la République
Boulevard Voltaire
Av. Gambetta
R. Belgrand
Bd de Ménilmontant
Bd de Charonne
R. du Fg St Antoine
Cours de Vincennes
Avenue Diderot
Bd de Reuilly
Daumesnil
Bd St Michel
Bd de Port-Royal
Bd Arago
Bd A. Blanqui
Bd Auriol
Avenue d'Italie
Rue de Tolbiac
Bd Poniatowski
Bd Masséna
Bd Kellermann
Bd Jourdan
11
12
13
9
1
8
2
4
14

1 **Savourer un pique-nique et profiter de l'animation de la Seine au bout du square du Vert-Galant.**

À l'extrémité de l'île de la Cité, telle la proue d'un navire, le square du Vert-Galant se blottit sous le Pont-Neuf. Il porte le surnom donné à Henri IV, qui passait pour un homme vigoureux auprès des femmes... Un lieu de rendez-vous très apprécié des pêcheurs et des amoureux qui se partagent l'espace avec les gens de la cloche. C'est un point idéal d'observation du va-et-vient des bateaux-mouches sur le fleuve, puisque certains partent d'à côté. Derrière le square, un escalier débouche sur le Pont-Neuf. *p. 54*

***Bon à savoir :** les habitués viennent pique-niquer sur le coin de pelouse du square les soirs d'été. Une idée à récupérer !*

2 Se balader au fil de l'eau en musardant devant les ouvrages des bouquinistes.

Le Pont-Neuf à peine achevé (début XVIIe s), les premiers bouquinistes y élisent domicile. Aujourd'hui, ils ne sont plus directement installés sur les ponts mais sur les quais, notamment quai Saint-Michel. Très demandés, les emplacements composés de 4 boîtes de 2 m, peintes en vert bouteille, s'étendent sur plus de 3 km, rive gauche comme rive droite. *p. 55*

Bon à savoir : *les 240 bouquinistes sont tenus d'ouvrir 4 jours par semaine quel que soit le temps. C'est une immense librairie à ciel ouvert (près de 300 000 ouvrages)…*

3 **Faire fi des clichés et roucouler sur le pont des Arts, entre l'hôtel de la Monnaie et le Louvre.**

Même assis, la vue sur le Louvre, le Pont-Neuf et les quais est exceptionnelle. Impossible de s'en lasser ! *p. 112*

4 **Donner un rendez-vous bucolique autour de la superbe fontaine Médicis du jardin du Luxembourg.**

L'un des plus beaux jardins parisiens, romantique à souhait avec ses allées ombragées, ses pelouses et ses parterres à la française. En plein Quartier latin, le Luxembourg a toujours été un lieu privilégié pour les écrivains, les étudiants et… les amoureux. On y vient volontiers conter fleurette en prenant le soleil dès les premiers beaux jours, devant l'orangerie ou autour du bassin central. *p. 111*

5 **S'enthousiasmer devant les collections du musée d'Orsay puis filer sur les nouvelles berges de Seine.**

Dans son fabuleux écrin, Orsay est l'un des plus beaux musées du monde. Il permet d'embrasser en un seul lieu tout l'éventail de la création artistique de 1848 à 1914 : sculpture, peinture, architecture, arts décoratifs et graphiques, et photographies. C'est aussi un musée interdisciplinaire, qui renvoie à la littérature, à la musique et à la vie quotidienne de cette époque. Aucun amoureux ne saurait être étranger à l'art et aux chefs-d'œuvre qui y sont exposés. *p. 121*

***Bon à savoir :** allez buller ensuite sur les bords de Seine, nouveau spot devenu incontournable les soirs de week-end. • musee-orsay.fr •*

© Gardel Bertrand/hemis.fr

6 **Sauter dans un bateau-mouche au pont de l'Alma et découvrir bien des joyaux de la capitale.**

Pas de doute, la plus belle avenue de la capitale, c'est son fleuve. Le temps d'une croisière traditionnelle, on découvre les plus grands monuments vus de l'eau, qui s'éclairent à la nuit tombée. Magique ! N'oubliez pas non plus le Batobus, cette navette fluviale bien plus charmante que le métro. Le soir, rien de plus romantique que de dîner sur un bateau-mouche en traversant la Ville Lumière. *p. 133*

Bon à savoir : *plusieurs compagnies de bateaux se partagent le gâteau des balades sur la Seine ; toutes suivent le même parcours. • bateaux-mouches.fr • batobus.com • Sachez aussi que vous pouvez faire une balade sur le canal Saint-Martin. • pariscanal.com • canauxrama.com •*

7 **Longer à pied les quais de la rive gauche au plus près de la vie du fleuve, et profiter de l'espace et des aménagements de loisir.**

Avec la création des berges de Seine, toute une partie de la rive gauche, située entre le pont Royal et le pont de l'Alma (2,3 km), a été aménagée pour les piétons et exclut toute circulation motorisée. Quel plaisir de profiter des quais et d'une vue imprenable sur quelques-uns des plus beaux monuments parisiens ! Le week-end, la circulation automobile est aussi suspendue dans certaines zones de la capitale : quai des Tuileries jusqu'au pont Charles-de-Gaulle, mais aussi Montmartre, la rue Daguerre ou le canal Saint-Martin. *p. 122*

Bon à savoir : *nombreuses activités proposées et restauration possible sur place.* • *paris.fr* •

© Gardel Bertrand/hemis.fr

8 **Se faire photographier devant l'Hôtel de Ville en prolongeant un baiser, en tentant une version contemporaine du mythique *Baiser de l'Hôtel de Ville.***

Quand il a pris son cliché, Doisneau était attablé à la terrasse d'un café aujourd'hui disparu. À vous de trouver le meilleur angle pour prendre la pose ! *p. 80*

9 **À l'abri de la pluie et des regards, se concocter un petit itinéraire à travers les passages couverts, où flotte encore le parfum d'une autre époque.**

Dans un Paris sans trottoirs ni électricité, le passage dallé bordé d'échoppes est un véritable confort au début du XIXe s, qui voit éclore 24 de ces villes en miniature où foisonnent restaurants, cafés, théâtres, boutiques à la mode… Oubliés puis réabilités, certains connaissent une seconde jeunesse : la galerie Vivienne, un joyau du genre, avec ses élégantes boutiques ; le passage Choiseul, qui abrite le théâtre des Bouffes-Parisiens ; le passage des Panoramas, avec son dédale de galeries ; le passage des Princes, le petit dernier aux jolis lampadaires… *p. 62*

Bon à savoir : *attention, certains passages sont fermés le dimanche.*

10 **Remonter le temps, main dans la main avec votre moitié, au musée de la Vie romantique, petit bijou dans un nid de verdure.**

Le musée de la Vie romantique est d'abord une maison, un jardin au fond d'un passage bordé de robiniers centenaires. Quel charme ! Des expositions temporaires sont organisées chaque année autour du romantisme, dans les 2 ateliers du peintre Ary Scheffer, premier maître des lieux. Le pavillon central abrite les collections permanentes : le rez-de-chaussée du pavillon est consacré à George Sand, et le 1er étage à Ary Scheffer. En été, le jardin embaume les roses et le seringa, parfums surannés à l'image de ce lieu rare et séduisant. *p. 141*

Bon à savoir : *en été, achever la visite par une tasse de thé au milieu des massifs de dahlias, des rosiers et de la vigne.* • *vie-romantique.paris.fr* •

11 **Impensable de manquer Montmartre avec le Sacré-Cœur, la place du Tertre, ses rues pentues et pavées… Sans oublier sa vie de quartier et sa vie nocturne.**

Si la vue sur Paris depuis le Sacré-Cœur et la vision de la place du Tertre se méritent au lever du jour, les flancs nord de la Butte s'arpentent par une nuit de pleine lune : extraordinaire voyage hors du temps, dans un Paris qui semble n'avoir pas changé depuis le XIXe s. Mais il y a aussi l'attachant cimetière de Montmartre avec ses rues et passages avoisinants. *p. 214, 215*

Bon à savoir : *un exemple de promenade romantique : rue Saint-Vincent qui mène aux vignes et* le Lapin Agile, *rue des Saules, rue Lepic, avant de descendre vers les Abbesses pour s'installer à une terrasse de café.*

© Jon Arnold Images/hemis.fr

12 **Un soir d'été, s'imprégner du paysage pittoresque autour du canal Saint-Martin.**

Le canal Saint-Martin, long de 4,5 km, est l'un des lieux les plus charmants de Paris. Il a de tout temps inspiré poètes, écrivains et artistes. L'*Hôtel du Nord* et sa passerelle, immortalisés grâce à Arletty et Louis Jouvet, ne seront donc qu'un alibi pour l'emballer ! On adore le canal, ses 9 écluses, ses rives plantées d'arbres et ses ponts métalliques à la vénitienne ou tournants. À parcourir à pied ou en bateau. *p. 148*

13 Découvrir le petit quartier de la Mouzaïa, au pied des Buttes-Chaumont, pour comprendre comment était Paris autrefois.

Il fait bon se perdre par ici à la saison des fleurs. Les ruelles, qui ont pour nom « villas » ou « allées », se succèdent, envahies par la glycine, le lilas, les seringas et les rosiers. La villa Amalia est l'une des plus belles : enfilade de petits jardins fleuris bordés de vieux réverbères et d'arbres. Dans la villa de Fontenay, les rosiers débordent sur la voie de passage et forment comme une tonnelle. La villa Émile-Loubet est d'un charme tout provincial et la villa de Bellevue a les toits de ses maisons superposés en escalier. Dans la villa Laforgue, verdure à perte de vue. Mais où est donc passé Paris ? *p. 221*

Bon à savoir : *finir par une sieste au superbe parc des Buttes-Chaumont.*

© Sonnet Sylvain/hemis.fr

(14) **Déambuler à pied, à rollers, à trottinette ou à vélo le long de la Promenade plantée, sur le tracé de l'ancienne ligne de chemin de fer Bastille – Saint-Maur (4,5 km).**

Excellente idée que d'avoir repris le tracé de cette ancienne ligne de chemin de fer pour y aménager, depuis la gare de Lyon, une promenade pédestre traversant tout le 12e arrondissement. Deux parties distinctes : l'axe longeant l'avenue Daumesnil, perché sur l'ancien viaduc transformé en jardin, puis l'axe Vivaldi (cyclo-pédestre), à niveau de rue ou en tranchée, avec quelques tunnels. *p. 160*

Bon à savoir : *jalonnant ce parcours toujours agrémenté d'arbustes, de cerisiers, de massifs fleuris et d'« amoureux qui s'bécotent sur les bancs publics », trois ou quatre jardins spacieux, notamment le jardin de Reuilly, jolie cuvette où lézarder aux beaux jours.*

15 Enforcher un Vélib' ou un tandem et profiter des nombreuses pistes cyclables pour flâner là où vous mènera votre amoureux(se).

Découvrir Paris du haut d'un vélo, voilà une bonne idée. Quelque 20 000 vélos sont en libre-service dans environ 1 300 stations (1 400 à terme) de la capitale et de la proche banlieue. De quoi profiter des pistes cyclables qui se sont multipliées. Noter que les dimanche et jours fériés, la circulation automobile est suspendue dans certaines zones de la capitale. Génial pour parcourir librement les berges de la Seine, mais aussi Montmartre, la rue Daguerre, le canal Saint-Martin, et lui déclarer sa flamme… sans se dégonfler ! *p. 41*

Bon à savoir : *• velib-metropole.fr • Et, pour profiter de l'opération* Paris respire *les dimanche et jours fériés, et connaître les horaires ainsi que les quartiers fermés à la circulation automobile : • paris.fr •*

© Orfeo Luis/hemis.fr © Vélib'/Mairie de Paris

Interview #experienceroutard

Par la rédaction du *Routard*

Un quartier de prédilection en amoureux ?

Difficile de trancher entre le cachet parisien des pavés disjoints et le charme bucolique des jardins qui donne à la capitale un air de village champêtre : on a forcément un faible pour Montmartre, ses escaliers pentus et ses ruelles de guingois, la délicieuse allée des Brouillards ; on en pince aussi pour le Marais où l'on se perd avec volupté dans les ruelles étroites, les cours intérieures, à l'ombre des hôtels particuliers. Côté jardins, si le Luxembourg reste le repaire des poètes et des amoureux, la grotte-cascade du parc des Buttes-Chaumont est inattendue et une grimpette sur la montagne de rochers dévoile une vue dégagée sur la capitale. *Carpe diem !*

Une activité à faire absolument ?

Le vélo a un goût de déjà-vu ? Menez-la/le en bateau en vous sculptant une silhouette de rêve ! Dans le bois de Boulogne sur le lac inférieur en ramant, pourquoi pas, jusqu'à l'île, ou dans le bois de Vincennes sur le lac Daumesnil. Si son cœur ne chavire pas, c'est qu'il est de pierre.

Une expérience inoubliable ?

Un dimanche pluvieux, s'enfermer dans la salle sombre du *Katara,* le cinéma privé du palace Royal Monceau, pour une projection au top de la technologie. Un lieu hors du commun pour une séance confidentielle, à visionner avec une coupe de champagne aux lèvres.

Une spécialité à goûter absolument ?

Le Puits d'amour pardi ! Sous sa pâte feuilletée craquante et caramélisée, un cœur onctueux en forme de puits, garni de crème pâtissière. La version traditionnelle se déguste toujours chez *Stohrer,* rue Montorgueil (2e arr.), qui régala Marie Leszczynska lors de son mariage avec Louis XV. Pour fondre de plaisir, évidemment !

Pour grimper au 7e ciel ?

Déployer ses antennes pour dénicher les meilleurs *rooftops* du moment, parfois éphémères, pour lui déclarer votre flamme en surplombant la capitale, « et c'est Paris romance » comme le chantait Jacques Brel ! Aux plus hauts, on préfère les plus secrets.

BON À SAVOIR AVANT LE DÉPART

Adresses utiles

Office de tourisme et des congrès de Paris : *29, rue de Rivoli, 75004. ● parisinfo.com ● Ⓜ Hôtel-de-Ville. Mai-oct (sauf 1er mai), tlj 9h-19h ; nov-avr, tlj 10h-19h.*

Autre bureau gare du Nord : *18, rue de Dunkerque, 75010. Ⓜ Gare-du-Nord. À proximité des voies internationales 7 et 9. Tlj 8h30-18h30. Fermé 1er janv, 1er mai et 25 déc.*

Nombreuses infos sur leur site internet. Documentation variée et en majorité gratuite (plans, guides, brochures). Sur le site internet, dans l'onglet « Découvrir », le guide thématique « Paris romantique » donne des idées de flâneries à 2.

COMMENT ALLER À ROISSY ET À ORLY ?

Toutes les infos sur notre site *● routard.com ●* à l'adresse suivante : *● bit.ly/paris_aeroports ●*

HÉBERGEMENT

Les hôtels que nous avons sélectionnés ont été choisis selon les critères suivants : charme, situation dans une rue calme, position centrale, cachet qui le rendra spécialement adapté pour un séjour en amoureux. Certains réunissent toutes ces qualités, ou une grande partie d'entre elles ; ils sont évidemment mis en valeur dans le texte. Il arrive aussi qu'on attire l'attention sur une chambre d'hôtel en particulier pour sa vue exceptionnelle, son confort, sa déco...

– UN CONSEIL : réservez ! Pendant les manifestations importantes (salons, événements sportifs, etc.), de nombreux hôtels affichent très tôt complet (en général, mai et septembre sont les mois les plus chargés). Lorsque vous êtes sûr de vos dates, réservez sur le site de l'hôtel (souvent les meilleurs prix) ou par téléphone. Éventuellement, passez un coup de fil avant votre arrivée pour vérifier que tout est OK. Attention, la plupart des hôtels n'incluent pas la taxe de séjour dans leurs tarifs. Elle varie entre 1 et 3,30 € par jour et par personne. Enfin, hors saison, n'hésitez pas à négocier.

Clin d'œil spécial amoureux : dans certains hôtels propices aux escapades amoureuses, des ***Love box*** sont parfois proposées à la réservation, en particulier sur le site internet de l'hôtel. Dans ces coffrets déclinés en plusieurs versions *(29-59 €)*, des gadgets sensuels et surtout ludiques. La *Love box « From Paris with love »* contient un jeu du Paris coquin, une huile de massage, un plumeau caresse et une cloche « *Ring for a kiss* » ! Nous, on accourt ! *● your-lovebox.com ●*

– ***Budget :*** d'une manière générale, nous indiquons des ***fourchettes de prix*** allant de la chambre double la moins chère en basse saison (sans petit déjeuner) à celle la plus chère en haute saison. Ce qui implique parfois d'importantes fourchettes de prix, pas toujours en adéquation avec la rubrique dans laquelle l'établissement est cité. Le classement retenu est donc celui du prix moyen des chambres et de leur rapport qualité-prix.

Coup de cœur : jusqu'à 100 €.
Coup de foudre : de 100 à 160 €.
Coup de folie : plus de 160 €.

– ***Day use,*** ou la location de chambres à la journée, propice aux intermèdes coquins : cette pratique possible pendant la journée permet de profiter du luxe et du confort d'un hôtel haut de gamme à prix réduit. Selon la disponibilité, la location se fait dans un créneau de 2 à 8h, plus ou moins à la carte, pour un tarif jusqu'à 75 % moins cher par rapport au prix de la nuit. Plus de 500 hôtels partenaires sur la capitale ! Sympa pour accéder aux services des hôtels haut de gamme (spa, piscine...) à prix réduit. ☎ *01-84-16-15-69 (lun-ven 9h-19h).* • *dayuse.fr* •

■ ***Alcôve et Agapes :*** *06-99-44-75-75.* • *bed-and-breakfast-in-paris.com* • *Recherche et résa sécurisée en ligne. Doubles 90-270 €, petit déj inclus.* Réseau de plus d'une centaine de chambres parisiennes soigneusement sélectionnées pour leur cachet, mais surtout pour l'accueil, toujours personnalisé : maisonnette avec jardin, atelier d'artiste, hôtel particulier, appartement au calme à la vue imprenable... Petits plus possibles : visite de quartiers de Paris, cours de cuisine, dîner aux chandelles, garde d'enfants...

■ ***Agence Loc'Appart :*** *75, rue de la Fontaine-au-Roi, 75011.* ☎ *01-45-27-56-41 (lun-jeu 10h30-13h, 14h-19h ; ven 9h30-13h, 14h-18h).* • *locappart.com* • Ⓜ *Goncourt. Réception sur rdv seulement. Nuit 100-180 €. La formule comprend les frais de dossier, le ménage et l'accueil par une correspondante.* Cette agence de professionnels, qui fait ses preuves depuis plusieurs années, propose au cœur de Paris des studios et des appartements plus grands. Possibilité de location à partir de 3 nuits, et ce à compter de n'importe quel jour de la semaine.

LIBRAIRIE ET GALERIES COQUINES

Librairie

■ ***La Musardine :*** *122, rue du Chemin-Vert, 75011.* ☎ *01-49-29-48-55.* • *lamusardine.com* • Ⓜ *Père-Lachaise. Mar-sam 11h-19h.* La seule librairie parisienne entièrement (dé)vouée à l'érotisme est aussi une maison d'édition.

Galeries d'art

■ ***Les Larmes d'Éros :*** *58, rue Amelot, 75011.* ☎ *01-43-38-33-43.* • *leslarmesderos.com* • *archivesderos.com* • Ⓜ *Saint-Sébastien-Froissart. Sur rdv.*

■ ***Au Bonheur du Jour :*** *1, rue Chabanais, 75002.* ☎ *01-42-96-58-64.* • *aubonheurdujour.net* • *Mar-sam 14h30-19h. Hors expo, sur rdv uniquement.* Une riche collection de photographies, de peintures et de dessins érotiques des XIXe et XXe s présentés au gré des expositions thématiques. Le Paris interlope et les maisons closes reprennent vie dans cette galerie.

LOISIRS ET SORTIES

Infos pratiques, réservations

■ ***Kiosque Théâtre :*** *125, av. des Champs-Elysées, 75008.* • *kiosqueculture.com* • Ⓜ *George-V. Autres guichets : parvis de la gare Montparnasse, 75015,* Ⓜ *Montparnasse-Bienvenüe ; et terre-plein central de la pl. des Ternes, 75017,* Ⓜ *Ternes. Tlj 12h30-19h30 (15h45 dim) – sauf lun. Fermé dim tte l'année pour le Kiosque Ternes, seulement dim d'été pour la Madeleine et Montparnasse.* Permet d'obtenir 50 % de réduction pour les spectacles (théâtre, café-théâtre et cabaret) du jour même. Arriver avant l'ouverture des guichets si l'on veut absolument voir un spectacle, surtout le week-end. Également *Paris Museum Pass,* tickets *Batobus, Open Tour, Bateaux Parisiens.*

■ ***Kiosques Jeunes :*** *10, passage de la Canopée, 75001.*

☎ 01-72-63-49-49. • paris.fr • Ⓜ Châtelet. Mar-sam 11h-19h. Autre guichet à la Goutte-d'Or, dans le hall du centre musical Fleury : 1, rue Fleury, 75018 ; ☎ 01-42-62-47-38 ; Ⓜ Barbès-Rochechouart ; mar-ven 11h-13h, 14h-19h. Également 101, quai Branly, 75015 ; ☎ 01-43-06-15-38 ; Ⓜ Bir-Hakeim ; mar-ven 13h-18h. 3 *Kiosques Jeunes* qui proposent des places de spectacles (théâtre, concerts, manifestations sportives, salons...) à tarif réduit. Offrent également beaucoup d'invitations. Billetterie et centre d'information. Seul impératif : avoir moins de 30 ans.

– Et de nombreux sites internet pour obtenir des places de spectacles, concerts, théâtre... à prix réduit : • billetreduc.com • ticketac.com • ticketmaster.fr •...

PARIS, LA FÊTE

Les rendez-vous annuels

– ***Le Carnaval de Paris :*** le dimanche avant le Mardi gras. Départ en début d'après-midi de la place Gambetta. Une des seules fêtes populaires vivantes traditionnelles et authentiquement parisiennes. Il n'y a pas que Rio qui a son carnaval ! La vedette du cortège est une superbe vache de race limousine nommée Pimprenelle. • carnaval-paris.org •

– ***Le Printemps des poètes*** : les amoureux des mots s'y donnent rendez-vous en mars, durant une quinzaine de jours. • printempsdespoetes.com •

– ***Musique côté jardins :*** d'avril à octobre. 7 festivals (Kiosques en musique, Jazz à la Villette, les Pestacles...) proposent des concerts, certains gratuits, dans les kiosques à musique et les espaces verts. Programme sur • parisinfo.fr •

– ***Nuit européenne des musées :*** un samedi soir autour de la mi-mai (en principe), un rendez-vous nocturne (jusqu'à 1h) et gratuit pour découvrir ou redécouvrir notre patrimoine artistique, ainsi que les manifestations exceptionnelles qui sont programmées dans certains musées. • nuitdesmusees.culturecommunication.gouv.fr •

– ***Paris Jazz Festival :*** concerts tous les week-ends de juin et juillet au Parc floral. Programme sur • parisjazzfestival.fr •

– ***La Gay Pride (Marche des fiertés) :*** vers la mi-juin. Le défilé annuel des gays, lesbiennes, bi et trans, où l'on peut admirer les chars couleur arc-en-ciel et suivre le cortège des danseurs vibrant sur des rythmes endiablés. • gaypride.fr •

– ***Fête*** (ou faites) ***de la Musique :*** quand ? Le 21 juin, jour de l'été. Où ? Partout dans Paris. L'occasion pour les musiciens et chanteurs, professionnels ou amateurs, de partager leur passion. Et pour tous, le plaisir de vibrer sur des rythmes éclectiques. L'été commence bien ! • fetedelamusique.culturecommunication.gouv.fr •

– ***Paris Quartier d'été :*** de mi-juillet à mi-août. Un festival qui investit presque exclusivement des lieux de plein air, le temps d'un concert, d'un spectacle de danse, d'une projection de film, voire de manifestations plus inclassables. Certains événements sont gratuits. • quartierdete.com •

– ***Paris Plage :*** sous les pavés, la plage... De mi-juillet à mi-août, entre le pont des Arts et le pont de Sully (rive droite), ainsi que le long du bassin de la Villette, entre le pont de Bercy et le pont de Tolbiac (rive gauche), plus de 3 km de croisette parisienne avec transats, palmiers, animations gratuites, jeux d'eau et sports en tout genre. Également un bassin de baignade pour les enfants et de l'aquagym pour les grands. Accès gratuit.

– ***Festival de cinéma en plein air à la Villette :*** une trentaine de films sont projetés tous les ans, du mercredi au dimanche de fin juillet à fin août, sur la prairie du Triangle, à la tombée de la nuit *(rens : ☎ 01-40-03-75-75 ou • villette.com • ; Ⓜ Porte-de-Pantin).* Gratuit si on ne loue pas de transat ; pensez alors à apporter le vôtre (ainsi qu'une couverture pour les plus frileux), sinon la forêt de transats

devant vous vous gênera pour voir l'écran. La plupart des spectateurs arrivent tôt, le temps de partager saucisson, jaja et autres réjouissances avant la projection.
– ***Fête des Vendanges :*** à Montmartre, le 2e week-end d'octobre. Une occasion de plus pour trinquer, à l'arrivée des nouvelles cuvées, en l'honneur de Bacchus et de l'Amour ! • *fetedesvendangesdemontmartre.com* •
– ***Patinoires de plein air :*** de décembre à février. Au 1er étage de la tour Eiffel ; place de l'Hôtel-de-Ville *(jusqu'en mars ; accès gratuit mais loc de patins payante : 6 €)* ; au Jardin d'acclimatation *(jusqu'en mars ; accès et patins : 7 €).*

PERSONNES HANDICAPÉES

Tourisme et Handicap

Créé par le secrétariat d'État à la consommation et au tourisme en partenariat avec les professionnels du tourisme et les associations représentant les personnes handicapées, ce label permet d'identifier les lieux de vacances (hôtels, campings, sites naturels, etc.), de loisirs ou de culture (musées, monuments, etc.) mais aussi des offices de tourisme accessibles aux personnes en situation de handicap. Cette accessibilité, visualisée par un pictogramme correspondant aux quatre types de handicap (moteur, visuel, auditif et mental), garantit accueil, accessibilité et confort et une utilisation des services proposés avec un maximum d'autonomie dans un environnement sécurisant.

Pour connaître la liste des sites labellisés par départements • *tourisme-handicaps.org* •

Par ailleurs, dans notre guide, nous indiquons par le logo ♿ les établissements qui possèdent un accès ou des chambres pouvant accueillir des personnes handicapées. Certaines adresses sont parfaitement équipées selon les critères les plus modernes. D'autres, plus simples, plus anciennes aussi, sans répondre aux normes les plus récentes, favorisent l'accueil des personnes handicapées en facilitant l'accès à leur établissement, tant sur le plan matériel que sur le plan humain. Évidemment, les handicaps étant très divers, des lieux accessibles à certaines personnes ne le seront pas pour d'autres. Appelez donc auparavant pour savoir si l'équipement de l'hôtel ou du resto est compatible avec votre niveau de mobilité.
Malgré les combats menés par les nombreuses associations, l'intégration des personnes handicapées à la vie de tous les jours est encore balbutiante en France. Il tient à chacun de nous de faire changer les choses. Une prise de conscience est nécessaire, nous sommes tous concernés.

Transport et handicap

– Pour faciliter le transport des personnes handicapées : ***Infomobi.*** ☎ *09-70-81-83-85.* • *vianavigo.com* • *(rubrique « Mes transports faciles d'accès »).* Service d'information destiné aux personnes handicapées, qui rend compte de l'accessibilité des transports collectifs.
■ ***Pam75 :*** ☎ *0810-0810-75 (0,06 €/mn) ou 01-70-23-27-32.*

• pam75.info • Ce service de transport, réservé aux Parisiens en situation de handicap, fonctionne tous les jours (sauf le 1er mai) 6h-minuit (2h les vendredi et samedi), 7h-20h pour les réservations, sur toute l'Île-de-France. La personne transportée prend en charge environ 30 % du coût réel du service. Il faut compter, par exemple, 8 € pour une course de moins de 15 km, 12 € pour une course de 15 à 30 km. Réductions selon le jour et l'heure du déplacement.

■ ***Taxis G7 Access :*** *☎ 01-47-39-00-91. • g7.fr •* Les *Taxis G7* proposent le service « Access » aux personnes à mobilité réduite résidant à Paris et en Île-de-France. Une centaine de véhicules adaptés sont mis à disposition tous les jours 24h/24. Le prix est sensiblement le même que pour une course ordinaire, à ceci près que le compteur d'approche est plus élevé.

SANTÉ, URGENCES

■ ***SAMU :*** *☎ 15.*
■ ***Pompiers :*** *☎ 18.*
■ ***Police ou gendarmerie :*** *☎ 17.*
■ ***Pharmacies ouvertes tlj, 24h/24 :*** *une quinzaine de pharmacies parisiennes sont ouv 24h/24. Liste complète sur • parisinfo.com •*
■ Le ***112,*** numéro d'urgence européen, peut être composé en cas d'accident, d'agression ou de détresse, à partir d'un téléphone fixe ou portable, sans crédit, avec n'importe quel opérateur européen. Il permet de se faire localiser et aider, tout en améliorant les délais d'intervention des services de secours.

SERVICE SPÉCIAL AMOUREUX : LA LIVRAISON À DOMICILE

Repas et vins livrés à domicile

■ ***Food Cheri :*** *☎ 09-70-40-33-13. • foodcheri.com • Prix raisonnables (plats 7-12 €) et pas de minimum d'achat. Frais de livraison 1,50 €.* « Manger mieux » est le dicton de cette brigade qui cuisine des plats principalement bio et métissés à partir de produits de saison. Les végétariens y trouveront largement leur compte avec des recettes originales.

■ ***Deliveroo :*** *☎ 09-77-55-03-30. • deliveroo.fr • Frais de livraison variables selon la proximité du resto.* L'enseigne à la tête de kangourou a un site et une appli limpides pour choisir son menu parmi une large sélection de restaurants partenaires du quartier, de toutes les nationalités.

■ Son concurrent ***Just Eat*** *(• just-eat.fr •)* met en ligne la carte de centaines de restos proposant un service de livraison à domicile. Sélection possible en fonction de votre quartier, de votre budget et du type de cuisine dont vous avez envie.

■ ***Nicolas :*** *☎ 0800-80-20-20 (appel gratuit). • nicolas.com •* Le célèbre caviste propose la livraison à domicile en 72h (ou 24 à 48h en service express) aussi bien sur Paris qu'en province. Ce qui fait la différence : le petit message personnalisé que vous pouvez joindre à votre commande.

Fleuristes

Bon gré, mal gré, la rose garde la tête haute et tient son rang ! Bon, ce rouge symbole des amants se voit de plus en plus délaissé au profit d'un bouquet rond de fleurs champêtres, qu'on dirait tout juste cueillies par son amoureux dans une riante prairie. Mais certains fleuristes gardent un amour immodéré pour cette fleur orgueilleuse et têtue, qui connaît son heure de gloire quand vient la Saint-Valentin. Voici quelques amoureux des corolles chez qui l'on trouvera toujours un frais bouquet pour sa p'tite fleur !

■ ***Au Nom de la Rose :*** *☎ 0800-303-374 (appel gratuit depuis un poste fixe). • aunomdelarose.fr • Lun-ven 8h-19h, sam 8h-13h. 1er bouquet env 30 € ; cœur de roses spécialement conçu pour les amoureux transis à partir de 50 €. Livraison 9,90 € tlj à Paris.* Plusieurs dizaines de variétés de roses dans cette boutique où, comme son nom l'indique, la rose est reine. Sur leur site, on choisit sa composition florale, et il n'y a plus qu'à cliquer sur sa couleur préférée pour avoir instantanément une photo du rendu. Ça, c'est le bouquet !

■ ***Elyfleur :*** *82, av. de Wagram, 75017. ☎ 09-74-56-48-77. • elyfleur-paris.fr • Ⓜ Wagram. Tlj 24h/24 (8h-20h en août). Livraison : 15 €.* L'un des rares fleuristes à être (presque) toujours ouverts et où vous trouverez sans aucun doute tout ce qu'il vous faut pour proclamer votre amour, même une bouteille de champagne assortie aux fleurs ! Si vous n'avez pas la possibilité de vous déplacer en pleine nuit pour prouver votre amour, vous pouvez toujours vous faire livrer.

■ ***Interflora :*** *☎ 0825-20-20-20 (0,20 €/mn). • interflora.fr • Tlj dans la journée. Bouquets à partir d'env 35 €. Frais de livraison env 15 €.* Grand choix de magnifiques bouquets réalisés par des artisans fleuristes, à accompagner d'une bouteille de champagne ou d'une bougie parfumée. Une *happy end* assurée.

■ ***Aquarelle :*** *☎ 0806-23-11-11 (prix d'un appel local). • aquarelle.com • Bouquets à partir de 29 €. Frais de livraison env 10 €.* Une photo du bouquet vous est envoyée avant son expédition. Livraison dans la journée pour toute commande passée avant 11h.

■ ***Bergamotte :*** *☎ 01-76-35-01-10. • bergamotte.fr • À partir d'env 40 €. Livraison en 2h sur Paris (env 8 €).* De superbes bouquets de saison en direct des producteurs français qui pratiquent une agriculture raisonnée. Fraîcheur garantie.

■ ***Monceau Fleurs :*** *• monceaufleurs.com • Livraison env 10 €.* Belle sélection de bouquets à livrer, pour dire « je t'aime » ou se faire pardonner !

SITE INTERNET

*• **routard.com** •* Le site de voyage n° 1, avec près de 800 000 membres et plusieurs millions d'internautes chaque mois. Pour s'inspirer et s'organiser, près de 300 guides destinations actualisés, avec les infos pratiques, les incontournables et les dernières actus, ainsi que les reportages terrain et idées week-end de la rédaction. Partagez vos expériences avec la communauté de voyageurs : forums de discussion avec avis et bons plans, carnets de route et photos de voyage. Enfin, vous trouverez tout pour vos vols, hébergements, voitures et activités, sans oublier nos suggestions pour réserver votre voyage au meilleur prix.

– ***Bon à savoir :*** entre 2 parutions, des événements fortuits (conditions d'accès aux sites, fermetures inopinées, etc.) peuvent intervenir et modifier vos projets de voyage ou de visite. Pour éviter les déconvenues, nous vous recommandons de consulter la rubrique « Inspirations » par région et cliquer sur l'onglet « Actus ».

TRANSPORTS ET VISITES TOURISTIQUES

À pied

➢ ***Topoguide « Paris à pied »*** *(de la Fédération française de randonnée) : 64, rue du Dessous-des-Berges, 75013. Infos : ☎ 01-44-89-93-93. • ffrandonnee.fr • Ⓜ Bibliothèque-François-Mitterrand. Lun-ven 10h-12h30, 13h30-18h.* Pour les amoureux amateurs de randonnées, la capitale possède plusieurs sentiers de grande randonnée, parfaitement balisés de marques blanc et rouge (GR®) ou jaune et rouge (GRP®). Les itinéraires du bois de Boulogne au bois de Vincennes (19 km) et de la porte de la Villette au parc Montsouris (20 km) sont décrits dans le topoguide *Paris à pied* (réf. VI75, 16,40 €) ; *Parcs et jardins de Paris à pied* (réf. VI12, 15,40 €) ; un autre topoguide propose 12 randonnées à thème dans la capitale : *Quartiers et histoire de Paris à pied* (réf. VI14, 12,90 €). Ces topoguides, outre des cartes précises, apportent des commentaires historiques détaillés sur les quartiers traversés. Ils sont en vente dans toutes les grandes librairies parisiennes, par correspondance ou à la boutique de la Fédération.

En autocar ou en autobus

■ 47 lignes de ***bus Noctilien*** circulent tous les jours de 0h30 à 5h30, pour les couche-tard ou les lève-tôt. Plus d'infos sur ● *vianavigo.com* ● ou au ☎ 34-24.

■ ***Paris City Vision :*** *2, rue des Pyramides, 75001.* ☎ *01-44-55-60-00.* ● *pariscityvision.com* ● Ⓜ *Pyramides, Palais-Royal ou Tuileries. 3 à 5 départs/j. selon saison ; se renseigner (se présenter 30 mn avt le départ). À partir de 17 € plein tarif pour le tour de 1h45.* Autocars panoramiques avec audioguide en 11 langues. Proposent d'autres excursions, à Versailles par exemple.

■ ***Foxity :*** ☎ *01-42-96-07-97.* ● *foxity.com* ● *Tour complet tlj 9h10-19h15. Tarifs : 20-24 € ; réduc.* Autocars panoramiques avec audioguide en 9 langues.

■ ***Open Tour :*** *13, rue Auber, 75009.* ☎ *01-42-66-56-56.* ● *paris.opentour.com* ● ♿ *Tlj 9h-18h30 (22h avr-oct). Pass journalier adulte 34 €, pour 2 et 3 j. 39 et 42 € ; 18 € 4-15 ans.* Plusieurs formules pour combiner le tour en bus avec une balade sur la Seine en bateaux-mouches, un musée... Les bus touristiques bleu, blanc, rouge à double étage circulent dans Paris sur 3 lignes différentes. Le *pass* permet de monter et de descendre librement. Audioguide en 12 langues.

En bateau

Avec ses 13 km de long, la Seine est bel et bien la plus belle avenue de la capitale ! Plusieurs compagnies de bateaux se partagent le gâteau des balades sur la Seine ; toutes suivent le même parcours.

■ ***Bateaux-mouches :*** *port de la Conférence, pont de l'Alma (rive droite), 75008.* ☎ *01-42-25-96-10.* ● *bateaux-mouches.fr* ● Ⓜ *Alma-Marceau. Départ ttes les 30 mn en hte saison. Compter 13,50 €. Également un dîner croisière 99 € ou 139 €/pers ; déjeuner 69 €.* Indémodable, incontournable, pour les couples, c'est idéal pour allier tourisme et plaisir.

■ ***La Guêpe Buissonnière, Le Martin-Pêcheur et Le Canotier :*** ☎ *01-42-40-96-97.* ● *pariscanal.com* ● Balades sur le bassin de la Villette et le canal Saint-Martin (voir les 10e et 19e arrondissements). Les bateaux sont à taille humaine, ce qui ajoute au charme. On peut entièrement les louer pour un mariage original et vraiment romantique.

■ ***Canauxrama :*** *13, quai de la Loire, 75019.* ☎ *01-42-39-15-00.* ● *canauxrama.com* ● *Départs à 9h45 et 14h30 (plus 18h ven-sam mai-sept) tlj du port de l'Arsenal, face au 50, bd de la Bastille (12e arrondissement ;* Ⓜ *Bastille). Arrivée env 2h30 plus tard au bassin de la Villette, 13, quai de la Loire (19e arrondissement ;* Ⓜ *Jaurès). Également des départs du bassin de la Villette (mêmes horaires). Résa indispensable. Prix : 18 € ; réduc (sauf l'ap-m des w-e et fêtes). Durée : 2h.* Propose des balades guidées sur le canal Saint-Martin à bord des bateaux *Arletty* et *Marcel Carné*. Balade sympa, instructive et pleine d'humour.

■ ***Batobus :*** ☎ *0825-05-01-01 (0,15 €/mn).* ● *batobus.com* ● *Tlj 10h-19h ou 21h30 selon saison ; un bateau ttes les 25 mn env (20 mn en été). Forfait journée illimité 17 € ; tarif réduit 11 € (détenteurs de pass Navigo, carte d'étudiant...).* Les navettes circulent entre 9 escales : Beaugrenelle (port de Javel haut), tour Eiffel, musée d'Orsay (quai de Solférino), Saint-Germain-des-Prés (quai Malaquais), Notre-Dame (quai de Montebello), Jardin des Plantes, Hôtel de Ville (quai de l'Hôtel-de-Ville), Louvre (quai du Louvre) et Champs-Élysées.

■ ***My Paris River :*** *06-66-77-43-57. • myparisriver.com • Compter 370 € pour 2 (croisière de 1h) au départ de la tour Eiffel ou de tt autre lieu à définir. Bouteille de crémant offerte sur présentation de ce guide (à préciser à la résa).* Pour une croisière romantique sur un petit bateau-ponton privé avec des canapés confortables au ras de l'eau. Apéro dînatoire possible, en option.

À rollers

■ ***Nomades :*** *37, bd Bourdon, 75004. ☎ 01-44-54-07-44. • nomadeshop.com • Ⓜ Bastille. Mar-ven 11h-13h30, 14h30-19h30 ; sam 10h-19h ; dim 12h-18h. En sem, loc de rollers 8 €/j. ou 5 € la ½ journée ; le w-e, 9 €/j. ou 6 € la ½ journée.* Dispense aussi des cours.

À vélo, à scooter et à moto

– ***Vélib' :*** la Mairie de Paris met à la disposition des Parisiens quelque 14 000 vélos mécaniques (verts) et électriques (bleus). Malgré des retards de mise en service, on compte déjà plus de 1 300 stations accessibles sur les 1 400 annoncées. Plusieurs formules d'abonnement sont proposées (journalier, hebdomadaire ou annuel) et la 1re demi-heure est gratuite. Plus d'infos sur *• velib-metropole.fr •*

Paris à Vélo, c'est sympa ! : *22, rue Alphonse-Baudin, 75011. ☎ 01-48-87-60-01. • parisvelosympa.com • Ⓜ Richard-Lenoir ou Saint-Sébastien-Froissart. Fermé mar en hiver, horaires restreints nov-mars.* Des balades à vélo dans la capitale avec un guide, et location de tandems.

Location de vélos : Gepetto & Vélos, *28, rue des Fossés-Saint-Bernard, 75005. ☎ 01-43-54-19-95. • gepetto-velos.com • Ⓜ Cardinal-Lemoine. Mar-sam 9h-19h, dim (sauf en hiver) 10h-19h. Compter 10 € la ½ journée.*

– ***Cityscoot :*** *• cityscoot.eu • Tlj 24h/24. Compter 0,24-0,34 €/mn. Télécharger l'application* Cityscoot *pour créer son compte et réserver. Casques et charlottes dispos dans le coffre. Offre spéciale* Routard *: 30 mn de loc gratuite avec le code « ROUTARD2021 » (au moment de l'inscription).* Plus de 1 600 scooters électriques sont disponibles en libre-service dans toute la capitale. Pas de station, l'appli vous aide à repérer l'engin, à l'emprunter, et vous le garez où vous voulez. Il suffit d'avoir 18 ans, le permis B ou le BSR et une carte bancaire ; pour le reste, on espère que vous savez conduire !

– ***Retro Tour :*** *☎ 01-85-39-07-07. • retro-tour.com • Compter 89-169 € selon formule choisie ; « Retro by night » 209 € pour 2. Réduc de 10 € sur présentation de ce guide.* Seul ou à 2, confortablement installé dans le side-car ou à cheval derrière un motard, on se laisse balader au gré des ruelles pour un itinéraire thématique (architecture, *street art,* incontournables, etc.) et personnalisable. Ces pilotes passionnés de l'art de vivre parisien ne sont pas avares d'anecdotes. Décalé et original !

En « deuche »

■ ***4 Roues sous 1 Parapluie :*** *infos au ☎ 01-58-59-27-82. • 4roues-sous-1parapluie.com • Balade env 130 € pour 2 (1h30).* Vraiment insolite et peu conventionnelle, cette balade en 2CV (la mythique « 2 chevaux », la « deuch » quoi !) sur les pavés parisiens ! Sympa en tout cas de trouver une idée un peu décalée pour (re)découvrir la capitale, tapi à l'arrière de ce cocon bringuebalant ! Escapades parisiennes de 1h30 environ, autour de différentes thématiques, comme « Paris éternel », « Paris by night », « Paris romantique », « Paris méconnu ». Le service d'un chauffeur, petites anecdotes en plus.

En tram

Le T3 (a et b) relie le pont du Garigliano (15e) à la porte de la Chapelle (18e) via la porte de Vincennes. La ligne T2 dessert le parc des expositions (porte de Versailles) et va jusqu'à Bezons via Issy-les-Moulineaux... *Pour plus d'infos : • tramway.paris.fr • ou ☎ 34-24.*

En taxi

Important : sachez que la desserte des aéroports relève désormais d'une tarification forfaitaire.

– Pour Roissy-CDG : depuis la rive gauche 58 € ; depuis la rive droite 53 €.

– Pour Orly : depuis la rive gauche 32 € ; depuis la rive droite 37 €.

– Pour joindre un taxi à la borne la plus proche, un numéro unique : *☎ 01-45-30-30-30.* Sinon, quelques numéros de sociétés de taxi :

■ ***Taxis G7 :*** *☎ 36-07 (0,45 €/mn). Tlj 24h/24.*

■ ***Alpha Taxis :*** *☎ 01-45-85-85-85. Tlj 24h/24.*

En métro

■ ***Renseignements et vente SNCF :*** *☎ 36-35 (prix d'un appel local), service Ligne directe. • ouisncf •*

■ ***Renseignements RATP :*** *☎ 34-24.* *• ratp.fr •* Le métro fonctionne jusqu'à 2h15 les vendredi et samedi (1h les autres jours).

1er ARRONDISSEMENT

• Plan p. 44-45

Le 1er arrondissement, c'est, mine de rien, les 2 800 arbres des jardins des Tuileries pour jouer à cache-cache. C'est aussi les salons de thé cosy de la rue de Rivoli pour des serments éternels, entre 2 gorgées de chocolat onctueux et brûlant. C'est encore la fontaine du Palais-Royal pour lancer une piécette et faire un vœu, les passages couverts pour dénicher une babiole dernier cri, la Bourse de Commerce-Pinault Collection qui vient d'ouvrir ou, si l'on en a les moyens, la place Vendôme et la rue Saint-Honoré, et leurs boutiques très chics et très chères. Pour l'anecdote, c'est dans le 1er arrondissement, à l'angle des rues Pierre-Lescot et de la Grande-Truanderie, qu'existait un « puits d'amour » dans lequel menaçaient de se jeter les amants délaissés. Certains y laissèrent même leur peau. Devenu un lieu de pèlerinage, il n'en reste plus rien depuis déjà quelques siècles.

Où dormir ?

Coups de foudre

Crayon Hôtel (plan C2, **2**) : *25, rue du Bouloi, 75001. ☎ 01-42-36-54-19. • contact@hotelcrayon.com • hotelcrayon.com • Ⓜ Louvre-Rivoli ou Palais-Royal-Musée-du-Louvre. Doubles 160-220 €.* Cet hôtel intimiste s'est forgé sa personnalité à coups de crayon ! Pari gagné, c'est une vraie bonne humeur *arty* qui se dégage des murs colorés bardés de dessins. Côté confort et art de vivre, rien ne manque dans la trentaine de chambres toutes différentes, qui jouent la carte du cocooning avec des meubles astucieusement chinés, customisés et adaptés à la petite superficie des pièces. On aime l'ambiance bohème, chaleureuse et conviviale, et le service qui reste pro. Calme absolu, literie de qualité et, cerise sur le gâteau, un diffuseur de parfum (de votre choix) pour éveiller les sens. En revanche, le petit déj se résume ici à une version express (comprendre « continental » !).

Hôtel du Cygne (plan D2, **3**) : *3, rue du Cygne, 75001. ☎ 01-42-60-14-16. • contact@hotelducygne.fr • hotelducygne.fr • Ⓜ Étienne-Marcel ; RER A, B et D : Châtelet-Les Halles. Congés : dernière sem de juil-3 premières sem d'août. Doubles 130-150 € ; petit déj 8 €. Promos.* Au cœur d'un quartier en ébullition, on aime beaucoup ce petit hôtel convivial, aux chambres pas bien grandes et un peu datées pour certaines, mais propres, confortables et souvent agrémentées de poutres (l'immeuble date du XVIIe s). Toutes sont équipées de double vitrage ; préférer tout de même celles sur cour. Salon élégant et cosy pour une pause entre 2 balades. Accueil très sympa.

Hôtel Londres Saint-Honoré (plan B1, **4**) : *13, rue Saint-Roch, 75001. ☎ 01-42-60-15-62. • hotellondressthonore@orange.fr • hotellondressthonore-paris.com • Ⓜ Tuileries ou Pyramides. Plusieurs parkings autour de l'hôtel. Doubles 164-174 € ; petit déj 11 €.* Face à l'église Saint-Roch, dans une ancienne maison bourgeoise, un charmant hôtel, sympathique comme tout, familial, dans un des quartiers les plus chics de la capitale. Réception à l'étage, où se situe également l'ascenseur (du moins à l'interpalier). Chambres classiques et confortables (double vitrage, minibar, AC). À noter que les « standard » du dernier étage sont mansardées pour certaines. Petit salon cosy pour se poser après la balade. Accueil charmant.

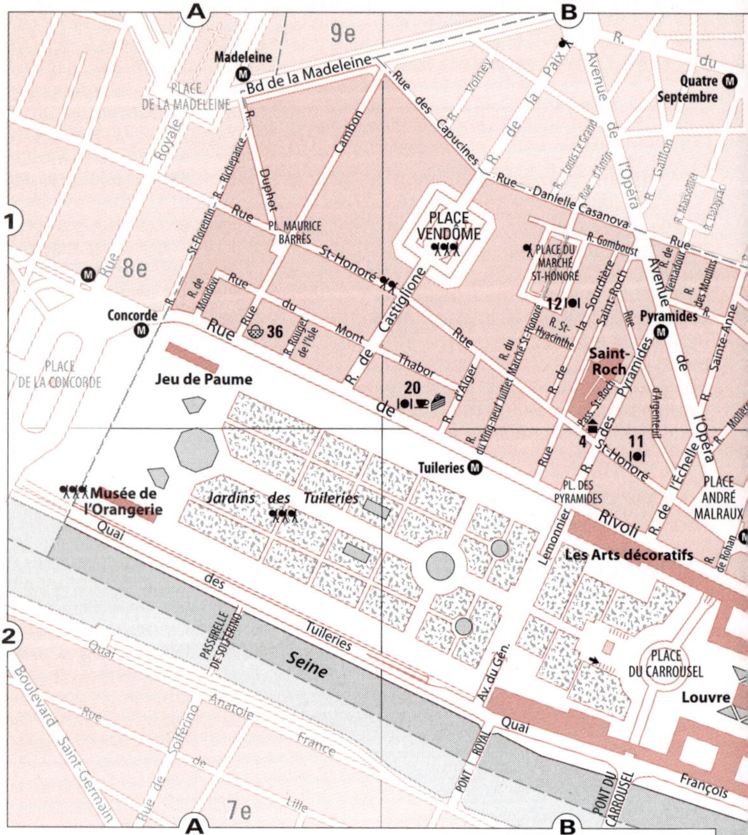

Où dormir ?

1 Hôtel Crayon Rouge (C2)
2 Crayon Hôtel (C2)
3 Hôtel du Cygne (D2)
4 Hôtel Londres Saint-Honoré (B1)
5 Hôtel Le Relais des Halles (D2)
6 Hôtel de la Place du Louvre (C2)
7 Hôtel Le Relais du Louvre (C2)

Où manger ?

10 Le Petit Bouillon Pharamond (D2)
11 Nodaïwa (B2)
12 L'Absinthe (B1)
13 Djakarta Bali (C2)
14 Zébulon (C2)
15 Odette, l'Auberge urbaine (D2)

Restaurant de nuit

16 Au Pied de Cochon (C2)

Bar à vins

17 Le Père Fouettard (D2)

Où faire une pause gourmande ?

20 Angelina (B1)

Où boire un verre ? Où sortir ?

30 Le Café Marly (C2)
32 Le Fumoir (C2)
33 Le Duc des Lombards (D2)
34 Sunset & Sunside Jazz Club (D2)

Où faire des galipettes ?

40 Love Hôtel (D2)

Où se détendre à 2 ?

35 Espace Beauté Spa Nuxe (D2)

Où faire des achats affriolants ?

36 Cadolle (A1)

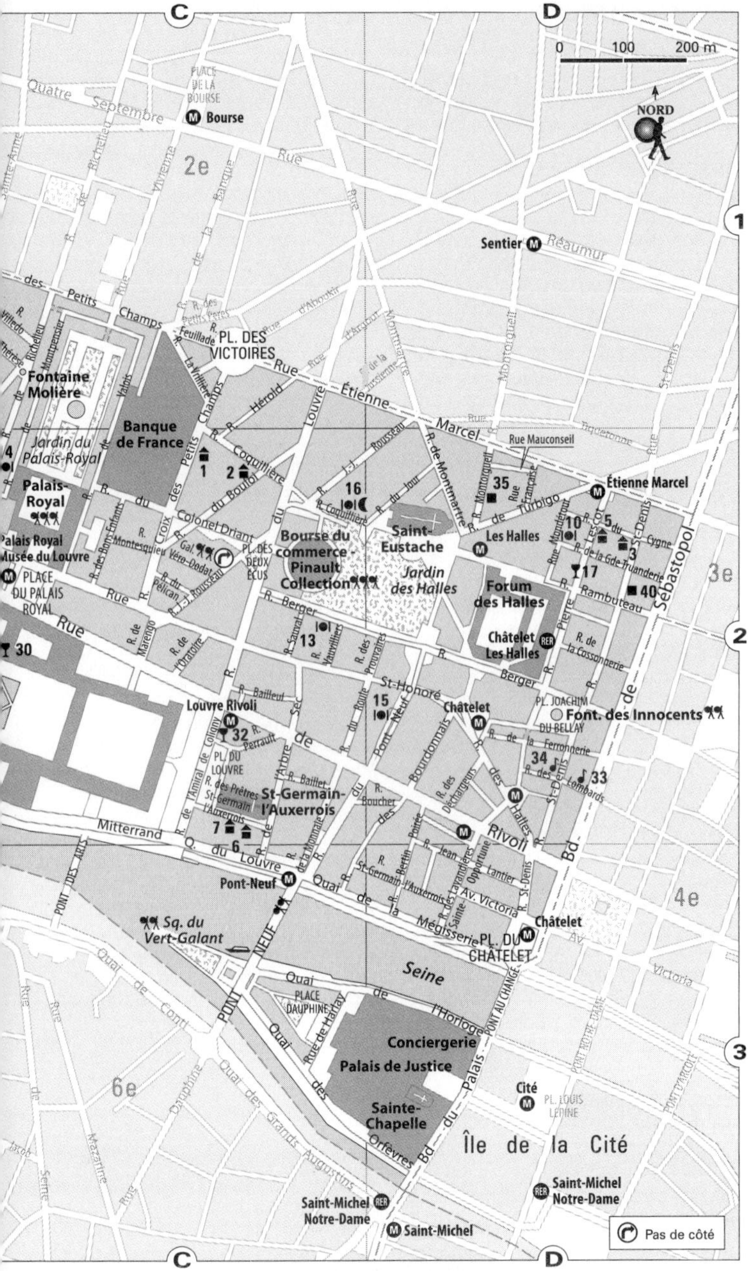
C
D
0
100
200 m
NORD
PLACE DE LA BOURSE
Bourse
2e
Sentier
Réaumur
Quatre Septembre
PL. DES VICTOIRES
Rue Étienne Marcel
Rue Mauconseil
Étienne Marcel
Fontaine Molière
Banque de France
Jardin du Palais-Royal
Palais-Royal
Palais Royal Musée du Louvre
PLACE DU PALAIS ROYAL
1
2
16
35
10
5
3
17
40
13
15
32
34
33
30
7
6
Bourse du commerce - Pinault Collection
Saint-Eustache
Jardin des Halles
Les Halles
Forum des Halles
Châtelet Les Halles
PL. DES DEUX ÉCUS
3e
Sébastopol
Rue Rambuteau
St-Honoré
Louvre Rivoli
Châtelet
PL. JOACHIM DU BELLAY
Font. des Innocents
PL. DU LOUVRE
St-Germain-l'Auxerrois
Rivoli
Mitterrand
Q. du Louvre
Pont-Neuf
Quai de la Mégisserie
PL. DU CHÂTELET
4e
PONT DES ARTS
Sq. du Vert-Galant
PONT NEUF
Seine
PLACE DAUPHINE
Quai de l'Horloge
PONT AU CHANGE
Conciergerie
Palais de Justice
Sainte-Chapelle
Cité
PL. LOUIS LÉPINE
Île de la Cité
6e
Quai de Conti
Quai des Grands Augustins
Quai des Orfèvres
Bd du Palais
Saint-Michel Notre-Dame
Saint-Michel
PONT NOTRE-DAME
PONT D'ARCOLE
Pas de côté
1
2
3

1er

Coups de folie

Hôtel Crayon Rouge *(plan C2, **1**) : 42, rue Croix-des-Petits-Champs, 75001. ☎ 01-42-36-54-19. • hotelcrayonrouge.com • Ⓜ Palais-Royal-Musée-du-Louvre. Doubles 160-300 €.* Après le succès du *Crayon Hôtel* (voir ci-dessus), voici... le *Crayon Rouge,* lui aussi à 2 pas de la place des Victoires. Ambiance fifties pimpante et colorée dans les 17 chambres (seulement !) au mobilier patiemment chiné. Beaucoup de charme malgré l'exiguïté de certaines chambres. Et un confort tout à fait contemporain. Quant au petit déj, c'est le concept du « comme à la maison » : chacun se compose son menu dans la cuisine ouverte commune. Très convivial, comme l'accueil !

Hôtel Le Relais des Halles *(plan D2, **5**) : 26, rue Pierre-Lescot, 75001. ☎ 01-44-82-64-00. • contact@relaisdeshalles.fr • hotel-relais-des-halles.com • Ⓜ Les Halles. ♿ Doubles 149-340 € ; petit déj 16 €.* Très jolie adresse que ce petit hôtel cosy stratégiquement situé, où l'accueil est tout sourire et personnalisé, et les chambres soignées, décorées dans un style parisien élégant, et parfaitement équipées dès la 1re catégorie (douches à l'italienne, clim, minibar...). Du calme à revendre : un vrai cocon pour les amoureux.

Hôtel de la Place du Louvre *(plan C2, **6**) : 21, rue des Prêtres-Saint-Germain-l'Auxerrois, 75001. ☎ 01-42-33-78-68. • hpl@espritfrance.com • esprit-de-france.com • Ⓜ Louvre-Rivoli ou Pont-Neuf. Parking : Place-du-Louvre. Chambres 170-250 €, de la double à la duplex (sdb à l'étage) ; petit déj 17 €. Clim.* Niché dans une rue discrète, à 2 encablures du Louvre, cet hôtel jouit d'une situation privilégiée. À 2 pas de la Seine, des fleuristes et des bouquinistes, tout proche du pont des Arts, quel romantisme ! Belle pierre apparente dans l'entrée. Prestations très honorables et accueil charmant. Confort, calme, propreté, décoration soignée dans les chambres, qui portent toutes le nom d'un peintre contemporain et sont personnalisées avec des reproductions de chacun. Ameublement fonctionnel et de bon goût. Belles salles de bains. Si vous optez pour une chambre sur rue, tentez d'en avoir une avec vue sur la colonnade du Louvre et les gargouilles de Saint-Germain-l'Auxerrois, sous votre nez. Tout près, nous vous recommandons le bar *Le Fumoir* (voir plus loin la rubrique « Où boire un verre ? Où sortir ? »). Petit déjeuner servi dans la salle voûtée du sous-sol.

Hôtel Le Relais du Louvre *(plan C2, **7**) : 19, rue des Prêtres-Saint-Germain-l'Auxerrois, 75001. ☎ 01-40-41-96-42. • contact@relaisdulouvre.com • relaisdulouvre.com • Ⓜ Louvre-Rivoli, Pont-Neuf ou Les Halles. Doubles 230-280 € ; petit déj 15 €. Parking payant.* Un petit hôtel intimiste et séduisant avec son enseigne de relais de poste, ses poutres du XVIIIe s, son mobilier de style élégant et ses rideaux fleuris. Cette ancienne imprimerie n'a sacrifié ni charme ni caractère en se modernisant. 18 chambres (plus 3 suites) chaleureuses et pimpantes, de taille raisonnable pour Paris. Nous, on préfère celles avec vue directe sur les mystérieuses gargouilles de Saint-Germain-l'Auxerrois. La chambre avec patio privé est, dans un autre genre, également propice aux confidences. Difficile de trouver plus romantique... Accueil très sympathique.

Où manger ?

Coups de cœur

Le Petit Bouillon Pharamond *(plan D2, **10**) : 24, rue de la Grande-Truanderie, 75001. ☎ 01-40-28-45-18. • petitbouillonpharamond.com • Ⓜ Étienne-Marcel ou Les Halles. Tlj 12h-minuit. Pas de résa. Carte env 20 €.* À 2 pas des Halles, la façade à colombages rappelle les origines normandes de ce resto dont le décor Belle Époque (inscrit à l'inventaire des Monuments historiques) vaut le détour. Miroirs, émaux, dorures, motifs végétaux... le cadre ne manque pas de panache ! À présent, c'est un vrai bouillon avec au menu du simple et du concret : poireaux-vinaigrette... et le célèbre œuf-mayo, ainsi que des plats de brasserie qui célèbrent le terroir. En amoureux ou pour une occasion spéciale, pensez à réserver l'un des salons confidentiels du 2e étage *(+ 20 €/pers).*

Nodaïwa *(plan B2,* ***11****) : 272, rue Saint-Honoré, 75001. ☎ 01-42-86-03-42. • info@nodaiwa.com • nodaiwa.com • Ⓜ Pyramides. Tlj, sauf dim ; service 12h-14h30, 19h-22h. Congés : 1re quinzaine d'août. Menus 23-95 € ; carte env 40 €.* Ce minuscule resto monomaniaque est l'antenne parisienne d'un restaurant réputé de Tokyo qui, depuis le XVIIIe s, ne sert que de l'anguille. Déco sobre et raffinée, *ikebana* et petites estampes. L'anguille, d'une exquise délicatesse, est préparée selon un processus complexe : d'abord grillée, elle est ensuite cuite à la vapeur, puis de nouveau grillée pour obtenir un résultat à la fois fondant et caramélisé. Servie avec une sauce sur un lit de riz avec consommé chaud et légumes salés (c'est le *kabayaki*), ou encore en sushi, elle fond littéralement dans la bouche.

Coup de foudre

Djakarta Bali *(plan C2,* ***13****) : 9, rue Vauvilliers, 75001. ☎ 01-45-08-83-11. • contact@djakarta-bali.com • djakarta-bali.com • Ⓜ Louvre-Rivoli ou Les Halles. Tlj, sauf lun et mar midi ; service 12h-14h, 19h-23h. Fermé Jour de l'an. Formule déj 16,50 € ; menus sous forme de rijttafels (assortiment de plats) 25 € (sauf ven soir), puis 30-55 € ; carte env 40 €.* En plein quartier des Halles, ce joli resto est une délicieuse invitation balinaise. On y retrouve toute la douceur de cette île indonésienne, les saveurs délicates, le cadre élégant, et même, le vendredi soir, une danseuse d'une légèreté magnifique. Le soir, l'ambiance intimiste, la qualité du dépaysement et le défilé de plats *(rijttafels)* nous font voyager avec un ticket de métro...

Coups de folie

L'Absinthe *(plan B1,* ***12****) : 24, pl. du Marché-Saint-Honoré, 75001. ☎ 01-49-26-90-04. • reservation@restaurantabsinthe.com • restaurantabsinthe.com • Ⓜ Tuileries ou Pyramides. Tlj, sauf sam midi et dim ; service 12h-14h15, 19h-22h15 (22h45 ven-sam). Résa conseillée. Formule déj en sem 26 € ; menus 32-45 € ; carte env 45 €.* Ce bistrot chic de la famille Rostang est dirigé par Caroline, la fille. Décor élégant mêlant sobriété et éléments chinés délicieusement vintage, le tout prolongé par une belle terrasse. Ardoise de suggestions classiques revisitées, ce qui donne dans l'assiette du bon, du neuf, du créatif. Tout est à base de produits frais, parfois transcendé par quelques touches asiatiques. Le vendredi, c'est gratin de macaronis (au homard quand même !). Et en dessert, un incontournable : les petits pots de crème au chocolat en hommage au paternel. Service un peu long en cas d'affluence.

Zébulon *(plan C2,* ***14****) : 10, rue de Richelieu, 75001. ☎ 01-42-36-49-44. Ⓜ Palais-Royal-Musée-du-Louvre. ♿ Tlj, sauf dim ; service 12h-14h, 19h30-22h. Congés : août. Formules déj 25-30 € ; le soir, menu-carte 49 € ; menu-dégustation 69 € ; carte env 60 €.* Derrière la Comédie-Française, ce lumineux *Zébulon* déploie son ample salle façon loft entre les rues de Richelieu et Montpensier. Carrelage ancien d'un côté, plancher aux larges lattes de l'autre, œnothèque en déco, piano à la disposition des clients : le cadre est réjouissant ! La formule déjeuner permet déjà de se faire une belle idée de l'inventivité du chef pour un prix fort sage. Avec tact et mesure, il mêle quelques touches japonisantes à sa délicate cuisine d'inspiration française. De ses passages chez les ténors de la gastronomie, à *L'Ambroisie* ou chez Bras, il a tiré de fort belles leçons !

1er

Odette, l'Auberge Urbaine *(plan D2, **15**) : 25, rue du Pont-Neuf, 75001. ☎ 01-44-88-92-78. Ⓜ Châtelet ou Pont-Neuf. Tlj 12h-14h, 19h-22h. Formules déj en sem 24-35 € ; carte 32-55 €.* L'empire Rostang s'est étoffé d'une nouvelle adresse, pensée comme une auberge urbaine. Il y a bien une grande table d'hôtes pour rappeler l'auberge, mais pour le reste, c'est surtout très urbain : décor soigné tout en courbes sensuelles, recoins très cosy façon lounge, et, dans les assiettes, une cuisine de saison moderne, légère et inspirée, servie en portions réduites pour faciliter le partage et la dégustation (à moins de se laisser tenter par les « belles pièces » au format plus généreux !). Tout est délicieux, jusqu'aux madeleines servies encore tièdes avec le café ! Excellent accueil, pro et décontracté.

Restaurant de nuit

Au Pied de Cochon *(plan C2, **16**) : 6, rue Coquillière, 75001. ☎ 01-40-13-77-00. • reservationpieddecochon@blanc.net • pieddecochon.com • Ⓜ Louvre-Rivoli ou Les Halles. Tlj 24h/24. Formules déj 20-26 € ; carte env 50 € ; plateaux de fruits de mer 29-79 €.* Tout le monde connaît le *Pied de Cochon.* Depuis 1947, cette vénérable institution a bâti sa réputation sur ses horaires hors normes et sur sa carte de brasserie pléthorique. Aujourd'hui encore, la soupe à l'oignon gratinée se défend bien, de même que l'andouillette AAAAA, ou encore la Tentation de saint Antoine, plat qui réunit museau, oreilles, pieds et queue de porc grillés. Rien de gastronomique ici, mais des plats de tradition simples et convenables, bien en adéquation avec un cadre archiclassique tout en moulures et dorures. En revanche, les prix n'ont rien de populaire, et s'offrir un repas dans ce monument nécessite d'alléger le petit cochon ! Accueil pro et sympathique.

Bar à vins

Le Père Fouettard *(plan D2, **17**) : 9, rue Pierre-Lescot, 75001. ☎ 01-42-33-74-17. • leperefouettard@orange.fr • pere-fouettard.fr • Ⓜ Les Halles ou Étienne-Marcel. Tlj 8h-2h ; service continu 12h-minuit (0h30 w-e). Formules déj sauf dim 16-21 € ; nombreux plats de type brasserie 14-25 € ; carte 35-40 € ; brunch à volonté dim et j. fériés 25 €.* Une superbe terrasse (chauffée en hiver) à l'écart de l'agitation des Halles et à l'abri des voitures. Salle sympa à l'étage. Une déco bien rétro, des petits vins de terroir, de sympathiques charcutailles pour les accompagner, de belles salades et de bonnes viandes... Service diligent et souriant.

Où faire une pause gourmande ?

Angelina *(plan B1, **20**) : 226, rue de Rivoli, 75001. ☎ 01-42-60-82-00. • angelina-paris.fr • Ⓜ Tuileries. Tlj 7h30 (8h30 w-e et j. fériés)-19h (19h30 w-e). Chocolat à l'ancienne servi en pot 8,20 € (quand même !) ; petits déj (tlj jusqu'à 18h30) 20-29,50 € ; brunch (tlj jusqu'à 18h30) 39,50 € ; tea time (15h-18h30) 20 €.* C'est le resto-salon de thé emblématique du cœur de Paris ! Créé au début du siècle dernier par un confiseur autrichien qui l'a baptisé ainsi en l'honneur de sa petite-fille, il possède un beau décor avec fresques, moulures et petites tables rondes en marbre, à la fois chic et désuet. Touristes et gourmands y viennent pour le plus onctueux des chocolats, le « chocolat africain », noyé sous une aérienne crème Chantilly. Le breuvage est si réputé que la queue déborde sur le trottoir ! Autre must immuable, le traditionnel mont-blanc (meringue, crème de marron et chantilly) ou les gourmandises concoctées par Christophe Appert.

Où boire un verre ? Où sortir ?

Le Café Marly (plan C2, **30**) : *93, rue de Rivoli, 75001. ☎ 01-49-26-06-60. • contact@beaumarly.com • cafe-marly.com • Ⓜ Palais-Royal-Musée-du-Louvre ou Louvre-Rivoli. Tlj 8h-2h (cuisine jusqu'à minuit). Pour déjeuner ou dîner, résa préférable. Café 5 € ; soda 7 € ; apéritifs 8-21 €.* Le décor est somptueux (dorures et mobilier contemporain), mais ce qui motive vraiment la visite, c'est la vue imprenable sur la cour du Louvre depuis la terrasse sous la galerie. Profitez de ce lieu magique – aux 1ers ou aux derniers rayons du soleil surtout – pour boire un verre (en dehors des heures de repas) face à la pyramide !

Le Fumoir (plan C2, **32**) : *6, rue de l'Amiral-de-Coligny, 75001. ☎ 01-42-92-00-24. • lefumoir.com • Ⓜ Louvre-Rivoli. Tlj 11h-2h (1h dim-mer).* Ambiance mode garantie dans ce vaste et beau café stratégiquement situé sur la place du Louvre. Le coin salon-bibliothèque très cosy et la vue sur la place encadrée par de longs rideaux justifient à eux seuls le détour. Une occasion de goûter aux excellents cocktails.

Le Duc des Lombards (plan D2, **33**) : *42, rue des Lombards, 75001. ☎ 01-42-33-22-88. • contact@ducdeslombards.com • ducdeslombards.com • Ⓜ Châtelet. ♿ Lun-sam, plus parfois dim. Concerts de jazz tlj à 19h30 et 22h30. Congés : 10 j. en août. Entrée : 24-31 € (entrée gratuite et conso obligatoire ven-sam à partir de minuit) ; consos à partir de 6 €. Restauration pdt les concerts. Entrée libre pour les jam-sessions ven-sam à partir de 23h30 (conso obligatoire).* Le top du jazz mondial se donne rendez-vous au *Duc,* comme on va au *Blue Note* ou au *Village Vanguard* à New York. Il suffit de dire Phil Woods, Bireli Lagrene, Wynton Marsalis, et on opine du chef avec respect. Ce sont eux que vous viendrez écouter ici. La qualité acoustique du lieu n'autorise que la perfection, et son exiguïté ne permet aucune approximation. *Showcases,* découvertes de jeunes artistes, jam-sessions, promotions sur Internet pour des tarifs réduits, complètent intelligemment cette programmation de qualité. Incontournable !

Sunset & Sunside Jazz Club (plan D2, **34**) : *60, rue des Lombards, 75001. ☎ 01-40-26-46-60. • reservations@sunset-sunside.com • sunset-sunside.com • Ⓜ Châtelet. Tlj 16h-2h (4h ven-sam).* Happy time *16h-20h30. Entrée : 10-30 € (selon programmation) ; réduc de 10 € moins de 25 ans. Cocktails 6-10 € ; bières 3-6 €.* Le *Sunset,* temple du jazz depuis plus de 30 ans, s'est offert une 2de salle, le *Sunside,* au rez-de-chaussée. Dès 20h, le *Sunside* vous invite à (re)découvrir les classiques du jazz, avec une programmation très liée à l'actualité. On écoute religieusement, sur des banquettes ou des chaises en bois, une musique bien léchée, serrés comme dans un cabaret digne des films de Cassavetes. Au sous-sol, généralement à partir de 21h, la petite cave carrelée (un peu comme une station de métro) du *Sunset* résonne au son du jazz tendance électro world. Ambiance très chaleureuse. À noter, jazz & goûter le dimanche à 16h, un concept insolite qui cartonne !

Où faire des galipettes ?

Love Hôtel (plan D2, **40**) : *88, rue Saint-Denis, 75001. ☎ 01-44-82-63-05. • lovehotelaparis.fr • Ⓜ Étienne-Marcel. À partir de 35 €/h ; à partir de 69 € la nuit (env 23h-9h).* Un *day use* (location de la chambre en journée) avec ou sans résa, qui joue à 100 % la carte du plaisir débridé, sur le modèle japonais. La prostitution y est officiellement interdite. Le côté chrono (eh oui, on paie à l'heure) pourra refréner les ardeurs de certains, les autres s'amuseront sans complexe dans les *loveroom* thématiques (« 1 001 nuits », « Safari », « Geisha », « Tatoo »...). Jacuzzi (à réserver à l'avance). Plutôt déconcertant, le passage obligé par l'immense sex-shop où se cache un discret comptoir pour l'hôtel. Le plan *love* sera chaud ! À prendre au 3e degré pour atteindre le 7e ciel !

Où se détendre à 2 ?

■ ***Espace Beauté Spa Nuxe*** *(plan D2,* ***35****) : 32, rue Montorgueil, 75001. ☎ 01-42-36-65-65. • nuxe.com • Ⓜ Étienne-Marcel. ♿ Lun-ven 10h-21h, sam 9h30-19h30, dim 11h-19h. Énorme choix de soins, d'une durée et d'un prix très variables. Divers massages à partir de 90 € pour 45 mn, qu'on peut pratiquer en duo : escapades « Complice », « Cocooning » et « Romantique ».* Devenu un incontournable du bien-être parisien chic, le *Spa Nuxe,* niché au fond d'une jolie cour pavée et installé dans un ancien chai de 400 m², propose plusieurs espaces de massage, dont 3 cabines « duo », parfaites pour les amoureux. Également un sauna privatif pour 1 ou 2 personnes. Super pour se lover à 2 avant les soins ! Un endroit idyllique, dont on ressort idéalement détendu et avec une peau ultra-douce : impeccable avant une soirée câline !

Où faire des achats affriolants ?

Cadolle *(plan A1,* ***36****) : 4, rue Cambon, 75001. ☎ 01-42-60-94-22. Ⓜ Concorde. Lun-sam 11h-13h30, 14h30-19h.* Il y a plus de 130 ans, Herminie Cadolle inventait le soutien-gorge, présenté à l'Exposition universelle de 1889 et breveté ! Voilà 6 générations que la célèbre marque continue à s'imposer comme référence prestigieuse de lingerie féminine. Corsets, bustiers et dessous affriolants à (s') offrir en cassant la tirelire. *Pour le sur-mesure (une folie !), prendre rdv à la maison de couture au 255, rue Saint-Honoré (☎ 01-42-60-94-94).*

Main dans la main

Le quartier du Palais-Royal

Les jardins des Tuileries *(plan A-B2) : Ⓜ Tuileries.* Pourquoi « Tuileries » ? Parce que la terre argileuse du sol servait à fabriquer des tuiles. Elle a même longtemps abrité une manufacture. Cette ancienne décharge publique fut rachetée par Catherine de Médicis pour y dessiner un parc. Embelli par Le Nôtre un siècle plus tard, le jardin devint vite très populaire. On y louait des chaises pour les dames fatiguées. L'organisation des parterres constitue le reflet exemplaire du jardin à la française. Voir aussi un peu plus loin la rubrique « Petit itinéraire romantique ».

Le Palais-Royal *(plan C2) : Ⓜ Palais-Royal-Musée-du-Louvre. Jardin ouv tlj 7h30-20h30 oct-mars, 22h30 avr-sept. GRATUIT.*

Ce lieu, dont l'occupation remonte à l'époque romaine, fut probablement la 1re station thermale de Paris. En effet, on a retrouvé dans le sous-sol une villa et de vastes bassins. Le bâtiment actuel fut l'ancien palais du cardinal de Richelieu. Il s'appelait d'ailleurs Palais-Cardinal. Il n'en reste que la *galerie des Proues* en façade sur la cour d'honneur. Louis XIV y vécut pendant ses 1res années. Il jouait au roi et à la reine dans les communs du palais avec la fille d'une servante qu'il appelait « la reine Marie ». Durant la Régence, le palais abrita de célèbres soupers libertins. Louis-Philippe-Joseph, futur Philippe Égalité, à court d'argent, réduisit le jardin et fit construire, sur 3 côtés, des boutiques et des appartements de rapport. Les prostituées occupaient carrément les galeries de ce royal palais. La police y était interdite d'accès. Quantité de guides décrivaient en détail les belles et leurs tarifs. « Marie, grande blonde, teint livide, dents gâtées... 3 livres. En marchandant, 1 livre 4 sols. » Une demoiselle du bas pavé sûrement. Celle-ci est déjà un ton au-dessus : « Julie, brune assez jolie, gros tétons, faisant de tout... 6 livres. »

– En 1786 fut construite l'actuelle *Comédie-Française,* à la splendide salle avec ses soirées dédiées aux grands classiques. À la fin de l'Ancien Régime, c'était le lieu où tout le monde se rendait pour ripailler, jouer et batifoler. Un tuyau : si vous n'avez pas de place pour un spectacle, 65 places à visibilité réduite sont mises en vente 1h avant le lever du rideau, à un prix défiant toute concurrence *(env 5 €),* rue de Montpensier, à l'angle de la rue de Richelieu.

LA VEUVE « QUI CLÔT »

Surnom de Marthe Richard, née à Blamont (Lorraine). Résistante, espionne, conseillère municipale, Marthe Richard se dépensa sans compter pour fermer les 1 500 bordels qui prospéraient en France. Faut dire que bon nombre d'établissements gagnèrent très bien leur vie avec l'armée allemande. La loi fut votée en avril 1946. Elle exigea aussi la destruction des fiches de prostitution... notamment la sienne, rédigée en 1905 pour racolage notoire.

Le musée de l'Orangerie (plan A2) **:** *à l'angle du quai des Tuileries et de la pl. de la Concorde, dans les jardins des Tuileries. ☎ 01-44-77-80-07. • musee-orangerie.fr • Ⓜ Concorde. Tlj 9h-18h, sauf mar. Entrée : 9 € ; réduc ; gratuit moins de 26 ans et pour ts le 1er dim de chaque mois. Audioguide : 5 €.*
La clarté de l'espace d'exposition rend un bel hommage au maître de l'impressionnisme, qui n'avait pas manqué de patriotisme en offrant à l'État *Les Nymphéas* au lendemain de la signature de l'armistice (1918). À cette période, Monet veut rompre avec les codes académiques et transmettre la notion d'espace, l'impression d'infini. L'Orangerie, exposée est-ouest, emballe Monet.
Ce musée propose un ensemble de toiles d'une grande cohérence, allant de l'impressionnisme à 1930. On pénètre d'abord dans un petit vestibule, le « pronaos », souhaité par Claude Monet, aujourd'hui ouvert d'un côté sur les jardins des Tuileries et de l'autre sur la Seine – la nature, la lumière et l'eau, les 3 thèmes récurrents des *Nymphéas.* Puis on entre véritablement dans le sanctuaire. Dans ces 2 vastes salles elliptiques (elles forment le 8 de l'infini), sur 2 m de hauteur et près de 100 m linéaires, se déploie un paysage d'eau jalonné de nymphéas, de branches de saules, de reflets d'arbres et de nuages. Manifestation tardive et longtemps jugée déroutante d'un impressionnisme auquel la monumentalité et l'absence de toute figure humaine confèrent un caractère abstrait, cet immense ensemble mural est la somme de toute une vie d'artiste.
Au sous-sol est présentée la collection Jean Walter et Paul Guillaume (grands marchands de tableaux), ensemble capital de Renoir, Derain, Modigliani, Soutine, Rousseau, Matisse, Picasso, Laurencin et Utrillo notamment. Concernant Soutine, l'Orangerie abrite la plus grande collection européenne du peintre lituanien avec 22 toiles.
Les aménagements de l'Orangerie ont permis de dégager l'identité et l'originalité de la collection, qui la rendent sans équivalent dans les autres musées de Paris.

La place Vendôme *(plan B1)* **:** très bel ensemble architectural de la fin du règne de Louis XIV (début des travaux : 1686). Cette place octogonale, entourée de façades d'ordre corinthien, a connu bien des appellations : place de Conquête, place Louis-le-Grand... Mais si vous allez traîner vos guêtres à 2 par ici, c'est peut-être avec une idée derrière la tête... Jeunes fiancés, concubins, mariés ou pacsés, les sublimes bijoux de la place Vendôme s'adressent à tous... ceux qui en ont les moyens (et de gros) ! En tout cas, mesdames, c'est le moment de vous faire offrir une bague ! Sont concentrés ici les plus célèbres joailliers : Boucheron, Van Cleef and Arpels, Piaget, Bulgari, Chaumet (installé dans l'ancien appartement de Chopin)...
Ces prestigieuses enseignes côtoient les banques et le mythique hôtel *Ritz,* où le célèbre écrivain américain Francis Scott Fitzgerald séjourna souvent et rédigea *Un diamant gros comme le Ritz.* C'est aussi au *Ritz* que séjournait Lady Di avant l'accident fatal du tunnel du pont de l'Alma. Rue Cambon se trouve, presque

en face du *Bar Hemingway*, la fameuse maison de couture de Coco Chanel.

Donnant sur la place Vendôme, la ***rue de la Paix*** (administrativement dans le 2e arrondissement ; *plan B1*) abritait autrefois le couvent des capucines. À l'emplacement des nos 2 à 6 de la rue étaient enterrés Louvois, ministre de Louis XIV, et la marquise de Pompadour. Au Monopoly, ils auraient fait un carton !

COCO AU *RITZ*

Chanel travaillait au 31, rue Cambon, mais elle logeait à l'année au Ritz. *C'est en admirant la place Vendôme qu'elle imagina son célébrissime parfum, le* Numéro 5. *En souvenir, elle voulut que les proportions du flacon soient identiques à celles de ladite place. C'est toujours le cas depuis 1921.*

Et puisque vous êtes dans le secteur, passez donc par la ***place du Marché-Saint-Honoré*** *(plan B1)*. Le bel immeuble tout de vitres vêtu est une création de l'architecte Ricardo Bofill pour la banque BNP-Paribas. La grande halle vitrée au fronton triangulaire rappelle l'architecture des passages couverts du XIXe s, nombreux dans le quartier. Réussi, non ?

Le quartier possède aussi son joli lot de ***passages*** *(plan C1-2)*. On peut commencer par ceux qui zigzaguent entre la rue de Montpensier et la rue de Richelieu : passages de Richelieu, Hulot, Potier, de Beaujolais.
En cours de route, on saisit quelques belles images : rue de Montpensier, le superbe agencement du ***théâtre du Palais-Royal*** (surtout le soir, quand tout est illuminé). À l'extérieur, une façade étrange, baroque, avec son escalier de secours très SoHo (presque une œuvre d'art), et, à l'intérieur, le riche décor dans les tonalités rouge carmin, vieux rose, tamisées par les lumières.
À côté, rue de Beaujolais, le restaurant du ***Grand Véfour,*** né en 1760. Au 1er étage, les salons recevaient Marat, Desmoulins... Somptueuse décoration : rideaux de dentelle et tringles de cuivre, plafonds en glace peints d'arabesques, céramiques, moulures dorées, etc. Une richesse incroyable ! Puis on se glisse derrière le resto pour rejoindre le passage du Perron, sur la gauche. Festival de lumières et de couleurs entre les marchands de boîtes à musique ou de jouets et l'antiquaire.
Sortir rue de Beaujolais par un élégant petit escalier, tourner à droite ; 30 m plus loin, sur la gauche, on rattrape le passage des Pavillons, très court, biscornu, qui nous projette rapidement dans le trafic de la rue des Petits-Champs.

DRÔLES DE BINETTES

On doit à la rue des Petits-Champs l'expression « avoir une drôle de binette ». Un certain Binet y habitait, perruquier de son état, et il devait posséder beaucoup d'imagination créative, puisqu'on disait de ses clients portant ses créations : « Voici encore une drôle de perruque Binet ! » L'usage a fait le reste.

La galerie Véro-Dodat *(plan C2)* **:** *2, rue du Bouloi, ou 19, rue Jean-Jacques-Rousseau, 75001.* Ⓜ *Louvre-Rivoli. Tlj 7h-22h, sauf dim et j. fériés.*
Incontestablement l'une des plus belles galeries de Paris ! De style néoclassique avec des ornements en cuivre, de la fonte, des miroirs, du marbre, des globes de lumière... Également des trompe-l'œil colorés aux plafonds (représentant Hermès et Apollon), un dallage à damiers et d'impressionnantes devantures boisées. Son histoire vaut aussi le détour : ancien hôtel particulier où serait né le cardinal de Richelieu (1585), l'endroit devint célèbre à la mort d'Antoine Dreux d'Aubray, empoisonné par sa fille, la marquise de Brinvilliers. Le lieu servit ensuite de terminus pour toutes les diligences de France, avant d'être l'un des tout 1ers endroits éclairés au gaz dans la capitale. L'année 1826 marque la transformation en

passage Véro-et-Dodat, des noms d'un charcutier (Véro) et d'un financier (Dodat) du quartier. En son temps, la tragédienne Rachel, courtisée par Alfred de Musset, y vécut ; et on raconte, par ailleurs, que ce serait le dernier endroit où Gérard de Nerval vint prendre un café avant de se donner la mort. Aujourd'hui, on y découvre de beaux magasins : tissus, galeries d'art, librairies, antiquaires, cafés... Mais c'est surtout déserte, le soir, qu'on aime la découvrir. Et parallèle à la galerie, l'étroite rue du Pélican, qui s'appelait autrefois rue du Poil-au-Con !

Le quartier des Halles

> **AIL CALORIFIQUE !**
>
> *En hiver, les maraîchers bretons qui vendaient leur ail aux Halles portaient de gros pulls amoureusement tricotés par leur épouse. Tout le monde connaissait ces vêtements si populaires chez les « marchands d'ail ». Très tôt, on les appela... chandails.*

Le « ventre de Paris », cher à Émile Zola, remonte à plus de 800 ans, lorsque Philippe Auguste fit édifier les 1res halles. De siècle en siècle, elles prirent de l'importance. Tout autour se construisirent de splendides hôtels particuliers, des artisans et des commerçants s'installèrent, et les pauvres s'intégrèrent au processus avec la célèbre cour des Miracles qui se créa à la lisière du quartier. Sur la cour des Miracles se dressait un pilori où l'on exposait les commerçants malhonnêtes, les blasphémateurs, les proxénètes...

Il convient de rappeler que, de tout temps, le quartier présenta une galerie de truculents personnages hauts en couleur, représentatifs de l'extraordinaire animation qui y régnait. Les marchands des diverses catégories possédaient leurs propres rites, coutumes, langages, etc. Les mille petits métiers liés à l'activité des Halles complétaient le tableau, sans oublier les tenanciers de cafés, d'hôtels borgnes, les ribaudes, clochards, voleurs, marginaux de toutes sortes, indispensables à la vie sociale et au folklore d'un quartier. Pour retrouver l'esprit de l'époque, il suffit de relire Émile Zola, qui fit des descriptions des Halles parmi les plus pittoresques qui soient.

La ***rue de la Petite-Truanderie*** doit son nom à une tragique histoire d'amour : accablée par l'infidélité de son amant, la jeune Agnès Hellébic se précipita dans le puits qui se trouvait à l'angle de la rue de la Grande-Truanderie. Puits dans lequel un amoureux éperdu chercha aussi à se donner la mort, 3 siècles après le 1er drame, mais sans y parvenir. La dulcinée, qui ne partageait pas ses sentiments, vit probablement dans cette heureuse fortune un signe du destin, et se laissa conquérir. Suite à ces romances, la rue a été nommée rue du Puits-d'Amour, avant de devenir rue de la Petite-Truanderie.

Un cours de 22 m de large relie le Forum à la Bourse du commerce, jusqu'à la rue Lescot. C'est pour prolonger le cours jusque-là que le Forum est désormais surmonté d'un toit qui fait l'effet d'un nuage de verre et d'acier – la « canopée » – s'élevant jusqu'à 14 m de haut ; bon, sa couleur vaguement jaune, une étanchéité douteuse et une transparence moins franche que prévue ne font pas l'unanimité... Néanmoins, il faut saluer la prouesse technique. Un vent de modernité – mais pas de folie – a soufflé sur l'ancien ventre de Paris. Pas facile de rénover une telle fourmilière : 37 millions de visiteurs par an (dans le centre commercial), 33 salles de cinéma, quelque 8 000 locaux commerciaux... Les jardins sont désormais achevés, dont le jardin Nelson-Mandela.

Au nord ou à l'est du centre commercial, il subsiste encore de nombreuses maisons anciennes, hôtels particuliers, ruelles étroites, fontaines et parcours architecturaux.

Baladez-vous donc rue Montmartre ou rue Montorgueil à 6h. De nombreux cafés sont déjà ouverts et bourdonnent joyeusement...

*** **Bourse de commerce – Pinault Collection** (plan C2) **:** *2, rue de Viarmes, 75001. ☎ 01-55-04-60-60. • boursedecommerce.fr • Ⓜ Louvre-Rivoli. En principe ouv tlj sauf mar 11h-19h, nocturne ven jusqu'à 21h ; nocturne gratuite 1er sam du mois 17h-21h. Réserver son créneau horaire de visite sur le site internet. Entrée : 14 € ; réduc. Visite guidée ven 18h30, sam 14h, dim 11h30 : + 5 €.*
À cet emplacement s'élevait l'hôtel de la Reine, construit pour Catherine de Médicis. Rasé, il fut remplacé au XVIIIe s par une halle au blé à laquelle succéda – en 1889 – la rotonde actuelle, dans le style néoclassique. La rue de Viarmes, de forme semi-circulaire, aligne des immeubles précédés de colonnes doriques. Le bâtiment circulaire retrouve un nouveau souffle et accueille désormais une partie de la collection d'art contemporain de François Pinault (Jeff Koons, Charles Ray, Philippe Parreno...). La reconversion du site a été confiée entre autres au prestigieux architecte japonais autodidacte Tadao Ando, couronné par le prix Pritzker, qui a déjà collaboré avec l'homme d'affaires pour sa collection vénitienne. Un nouveau cylindre est venu s'insérer comme une seconde peau dans l'architecture d'origine. Des œuvres sont présentées dans un espace réorganisé surmonté d'un gigantesque panorama peint sur toiles marouflées (collées sur un support) restauré, réalisé par 5 artistes – Alexis-Joseph Mazerolle, Luminais, Laugée, Clairin et Lucas – et évoquant l'échange de marchandises entre les continents (ex-Bourse de commerce oblige). 8 espaces d'exposition et l'auditorium ont ainsi été créés et accueilleront des expositions, des conférences, des projections... Un restaurant confié à Michel et Sébastien Bras a pris ses quartiers au 3e étage (on ne va pas se plaindre).

* **La Samaritaine** (plan C2) **:** **ouverture prévue au printemps 2021.** *Située entre la rue de Rivoli et la Seine et faisant face au Pont-Neuf.* Son nom évoque celui d'une ancienne fontaine (détruite en 1813) située sur le pont, qui pompait l'eau de la Seine pour alimenter le palais du Louvre. Fondée en 1870 par Ernest Cognacq, *La Samaritaine* devint le plus grand magasin parisien. Sa fermeture, en 2005, avait suscité une vive émotion tant ce grand magasin était cher aux Parisiens... Tous sont un jour venus flâner dans ses rayons en quête d'utile ou de superflu. Rachetée par le groupe LVMH, cette enseigne familiale se métamorphose en temple de l'ultra-luxe. Après plus de 15 ans de travaux – et 150 ans après sa fondation –, *La Samaritaine* rouvre ses portes... Avec un hôtel 5 étoiles, plusieurs restaurants gastronomiques dont un panoramique, un café, un grand magasin, un *concept store,* un spa (Christian Dior !) et une piscine, l'ensemble se veut une sublime vitrine de l'excellence et du chic français. De quoi lui en mettre plein les yeux ! Les 70 000 m² accueillent également des bureaux, des logements sociaux... et une crèche ! Les façades, classées Art nouveau et Art déco, ont été préservées, restaurées même... Plus belles que jamais, elles méritent assurément le coup d'œil. En revanche, celle de la rue de Rivoli, audacieuse touche contemporaine, ne remporte pas tous les suffrages, loin s'en faut.

L'île de la Cité (partie 1er arrondissement)

Il fait bon flâner sur l'île de la Cité. Il y a plus de 2 000 ans, la petite tribu des *Parisii* vivait paisiblement sur cet espace restreint auquel les bras de la Seine offraient une frontière protectrice.

** ***Le square du Vert-Galant*** *(plan C3)* **:** à l'extrémité de l'île de la Cité, telle la proue d'un navire, c'est en hommage à Henri IV qu'il a été aménagé en 1884. Un lieu de rendez-vous très apprécié des pêcheurs, des amoureux et... des clochards. Derrière le square, un escalier débouche sur le plus ancien pont de Paris qui, paradoxalement, s'appelle le Pont-Neuf. 2 élégantes maisons Louis XIII, de pierre et de brique, donnent accès à la romantique ***place Dauphine.*** Seules les maisons des nos 14 et 26 conservent l'aspect primitif des demeures de l'époque. Une petite place charmante où ont vécu Yves Montand et Simone Signoret, qu'on prend le temps de contempler à la lumière des réverbères, blottis l'un contre l'autre sur un banc.

Bateaux-vedettes du Pont-Neuf (plan C3) : *embarcadère au sq. du Vert-Galant. ☎ 01-46-33-98-38. • vedettesdupontneuf.com • Ⓜ Pont-Neuf. Ttes les 30 mn env, 10h30-22h30 en été. Tarif : 14 €/adulte. Achetez vos billets sur Internet, c'est moins cher !* Connaissez-vous l'origine du mot « bateau-mouche » ? Les moteurs de ces embarcations étaient tout simplement fabriqués à la Mouche, un quartier au sud de Lyon.

Le Pont-Neuf (plan C3) : comme son nom ne l'indique pas, c'est le plus vieux pont de Paris. Lorsque la 1re pierre fut posée, le 31 mai 1578, Henri III, vêtu de noir, tenait un chapelet aux grains en forme de têtes de mort en ivoire et pleurait. Il venait d'assister à l'enterrement de ses mignons favoris, décédés à la suite d'un duel. D'où son nom initial : le pont des Pleurs. Il ne fut achevé qu'en 1607. Bâti à l'origine pour améliorer le transit entre le Louvre et l'abbaye de Saint-Germain, c'est le 1er pont sans maison et le 1er à inaugurer des trottoirs. Lieu de grand passage, il devint un endroit très à la mode, très gai, et on y vit des marchands, des cracheurs de feu, des dompteurs d'ours, des arracheurs de dents, des chansonniers. On était « toujours sûr d'y rencontrer, à n'importe quelle heure, un moine, un cheval blanc et une putain ». C'est là qu'est né l'art des chansonniers parisiens, ces critiques féroces de la vie politique. Le jeune Molière, emmené ici par son grand-père, y a sûrement trouvé de quoi nourrir son imagination. Aujourd'hui, c'est le plus long pont de Paris.

Les bouquinistes : dans les 1res années après l'achèvement du Pont-Neuf, les 1ers bouquinistes y élurent domicile. À l'époque, les livres sont tellement chers que le marché de l'occasion se développe dès 1539 (François Ier met fin à la corporation des imprimeurs). Pour contrôler les colporteurs d'écrits, parfois illicites, on décide, au XVIIe s, de les fixer aux environs du Pont-Neuf. D'aménagements en réglementations, leurs « boîtes » de rangement apparaissent. Au tournant du siècle, il est acquis qu'elles ne seront plus remises en cause. Pourtant, aujourd'hui, on n'en trouve plus directement sur les ponts. Très demandés, les emplacements composés de 4 boîtes de 2 m, peintes en vert bouteille, s'étendent sur plus de 3 km, rive gauche comme rive droite. On peut ainsi encore dénombrer 230 bouquinistes (représentant près de 300 000 ouvrages), qui sont tenus d'ouvrir leur boutique 4 jours par semaine quel que soit le temps ! Cette immense librairie à ciel ouvert est une balade très romantique le long de la Seine.

Petit itinéraire romantique

Balade aux Tuileries (plan A-B2) : *dernier dim de mars-dernier sam de sept, tlj 7h-21h (23h juin-août) ; le reste de l'année, tlj 7h30-19h30. Avr-oct, visite guidée gratuite w-e et j. fériés à 15h30 ; rdv au pied de l'arc de triomphe du Carrousel du Louvre ; durée : 1h-1h15. Toilettes publiques à droite de l'entrée de la grille d'Honneur et à la sortie du métro Tuileries.*
De la terrasse du Bord-de-l'Eau, belle vue sur les bosquets en quinconce et le bassin octogonal. Tout autour, en une harmonieuse disposition, de superbes statues de Coysevox, Coustou... Devant l'Orangerie, vous surprendrez 2 amants nus et enlacés dans une embrassade voluptueuse. Cette célèbre statue, réplique du *Baiser* de Rodin, dont l'original (1898) – en marbre – est au musée Rodin, révèle toute l'inspiration fougueuse du génial sculpteur, dans sa quête du culte des corps. Véritable hymne au désir, à la tendresse et à la nature sans fard, ce « baiser » goulu incite forcément à l'insouciance. Alors, laissez-vous porter... et emballez votre routard(e) préféré(e) ! Tout autour du bassin rond, une foultitude de vases et statues du XVIIe au XXe s. La plus sexy : *Cassandre* (fessier photogénique !). Dans le jardin du Carroussel, toujours vert, les pique-niques sont autorisés sur les pelouses, et le labyrinthe sous les arbres donne l'occasion de se courir après. Il accueille 20 statues de Maillol en plomb ou en bronze. À certains moments de l'année, une fête foraine prend possession de l'aile nord du jardin pour quelques semaines.

Au fil du temps, les jardins des Tuileries ont toujours suscité le désir, la passion, l'amour, autrement dit l'érotisme dans son aspect le plus vaste. Peut-être sont-ce les arbres, les faunes, les statues aux formes rebondies ? À la veille de la Révolution, le dimanche, les familles bourgeoises au grand complet venaient y prendre l'air. Entre familles, on se saluait gravement, lentement... Mais, au travers de ces cérémonials pompeux, les filles et surtout les garçons échangeaient des regards aussi furtifs que brûlants... Aujourd'hui, à la nuit tombante, les Tuileries restent le lieu de drague homosexuelle le plus populaire de Paris.
De chaque côté de la sortie ouest (côté place de la Concorde), on peut admirer les pavillons du Jeu de Paume et de l'Orangerie.

La rue Saint-Honoré *(plan A-B-C1-2)* **:** du Palais-Royal à la rue des Halles, elle présente de nombreuses maisons anciennes et boutiques pittoresques. Elle fut l'une des plus commerçantes de Paris. Pour les négociants, il s'agissait d'être le plus près possible de l'animation des Halles. Sous la Terreur, la charrette des condamnés l'empruntait quotidiennement. Au nº 47 habita Lavoisier (il dut prendre la charrette au passage).

La rue de la Ferronnerie *(plan D2)* **:** au XVIIe s, elle prolongeait la rue Saint-Honoré et était fort étroite. C'est là que, le 14 mai 1610, Henri IV fut assassiné, au nº 8, tout près d'une auberge qui portait le nom prédestiné *Au Cœur Couronné Percé d'une Flèche.* Aujourd'hui, c'est une rue piétonne, bordée de boutiques, où personne ne remarque jamais la dalle au-dessus des colonnades qui indique le lieu du régicide. Une certaine Jeanne Bécu, plus connue sous le nom de Mme du Barry (future maîtresse de Louis XV), travailla dans l'une des boutiques de mode qui l'abritait comme trottin, c'est-à-dire bonne à tout faire. C'est alors que sa vie galante commença.

La fontaine des Innocents *(plan D2)* **:** la seule d'époque Renaissance subsistant à Paris, œuvre de Jean Goujon, sur un dessin de Pierre Lescot.

La rue du Jour *(plan D2)* **:** c'est l'ancien chemin de ronde de l'enceinte de Philippe Auguste. Charles V s'y était fait construire un logis, appelé « le Séjour du Roi ». Le nom « rue du Séjour », puis « du Jour », fut gardé.

2e ARRONDISSEMENT

• Plan *p. 58-59*

Défiant les intempéries, on se promène bras dessus, bras dessous au hasard des passages couverts : le 2e arrondissement est un labyrinthe de passages secrets et poétiques, aux boutiques bien sages, aux vitrines joliment décorées, au charme cossu et légèrement désuet. Les amoureux transis, « le passage les abrite et les enveloppe d'une douceur presque domestique », disait Jules Romains.

Où dormir ?

Coup de cœur

Lucien *(plan D1,* ***2****)* **:** *1, rue Chénier, 75002.* ☎ *01-42-33-92-32.* • *hello@hotel-lucien.com* • *hotel-lucien.com* • Ⓜ *Bonne-Nouvelle ou Strasbourg-Saint-Denis. Double env 115 €.* Un drôle de petit hôtel, aménagé comme une maison de famille, dans un bel immeuble du XVIIe s. Pas d'ascenseur mais un escalier escarpé, pas de télé mais un piano dans le grand salon, aucun luxe mais juste beaucoup de charme... Mobilier chiné et bibelots confèrent à l'ensemble chaleur et convivialité. Une vingtaine de chambres, pas bien grandes mais douillettement équipées, plaisantes et ravissantes. Merci, Lucien !

Coup de foudre

Timhotel Palais-Royal-Louvre *(plan B2,* ***3****)* **:** *3, rue de la Banque, 75002.* ☎ *01-42-61-53-90.* • *palais-royal@timhotel.fr* • *timhotel.fr* • Ⓜ *Bourse ou Palais-Royal. Doubles 109-300 €.* Dans un quartier on ne peut plus romantique, et quasiment au-dessus de la superbe galerie Vivienne. Les chambres, classiques et sans surprise, sont petites mais d'un bon niveau de confort. Celles sur rue du dernier étage disposent d'un minibalcon et offrent une belle vue sur les toits de Paris (réserver à l'avance). La façade et les mosaïques Art déco du sol de l'entrée donnent un charme désuet à l'hôtel. Accueil pro et souriant.

Coups de folie

The Hoxton *(plan C1,* ***4****)* **:** *30-32, rue du Sentier, 75002.* ☎ *01-85-65-75-00.* • *book.paris@thehox.com* • *thehoxton.com* • Ⓜ *Bonne-Nouvelle.* ♿ *Doubles 180-... 500 €, petit déj succinct en chambre inclus.* Derrière la magnifique façade du XVIIIe s ornée de mascarons, l'enchaînement de terrasses couvertes et de cours à ciel ouvert est bluffant. Dès la réception pavée surmontée d'une verrière et qui précède un jardin d'hiver, on en a plein la vue. Dans un nouveau bâtiment, 4 tailles de chambres, avec vue sur cour en option, et une déco design flirtant volontiers avec les fifties. Une refonte totale, qui a néanmoins préservé quelques éléments, comme les escaliers ou la mosaïque d'époque. Entre l'animation du bar, du resto *Rivié (carte env 40 €)* et du bar à cocktails le soir (voir plus loin *Jacques'*, dans la rubrique « Où boire un dernier verre ? »), l'hôtel est vivant à toute heure.

Lyric Hotel *(plan B1,* ***5****)* **:** *2, rue de Gramont, 75002.* ☎ *01-83-73-58-00.* • *reservation@lyrichotelparis.com* • *lyrichotelparis.com* • Ⓜ *Quatre-Septembre. Doubles à partir de 250 €.* Les 47 chambres sont toutes aménagées sur le thème de la danse dans un esprit cosy et contemporain, avec un confort au top. Aucune fausse note dans

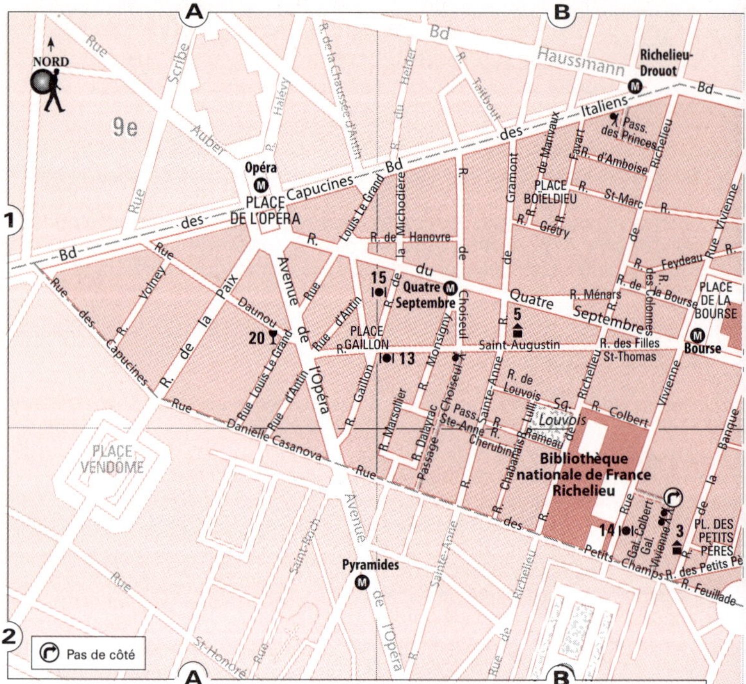

Où dormir ?	
2	**Lucien** (D1)
3	**Timhotel** Palais-Royal-Louvre (B2)
4	**The Hoxton** (C1)
5	**Lyric Hotel** (B1)
6	**Hôtel** Edgar (D1)
Où manger ?	
13	**Le** Drouant (B1)
14	Daroco (B2)
15	Vivre Opéra Garnier (A-B1)
Où boire un verre ?	
4	Jacques' (C1)
20	Harry's Bar (A1)
21	Lockwood (C1)
22	Experimental Cocktail Club (D2)
23	Forvm Classic Bar (C2)

cet hôtel élégant impeccable qu'on recommande surtout pour sa petite piscine et son spa en accès libre. Ça, c'est du luxe !

Hôtel Edgar *(plan D1,* ***6****)* **:** *31, rue d'Alexandrie, 75002. ☎ 01-40-41-05-19. • contact@edgarparis.com • edgarparis.com • Ⓜ Réaumur-Sébastopol ou Sentier. ♿ Doubles 145-265 € ; petit déj express 9,50 €, buffet 18 €.* Un étonnant boutique-hôtel installé dans un ancien atelier de confection, comme il y en a tant dans le quartier. Seulement 13 chambres, chacune personnalisée dans un style terriblement *arty* par des stylistes, artistes, photographes, tous amis proches ou membres de la famille. Beaucoup de cachet, plus près de la chambre d'hôtes que de l'hôtellerie classique. Difficile de faire plus branché, mais l'ambiance reste très cool et l'accueil sympathique. Pour ne rien gâcher, très bonne table sur place, spécialisée dans le poisson.

2e ARRONDISSEMENT

Où manger ?

Coups de foudre

Daroco (plan B2, **14**) : 6, rue Vivienne, 75002. ☎ 01-42-21-93-71. • alexandre@giesbert.fr • daroco.fr • Ⓜ Bourse ou Pyramides. Tlj 12h-minuit ; service 12h-15h, 19h-minuit. Résa conseillée. Formule déj 28 € ; menu 35 € ; pâtes et pizzas 12-16 €. Un lieu superbe, autrefois atelier de Jean-Paul Gaultier, où la lumière zénithale et la hauteur cathédrale (qui autorise une belle mezzanine) reflètent l'esprit des lieux : branchitude et dolce vita à la parisienne. Jeunes et moins jeunes, Italiens en goguette, amoureux de l'Italie... accourent pour les savoureuses pizzas cuites au feu de bois ou pour une excellente *pasta al dente.* Une carte courte mais avec des produits de 1re qualité ! Accueil survolté, mais toujours chaleureux et professionnel.

Vivre Opéra Garnier (plan A-B1, **15**) : 3, rue de la Michodière, 75002. ☎ 01-58-22-89-90. • contact@restaurant-vivre.com • restaurant-vivre.com • Ⓜ Quatre-Septembre, Opéra ou Pyramide. Tlj 12h-14h30, 19h-22h15, sauf sam midi et dim-lun (à partir de 22h, plats en direct). Congés : 3 premières sem d'août et fêtes de fin d'année. Résa conseillée. Formules déj en sem 25-32 € ; menus 42-59 €. Vivre ? Prenons le temps, en effet, de goûter, de savourer, car ici tout est bon. La cuisine, moderne et soignée, est élaborée avec des ingrédients de petits producteurs (et amis) triés sur le volet. Délicieux ! Quant au vin, il est sélectionné avec précision et conseillé avec passion. Alors on se détend, et on profite d'un beau moment dans un cadre chaleureux, dans la petite salle du rez-de-chaussée ou dans la jolie cave prolongée par un salon cosy, avec des bouquins.

Coup de folie

Drouant (plan B1, **13**) : 16-18, pl. Gaillon, 75002. ☎ 01-42-65-15-16. Ⓜ Quatre-Septembre ou Opéra. Tlj ; service 12h-14h30, 19h-minuit. Fermé 1er janv. Formule déj 36 €, menu « Gaillon » 46 € ; carte env 70 €. Cette institution parisienne créée en 1880, et siège des célèbres prix Goncourt et Renaudot, a rajeuni sous l'impulsion des frères Gardinier, qui ont apporté un lifting réussi à cette adresse mythique en gardant la griffe Art déco caractéristique des lieux. Le menu, servi aussi bien au déjeuner que le soir, est à savourer dans un cadre élégant, superbement rénové (escalier monumental en fer forgé de Ruhlmann surmonté d'un superbe lustre, plafond marin cher à Cocteau, boiseries, sol en mosaïque, bibliothèque où sont alignées les œuvres récompensées). Le must pour les confessions intimes est de réserver le salon privé « Colette », avec sa large banquette en velours, intitulé ainsi en hommage à ses écrits coquins...

Où boire un dernier verre ?

Harry's Bar (plan A1, **20**) : 5, rue Daunou, 75002. ☎ 01-42-61-71-14. • info@harrysbar.fr • Ⓜ Opéra. Lun-sam 12h-2h, dim 16h-1h. Cocktails à partir de 14 €. C'est le QG des Américains à Paris depuis 1911, et des célébrités comme Hemingway y avaient leurs habitudes. Le bar est également devenu célèbre pour l'organisation de ses votes fictifs la veille de l'élection présidentielle aux États-Unis. Il s'est rarement trompé depuis 1924... mais n'avait pas vu venir Trump ! Dans un décor de moleskine rouge et de boiseries, la clientèle, plutôt sage en début de soirée, tombe la veste au fil des heures et des verres... grâce à un choix de boissons vertigineux : plus de 500 cocktails (le fameux bloody mary a été créé ici !) et près de 300 whiskies. Idéal aussi pour finir la nuit, d'autant qu'il y a un super piano-bar planqué au sous-sol.

Lockwood (plan C1, **21**) : 73, rue d'Aboukir, 75002. ☎ 01-77-32-97-21. • cheers@lockwoodparis.com • lockwoodparis.com • Ⓜ Sentier. ♿ Mar-sam 18h-2h, brunch sam-dim 10h-16h. Fermé dim soir et lun. Cocktails 11-14 €. Le *Lockwood,* c'est l'exemple parfait de la reconversion progressive du quartier du Sentier, voué autrefois à la confection. Dans cette belle adresse, on fête l'*aperitivo* comme à Turin à la sortie des bureaux (buffet offert à 18h). Mais le clou du spectacle intervient à partir de 19h30, au sous-sol : dans un réseau de magnifiques caves voûtées, on déguste des cocktails inventifs et suaves, sur fond de jazz lascif ou de folk illuminé. Plats à partager et brunch le week-end.

Experimental Cocktail Club (plan D2, **22**) : 37, rue Saint-Sauveur, 75002. ☎ 01-45-08-88-09. Ⓜ Sentier ou Réaumur-Sébastopol. Tlj 19h (20h dim)-2h (4h ven-sam). Cocktails à partir de 13 €. Derrière un lourd rideau de velours, on pénètre dans ce « laboratoire » soyeux et raffiné, tout en poutres et pierres apparentes. On y distille d'excellents cocktails à la manière de scientifiques. La carte suit les saisons et change donc très souvent. Une raison de plus pour revenir.

Jacques' *(plan C1,* ***4****)* ***:*** *30-32, rue du Sentier, 75002. ☎ 01-85-65-75-75. Ⓜ Grands-Boulevards. Au fond de la cour, au 1er étage. Tlj 18h-1h (2h ven-sam). Cocktails 13-17 €.* L'hôtel *The Hoxton,* débarqué du Londres le plus branché, possède plusieurs bars recommandables. Vaste lounge dans le *lobby,* qui déborde dans le patio quand il fait beau, mais aussi un long comptoir installé au fond du resto (bruyant) et un bar à vins plus cosy. Notre préféré, c'est toutefois le *Jacques',* un bar à cocktails intime, caché en haut d'un majestueux escalier. La déco est fleurie, inspirée par Jacques Majorelle et sa villa marrakchie. Côté breuvages, belle carte tout en subtilité, qui change avec les saisons et l'humeur des accueillants barmen.

Forvm Classic Bar *(plan C2,* ***23****)* ***:*** *29, rue du Louvre, 75002. ☎ 01-85-09-73-37. • forvmclassic@gmail.com • bar-le-forum.com • Ⓜ Sentier. ♿ Mar-jeu 18h-1h, ven-sam 18h-2h. Congés : 2 sem en août. Cocktails 13-18 €.* Après plus de 80 ans de bons et loyaux services, le mythique *Forvm* a quitté le quartier de la Madeleine pour renaître à Montorgueil. Mais il n'est pas parti les mains vides : il a embarqué l'intégralité de son superbe décor ! Belles boiseries, comptoir patiné et ventilo contribuent à l'atmosphère feutrée. Quant aux créations liquides de la maison, on les doit à plusieurs générations de barmen. Fan de whiskys rares, vous êtes également au bon endroit ! Un monument de la mixologie parisienne.

2e

Main dans la main

Les rues des Petits-Carreaux et Montorgueil *(plan C1-2)* ***:*** ah, les jolies petites rues ! Animées, vivantes, piétonnes même, avec un air du Paris d'autrefois. Ne manquez pas la façade originale du restaurant *Le Rocher de Cancale,* à l'angle des rues Montorgueil et Greneta, ni la délicieuse pâtisserie *Stohrer,* au 51, rue Montorgueil, du nom du pâtissier polonais qui régala Marie Leszczynska lors de son mariage avec Louis XV. Religieuses, puits d'amour, financiers... des noms évocateurs...

La rue de Damiette *(plan D1-2)* ***:*** petite rue parallèle à la rue des Petits-Carreaux et séparée d'elle par la rue du Nil. Au XVIIIe s s'y tenait le tripot *Dupressoir,* dans lequel le chevalier du Barry avait placé Jeanne Bécu, alors Mlle Lange, comme entraîneuse. Sa spécialité : fournir les plus jolies filles à de grands personnages contre espèces sonnantes et trébuchantes. Problème pour Jeanne : il lui fallait un titre de noblesse. Qu'à cela ne tienne, on la maria à Guillaume du Barry, frère de Jean, avant de renvoyer le comte dans ses terres toulousaines. La comtesse fraîchement promue put ainsi s'installer à Versailles.

La rue Saint-Denis *(plan D1-2)* ***:*** ancienne voie romaine, elle fut la 1re rue pavée de Paris. Entre la rue de Turbigo et la porte Saint-Denis, cette rue a toujours été l'épicentre de la prostitution parisienne. Certes, main dans la main, ce n'est pas forcément le lieu le plus romantique de la capitale, mais l'histoire de la rue vaut à elle seule un petit pèlerinage. Déjà, au XIVe s, le prévôt de Paris, Aubriot, notant que les prostituées s'habillaient de façon très voyante, édicta une ordonnance « interdisant les ceintures dorées, les collets renversés et les plumes de geai dans les robes ».
L'enceinte de Charles V intégra ces rues qui portèrent des noms sans équivoque : rue Trace-Putain (transmuée par l'usage en Transnonain, 1er nom de la rue Beaubourg), rue Gratte-Cul (l'actuelle rue Dussoubs), rue Tire-Boudin (rue Marie-Stuart), etc. Les ancêtres d'Irma la Douce s'appelaient Alix la Maigriotte, Paule la Bien Fêtée, Hélène la Brette, Lucette aux Yeux Pers...
Très organisées, elles avaient leurs réjouissances annuelles sous l'égide de leur patronne, sainte Madeleine bien sûr, avec procession et tout. Cette

organisation fait toujours ses preuves. Il est curieux de noter comme l'histoire se répète : écartées quelque temps du centre au Moyen Âge, les prostituées revinrent quand les Halles gagnèrent en importance, constituant une grande part du folklore local.

Aujourd'hui, en raison de la concurrence croissante d'Internet et de la loi sur le délit de racolage, la prostitution y est en net déclin.

Nous parlons du *Love Hôtel,* qui loue ses chambres thématiques à l'heure, dans le 1er arrondissement (voir la rubrique « Où faire des galipettes ? »).

AUX INNOCENTS LES MAINS PLEINES !

Avec la rue Saint-Denis, le cimetière des Innocents était l'un des lieux de prédilection de ces dames pour le racolage. Les prostituées constituèrent toujours un casse-tête pour les autorités. Charlemagne tenta en vain de les chasser. Saint Louis, excédé par ces « femmes folieuses de leur corps », les bouta hors de l'enceinte de Philippe Auguste. De cette époque vient le mot « bordel ». En effet, les prostituées se construisirent des baraques en « bords » (terme pour « planches »), et les clients ne tardèrent pas à appeler « bordes » ces maisons et « filles bordelières » celles qui y logeaient.

Balade sous les verrières

Découvrir le 2e arrondissement d'une façon originale, à l'abri de la pluie et dans une atmosphère très XIXe s ? Facile ! Suivez les passages qui s'enchaînent les uns aux autres à travers tout l'arrondissement et ajoutez à l'insolite un peu de mystère. Éclairés et abrités, ils ont créé l'événement à leur ouverture au début du XIXe s, puis ont été délaissés, oubliés pendant près d'un siècle jusque dans les années 1970. En installant une boutique passage Choiseul, le couturier Kenzo relance la mode des passages ! Attention, certains sont fermés le dimanche.

La galerie Vivienne *(plan B2)* **:** *on y entre par la rue Vivienne (au n° 6), par la rue des Petits-Champs (au n° 4) ou par la rue de la Banque (au n° 5).* Ⓜ *Bourse. Tlj 8h30-20h30.* Un joyau du genre. On la découvre s'élançant avec un parterre coloré en mosaïque où se succèdent d'élégantes boutiques parisiennes : jolis bistrots, salon de thé, magasins d'antiquités, boutiques d'art, caviste, librairies anciennes, côtoient les commerces haut de gamme des créateurs de mode comme Nathalie Garçon, Catherine André, Alexis Mabille ou Yuki Torii. Passage préféré des Parisiens jusqu'au Second Empire, aux décorations ocre et aux allusions mythologiques (caducée de Mercure, corne d'abondance... cherchez les autres !), c'est un lieu plein de cachet, très lumineux, qui ravira les amoureux et les novices du quartier. On y croisera facilement quelques personnalités aperçues dans des films et – pourquoi pas ? – le fantôme de Vidocq, qui vécut au n° 13 pour assurer la surveillance du passage. En sortant par la rue de la Banque (au n° 5), on trouve l'immeuble où mourut le navigateur Antoine de Bougainville, dont une célèbre fleur rapportée du Brésil porte le nom.

– Vous croiserez également la ***galerie Colbert*** *(plan B2 ; entrée par la rue Vivienne ou par la rue des Petits-Champs),* qui offre une très belle perspective avec une petite statue de Vénus posée sous la rotonde. Elle abrite une magnifique et célèbre brasserie, des salles de cours d'universités parisiennes et la salle Roberto-Longhi, où se tiennent parfois des expositions temporaires diverses et gratuites.

– Par la rue de la Banque, rejoindre la mignonne ***place des Petits-Pères*** *(plan B2),* où se trouvait, pendant la Seconde Guerre mondiale, le commissariat aux questions juives, triste administration de la politique de Vichy (voir la plaque historique). De l'autre côté, admirez l'église Notre-Dame-des-Victoires, ornée de quelque 36 000 ex-voto et dont les particularités sont un cénotaphe de J.-B. Lulli et le tombeau de Jean Vassal, dernier secrétaire de Louis XIV.

Le passage Choiseul *(plan B1-2)* **:** *il débute par une élégante façade au 23, rue Saint-Augustin, et se termine au 40, rue des Petits-Champs, protégé par une structure de fer. Ⓜ Quatre-Septembre. Tlj 7h (8h dim)-20h.* Terriblement décrit par Céline (il y grandit au n° 64 et au n° 67) dans *Mort à crédit,* sous le nom de passage des Berezinas. Ouvert en 1824, ce passage bien vivant avec verrière et marquises abrite petites boutiques sans grand charme, galeries d'art et restos. On y trouve le théâtre des Bouffes-Parisiens (dont Jacques Offenbach fut le célèbre directeur). 2 sorties latérales : une côté numéros impairs sur la discrète rue Dalayrac et, presque en face, une autre, au niveau du n° 52, où l'on accède par un petit couloir sur la rue Sainte-Anne, avec, à l'angle, l'hôtel *Baudelaire,* où le poète séjourna en 1854. C'est au n° 23, chez l'éditeur Alphonse Lemerre, que Verlaine publia ses 1ers vers.

2e

Le passage des Princes *(plan B1)* **:** *entrée par les nos 97, 99 ou 101 de la rue de Richelieu ou par le n° 5 du bd des Italiens. Ⓜ Richelieu-Drouot. Lun-sam 8h-20h.* Dernier-né des passages de Paris (1860), on y admire le joli dallage quadrillé, la longue verrière aux armatures Art déco, les teintes ocre et la belle série de lampadaires. Dommage qu'une grande enseigne de jouets l'ait entièrement envahi, distillant sa musique commerciale. La cour, ravalée de haut en bas, avec sa fontaine rectangulaire et moderne, est calme, propre et discrète, bien agréable pour une petite halte dans ce quartier dynamique.

Le passage des Panoramas *(plan C1)* **:** *11, bd Montmartre, 75002. Ⓜ Grands-Boulevards. Tlj 6h-minuit.* Les panoramas circulaires, qui faisaient « voyager » nos aïeux – une des peintures d'origine représentait le retrait des troupes anglaises de Toulon ! –, ont donné leur nom à ce passage, construit en 1800, qui mêlait à la fois l'ambiance bourgeoise des galeries de bois du Palais-Royal et celle, plus populaire, des boulevards. La Nana de Zola en fit son passage de prédilection. En 1817, c'est le 1er lieu public de la capitale équipé de l'éclairage au gaz. Multiples sorties possibles *(11, bd Montmartre ; 151, rue Montmartre ; 6-8, rue Saint-Marc ; 50, rue Vivienne).*

Le passage du Grand-Cerf *(plan D2)* **:** *on accède à l'entrée de ce beau passage par la rue Dussoubs. Ⓜ Étienne-Marcel. Lun-sam 8h30-20h30.* Un très beau passage élevé en 1825 sur l'emplacement de l'hôtellerie du même nom, qui servait de relais de poste jusqu'à la Révolution. Avec des plafonds de plus de 11 m, c'est l'un des passages les plus hauts de la capitale. On l'aime beaucoup pour ses élégantes boutiques et sa délicieuse atmosphère.
– Dans son prolongement, le passage du Bourg-l'Abbé.

3e ARRONDISSEMENT

• Plan p. 66-67

Vous voilà dans le Paris historique ! Le Marais est comme un coffre à trésors dans lequel on puise toujours des plaisirs inédits : celui d'une balade romantique les yeux rivés sur les majestueux hôtels particuliers ou à travers des ruelles pittoresques, une pause méditative sur le banc d'un square, un brunch dans l'un de ces salons de thé au décor raffiné. Nez au vent et main dans la main, on y croise des couples gays à l'air heureux, des artistes et des artisans, un mélange des genres qui fait tout le charme de ces rues tournicotant avec bonheur.

Où dormir ?

Coup de foudre

Hôtel Paris France *(plan B1, **1**) : 72, rue de Turbigo, 75003. ☎ 01-42-78-00-04. • parisfrancehotel@wanadoo.fr • paris-france-hotel.com • Ⓜ Temple ou République. ♿ Doubles 109-168 € ; petit déj 9 €. Parking payant.* Cet excellent 3-étoiles cumule les bons arguments : la réception et les salons de style ne manquent pas de classe, tandis que les chambres modernes et colorées se révèlent nickel et confortables. Elles profitent même d'une belle vue sur les toits de Paris depuis les étages élevés (le 7e, joliment mansardé, est accessible à pied depuis le 6e étage). Accueil sympa. Un bon rapport qualité-prix.

Coups de folie

Hôtel du Petit Moulin *(plan B2, **3**) : 29-31, rue de Poitou, 75003. ☎ 01-42-74-10-10. • contact@hoteldupetitmoulin.com • hoteldupetitmoulin.com • Ⓜ Filles-du-Calvaire ou Saint-Sébastien-Froissart. ♿ Résa impérative. Doubles 230-420 € ; petit déj 15 €. Parking payant.* En plein Marais, ce bâtiment du XVIIe s (réception dans une ancienne boulangerie dont on a conservé la pittoresque devanture 1900) a été métamorphosé par le créateur de mode Christian Lacroix. Classe et charme sont au rendez-vous ! Moins d'une vingtaine de chambres, toutes résolument différentes, aménagées avec des matériaux élégants, des tissus soignés, des couleurs vives et du mobilier hétéroclite pour une atmosphère fortement personnalisée. Entre le kitsch, le zen et le chic, cette adresse intimiste joliment habillée comblera les amoureux qui ont des sous !

Jules et Jim Hôtel *(plan B2, **4**) : 11, rue des Gravilliers, 75003. ☎ 01-44-54-13-13. • contact@hoteljulesetjim.com • hoteljulesetjim.com • Ⓜ Arts-et-Métiers, Rambuteau ou Temple. Doubles 240-400 € ; petit déj 20 €.* On passerait presque devant sans le remarquer ! Une vingtaine de chambres au design épuré, avec douche à l'italienne, et balcon pour celles qui donnent sur la cour. Pour un court séjour, 2 chambres pas bien grandes, au 8e étage, donnent sur les toits du vieux Paris ! Celles surnommées « Himacs » sont lovées dans un cocon, dont les portes coulissantes s'ouvrent sur la salle de bains et la baie vitrée. Côté cour, adorable bar ouvert aux non-résidents.

Hôtel Georgette *(plan A2, **5**) : 36, rue du Grenier-Saint-Lazare, 75003. ☎ 01-44-61-10-10. • info@hotelgeorgette.com • hotelgeorgette.com • Ⓜ Rambuteau ou Étienne-Marcel. Doubles 130-300 € ; petit déj 10 €.* Un petit hôtel aux allures de musée d'art moderne (si près de Beaubourg !), où l'on pourrait faire la sieste devant un tag géant, dans un espace cosy où l'art se fait op, pop, et plus fou encore si vos moyens le permettent. Si les chambres dites « *classic* » ne le sont pas vraiment, apportant confort, jeux optiques, esprit vintage, couleurs flashy et contrastes vitaminés pour les jours gris, les plus chères vous donneront une autre idée du luxe, abordant le land art dans l'une, un esprit plus graphique dans l'autre. Bon voyage dans le temps pictural !

Où manger ?

Coups de foudre

Café Suédois *(plan B3,* ***10****) : à l'Institut suédois, hôtel de Marle, 11, rue Payenne, 75003. ☎ 01-42-71-99-79. • lecafesuedois@hotmail.fr • institutsuedois.fr • Ⓜ Saint-Paul ou Chemin-Vert. Tlj 12h-18h, sauf lun. Congés : août. Pas de résa. Compter moins de 10 €.* Soupes, sandwichs, boulettes de viande, hareng et gâteaux maison (à la carotte notamment), à déguster au soleil, sur les quelques tables de la charmante cour pavée de ce bel hôtel particulier. Également une petite salle toute simple mais chaleureuse. On s'est régalés pour quelques euros ! Bien pour une dînette en amoureux, mais aussi à l'heure du thé.

Chez Janou *(plan C3,* ***11****) : 2, rue Roger-Verlomme, 75003. ☎ 01-42-72-28-41. • chezjanou.com • Ⓜ Chemin-Vert ou Bastille. Lun-ven 12h-15h, 19h-2h (minuit pour les cuisines) ; sam-dim et j. fériés 12h-16h. Résa impérative. Formule déj en sem 16 € ; carte 30-40 €.* Un petit coin de Provence perdu dans ce bout de Marais tranquille ! Bel intérieur chaleureux, façon bistrot à l'ancienne coloré ; le tout flanqué d'une adorable terrasse sur une placette. Dans l'assiette, cuisine traditionnelle, ensoleillée et parfumée. Bonne sélection de vins et, pour les amateurs, des dizaines de pastis à la carte. Bref, une formule alléchante pour un succès fou !

Coups de folie

Auberge Nicolas Flamel *(plan A2,* ***12****) : 51, rue de Montmorency, 75003. ☎ 01-42-71-77-78. • auberge.flamel@yahoo.fr • auberge-nicolas-flamel.fr • Ⓜ Rambuteau ou Arts-et-Métiers. Tlj 12h-14h30, 19h-22h30. Formules déj en sem 23-28 € ; menus 42-65 € ; carte env 60 €.* Le plus vieux restaurant de la capitale serait né en 1407, quand Nicolas Flamel, qui a levé les secrets de la pierre philosophale, décide d'ouvrir une auberge pour les indigents. On pénètre donc avec un brin d'émotion dans cette vénérable maison ayant gardé tout son cachet, ses poutres de guingois et sa pierre apparente. Des tables décemment espacées, de beaux miroirs, des nappes immaculées, tout participe à l'ambiance romantique. Dans l'assiette, de la créativité sans débordements hasardeux et des présentations qui font mouche ! On cède volontiers à « l'alchimie de saveurs » !

Dessance *(plan B2,* ***14****) : 74, rue des Archives, 75003. ☎ 01-42-77-23-62. • reservations@dessance.com • dessance.com • Ⓜ Arts-et-Métiers, Rambuteau ou Filles-du-Calvaire. Tlj 12h-14h30 (15h30 w-e), 19h-22h, sauf lun-mar. Résa conseillée le soir. Formules déj en sem 22-26 € et dégustation 38 € (en plus, dégustation de boissons 30-36 €) ; menus 59-69 €.* Le cadre contemporain et minimaliste, qui fait la part belle au large comptoir en granit, est en adéquation avec la cuisine résolument conceptuelle et naturelle : la gastronomie inédite des légumes, fruits et végétaux de saison, qui ouvre une nouvelle façon de manger salé et sucré. Les papilles savourent des textures contrastées et les saveurs naturellement salées, acides, amères ou sucrées de ces aliments, le tout minutieusement dressé (les assiettes sont de vraies œuvres

A
B
1
2
3
NORD
Strasbourg Saint-Denis
Porte St-Martin
Bd St-Denis
Bd Saint-Martin
10e
PLACE JOHANN STRAUSS
République
Sébastopol
R. Ste-Apolline
R. Blondel
Pass. Lemoine
R. de Tracy
Pass. du Ponceau
Rue du Caire
R. du Ponceau
Palestro
R. Sal. de Caus
Sq. E. Chautemps
R. Papin
Conservatoire des Arts et Métiers
Musée des Arts et Métiers
Rue Notre-Dame de Nazareth
Rue du Vertbois
Meslay
22
Temple
Rue de Turbigo
1
Vaucanson
R. Mongolfier
R. Borda
Volta
R. Conté
Pass. des Orgues
Pass. du Pont aux Biches
Pass. Meslay
Pass. Ste-Élisabeth
R. Ste-Élisabeth
R. des Fontaines du Temple
Cité Dupetit-Thouars
R. de la Corderie
Rue Dupetit-Thouars
2e
Réaumur Sébastopol
Rue Réaumur
Arts et Métiers
Rue Greneta
R. Cunin-Gridaine
R. Bailly
Rue au Maire
Square du Temple
Carreau du Temple
Mairie
R. P. Dubois
R. G. Vicaire
Rue Spuller
Rue Perrée
R. Caffarelli
R. de Picardie
R. de Turbigo
R. du Bourg l'Abbé
R. E. Marcel
Maison de Nicolas Flamel
12
5
Rue Beaubourg
Rue des Gravilliers
R. des Vertus
4
Rue du Temple
R. Portefoin
Rue des Archives
Rue de Beauce
1er
R. aux Ours
R. du Grenier Saint-Lazare
Rue de Montmorency
Rue Chapon
Rue Michel le Comte
Rue Quincampoix
Pass. Molière
Rue Saint-Martin
R. B. de Clairvaux
R. Brantôme
Pass. du Maure
Imp. Berthaud
Rue des Haudriettes
Pastourelle
R. Charlot
Ruelle Sourdis
14
3
20
Rue de Saintonge
Musée de la Chasse et de la Nature
Rambuteau
Rue Rambuteau
Rue de Braque
Pass. Ste-Avoie
Hôtel de Soubise
Archives nationales
R. des Quatre Fils
R. du Perche
Vieille
Coutures St-Gervais
PL. GEORGES POMPIDOU
R. Geoffroy l'Angevin
R. Simon le Franc
Hôtel de Rohan
Musée Picasso
R. de la Perle
PLACE DE THORIGNY
Rue Barbette
Elzévir
Payenne
Musée Cognacq-Jay
10
Musée Carnavalet
Rue des Francs
Blancs Manteaux
Rue du Renard
Vieille du Temple
Rue des Rosiers
4e
Pavée
Malher
Sévigné
0
100
200 m
Pas de côté
Saint-Paul

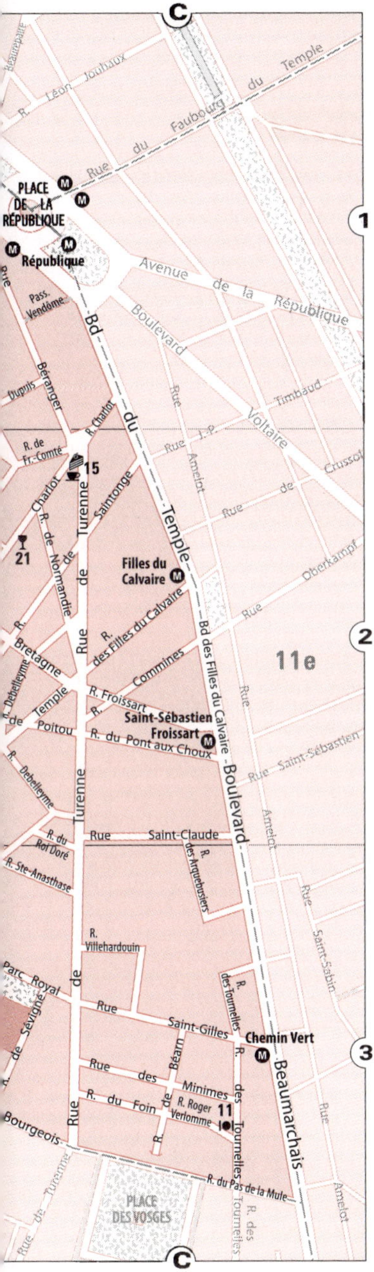

Où dormir ?

1 Hôtel Paris France (B1)
3 Hôtel du Petit Moulin (B2)
4 Jules et Jim Hôtel (B2)
5 Hôtel Georgette (A2)

Où manger ?

10 Café Suédois (B3)
11 Chez Janou (C3)
12 Auberge Nicolas Flamel (A2)
14 Dessance (B2)

Où faire une pause gourmande ?

15 Jacques Genin (C2)

Où boire un verre ?

4 Bar de l'hôtel Jules et Jim (B2)
20 Candelaria (B2)
21 Little Red Door (C2)
22 L'Épicier (B1)

d'art). Également des accords avec des boissons originales faites maison, alcoolisées ou non. Un surprenant voyage gustatif dans un élégant cadre en bois.

Où faire une pause gourmande ?

Jacques Genin (plan C2, **15**) : *133, rue de Turenne, 75003. ☎ 01-45-77-29-01. • jacquesgenin.fr • Ⓜ Filles-du-Calvaire. Tlj 11h-19h, sauf lun ; boutique mar-ven 11h-19h, sam 11h-19h30. Pâtisserie 9 €.* Une boutique de luxe où les chocolats, les pâtes de fruits, les glaces et autres douceurs sont présentés comme des œuvres d'art. Autant le savoir d'entrée, les prix battent des records ! Mais on est ici chez un « fondeur en chocolat »... Tout un programme ! Les (fines) gueules sucrées se damnent pour le paris-brest, un must !

Où boire un verre ?

Candelaria (plan B2, **20**) : *52, rue de Saintonge, 75003. • info@candelaria-paris.com • candelaria-paris.com • Ⓜ Temple ou Filles-du-Calvaire. Taqueria ouv tlj 12h-22h30 (23h30 jeu-sam) ; bar tlj 18h-2h. Fermé 1er janv, 24-25 et 31 déc. Cocktail env 12 €. 2 tacos 7 € ; formule déj en sem 12,50 € ; brunch env 18 €.* Un endroit qu'on adore, tout droit sorti des quartiers chics de Mexico. Après avoir mangé au coude-à-coude dans une microsalle quelconque de délicieux tacos et goûté à une bière mexicaine, on pousse la petite porte du fond... pour tomber dans un cocktail-bar secret et apaisant. On vous conseille « La Guêpe Verte », une subtile mixture à base de tequila, agave, piment, citron, concombre et coriandre. Épicé et original.

Little Red Door (plan C2, **21**) : *60, rue Charlot, 75003. ☎ 01-42-71-19-32. • contact@lrdparis.com • lrd-paris.com • Ⓜ Temple ou Filles-du-Calvaire. Jeu-dim 18h-1h. Cocktails 11-15 €.* C'est un aller simple pour New York qui vous attend dans ce *speakeasy* planté au cœur du Marais. Une fois passé la *little red door* (on vous laisse découvrir !), vous vous installerez confortablement dans un profond sofa ou au bar. Très créatifs, les cocktails s'imposent parmi les meilleurs de la capitale. La musique soul et hip-hop vous transportera un peu plus vers les rues de New York, tout comme le décor *casual chic* tout de brique, pierre et tentures. Une belle adresse.

L'Épicier (plan B1, **22**) : *24, rue Notre-Dame-de-Nazareth, 75003. Pas de tél. Ⓜ Temple. Mar-sam 18h-1h (2h jeu-sam).* Une épicerie comme tant d'autres, nichée dans une rue calme du quartier Temple. Pourquoi donc vous envoyer ici ? Car derrière les boîtes de couscous et de pois chiches, une porte dérobée mène à un incroyable *speakeasy* sauce orientale ! Ambiance digne des *Mille et Une Nuits* dans la cave intime, veillée par des lanternes mauresques. Les cocktails, aux saveurs d'Orient – essayez donc le « Tété du Bled », un thé marocain « revisité » –, se sirotent affalé sur des coussins aux motifs berbères, bercé par une musique lancinante. La vie de pacha, quoi !

Bar de l'hôtel Jules et Jim (plan B2, **4**) : *11, rue des Gravilliers, 75003. ☎ 01-44-54-13-13. • contact@hoteljulesetjim.com • hoteljulesetjim.com • Ⓜ Arts-et-Métiers, Rambuteau ou Temple. Tlj 8h-2h. Cocktails 13-18 €.* Pour vivre heureux, vivons cachés ! Si l'hôtel est discret, son bar l'est encore plus, planqué au fond d'une cour intérieure. En terrasse, lorsque le soleil réchauffe les tables, le petit déj est un moment de bien-être relax loin des foules. L'hiver et en soirée, c'est la véranda qui attire, avec sa cheminée ; à moins de se réfugier dans la salle tout en pierre, avec parquet et mobilier cosy. Idéal pour un tête-à-tête autour d'un bon cocktail.

Main dans la main

Le nord du Marais

Suite logique du 4e arrondissement, il s'étend grosso modo de la rue des Francs-Bourgeois à la rue de Bretagne. Comme son nom l'indique, le quartier fut, à l'origine, une terre marécageuse comprise entre la Seine et l'un de ses bras, souvent inondée au moment des crues. Il en fut ainsi jusqu'au XIIe s. Des institutions religieuses s'y installèrent d'abord, puis la communauté juive. Les seigneurs y possédaient des maisons de campagne (les templiers furent à l'origine du quartier du Temple). Quand les rois quittèrent le Louvre pour l'hôtel Saint-Pol, la Cour suivit. Lorsque Henri IV décida la construction de la place Royale (aujourd'hui place des Vosges), la noblesse fit bâtir de somptueux hôtels tout autour.

Aujourd'hui, les commerçants juifs maintiennent, rues des Rosiers et des Écouffes, une animation de place provençale ; ils appellent le quartier « le *Pletzl* », vieux mot yiddish pour dire « la place ». Un peu plus loin, le marché des Enfants-Rouges continue à offrir ses bonnes odeurs et ses montagnes de couleurs.

Le musée Carnavalet – Histoire de Paris *(plan B3)* **:** *16, rue des Francs-Bourgeois, 75003. ☎ 01-44-59-58-58. • carnavalet.paris.fr • Ⓜ Saint-Paul ou Chemin-Vert. GRATUIT.* ***Attention, le musée ouvrira ses portes au printemps 2021.*** Installé dans les hôtels Carnavalet et Le Peletier de Saint-Fargeau, le musée de l'Histoire de Paris compte parmi les plus beaux musées parisiens grâce à son cadre, ses proportions, et surtout par la valeur de ses collections. D'autant plus qu'il s'apprête à rouvrir ses portes après 4 ans de chantier. Peintures, sculptures, mobilier, boiseries, objets d'art décoratif et d'histoire, enseignes, photographies, dessins, estampes, affiches, médailles, monnaies... et des collections d'archéologie qui ont retrouvé une place de choix. On voyage dans le Paris de la préhistoire à nos jours, découvrant au passage le plus vaste fonds consacré aux révolutions françaises.

Les incontournables répondent bien sûr présent dans ce nouveau parcours : la chambre de Marcel Proust, le portrait de Madame de Sévigné par Claude Lefèbvre, le tableau de la Déclaration des Droits de l'Homme et du Citoyen de Jean-Jacques-François Le Barbier donné au musée par Georges Clemenceau, la spectaculaire bijouterie Fouquet réalisée en 1901 par Alfons Mucha ou encore la fameuse enseigne du cabaret Le Chat Noir créée par le peintre Adolphe-Léon Willette.

Ce nouveau parcours s'ouvre également à la période contemporaine : il entrelace des thématiques très variées, telles que les mutations urbaines, culturelles et sociales qu'a connu Paris depuis le début du XIXe siècle. Des dispositifs numériques ponctuent désormais la visite.

UN CARNAVAL DE PRÉTENDANTS

En 1578, l'hôtel Carnavalet devient la propriété de Mme Kernevenoy, dont le mari vient de mourir en duel. On dit que la jeune et jolie veuve aurait alors reçu de nombreux témoignages d'affection et qu'un carnaval de courtisans se serait empressé de consoler cette âme seule. C'est de cette veuve que l'hôtel Carnavalet tiendrait son nom.

Les hôtels de la rue du Parc-Royal *(plan B-C3)* **:** une succession unique de magnifiques demeures des XVIIe et XVIIIe s ; et, la nuit, l'une des balades les plus romantiques qui soient. Au no 4, l'hôtel Canillac est un des rares dont le portail demeure, en principe, ouvert dans la journée. Avant le 2d porche sur la gauche, ne manquez pas l'escalier Louis XIII avec une pièce unique : la rampe en bois massif tout en entrelacs et fleurons. Au nº 8, ancien hôtel Duret-de-Chevry, rénové ; aux nos 10 et 12, 2 autres belles façades.

La rue Payenne *(plan B3)* **:** l'une de nos rues préférées. Venant du Parc-Royal, à gauche, tout en longueur, l'orangerie de l'hôtel Le Peletier-de-Saint-Fargeau, donnant sur le croquignolet square Georges-Cain, où l'on peut entendre des chants de rossignols enregistrés dans nos forêts et voir la gracieuse *Île-de-France,* statue de Maillol, bomber le torse. Au nº 13, l'élégant hôtel de Châtillon est couvert de lierre et de vigne vierge. Au nº 11, hôtel de Marle, très bien restauré et qui abrite aujourd'hui l'Institut suédois.

Le musée Cognacq-Jay *(plan B3)* **:** *8, rue Elzévir, 75003. ☎ 01-40-27-07-21. • museecognacq-jay.paris.fr • Ⓜ Saint-Paul ou Chemin-Vert. Tlj – sauf lun et certains j. fériés – 10h-18h (dernière entrée 17h30). GRATUIT (expos temporaires payantes au 1er niveau : 6-8 € ; réduc).*

3e

Dans le très bel hôtel du XVIe s, édifié pour Médéric de Donon, conseiller du roi Henri III, cet admirable musée est consacré à la collection d'Ernest Cognacq, un homme au parcours étonnant, qui a d'abord accumulé les petits métiers en province avant de collectionner les œuvres du XVIIIe s.

Sur plusieurs étages reliés par un bel escalier Louis XIV, peintures, dessins, mobilier, porcelaines et toutes sortes d'objets aussi précieux que délicats (piluliers, adorable pistolet à parfum pour les galantes...) sont présentés selon une muséographie originale que l'on doit en partie à Christian Lacroix. Ses tapis thématiques valent le coup d'œil ! Remarquez, par ailleurs, la très belle collection de portraits de Maurice Quentin de La Tour, saisissants de naturel et de vivacité. Tout aussi intéressantes, des œuvres de Greuze, Boucher, Chardin, Canaletto, Tiepolo ou encore Guardi. Les différentes salles, souvent ornées de boiseries d'époque et de cheminées élégantes, sont également meublées de pièces rares, comme une petite table mécanique marquetée de fleurs indiennes ou une rangée de faux bouquins, un lit « à la polonaise » qui a appartenu à la Couronne, puis à Cambacérès... Incontournables porcelaines de Meissen, émaillées et colorées : les scènes, humoristiques et légères, empruntent souvent leur sujet au théâtre. Rigolote série d'amours représentés dans des activités humaines. Avant de partir, grimpez jusqu'aux combles pour admirer la charpente.

Le musée national Picasso-Paris *(plan B3)* **:** *hôtel Salé, 5, rue de Thorigny, 75003. ☎ 01-85-56-00-36. • musee-picasso.fr • Ⓜ Saint-Sébastien-Froissart ou Saint-Paul. Tlj 11h30 (9h30 w-e et j. fériés)-18h, sauf lun. Entrée : 14 € ; réduc. Audioguide : 5 € ; réduc. Résa et achat de billets sur Internet vivement conseillés pour un accès rapide.*

Ce superbe hôtel fut construit au XVIIe s pour un financier ayant fait fortune en levant la gabelle (impôt sur le sel de triste mémoire). Ironiquement, le bon peuple parlait donc de l'hôtel « salé ».

Après d'importants travaux de réhabilitation, permettant d'accéder aux combles et à la

PICASSO, BOURREAU DES CŒURS

Parmi les 9 femmes avec lesquelles il vécut, Picasso n'en épousa que 2. Cette vie amoureuse chahutée eut aussi des répercussions dans sa production artistique. « Pour mon malheur, et ma joie peut-être, je place les choses selon mes amours », dit-il. Chaque femme marque un tournant dans sa peinture : Fernande inaugure la période rose ; après une histoire tragique avec Eva, les 9 ans de mariage avec Olga correspondant à la période classique. Marie-Thérèse, Dora, Françoise puis Jacqueline sont autant d'étapes tumultueuses dans la vie du démiurge à la sexualité débridée.

charpente d'origine ainsi qu'aux salles voûtées du sous-sol, cet hôtel, parmi les plus beaux du Marais, dévoile les œuvres de Picasso (1881-1973), artiste protéiforme et prolifique.
On est immédiatement saisi par la beauté du bâtiment, du grand escalier d'honneur (une prouesse architecturale à double volée de marches), des moulures et des boiseries qui intègrent naturellement les dernières rénovations. Espaces décloisonnés, murs blancs épurés, corniches et décrochages, escaliers hélicoïdaux aux parois métalliques, jeux de lumière – essentiellement naturelle –, lustres enfin et mobilier imaginés par Diego Giacometti (le frère du sculpteur)... Le mélange d'ancien et de moderne constitue un merveilleux écrin à la plus grande collection publique au monde d'œuvres de Picasso. Près de 5 000 œuvres sur tous types de supports, destinées à être exposées par roulement et selon différentes thématiques qui invitent à porter un regard nouveau sur son travail.
Pendant la visite, ne pas manquer de jeter un œil par les fenêtres du 2e étage, côté jardin, sur l'une des plus belles vues de Paris ! Le 3e étage est dédié à la collection personnelle de Picasso. Des œuvres réalisées par Gauguin, Matisse, Cézanne, Kees van Dongen, ou encore Chardin et Corot pour n'en citer que quelques-uns. Et le jardin permet de prolonger le plaisir. Une escale incontournable du Marais à (re)découvrir !
Attention, l'accrochage évolue régulièrement en fonction des thèmes d'exposition.

3e

Le musée des Archives nationales – Hôtel de Soubise (plan B2-3) **:** *hôtel de Soubise, 60, rue des Francs-Bourgeois ou 58, rue des Archives, 75003. ☎ 01-40-27-60-96. • archives-nationales.culture.gouv.fr • Ⓜ Rambuteau ou Hôtel-de-Ville. Tlj 10h (14h w-e)-17h30, sauf mar. Entrée : 5-8 € avec expo (3-5 € sans) ; réduc ; gratuit moins de 26 ans et pour ts le 1er dim de chaque mois.*
Superbe hôtel particulier bordé, côté rue des Francs-Bourgeois, par une succession d'aristocratiques demeures datant des XVIIe et XVIIIe s. Par le portail en demi-lune apparaît l'immense et magnifique cour d'honneur en fer à cheval, flanquée d'une galerie de colonnes. La façade de l'édifice est un chef-d'œuvre d'équilibre et d'élégance. Du XVIe au XVIIe s, l'hôtel est occupé par la famille de Guise, qui, dit-on, y fomenta la Saint-Barthélemy. En 1808, Napoléon y installe ses archives impériales, puis l'édifice est agrandi sous Louis-Philippe et jusqu'en 1873 (bâtiments des grands dépôts ; *fermés au public sauf Journées du patrimoine)* pour y accueillir l'ensemble des archives de la nation depuis le haut Moyen Âge. Ainsi naissent les Archives nationales.
Au cours de son histoire, l'hôtel de Soubise est largement remanié intérieurement pour accueillir les rayonnages des archives. En 1867, il est transformé en musée et retrouve un peu de faste et d'authenticité grâce aux restaurations successives... Au rez-de-chaussée, superbe appartement du Prince. À l'étage, l'appartement de la Princesse est un étalage de faste et de luxe.

Les jardins des Archives nationales (plan B2-3) **:** *accès par le 58, rue des Archives, le 11, rue des Quatre-Fils ou le 60, rue des Francs-Bourgeois. Ⓜ Rambuteau ou Hôtel-de-Ville. Tlj 8h-17h (20h fin mars-fin oct).* L'endroit rêvé pour se poser un peu au calme, avec un sandwich ou un bouquin, après avoir arpenté le quartier. Une succession de jolis petits jardins si inattendue qu'on n'en devine pas l'existence de l'extérieur – les espaces sont variés et superbement aménagés, longeant souvent l'arrière de vénérables hôtels particuliers.

Le musée de la Chasse et de la Nature (plan B2) **:** *hôtel de Guénégaud, 62, rue des Archives, 75003. ☎ 01-53-01-92-40. • chassenature.org • Ⓜ Hôtel-de-Ville ou Rambuteau.* ♿ ***Attention, le musée devrait rouvrir au printemps 2021 après plus d'1 an de travaux d'agrandissement.*** Présenté d'une part dans un superbe hôtel particulier du XVIIe s, œuvre de François Mansart sauvée in extremis par Malraux, et d'autre part dans l'hôtel voisin, dit « de Mongelas », le musée s'adresse à tous les amateurs de la nature. Dans un esprit d'ouverture et de dialogue, il présente des œuvres inspirées par le rapport de l'homme à son environnement, et notamment aux animaux et aux espaces sauvages, à travers l'art ancien et l'art contemporain. Il fut créé par François et Jacqueline Sommer, riches industriels de la 2de moitié du XXe s et amateurs de chasse. Les thèmes animaliers, conçus autour de figures emblématiques (le sanglier, le cerf et le loup, la... licorne, le cheval, l'oiseau de proie, les chiens...), sont illustrés par des animaux naturalisés, des tableaux, des trophées... Au dernier étage, la cabane de François Sommer, reconstituée, évoque une vie de passion. Des salles d'expositions temporaires viennent compléter un attrayant et édifiant parcours, ponctué de surprises non dénuées de poésie et d'humour !

Le passage Molière *(plan A2)* **:** *débute au niveau du 82, rue Quincampoix et rejoint la rue Saint-Martin.* Ⓜ *Rambuteau.* On y trouve le *théâtre Molière,* qui dépend de la Maison de la poésie et propose, comme son nom l'indique, surtout de la poésie ou des textes littéraires ; le bâtiment a connu divers avatars, mais il abritait déjà un théâtre en 1792. Sous la Révolution, le passage s'appelait « passage des Sans-Culottes ». Vous l'apprécierez pour son vieux charme tranquille et son côté provincial, sa rigole et ses gros pavés, ses petites galeries, les gros buissons poussant sur les balcons. De grosses grilles montent la garde à chaque entrée.

3e

La rue du Temple *(plan B1-2)* **:** un curieux mélange que tous ces grossistes en bijoux et accessoires de pacotille, environnés de beaux hôtels particuliers. Au no 71, l'hôtel Saint-Aignan, siège de la municipalité de 1795 à 1800, puis mairie de l'ancien 7e arrondissement. Il abrite aujourd'hui le musée d'Art et d'Histoire du judaïsme.

La maison de Nicolas Flamel *(plan A2)* **:** *51, rue de Montmorency, 75003.* Ⓜ *Rambuteau.* Construite en 1407, ce qui en fait, dit-on, la plus ancienne de Paris. Très restaurée au XVIIIe s, et les éléments pseudo-gothiques de la façade sont bien sûr postérieurs à la date de construction. Nicolas Flamel, grand universitaire du XVe s, est connu notamment pour avoir fabriqué la pierre philosophale, dont la propriété est de transformer le métal en or et de produire l'élixir de longue vie. On retrouve ses initiales, N et F, sur les 2e et 5e piliers. Aujourd'hui, la maison abrite un restaurant (voir la rubrique « Où manger ? »).

Petits itinéraires romantiques

Les « belles provinces » de France

Voici une balade un peu en dehors des sentiers battus. Il n'y a plus d'hôtels particuliers spectaculaires, seulement de belles cours avec des pignons accrocheurs, des escaliers tarabiscotés, de vieilles ruelles pittoresques, dont la plupart portent un nom de province.

➢ Empruntez la ***rue Charlot*** *(plan B-C2),* qui ne rend pas hommage à un célèbre personnage de cinéma mais porte le nom d'un obscur financier du XVIIe s.

➢ En route, on croise la ***rue du Perche*** *(plan B2).* Au no 9 habita Mme de Maintenon. Puis, à gauche, empruntez la *rue Pastourelle,* dénommée ainsi depuis 1330. En face de la rue de Beauce débouche la *ruelle de Sourdis* (fermée par une porte en fer le soir). Même aspect qu'il y a 4 siècles, avec ses maisons en encorbellement, son caniveau central et ses grosses bornes en pierre qui évitaient aux piétons d'être écrasés par les roues des charrettes.

➢ À l'angle des ***rues de Beauce*** et ***Pastourelle*** *(plan B2),* noms gravés dans la pierre : « Beausse et rue d'Anjou » (ancien nom). La rue de Beauce est étroite mais n'a pas conservé, comme la ruelle de Sourdis, son aspect médiéval. Avant d'arriver rue de Bretagne, empruntez la minuscule rue des Oiseaux pour gagner le

marché des Enfants-Rouges *(plan C2),* l'un des plus anciens de Paris. Il s'appela au XVIIe s « petit marché du Marais », avant de porter le nom d'un orphelinat voisin pour enfants qui se reconnaissaient à leurs vêtements rouges. Coloré et animé, on y trouve plusieurs bonnes adresses pour grignoter.

➢ On ressort ***rue de Bretagne*** *(plan B-C2),* très commerçante et animée sur cette portion, d'autant qu'elle offre, au n° 39, l'accès au marché des Enfants-Rouges.

➢ À l'angle avec la ***rue de Poitou*** *(plan B-C2),* boulangerie avec céramiques et glaces peintes. Au n° 64 résida Robespierre, de 1789 à 1791...

On arrête ! Toutes ces rues recèlent quelque chose d'intéressant à découvrir main dans la main.

Le quartier du Temple

Ce sont les moines templiers qui rendirent le terrain habitable et cultivable. À la veille de la Révolution, le quartier du Temple était encore une ville dans la ville, une sorte de zone franche pour artisans et gens endettés. Autour du beau square du Temple, il y a beaucoup de choses intéressantes à voir.
Autour des rues Volta, des Vertus et des Gravilliers vit toujours une vieille population de quartier. La ***rue des Vertus*** *(plan B2)* rappelle le commerce qui s'y déroulait ! Dans ce coin vit la plus ancienne communauté chinoise de Paris.

La ***rue Volta*** *(plan B1-2),* adorablement sombre pour honorer l'inventeur de la pile électrique, recèle, au n° 3, l'une des plus vieilles maisons de Paris. Avec ses colombages, celle-ci date probablement de la fin du XIIIe s et présente certaines caractéristiques typiques du Moyen Âge. Elle est constituée de 2 anciennes boutiques avec margelle de pierre de part et d'autre de la porte et qui, en l'absence de vitres, se fermaient avec des volets horizontaux. Celui du bas servait de comptoir (d'où l'expression « trier sur le volet »).

Le Carreau du Temple *(plan B2)* **:** *4, rue Eugène-Spuller, 75003.* • *carreaudutemple.eu* • Ⓜ *Temple.* Sous cette belle structure métallique, avec verrière lumineuse et ferronneries en arabesque, s'étendait un vieux marché de la « nippe ». Le Carreau perpétuait la tradition de la foire qui se tenait là au Moyen Âge. Tout au long du XIXe s, les Parisiens fauchés venaient déjà s'habiller ici. Le bâtiment actuel remplaça vers 1900 une structure type Baltard, construite sous Napoléon III. Une grande partie de l'argot concernant les vêtements date d'ailleurs du Carreau du Temple de cette époque. Le Carreau, aujourd'hui rénové, livre un espace baigné de lumière très réussi. Au menu : un agenda culturel (spectacles vivants, ateliers créatifs, projections...), des salons, un espace sportif...

4e ARRONDISSEMENT

• Plan p. 76-77

Ramassé autour de l'île de la Cité et de l'île Saint-Louis, le cœur de Paris est à arpenter avec délice, des pavés de l'île de la Cité au quai aux Fleurs, sans oublier les environs de Beaubourg, qui fourmillent de touristes du monde entier. En dégustant son sorbet *Berthillon,* on aura une pensée émue, au pied de Notre-Dame, pour le plus grand des amoureux, qui préféra se laisser mourir auprès de sa belle plutôt que se résoudre à lui survivre : Quasimodo au cœur pur.

Où dormir ?

Coups de foudre

Hôtel Jeanne-d'Arc, Le Marais *(plan C2,* ***1****) : 3, rue de Jarente, 75004. ☎ 01-48-87-62-11. • info@hoteljeannedarc.com • hoteljeannedarc.com • Ⓜ Saint-Paul, Bastille ou Chemin-Vert. ♿ Résa impérative min 3 mois à l'avance en saison. Doubles 98-230 € ; petit déj 12 €.* À 2 pas de la belle et animée place Sainte-Catherine, un petit hôtel familial, bien tenu, avec pas mal de charme et un accueil agréable. Les chambres, jolies et confortables, ont conservé un style sobre et classique quand d'autres ont adopté des tons et un esprit bien plus actuels. Ascenseur et clim.

Hôtel de Nice *(plan B2,* ***2****) : 42 bis, rue de Rivoli, 75004. ☎ 01-42-78-55-29. • contact@hoteldenice.com • hoteldenice.com • Ⓜ Hôtel-de-Ville. Attention, entrée discrète entre 2 terrasses. Résa conseillée. Doubles 110-300 € ; petit déj 10 €.* Une atmosphère conviviale, une déco à l'ancienne et très colorée, un accueil personnalisé et souriant, bref un établissement cosy et authentique qui donne envie de prolonger son séjour. Les propriétaires, autrefois antiquaires, ont gardé le goût des beaux objets, disséminés dans les chambres. Salles de bains petites mais impeccables, l'hôtel est bien entretenu. Petit salon bonbonnière (très rouge !), où l'on prend aussi le petit déj. En été, préférez les chambres donnant sur la jolie place du Bourg-Tibourg.

Hôtel Émile *(plan C2,* ***3****) : 2, rue Malher, 75004. ☎ 01-42-72-76-17. • resa@hotelemile.com • hotelemile.com • Ⓜ Saint-Paul. Doubles 130-200 €, petit déj compris.* Une trentaine de chambres pour ce charmant hôtel où le noir et le blanc se mélangent bien dans des chambres graphiques à souhait. Des rideaux aux moquettes en passant par le carrelage blanc typique du métro, le style est sobre et contemporain. Tellement contemporain que la réception est pour le coup assez clinique (on vous y sert le petit déj sur un tabouret haut ou en vitrine...) ! La suite, au dernier étage, permet d'embrasser les toits de Paris. À savoir : les salles de bains des chambres doubles (pas de *twins*) sont ouvertes ; avis aux amoureux !

Coups de folie

Hôtel de la Bretonnerie *(plan B1,* ***4****) : 22, rue Sainte-Croix-de-la-Bretonnerie, 75004. ☎ 01-48-87-77-63. • hotel@bretonnerie.com • hotelparismaraisbretonnerie.com • Ⓜ Hôtel-de-Ville. Doubles 100-198 € ; petit déj 15 € (5 € pour une résa en direct).* Un bel hôtel qui a su conserver, avec ses longues poutres, ses pierres de taille d'époque et son escalier ancien, tout le charme d'autrefois. Ensemble soigné. Petit déj servi dans la salle voûtée. Les chambres « charme » sont particulièrement spacieuses. Les « classiques », bien que plus petites, bénéficient elles aussi de tout le confort et d'une déco élégante. Baignoire dans les salles de bains. Pas de clim ; préférer une chambre côté cour en été. Depuis le dernier étage, vue sur les toits de Paris.

Hôtel Saint-Louis (plan B2, **5**) : *75, rue Saint-Louis-en-l'Île, 75004. ☎ 01-46-34-04-80. • isle@saintlouis-hotels.com • saintlouisenlisle.com • Ⓜ Pont-Marie. ♿ Doubles 185-245 € ; petit déj 13 €.* Hôtel de charme, dans le genre chic et bourgeois. Accueil agréable et chambres pas très spacieuses mais confortables, joliment rénovées avec cachet : pierres apparentes, poutres, gravures, beau dallage à l'ancienne. Bon rapport qualité-prix compte tenu de son emplacement. Petit déjeuner servi dans une jolie salle voûtée (au sous-sol). Une belle adresse pour cocooner en amoureux.

Hôtel Caron de Beaumarchais (plan B2, **6**) : *12, rue Vieille-du-Temple, 75004. ☎ 01-42-72-34-12. • hotel@carondebeaumarchais.com • carondebeaumarchais.com • Ⓜ Hôtel-de-Ville ou Saint-Paul. Doubles 130-250 € ; petit déj 13 €.* Le bâtiment a été rénové et joliment décoré sur des modèles du XVIIIe s pour rendre hommage à l'auteur du *Mariage de Figaro,* qui habita dans cette rue. D'emblée, le pianoforte, la table de jeu, la harpe et les tableaux donnent l'impression d'entrer dans le salon d'une élégante plutôt que dans la réception d'un hôtel. La décoration et l'aménagement des chambres – certaines vraiment petites – sont aussi douillets que soignés. Nombreuses antiquités, très beaux tissus, confort irréprochable. L'ensemble a un petit supplément d'âme.

4[e]

Où manger ?

Sur le pouce

L'As du Fallafel (plan C1, **10**) : *34, rue des Rosiers, 75004. ☎ 01-48-87-63-60. Ⓜ Saint-Paul. ♿ Tlj sauf sam 11h30-minuit (15h en hiver, 20h en été ven). À partir de 7 € à emporter.* L'adresse incontournable pour déguster l'authentique fallafel. Qu'est-ce qu'il met dedans, *L'As* ? C'est indiqué, suffit de lire : pois chiches, choux rouge et blanc, crème de sésame, aubergine, concombre, un chouia d'harissa. Vous aimez ? Sinon, bonnes assiettes aussi variées et colorées, et très bon *shawarma* à l'agneau. Plutôt que de vous attabler, préférez le comptoir de vente à emporter au n° 44 de la même rue (moins de monde) et filez sur les quais de l'île Saint-Louis pour savourer face à la Seine. *NOUVEAUTÉ.*

Coup de folie

Brasserie Bofinger (plan D2, **14**) : *5-7, rue de la Bastille, 75004. ☎ 01-42-72-87-82. • ccordonnier@groupeflo.fr • bofingerparis.com • Ⓜ Bastille. ♿ Lun-sam 12h-15h, 18h30-minuit ; dim service continu 12h-23h30. Formule déj (sauf dim) 19,90 € ; menu 33 € ; choucroutes à partir de 24,50 € ; plateaux de fruits de mer 30-90 €.* Cette célèbre brasserie inaugurée en 1864 et tout juste rénovée offre un décor qu'apprécient les nombreux touristes et les Parisiens, sensibles à l'esthétique de la belle verrière et du salon du 1er étage, décoré par Hansi, et au virevoltant service en noir et blanc. Que l'on soit d'ici ou d'ailleurs, on sacrifie à la sacro-sainte choucroute, bonne et généreuse, et aux plateaux de fruits de mer.

Où faire une pause gourmande ?

Le Loir dans la Théière (plan C2, **20**) : *3, rue des Rosiers, 75004. ☎ 01-42-72-90-61. • paboccia@numericable.fr • Ⓜ Saint-Paul. Tlj 9h-19h30. Tartes salées et plats du jour 10-14,50 € ; formule l'ap-m 13 € (thé + une tarte ou un gâteau) ; brunch w-e 22,50 €.* Mieux vaut le savoir : on trouve souvent la queue à la porte de ce salon de thé à la déco hétéroclite. Rançon du succès donc, on peut avoir le sentiment d'être poussé vers

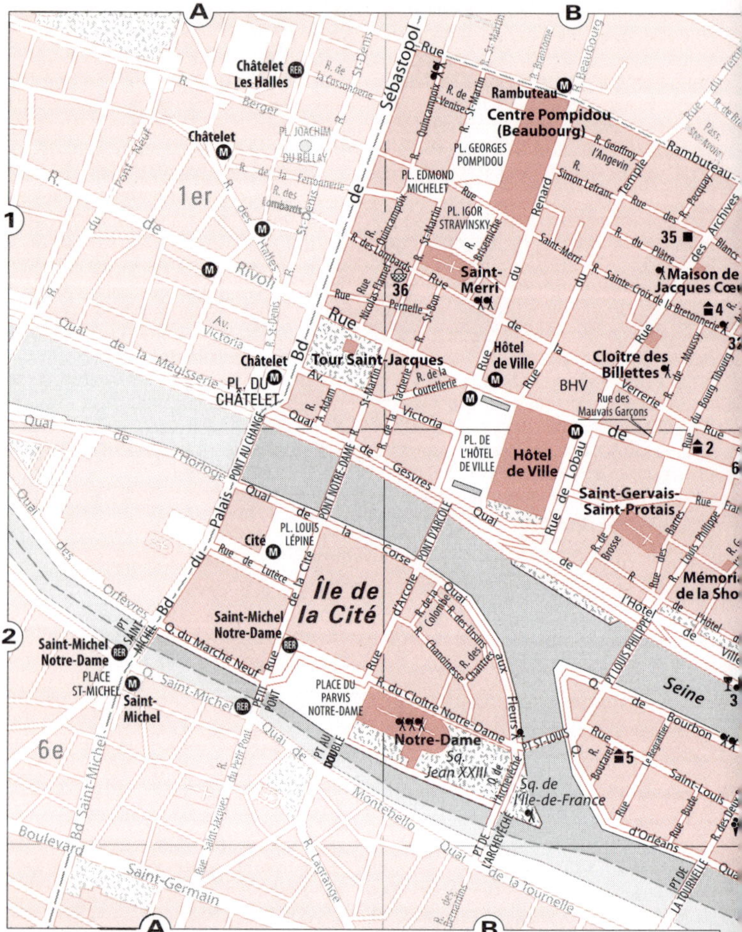

Où dormir ?

- **1** Hôtel Jeanne-d'Arc, Le Marais (C2)
- **2** Hôtel de Nice (B2)
- **3** Hôtel Émile (C2)
- **4** Hôtel de la Bretonnerie (B1)
- **5** Hôtel Saint-Louis (B2)
- **6** Hôtel Caron de Beaumarchais (B2)

Où manger ?

- **10** L'As du Fallafel (C1)
- **14** Brasserie Bofinger (D2)

Où faire une pause gourmande ?

- **20** Le Loir dans la Théière (C2)
- **21** L'Éclair de Génie (C2)
- **22** Pâtisserie Yann Couvreur (C1)

Où manger une glace ?

- **25** Berthillon (B2)

Où boire un verre ? Où sortir ?

- **30** Ma Bourgogne (C-D2)
- **31** Péniche Le Marcounet (B-C2)
- **32** Résistance (B1)

Où se détendre à 2 ?

- **35** Les Bains du Marais (B1)

Où faire des achats affriolants ?

- **36** Passage du Désir (B1)

4e ARRONDISSEMENT

la sortie pour laisser la place. Cela dit, une fois installé, les épaisses tourtes aux épinards *(pascualina)* ou les tartes salées, la tarte pommes-noix-cannelle ou celle au citron meringuée, donnent déjà envie de revenir. Quelques salades également et, salon de thé oblige, une bonne sélection de thés.

L'Éclair de Génie (plan C2, **21**) : *14, rue Pavée, 75004. ☎ 01-42-77-85-11. • leclairdegenie.com • Ⓜ Saint-Paul. Tlj 11h-19h30, sauf lun. Compter 6 € la pièce.* Le bon génie de l'éclair se nomme Adam, Christophe de son prénom, et on ne compte plus le nombre de ses conquêtes qui traversent tout Paris pour venir se perdre dans cette petite rue du Marais. Il faut reconnaître que l'éclair au caramel au beurre salé ou le génial framboise-griotte-dragée forcent l'admiration, même s'ils sont peu copieux. Une bonne raison d'y retourner ? L'offre régulièrement renouvelée, saisons obligent. Et bonne nouvelle : on peut désormais s'y attabler.

Pâtisserie Yann Couvreur (plan C1, **22**) : *23 bis, rue des Rosiers, 75004. Ⓜ Saint-Paul. Tlj 11h-19h.* Le médiatique chef pâtissier *(Top Chef, Meilleur Pâtissier)* vient d'ouvrir sa 2e pâtisserie. Des viennoiseries, des pâtisseries (paris-brest, tarte au citron, éclair moka-anis, baba-amande...), dont certaines, comme le millefeuille, sont dressées minute à partir de midi. Une poignée de places assises sous forme de bar le long de la vitrine, mais pas bien agréable car on est vraiment dans le passage et en vitrine. Allez plutôt déguster votre gourmand butin dans le ravissant petit jardin dont la discrète entrée se trouve au no 10 de la rue des Rosiers.

Où manger une glace ?

Berthillon (plan B2, **25**) : *31, rue Saint-Louis-en-l'Île, 75004. ☎ 01-43-54-31-61. • berthillon.fr • Ⓜ Pont-Marie. Mer-dim 10h-20h. Congés : fin juil-fin août. Compter 3, 5 et 6,50 € le cornet de 1, 2 ou 3 boules de glace à emporter ; plus cher sur place. CB acceptées à partir de 15 €.* Une vieille institution parisienne ! Plus de 60 ans au compteur, et les glaces et sorbets sont toujours délicieux : les classiques (fraise des bois, caramel au beurre salé, marron glacé...), d'autres plus audacieux (yaourt au *yuzu*, sésame noir, ananas rôti au basilic frais), et une indétrônable vanille. Au salon de thé, les coupes glacées ne sont pas tristes !

Où boire un verre ? Où sortir ?

Ma Bourgogne (plan C-D2, **30**) : *19, pl. des Vosges, 75004. ☎ 01-42-78-44-64. Ⓜ Bastille ou Saint-Paul. Tlj dès 8h ; resto 12h-1h. Menu-carte 42 € ; plats du jour 20-25 €.* On vient ici pour les arcades de la place des Vosges et pour le plaisir de goûter un instant privilégié dans l'un des plus beaux quartiers de Paris. On déguste un peu de vin choisi sur une carte qui aligne quelques flacons intéressants, ainsi qu'un bon choix de vins du Beaujolais servis au verre, en faisant un sort à l'excellent tartare maison ou aux tripoux du Rouergue.

Péniche Le Marcounet (plan B2, **31**) : *port des Célestins, quai de l'Hôtel-de-Ville, 75004. 06-60-47-38-52. • arnaudseite@yahoo.fr • peniche-marcounet.fr • Ⓜ Pont-Marie ou Hôtel-de-Ville. Sur l'ancienne voie Georges-Pompidou, au pied du pont Marie. Printemps-été, tlj 10h-2h ; automne-hiver, tlj 18h-2h (nov-avr, 11h-minuit dim avec brunch 25-30 €). Concerts tlj ou presque (gratuits ou payants selon les cas).* Aux beaux jours, les quais, fleuris, prennent des airs de guinguette où l'on vient boire un verre, grignoter quelques tapas, écouter de la musique, attablé à une terrasse montée avec des palettes. Chaque soir, un concert gratuit est proposé pendant l'été, tandis que le dimanche un bal swing fait tourner les têtes (et les jupes !). Quand le temps est moins clément, l'humeur reste au beau fixe, avec des concerts de jazz, de rock, de pop, de folk, etc., au coin du feu. On peut aussi se contenter de boire un verre de vin (nature) sur le ponton couvert et profiter de la vue sur l'île Saint-Louis... Un lieu rare et convivial, dédié à la musique « live ».

Résistance *(plan B1,* ***32****)* **:** *16, rue Sainte-Croix-de-la-Bretonnerie, 75004. ☎ 01-43-48-14-88. Ⓜ Saint-Paul ou Hôtel-de-Ville. Tlj 17h-2h. Cocktail env 13 €.* Une adresse pétillante au décor sobre et à l'atmosphère cosy, où boire de bons cocktails, en apéro ou pour finir la soirée ; de jolies créations mettant souvent à l'honneur les spiritueux hexagonaux. Et de quoi grignoter, salé ou sucré. Poussez la porte même s'il vous semble ne pas y avoir de place : il y a une autre salle au sous-sol.

Où se détendre à 2 ?

■ ***Les Bains du Marais*** *(plan B1,* ***35****)* **:** *33, rue des Blancs-Manteaux, 75004. ☎ 01-48-87-20-20. • bainsdumarais.com • Ⓜ Saint-Paul. Tlj 10h-22h (20h ven). Accès mixte plusieurs fois/sem ; se renseigner. Entrée sauna et hammam 39 €, puis forfaits à partir de 70 €.* Un établissement spacieux et élégant pour se relaxer dans une atmosphère douce et reposante. Si, bien sûr, vous ne serez pas seuls dans le hammam et le sauna, vous pourrez retrouver une certaine intimité en prolongeant les bienfaits de la vapeur par un soin ou un massage dans une cabine « duo ». Et resto sur place *(menu 49 €, boissons incluses)* pour ne pas briser votre bulle de bien-être.

4e

Où faire des achats affriolants ?

Passage du Désir *(plan B1,* ***36****)* **:** *11, rue Saint-Martin, 75004. ☎ 09-60-18-42-50. • passagedudesir.fr • Ⓜ Châtelet. Lun-sam 12h-21h, dim 14h-20h.* Un *lovestore* « dédié au développement durable du couple » ! Voilà de quoi émoustiller les tourtereaux, et surtout surprendre sa moitié sans se prendre trop au sérieux. Une boutique colorée où flotte un effluve sucré, un brin chic, qui propose huiles de massage aux noms affolants, bougies, plumeaux, carnets de chèque un peu particuliers et jeux rigolos, en passant inévitablement par les *sex-toys*. Carton plein pour ce *concept store* qui a 4 autres magasins à Paris : *23, rue Sainte-Croix-de-la-Bretonnerie (4e), 22, rue du Pont-Neuf (1er), 17, rue Pierre-Lescot (1er) et 92, rue Saint-Lazare (9e).*

Main dans la main

Le quartier de Beaubourg

Prolongement de celui des Halles, à la frontière du Marais, il propose son treillis de ruelles étroites pour échapper rapidement à la foule.

La rue Quincampoix *(plan B1)* **:** longtemps l'une des plus pittoresques de Paris. Le nord de la rue se balade dans le 3e arrondissement. Nombreuses belles demeures et hôtels particuliers. Jusqu'aux années 1970, les belles demeures de la rue abritaient les mottes de beurre et les poireaux des mandataires des Halles, ainsi qu'un certain nombre de maisons de passe légendaires. On pouvait joindre le plaisir à l'esthétique en admirant au passage les superbes escaliers à balustres en bois. La rénovation a révélé toute la richesse des façades : encorbellements, pignons, mascarons, balcons de fer forgé, portes monumentales cloutées. Une chouette promenade architecturale. Les nombreuses galeries d'art ralentiront sans doute un peu vos pas, mais quand on aime, on ne regarde pas sa montre !

Autour de l'***église Saint-Merri*** *(plan B1),* les rues Saint-Martin (la plus ancienne de Paris avec la rue Saint-Jacques), de la Verrerie, du Cloître-Saint-Merri et des Juges-Consuls alignent de vieilles demeures et de beaux hôtels particuliers. 2 rues plus haut, notez que la rue Geoffroy-Langevin a conservé intégralement son pittoresque tracé médiéval.
La ***rue du Temple*** *(plan B1),* dans sa partie du 4e arrondissement, propose de charmantes échappées. Au no 41, pénétrez dans la belle cour de l'ancienne auberge *L'Aigle d'Or,* la dernière survivante parisienne des grandes compagnies de diligences pour la province. Belles façades. Le bâtiment du fond est occupé par *Le Café de la Gare* (excellents spectacles !)... C'est l'une de nos cours préférées parce que toujours vivante et animée. Ça vibre incontestablement.
À l'angle de la rue Sainte-Croix-de-la-Bretonnerie, curieuse tourelle d'angle datant de 1610.

Le cloître des Billettes *(plan B1)* **:** *22-26, rue des Archives, 75004. On peut le visiter dans le cadre d'expos temporaires ; en général, tlj – sauf lun – 11h (14h dim)-19h (dans la mesure où il y a une expo).* Dernier cloître médiéval à Paris (édifié en 1427), avec de belles arcades à voûtes flamboyantes. L'église des Billettes, qui abrite aujourd'hui le cloître, date du XVIIIe s. Vous avez des chances de la visiter lors des concerts ou petites expos qui s'y tiennent régulièrement.

PASSEURS DE RUISSEAUX

Au Moyen Âge, les rues de la capitale disposaient d'un ruisseau central plutôt difficile à traverser par temps de pluie pour les belles dames à larges robes et talons hauts. Aussi devaient-elles payer des hommes robustes qui les déposaient de l'autre côté.

La maison de Jacques Cœur *(plan B1)* **:** *40, rue des Archives, 75004.* Aujourd'hui, elle abrite une école. Lors d'un ravalement, on découvrit avec étonnement que sous l'enduit qui la recouvrait complètement se cachait un ensemble de briques rouges, briques noires en losanges, traces de moulures et de fenêtres à meneaux. Cela permit de dater la maison du XVe s et d'en trouver le propriétaire : Jacques Cœur, grand argentier du roi Charles VII. Cela en fait l'une des plus anciennes maisons de Paris.

Petits itinéraires romantiques

Le quartier Saint-Gervais-Saint-Paul
(plan B-C-D2)

C'est la partie sud du Marais, séparée de la partie nord par la rue Saint-Antoine et la rue de Rivoli.

La balade dans le quartier commence, bien sûr, par le superbe immeuble du XVIIIe s s'étendant du 2 au 14, ***rue François-Miron*** *(plan B-C2).* Sur la façade, de belles ferronneries et l'ancienne inscription « place Baudoyer ». Aux balcons, sous lesquels on rendit la justice pendant des siècles, élégantes ferronneries en forme d'orme. À quelques mètres sous les pavés, on a aussi mis au jour une rare nécropole mérovingienne (IVe-VIIe s apr. J.-C.). Aux nos 11 et 13, à l'angle de la rue Cloche-Perce, 2 jolies maisons à colombages parmi les plus anciennes de Paris : « À l'enseigne du faucheur » et « À l'enseigne du mouton ». Restaurées en 1967, elles dateraient du XIVe s.

La rue de l'Hôtel-de-Ville *(plan B-C2)* **:** anciennement rue de la Mortellerie, de 1212 au XIXe s. Inscription gravée dans la pierre au no 95 (les *mortelliers* étaient les ouvriers maçons et gâcheurs de mortier). Après la grande épidémie de choléra de 1832, qui décima Paris, les habitants survivants, trouvant que le nom de leur rue était trop morbide, obtinrent son changement en celui « de l'Hôtel-de-Ville ». Nombreuses maisons en encorbellement. Au n° 84 (piliers sculptés), siège des compagnons du Devoir du tour de France, la plus ancienne corporation et gardienne des traditions dans notre pays. Au n° 62, à l'angle avec la rue des Barres, un restaurant occupe une boulangerie au beau plafond de céramique.

L'hôtel de Beauvais *(plan C2)* **:** *68, rue François-Miron, 75004. Accès à la cour lun-ven 9h-17h.* À notre avis, le plus bel édifice du quartier, qui abrite aujourd'hui la cour administrative d'appel. Date du XVIIe s. Propriété de Pierre Beauvais et de sa femme, Catherine, surnommée Cateau la Borgnesse. Pour la remercier d'avoir déniaisé son fils Louis XIV à 16 ans, la reine Anne d'Autriche en fit sa femme de chambre. Mozart séjourna en ces lieux lors d'un de ses passages à Paris.

– Toujours rue François-Miron, des n°s 72 à 78, belles façades du XVIIIe s. Tous les immeubles ont été superbement rénovés.

La Maison européenne de la photographie *(plan C2)* **:** *5-7, rue de Fourcy, 75004. ☎ 01-44-78-75-00. • mep.paris • Ⓜ Saint-Paul ou Pont-Marie. ♿ Tlj, sauf lun-mar et j. fériés : mer et ven 11h-20h, jeu 11h-22h, w-e 10h-20h. Entrée : 10 € ; tarif réduit : 6 €.* Depuis 1996, l'hôtel Hénaul-de-Cantobre, un bel hôtel particulier restauré, présente d'intéressantes expositions temporaires de photographies anciennes ou contemporaines en tirages originaux (Salgado, Depardon, Newton, Parr, Klein y ont été exposés), ainsi qu'une bibliothèque, une vidéothèque et une librairie : une référence à Paris sur le sujet, qui satisfera les amoureux de la petite bobine argentique. Bien se renseigner sur le programme des expositions, des rencontres et des projections.

4^e^

La muraille de Philippe Auguste *(plan C2)* **:** à côté du lycée Charlemagne, la destruction des maisons de tout un côté de la rue des Jardins-Saint-Paul a au moins permis la mise au jour d'une portion très importante de l'enceinte de Philippe Auguste et de la poterne Saint-Paul. L'espace laissé libre fait la joie des gamins du quartier, qui ont tôt fait d'y élire leur terrain de jeux. 2 tours et une longue muraille de 70 m. En fait, l'expansion de Paris fut si rapide à l'époque que les nouvelles maisons utilisèrent la muraille comme point d'appui, ce qui la préserva. Au n° 12, jolie fontaine.

Le village Saint-Paul *(plan C2)* **:** *entre le quai des Célestins, la rue Saint-Paul et la rue Charlemagne. Tlj, sauf mar, 11h-19h (21h 1er jeu de chaque mois).* Construits sur les jardins de Charles V, les anciens immeubles insalubres du XVIe s abritent désormais designers, antiquaires et galeristes, faisant de ce microcosme un lieu de shopping prisé des portefeuilles bien fournis ! Les jolies petites cours intérieures sont devenues un rendez-vous de balade très prisé du quartier. Visitez aussi le soir ces grandes cours communiquant entre elles : une balade romantique dans le halo des réverbères.

Jolie maison rénovée, à l'angle des rues Charlemagne et Eginhard. Encore plus belle la nuit, quand la lumière met en valeur les tons chauds de la pierre. Dans la petite ***rue Eginhard,*** en coude, gros pavés, ruisseau axial et vestiges de fontaine ancienne.

Le ***passage Saint-Paul*** *(plan C2),* pittoresque, n'a pratiquement pas changé d'aspect depuis le XVIIIe s. Les vieilles bornes qui protégeaient les piétons des carrosses montent toujours la garde. Sortie au n° 45 de la rue Saint-Paul.

La rue Saint-Paul *(plan C2)* **:** « l'artère du quartier ». Elle existait déjà en 1350 sous ce nom. À partir de maintenant, vous allez aborder un ensemble de rues architecturalement homogènes et relativement épargnées. À l'angle de la rue des Lions-Saint-Paul, une tourelle quadrangulaire du XVIe s.

À l'angle des rues Saint-Paul et Neuve-Saint-Pierre, pan de mur de l'ancienne ***église Saint-Paul*** *(plan C2)*, détruite après la Révolution. Ce qui reste est un vestige de la tour-clocher. Ici se trouvait aussi le ***cimetière Saint-Éloi.*** Fermé en 1791 pour permettre la construction de bâtiments, il ne fut pas déplacé. Si bien que sous vos pieds, des occupants aussi illustres que le Masque de fer, Jean Nicot (mort en 1600, dont le nom donna le mot « nicotine »), François Rabelais (mort en 1553) et Madeleine Béjart (maîtresse et non moins belle-mère de Molière) hantent encore les lieux.

La rue Beautreillis *(plan C2)* **:** le charme de la province à Paris. Rien de véritablement notable. Ah, si ! C'est ici que Jim Morrison, la voix des Doors, fut retrouvé mort, officiellement d'un arrêt cardiaque, début juillet 1971, dans sa baignoire. Triste fin, mais quel poète (c'est le moment de sortir une cigarette en lui chantant « *Come on baby, light my fire* ») !

La ***rue du Petit-Musc*** *(plan C-D2)* a peu de chose à voir avec le parfum du même nom. Il s'agit d'une corruption du mot « Pute y muse », ce qui donne une idée du type d'activités qui y avait cours du temps du port des Célestins. Riche profusion de sculptures, guirlandes et fruits sur la façade de l'hôtel Fieubet (XVIIe s), à l'angle du quai des Célestins. Adorable maison de la fin du XVIIIe s à l'angle de la *rue de la Cerisaie.* Le nom de la rue rappelle qu'un roi avait fait planter dans le coin 1 000 cerisiers.

À l'angle de la rue du Petit-Musc et de la rue Saint-Antoine, l'***hôtel de Mayenne,*** de 1612 (*plan D2* ; aujourd'hui école des Francs-Bourgeois) et, un peu plus loin rue Saint-Antoine, à l'angle de la rue Castex, l'***église réformée de Sainte-Marie.*** En face, Beaumarchais sur son socle et, toute proche, la colonne de la Bastille.

La ***rue Saint-Antoine*** *(plan C-D2)* possède encore de nombreuses vieilles maisons ou hôtels intéressants. Cette ancienne voie gallo-romaine était l'axe est de la ville. À l'ouest, on trouvait la rue Saint-Honoré, au nord la rue Saint-Martin, et au sud la rue Saint-Jacques. Au no 133, splendide balcon en ferronnerie soutenu par des chimères.

L'île de la Cité *(partie 4e arrondissement ; plan A-B2)*

Cette moitié de l'île, sise dans le 4e arrondissement, est habitée par la merveilleuse Notre-Dame.

Le square de l'Île-de-France *(plan B2)* **:** *derrière Notre-Dame, une fois traversé le quai de l'Archevêché.* À l'origine, c'était un îlot séparé, appelé à la fin du XIIIe s « la Motte aux Papelards », puis « le terrain », où s'étaient accumulés gravats et déchets du chantier de construction de Notre-Dame. Il abrite maintenant le ***Mémorial des martyrs de la déportation.*** Les 200 000 pointes de cristal symbolisent les 200 000 morts de la déportation. Sur les quais de Seine, tout autour, en été, on y bronze, on y bronze.

LES HISTOIRES D'AMOUR SE TERMINENT MAL EN GÉNÉRAL

Au XIIe s, le chanoine de Notre-Dame sollicite un professeur, Abélard, pour être le précepteur de sa jeune nièce, Héloïse. Le coup de foudre est immédiat, mais les amants s'enfuient en Bretagne pour échapper au courroux du chanoine. Là, Héloïse met au monde un fils. Ragaillardis, ils rentrent tous 3 à Paris. Mais le chanoine, qui n'a pas décoléré, fait châtrer Abélard. De rage et de désespoir, Abélard se fait ordonner moine. En réponse, Héloïse prend le voile. Sa mort suivra de 22 ans celle d'Abélard, qu'elle rejoindra dans son cercueil... Leurs gisants se trouvent au Père-Lachaise.

Le pont de l'Archevêché *(plan B2)* **:** ce pont offre une vue superbe sur l'arrière de Notre-Dame. Une balade idéale pour les amoureux.

Sur le ***quai aux Fleurs*** *(plan B2),* au n° 9, montrez à votre élu(e) la plaque indiquant l'emplacement approximatif de la maison d'Héloïse et d'Abélard.

Les ***rues des Ursins, Chanoinesse et de la Colombe*** *(plan B2),* rescapées des massacres haussmanniens, donnent encore une petite idée de l'atmosphère de l'île de la Cité autrefois. Racine vécut au 16, rue Chanoinesse (ainsi qu'au 7, rue des Ursins).

L'île Saint-Louis *(plan B-C2-3)*

L'île Saint-Louis a une histoire étonnante. D'abord nommée île Notre-Dame, elle fut scindée en 2 par un canal vers 1360 (sur l'actuelle rue Poulletier), pour entrer dans l'enceinte de Charles V. Les 2 parties de l'île restent en friche, fréquentées par les lavandières et les amoureux jusqu'au début du XVIIe s. Là, le canal est comblé, et l'île se couvre d'hôtels particuliers – et, à partir de 1725, se nomme l'île Saint-Louis.

Son seul monument public est l'église du même nom, que l'on aperçoit de loin grâce à une grosse horloge accrochée comme une enseigne au-dessus de l'artère principale, la rue Saint-Louis-en-l'Île. On pourrait supposer que les habitants de cette île, les Ludoviciens, dont les appartements s'arrachent à coup de millions, jouissent encore d'une atmosphère de village, avec ses petits commerces et son absence de monuments. Eh bien, les boutiques d'objets d'art et autres produits du terroir attirent les badauds, touristes ou Parisiens, du moins dans l'artère principale.

Les quais sont plus calmes et révèlent une exceptionnelle unité des façades, par exemple sur les quais d'Anjou et de Bourbon, qui datent toutes, ou presque, du XVIIe s. Et puis, quelles que soient la saison et l'intensité de la lumière, cette île déclenche toujours chez nous une émotion des plus lyrique tant sa beauté invite à la rêverie amoureuse... Si, si !

LE PONT DES AMOUREUX

Le pont Marie est achevé en 1635 par l'architecte Christophe Marie, qui l'a construit à ses frais en échange d'une concession sur l'île Saint-Louis. C'est probablement parce que c'est l'un des ponts les plus romantiques de Paris, avec ses arches qui enjambent la Seine entre l'île Saint-Louis et la rive droite, qu'il est à l'origine d'une tradition : en passant dessous, en voiture ou en bateau, il est d'usage de faire un vœu. La légende veut qu'il soit exaucé quand on le garde secret.

L'hôtel Lambert *(plan C3)* **:** *1, quai d'Anjou, 75004.* Du nom de son 1er propriétaire, conseiller du roi Louis XIII. Sans doute la plus belle demeure parisienne. Depuis plus d'une décennie, l'hôtel appartient à la famille de l'émir du Qatar, qui a réalisé des travaux titanesques.

La rue Saint-Louis-en-l'Île *(plan B-C2-3)* **:** peu de beaux édifices à part l'*hôtel de Chemizot,* au n° 51. Remarquable par sa façade : portail surmonté d'un tympan sculpté, balcon en fer forgé porté par des chimères ; au-dessus, fronton triangulaire ornementé.

Le vieux quartier juif et le coin gay, la place des Vosges

La rue Sainte-Croix-de-la-Bretonnerie *(plan B1)* **:** le cœur battant du Marais profond. Un des coins, avec la rue Vieille-du-Temple, massivement investis par les gays. La bannière arc-en-ciel y flotte à tous vents. Cette communauté, qui a toujours eu bon goût et su venir habiter dans les plus beaux quartiers, a ainsi contribué à rendre vie à celui-ci, déserté par les artisans et par les commerces de proximité à cause des loyers trop élevés. Au bout du compte, c'est l'un des coins les plus animés du Marais. Nombreux petits restos, vieux bars chaleureux, cafés-théâtres, boutiques dans l'air du temps...

En face de l'église Notre-Dame-des-Blancs-Manteaux part la ***rue Aubriot*** *(plan B-C1),* l'une des voies du Marais parmi celles qui ont conservé le plus de caractère.

La rue Vieille-du-Temple *(plan B-C1-2)* **:** elle existait déjà au XIIIe s sous le nom de Vieille-Rue-du-Temple. Bordée tout le long de vénérables demeures et hôtels particuliers. Remarquez, au n° 47, l'*hôtel Amelot de Bisseuil,* dit « des Ambassadeurs de Hollande », du XVIIe s. Tympan sculpté et l'une des plus belles portes du Marais avec ses médaillons et têtes de Méduse. Beaumarchais y habita le temps d'écrire *Le Mariage de Figaro* et d'organiser le trafic d'armes pour les insurgés américains pendant la guerre d'Indépendance. Il se ruina à demi dans l'affaire, les insurgés, après leur victoire, ne lui ayant jamais payé ces armes ! Possibilité d'admirer la cour intérieure.

Passez ensuite tranquillement devant l'hôtel de Rohan pour enfiler la rue de la Perle (appelée rue Crucifix-Maquereau au XVIe s, du fait de la concentration de prostituées autour d'une croix qui s'y trouvait).

Le vieux quartier juif : la ***rue des Rosiers*** *(plan C1-2)* en est l'épicentre. Difficile de l'imaginer, mais il fut un temps où la rue méritait bien son nom, grâce à ses jardins abondamment fleuris de roses. C'est aujourd'hui l'un des coins les plus attachants et les plus vivants du Marais, d'autant plus que la rue est piétonne. Elle a donc retrouvé son caniveau central, qui faisait office d'égout à ciel ouvert au Moyen Âge. Inutile de préciser que ça ne sentait pas... la rose. C'est pourquoi les bourgeois, les gens riches, marchaient le plus loin possible du caniveau central, dans la partie la plus haute de la chaussée, à l'écart de la puanteur. Ainsi naquit l'expression « tenir le haut du pavé » ! Ancien chemin de ronde de l'enceinte de Philippe Auguste, avec des jardins plantés de nombreux rosiers. Jusqu'à la fin du XIXe s, la place Saint-Paul était surnommée « place aux Juifs ». Il est peu probable qu'en 1900 on doive à une coïncidence le changement de la rue aux Juifs en rue Ferdinand-Duval, alors que la France était en plein délire antisémite après l'affaire Dreyfus.
L'esprit communautaire a préservé le quartier de la désertification du reste du Marais et lui a conservé son caractère. Ici, tout le monde se connaît et la rue des Écouffes, en été, prend le visage d'une place méditerranéenne.
Les rues du quartier sont bordées de nombreuses vieilles maisons pittoresques. Flânant *rue des Hospitalières-Saint-Gervais,* vous vous interrogerez peut-être sur l'origine des 2 têtes de taureaux d'inspiration égyptienne ornant l'école qui se trouve entre les nos 6 et 10 (dont tous les enfants furent déportés). Elles indiquaient l'ancien pavillon de boucherie du marché des Blancs-Manteaux. Vous pouvez encore distinguer les inscriptions « École primaire de jeunes israélites ».
Au niveau du n° 10 justement, on trouve la discrète entrée d'un *joli jardin* bien au calme, réunion de plusieurs espaces verts d'hôtels particuliers, et donc bordés par de jolies façades. Bien agréable de pouvoir se poser dans un quartier où l'on marche beaucoup tant il y a à voir, et qui regorge de bonnes petites adresses sucrées ou salées proposant parfois exclusivement de la vente à emporter. Pour déguster une pâtisserie, c'est juste en face, chez *Sacha Finkelsztajn,* qu'il faut faire halte, au 27, rue des Rosiers. Ils ont aussi une succursale au 24, rue des Écouffes. Belle façade de mosaïque.

La ***rue Pavée*** *(plan C1-2)* porte ce nom depuis 1450 parce qu'elle fut la 1re rue pavée de Paris. Au n° 22, à l'angle de l'hôtel Lamoignon, on devine un vestige de pan de mur et une plaque. Ici s'élevaient les prisons de la Force, aménagées en 1780. Celle de la Petite-Force accueillait les filles de mauvaise vie, et celle de la

Grande-Force les hommes endettés. Lors des massacres du 2 septembre 1792. Au total, 60 personnes y furent assassinées, dont la princesse de Lamballe. Au nº 10, une synagogue réalisée par Guimard au début du XXe s. L'architecte a choisi une façade convexe pour donner une impression de largeur dans cet espace étroit.

L'hôtel de Lamoignon *(plan C1)* **:** *24, rue Pavée, 75004. Ⓜ Saint-Paul. L'un des plus anciens hôtels de Paris (1585) abrite aujourd'hui la* ***Bibliothèque historique de la Ville de Paris*** *: ☎ 01-44-59-29-40. Accès à la cour seulement, tlj 10h-18h, sauf dim et j. fériés. Expos temporaires.* Cet hôtel fut construit entre 1585 et 1590 pour Diane de France, duchesse d'Angoulême, fille naturelle du roi Henri II. À l'angle de la rue Pavée et de la rue des Francs-Bourgeois, une échauguette, tourelle carrée qui permettait d'observer les 2 rues dans leurs 4 directions. Dans la cour, façade à pilastres corinthiens, 1er exemple parisien d'ordre colossal ; décoration à têtes de lion, arcs, flèches et carquois, qui rappelle la passion de Diane de France pour la chasse.

La rue des Francs-Bourgeois *(plan C1-2)* **:** *à cheval sur le 3e et le 4e arrondissement. Prenez-la au niveau de la rue Pavée pour rejoindre la rue Vieille-du-Temple.* Une curiosité : certaines boutiques de mode ont conservé les anciennes devantures, témoignages du caractère populaire du quartier autrefois. Ainsi, au nº 7, ancien boucher dont on note les crochets qui courent en haut tout du long. À l'angle des rues de Sévigné et des Francs-Bourgeois, ex-boulangerie-pâtisserie au décor extérieur typique, et au nº 29, boulangerie avec beau plafond mouluré et peint.

4e

Succession d'hôtels aux façades toutes originales : au nº 31, l'*hôtel d'Albret,* avec sa porte sculptée, ses lions au tympan et son balcon ouvragé, date de 1550 (façade sur rue de 1700). Au nº 37, l'*hôtel de Coulanges* (aujourd'hui maison de l'Europe). Au nº 26, l'*hôtel de Sandreville* (façade Louis XVI). Au nº 39, une *maison* du XVIIe s logeant une curieuse « société des Cendres », doublée d'un étonnant bâtiment industriel avec cheminée et verrières de 1866, magnifiquement reconverti en boutique de vêtements UNIQLO. Au nº 30, l'*hôtel d'Almeyras* (beau portail et alliance harmonieuse, dans la cour, de la pierre et de la brique rouge). Au nº 38, pittoresque *passage des Arbalétriers.* C'est ici que Louis d'Orléans, frère du roi Charles VI, aurait été assassiné par les hommes de main de Jean sans Peur, duc de Bourgogne. Tout du long, maisons en encorbellement. Atmosphère délicieusement médiévale.

L'OR RENAÎT DE SES CENDRES

Le nom un brin inquiétant de « Société des cendres », correspond en fait à une usine-coopérative sise au 39, rue des Francs-Bourgeois, qui a définitivement fermé en 2002. Ses ouvriers, des « laveurs de cendres », avaient pour tâche de traiter les déchets des bijoutiers pour en récupérer l'or, l'argent ou encore le platine. Les clients apportaient leurs sacs de... poussière « dorée », qu'on s'appliquait à brûler – on peut d'ailleurs voir toujours la cheminée de brique rouge depuis le jardin Rosier, tout proche – puis à trier et laver.

La place du Marché-Sainte-Catherine *(plan C2)* **:** *entre la rue de Sévigné et la rue de Turenne.* Édifiée à l'emplacement de l'ancien prieuré et de l'ancienne église Sainte-Catherine, démolis en 1783. Mignonne place piétonne joliment dallée, occupée par des terrasses de restos et cafés. En plus, plusieurs bancs publics semblent spécialement conçus pour les amoureux ! Donne aussi sur la rue de Jarente, elle-même bordée de belles cours et d'une vieille fontaine.

L'hôtel de Sully *(plan C2)* **:** *62, rue Saint-Antoine, 75004. ☎ 01-44-61-21-50. • hotel-de-sully.fr • Ⓜ Saint-Paul ou Bastille. Aujourd'hui siège du* ***Centre des monuments nationaux.*** *Cour et jardin ouv tlj 9h-19h. Librairie (magnifique plafond* *décoré) richement documentée sur le patrimoine français (☎ 01-44-61-21-75 ; tlj 13h-19h sauf lun). Intéressantes visites-conférences proposées dans Paris sur résa. Sur place, découverte possible des appartements restaurés de la duchesse de Sully : 12 € plein tarif ; dates des visites guidées – le w-e uniquement – sur le site • lecmn.fr/visitesconferences •*

Prestigieux hôtel du quartier, construit en 1624 dans le plus pur style Renaissance, pour Sully, ministre d'Henri IV. 2 entrées au choix : par la place des Vosges (c'est celle que l'on préfère !) et sa petite porte dérobée à l'angle sud-ouest de la place, qui s'ouvre sur un jardin à la française pour nous transporter, comme par magie, dans un autre temps et loin de la pollution parisienne ; ou, plus simplement, par la cour d'honneur rue Saint-Antoine, au portail de toute beauté, richement sculpté.

Dans le jardin, un petit cadran solaire et l'orangerie, destinée autrefois à protéger les arbres exotiques. Les hivers étaient rudes, et il n'était pas rare qu'on débite le vin... Les amateurs de 7e art reconnaîtront le décor extérieur de certaines scènes des *Liaisons dangereuses* version américaine, avec Glenn Close, Michelle Pfeiffer et John Malkovich.

La place des Vosges *(plan D2)* **:** la plus belle place de Paris, à notre avis. Elle fut inaugurée 2 ans après la mort d'Henri IV, à l'occasion du mariage de Louis XIII et d'Anne d'Autriche, en 1612. D'une ordonnance parfaite (108 m de côté), entourée d'une quarantaine de pavillons sur arcades, construits avec un grand raffinement de tons : toits bleus très pentus en ardoise d'Angers, arcades et encadrements de fenêtres en pierre blanche et brique rouge (pour certains bâtiments, il ne s'agit que d'un enduit imitant la brique ; on ne nous la fait pas !). Les pavillons du Roi et de la Reine, au nord et au sud, sont un peu plus élevés que les autres. Victor Hugo y habita de 1832 à 1848. Au no 8 résidèrent Théophile Gautier et Alphonse Daudet. Y vécut aussi l'humoriste Francis Blanche.

Au-dessus de l'arc monumental de la rue de Béarn, le *pavillon de la Reine,* à frontons arrondis et triangulaires, ce qui lui donne du rythme. Fleurs de lys au sommet des pointes de la toiture. Sous Louis XIII, toute la Cour voulait y habiter. Quand celle-ci partit pour Versailles, grands bourgeois, financiers et riches marchands l'occupèrent à leur tour. C'est toujours une adresse prestigieuse. Profusion de portes sculptées, escaliers monumentaux, rampes splendides, cours et jardins intérieurs. Au no 21 (parmi tant d'autres), jolie cour verdoyante, ancien hôtel de Richelieu, où le cardinal habita avant que le Palais-Cardinal (l'actuel Palais-Royal) ne fût achevé.

Sous les arcades, quelques boutiques, galeries, antiquaires et salons de thé. Une vraie fête pour les yeux. Le jardin central est un lieu de promenade dominicale très apprécié.

Où pique-niquer ?

– ***Sur les quais de l'île Saint-Louis :*** *descendre les escaliers face au 21, quai de Bourbon ou face au 41, voire au 24, quai d'Orléans.* Sur la jetée, des canards guettent les miettes de votre sandwich, tandis que Notre-Dame s'avance lentement dans la Seine. Quelques bancs vous permettront de profiter du panorama avant d'entamer le tour de l'île par les quais.

– ***Sur l'île de la Cité :*** *descendre les escaliers sur les quais au niveau du pont Saint-Michel et aller jusqu'au bout de l'île.* Un magnifique saule pleureur vous tend les bras face au musée du Louvre. Vous avez dit « romantique » ?

5e ARRONDISSEMENT

• Plan p. 88-89

Que reste-t-il des 3 000 étudiants frondeurs qu'Abélard entraîna sur la montagne Sainte-Geneviève pour disserter en latin, il y a 8 siècles ? Une prestigieuse réputation universitaire et... une histoire d'amour passionnée avec Héloïse. Fréquenté de tout temps par des artistes en quête d'inspiration, le 5e offre de nombreuses balades sentimentales qu'on aime toutes autant les unes que les autres. Si l'animation est toujours garantie dans le coin de la Huchette, la Contrescarpe a conservé son côté village et le Jardin des Plantes se révèle un lieu magique !

Où dormir ?

Coups de foudre

Hôtel des Grandes Écoles (plan B2, **1**) : *75, rue du Cardinal-Lemoine, 75005. ☎ 01-43-26-79-23. • hotel.grandes.ecoles@free.fr • hotel-grandes-ecoles.com • Ⓜ Cardinal-Lemoine ou Place-Monge. ♿ Résa nécessaire longtemps à l'avance. Doubles 155-185 € ; petit déj 9 €. Parking payant.* Un vrai coup de cœur. La campagne à Paris, tout simplement incroyable ! Situé dans une impasse privée à 2 pas de la place de la Contrescarpe, cet hôtel est en fait une délicieuse maison de caractère du XIXe s, avec jardin verdoyant et cour pavée. Charme désuet et tranquillité garantis. On loge soit dans le bâtiment principal, soit dans les bâtiments qui entourent l'impasse et le jardin. Chambres (avec salle de bains privative) soigneusement tenues et arrangées avec goût. Accueil souriant et prix justes. Dès les beaux jours, on peut prendre le thé dans le jardin, même si l'on n'est pas client de l'hôtel.

Hôtel Atmosphères (plan B1, **3**) : *31, rue des Écoles, 75005. ☎ 01-43-26-56-02. • contact@hotelatmospheres.com • hotelatmospheres.com • Ⓜ Maubert-Mutualité. ♿ Doubles 150-350 € ; petit déj 16 €.* Ce superbe boutique-hôtel aux allures de loft new-yorkais ou de galerie d'art accorde une belle place aux photos de Thierry Des Ouches, toutes à vendre. Dans le hall, dans les couloirs ou dans les chambres aux pierres apparentes : Paris sous toutes ses coutures. Les chambres, spacieuses et confortables, déclinent plusieurs atmosphères : nature, monuments, *Paris by night*... Reste à choisir. Joli patio, salle de fitness, lit de massage et sauna ne rendent cet hôtel-galerie d'art que plus appréciable.

Hôtel Saint-Jacques (plan B1, **4**) : *35, rue des Écoles, 75005. ☎ 01-44-07-45-45. • hotelsaintjacques@wanadoo.fr • paris-hotel-stjacques.com • Ⓜ Maubert-Mutualité ou Cluny-La Sorbonne. Résa conseillée (et à confirmer par e-mail). Doubles 95-270 € ; petit déj 14 €.* Un hôtel de charme en plein cœur du Quartier latin, installé dans un immeuble XIXe très stylé avec ses tableaux célébrant la Belle Époque et son escalier qui servit pour le tournage du mythique *Charade* avec Audrey Hepburn et Cary Grant. Vastes chambres tout confort, fonctionnelles et climatisées. Certaines ont un balcon et la vue sur le Panthéon (dont les *deluxe*, somptueuses). Et celles du 6e ont toutes été rénovées. Accueil délicieux. Coup de cœur aussi pour le superbe *Bar Toulouse-Lautrec*, empreint de l'esprit du XIXe s.

Coups de folie

Hôtel Design Sorbonne (plan A2, **2**) : *6, rue Victor-Cousin, 75005.*

A
B
1
2
3
NORD
Rue Saint-André-des-Arts
Boulevard Saint-Germain
PLACE ST-MICHEL
Quai Saint-Michel
PLACE DU PARVIS NOTRE-DAME
Quartier latin
Saint-Séverin
Saint-Julien-le-Pauvre
Quai de Montebello
Cluny La Sorbonne
L'hôtel de Cluny
PLACE P. PAINLEVÉ
6e
Maubert Mutualité
PLACE MAUBERT
PLACE M. BERTHELOT
Collège de France
PL. DE LA SORBONNE
Sorbonne
Sq. Paul Langevin
PLACE EDMOND ROSTAND
Luxembourg
Rue Soufflot
PLACE DU PANTHÉON
Panthéon
PL. STE-GENEVIÈVE
St-Étienne-du-Mont
Lycée Henri IV
PL. DE L'ESTRAPADE
PL. DE LA CONTRESCARPE
PL. L. MARIN
Rue de l'Abbé de l'Épée
Rue Gay-Lussac
Rue Saint-Jacques
Boulevard Saint-Michel
PLACE LUCIEN HERR
Rue Mouffetard
PL. P. LAMPUÉ
PL. A. LAVERAN
Église
Hôpital du Val-de-Grâce
Port Royal
Boulevard de Port Royal
Saint-Médard
Rue Claude Bernard
14e
0 100 200 m
26
25
5
13
4
3
2
38
10
35
33
1
34
23
22
8
21

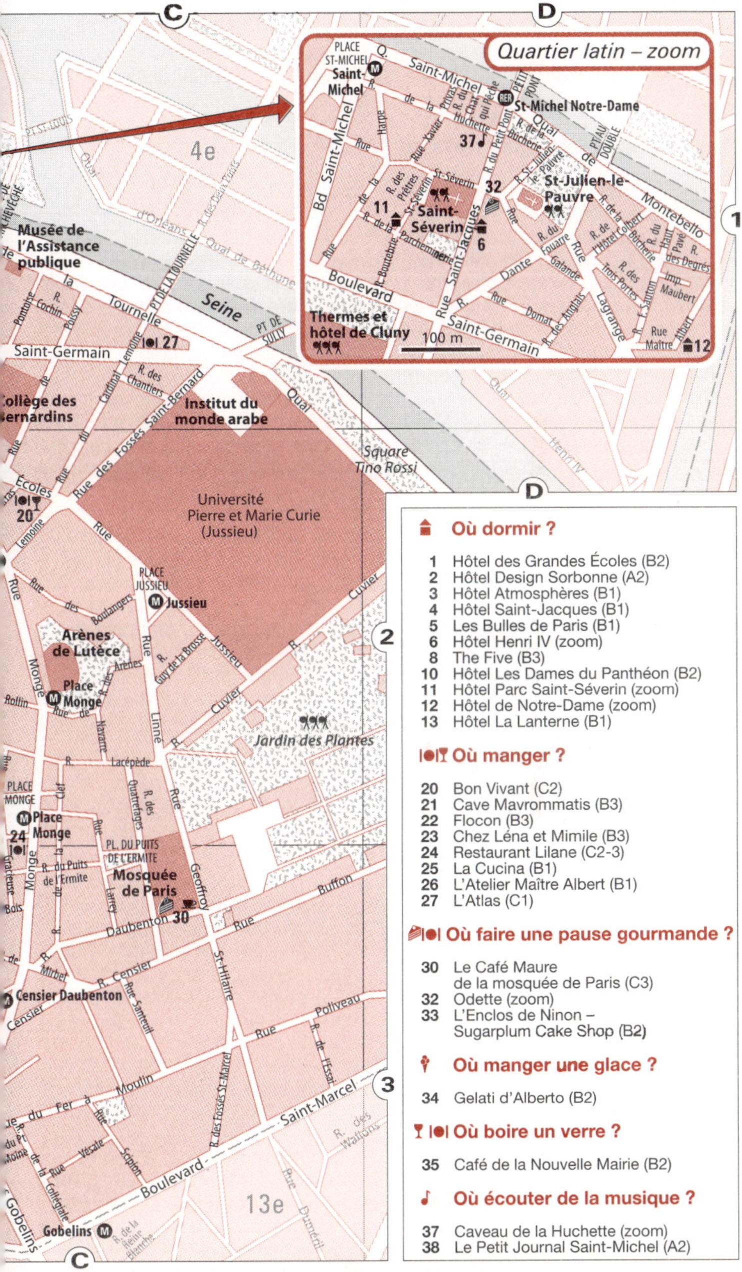

5e ARRONDISSEMENT

Où dormir ?

1 Hôtel des Grandes Écoles (B2)
2 Hôtel Design Sorbonne (A2)
3 Hôtel Atmosphères (B1)
4 Hôtel Saint-Jacques (B1)
5 Les Bulles de Paris (B1)
6 Hôtel Henri IV (zoom)
8 The Five (B3)
10 Hôtel Les Dames du Panthéon (B2)
11 Hôtel Parc Saint-Séverin (zoom)
12 Hôtel de Notre-Dame (zoom)
13 Hôtel La Lanterne (B1)

Où manger ?

20 Bon Vivant (C2)
21 Cave Mavrommatis (B3)
22 Flocon (B3)
23 Chez Léna et Mimile (B3)
24 Restaurant Lilane (C2-3)
25 La Cucina (B1)
26 L'Atelier Maître Albert (B1)
27 L'Atlas (C1)

Où faire une pause gourmande ?

30 Le Café Maure de la mosquée de Paris (C3)
32 Odette (zoom)
33 L'Enclos de Ninon – Sugarplum Cake Shop (B2)

Où manger une glace ?

34 Gelati d'Alberto (B2)

Où boire un verre ?

35 Café de la Nouvelle Mairie (B2)

Où écouter de la musique ?

37 Caveau de la Huchette (zoom)
38 Le Petit Journal Saint-Michel (A2)

☎ 01-43-54-58-08. • reservation@hotelsorbonne.com • hotelsorbonne.com • Ⓜ Cluny-La Sorbonne ; RER B : Saint-Michel-Notre-Dame ou Luxembourg. Entrée sous le porche. Ouv tte l'année. Doubles 160-350 € ; petit déj 14 €. En face de l'antique Sorbonne, au fond d'une calme courette. C'est frais, acidulé, un crime de lèse-majesté parfaitement organisé. Les vieux tableaux ont été repeints en rose bonbon, vert pomme ou bleu ciel, les tentures rafraîchies et les chambres, entièrement rénovées mais petites, ont carrément viré de siècle, avec iMac à bâbord (TV, webcam, musique à disposition) et chaise Louis XVI redécorée à tribord. Accueil sympa de surcroît.

Les Bulles de Paris *(plan B1, **5**) : 32, rue des Écoles, 75005. ☎ 01-46-34-12-90. • info@lesbullesdeparis.com • lesbullesdeparis.com • Ⓜ Maubert-Mutualité. ♿ Doubles 165-345 € ; suites 295-450 € ; petit déj-buffet et champagne à volonté 22 €.* Chaque élément de décoration rappelle que cet hôtel a adopté le total look champagne. Les chambres et les suites sont aux couleurs des grandes maisons : le noir et doré de Nicolas Feuillatte, le bleu de Pommery, le rouge de Bollinger et de Castellane. L'une d'elles a été totalement décorée par Amélie Nothomb, amatrice notoire de champagne, un véritable lingot ! Dans cette bulle de luxe, espace bien-être et bar à champagne où une quarantaine de marques se laisseront déguster sur les conseils avisés du sommelier *(lun-sam 16h30-minuit).* Accueil pétillant.

Hôtel Henri IV *(plan zoom, **6**) : 9-11, rue Saint-Jacques, 75005. ☎ 01-46-33-20-20. • info@henri4hotel.com • henri4hotel.com • Ⓜ Cluny-La Sorbonne ; RER B ou C : Saint-Michel-Notre-Dame. ♿ Ouv tte l'année. Doubles 150-260 € ; petit déj 13 €.* À 2 pas de Notre-Dame, hôtel raffiné : tableaux et mobilier anciens, cheminée du XVIIe s, gravures, tomettes, boiseries et azulejos portugais dans le chaleureux salon, où est aussi servi le petit déj... Les chambres, climatisées et bien insonorisées, sont douillettes avec leurs couleurs apaisantes. On choisit soit le calme absolu des chambres sur cour, soit celles donnant sur la rue avec vue plongeante sur l'église Saint-Séverin.

The Five *(plan B3, **8**) : 3, rue Flatters, 75005. ☎ 01-43-31-74-21. • contact@thefivehotel.com • thefivehotel.com • Ⓜ Les Gobelins. Doubles 105-205 € ; suites ; petit déj 15 €.* Dans une rue minuscule, un hôtel qui sort suffisamment du lot pour faire oublier que les chambres sont un peu exiguës. Place au design et aux lumières étudiées ! Les chambres supérieures scintillent de mille loupiotes avec un ciel de lit qui, pour l'occasion, n'a jamais si bien porté son nom. L'ambiance et la déco mélangent couleurs flashy, métal et jeux de lumière. Les amoureux ne seront pas gênés par les lits de 140 cm de large, propices aux étreintes langoureuses. Clim en cas de coup de chaud... Accueil plein d'attentions, comme les pétales de rose déposés sur le lit. Également 2 suites au rez-de-chaussée, dont une avec jacuzzi sur la terrasse. Ne pas manquer la *Love Capsule,* le self-bar couleur rouge passion réservé aux clients de l'hôtel. Tout un programme !

Hôtel Les Dames du Panthéon *(plan B2, **10**) : 19, pl. du Panthéon, 75005. ☎ 01-43-54-32-95. • reservation@hoteldupantheon.com • hotellesdamesdupantheon.com • Ⓜ Cardinal-Lemoine ; RER B : Luxembourg. Doubles avec douche ou bains 270-300 € ; petit déj 18 €.* Un bel hôtel face au Panthéon, dédié aux femmes. À chaque étage, les chambres ont une décoration en lien avec une personnalité féminine : Marguerite Duras, Juliette Gréco, George Sand, Édith Piaf... Les clins d'œil sont subtils dans des chambres chics et sobres. Depuis la chambre no 61, au 6e étage, la vue s'étend jusqu'au Sacré-Cœur ! Celles qui ont vue sur la coupole du Panthéon, plus chères, ont des toilettes séparées de la salle de bains. En période d'affluence, n'hésitez pas à vous rabattre sur son voisin, l'***Hôtel des Grands Hommes,*** qui appartient au même groupe. Une petite étoile de moins et une déco Empire, plus dans la mouvance campagne napoléonienne que campagne bucolique.

Avis aux littéraires : l'hôtel est l'ancien repaire des peintres et écrivains surréalistes.

Hôtel Parc Saint-Séverin *(plan zoom,* ***11****) : 22, rue de la Parcheminerie, 75005. ☎ 01-43-54-32-17. • hpss@espritdefrance.com • paris-hotel-parcsaintseverin.com • Ⓜ Saint-Michel ou Cluny-La Sorbonne ; RER B : Saint-Michel-Notre-Dame. Doubles 170-350 € (plus cher pour la chambre « executive panorama ») ; petit déj 18 € (10 € pour 2 en payant à l'avance). Clim.* Cet hôtel donne sur une rue piétonne, vous préservant ainsi des bruits de la circulation. Meublé avec goût, dans un style contemporain, et très confortable. Au 7e étage (avec ascenseur), la chambre no 70 est un véritable enchantement avec sa terrasse panoramique sur laquelle vous pouvez prendre le petit déjeuner ou simplement contempler les toits de Paris en compagnie de votre dulcinée. Si elle est déjà prise (ou si vous préférez ne pas vous brouiller définitivement avec votre banquier), les chambres nos 60 et 61, au 6e étage, ont une terrasse, et la chambre no 62 un balcon. Les chambres nos 50 et 12 sont spacieuses mais sans dégagement extérieur. Celles qui donnent sur l'église Saint-Séverin sont à demander en priorité. Vous n'entendrez le carillon des cloches que le dimanche matin, à travers le double vitrage.

Hôtel de Notre-Dame *(plan zoom,* ***12****) : 19, rue Maître-Albert, 75005. ☎ 01-43-26-79-00. • hoteldenotredame@libertysurf.fr • hotel-notredame-charmeparis.com • Ⓜ Maubert-Mutualité ou Saint-Michel ; RER B : Saint-Michel-Notre-Dame. Doubles avec douche ou bains 150-280 € ; petit déj-buffet 11 €. Sauna.* Situé dans une ruelle tout droit sortie d'un film de Marcel Carné, ce petit hôtel n'est qu'à quelques mètres de la Seine et de Notre-Dame. Plafonds à poutres et pierre de taille, mais les 1ers atouts de l'hôtel restent son emplacement et son entrée accueillante avec coin salon-bibliothèque. Il faut dire qu'il a fallu composer avec les petites chambres. Et existe-t-il à Paris plus belle vue que celle de la chambre no 50 ?

Hôtel La Lanterne *(plan B1,* ***13****) : 12, rue de la Montagne-Sainte-Geneviève, 75005. ☎ 01-53-19-88-39. • contact@hotel-la-lanterne.com • hotel-la-lanterne.com • Ⓜ Maubert-Mutualité. ♿ Doubles 220-350 €, avec terrasse et vue 290-450 € ; petit déj 19 €.* Une adresse de charme, au style contemporain, qui égrène les lanternes et soigne les jeux de lumière. Chaque objet a été chiné pour offrir un décorum unique. Atmosphère feutrée, depuis les chambres cosy toutes déclinées dans un camaïeu gris-taupe, réveillé par quelques touches colorées, jusqu'à la piscine et sa jolie cave voûtée du XIIe s. Également un hammam et une douche sensorielle. Une préférence pour l'une des chambres donnant sur le petit bout de jardin ou pour celles du 5e étage qui ont de petites terrasses et une bien jolie vue sur les toits de Paris.

5e

Où manger ?

Coups de cœur

Bon Vivant *(plan C2,* ***20****) : 7, rue des Écoles, 75005. ☎ 01-43-26-51-34. • contact@bonvivant.paris • bonvivant.paris • Ⓜ Jussieu ou Cardinal-Lemoine. Tlj 10h-2h. Formule déj 22 € ; charcut' à picorer 6-8 € ; planches 12-16 € ; carte à partir de 30 €.* « Bonjour, comment ça va ? » Le ton est donné, vous êtes ici comme à la maison, mais on va prendre soin de vous ! Pour les petites bourses et les plus pressés, des douceurs de nos régions (saucisse sèche, terrine, rillettes) au comptoir suffiront, mais le plat du jour, copieux, vaut le détour. Que des bons produits d'éleveurs et producteurs indépendants, soigneusement sélectionnés, pour une cuisine de terroir inventive qui vous réserve bien des surprises ! Belle carte des vins et conseils avisés. Très sympa aussi à l'apéro, autour d'une planche de charcut' artisanale.

🍷 🍽 ***Cave Mavrommatis*** *(plan B3,* ***21****) : 49, rue Censier, 75005. ☎ 01-45-34-64-95. • info@mavrommatis.fr • mavrommatis.com • Ⓜ Censier. Lun-sam 11h30-15h, plus jeu-sam 18h-21h30. Congés : 2e-3e sem d'août. Formules déj 12,50-16,50 € ; planches 10-14 €, mezze 4-10,50 €.* Juste à côté du traiteur et du restaurant gastronomique voisins et du même nom, où les frères Mavrommatis rendent hommage à leurs racines chypriotes. Ici, une petite salle et quelques tables pour goûter à quelques-uns des 80 cépages grecs, en accompagnant chaque verre de fins et délicieux *mezze.* Pas de panique, on vous guidera avec le sourire dans votre dégustation.

Coups de foudre

5e 🍽 ***Flocon*** *(plan B3,* ***22****) : 75, rue Mouffetard, 75005. ☎ 01-47-07-19-29. Ⓜ Monge. Ouv mer-dim. Fermé lun-mar. Résa conseillée. Formules déj 18-26 € ; le soir, carte env 40 €.* Dégotter une bonne adresse à la Mouf' nous semblait aussi improbable que la neige en été ! Ce *Flocon*-là est une aubaine dans le quartier. Le cadre ? Une salle épurée, baignée de lumière grâce à la baie vitrée donnant sur un jardin verdoyant. Dans l'assiette, c'est le produit qui prime, et qui impulse une cuisine française enlevée, pleine de saveurs ! Parmi les 3 suggestions du midi, toujours une option végétarienne. Pensez à réserver, surtout le soir !

🍽 ⛱ ***Chez Léna et Mimile*** *(plan B3,* ***23****) : 32, rue Tournefort, 75005. ☎ 01-47-07-72-47. • christelegendre@free.fr • chezlenaetmimile.com • Ⓜ Censier-Daubenton ou Place-Monge. Tlj 12h-14h (14h30 sam-dim), 19h-22h30. Fermé dim-lun en hiver, se renseigner. Plat du jour midi en sem 12,50 € ; carte 45-60 €.* Un resto incontournable du quartier, fondé en 1937 et surplombant une placette calme et arborée! Inondée de soleil, la terrasse donne tout son charme à l'endroit. De plus, la circulation étant quasi inexistante, son bruit ne couvrira pas vos doux mots d'amour... À préférer donc par beau temps. Quant à la cuisine, franche et sincère, elle met à l'honneur les plats traditionnels de nos régions, et s'aventure même dans le registre moléculaire. Seul bémol : à la carte, l'addition grimpe (un peu trop) vite.

🍽 ***Restaurant Lilane*** *(plan C2-3,* ***24****) : 8, rue Gracieuse, 75005. ☎ 01-45-87-90-68. Ⓜ Place-Monge. Tlj, sauf sam midi et dim-lun ; service 12h-14h, 19h-22h. Congés : août et fêtes de Noël. Formules déj 22-26 € ; le soir, menus 34-38 €.* Bonne pioche que ce discret restaurant installé en retrait de la rue Monge, sobrement décoré dans les tons chocolat, avec un éclairage tamisé. Avec son atmosphère intimiste, on s'y sent tout de suite bien. Cuisine de bistrot allégée, joliment enlevée et élégamment présentée. La carte offre une palette de plats assez complète entre poissons et viandes. Au dessert, un soufflé chaque mois différent. Vins de propriété servis au verre. Accueil tout sourire.

Coups de folie

🍽 ***La Cucina*** *(plan B1,* ***25****) : 20, rue Saint-Victor, 75005. ☎ 01-44-31-54-54. Ⓜ Maubert-Mutualité. Tlj midi et soir. Formule déj 24 € ; carte 40-45 €.* Quand Alain Ducasse, le chef français le plus étoilé au monde, se lance dans la cuisine familiale italienne, c'est sans faux-semblants. Car, hormis les kitschissimes saucisses, jambons et autres *fake* charcutailles en tissu suspendus au-dessus du bar, chinés dans le répertoire *arty* du Whitney Museum de New York, cette *Cucina* est une authentique réussite. Le décor pop mêlant bois blond et couleurs chaudes, l'élégante vaisselle siglée, la carte pointue puisant ses ressources dans le meilleur de la Botte et l'accueil des sympathiques serveurs séduisent et ouvrent l'appétit. Pas d'esbroufe non plus dans les préparations fines et parfumées (hmm, ces *paccheri* à la joue de bœuf fondante), dans les fins *antipasti* et dans les copieux desserts. La carte des vins cogne un peu, mais piochez dans la sélection de vins au verre... et, surtout, démarrez par l'excellent *Spritz della casa.* Ducasse a vu juste.

L'Atelier Maître Albert (*plan B1, **26***) : *1, rue Maître-Albert, 75005. ☎ 01-56-81-30-01. • ateliermaitrealbert@guysavoy.com • ateliermaitrealbert.com • Ⓜ Maubert-Mutualité. Tlj, sauf le midi sam-dim. Congés : 2 sem en août. Le midi, menus 29-37 € ; le soir, menu 40 €, carte env 60 €.* Cette adresse, de la galaxie Guy Savoy, est dotée d'un décor superbe signé Jean-Michel Wilmotte, qui a réussi à préserver les pierres, les poutres et la grande cheminée tout en saupoudrant l'ensemble de touches design du meilleur goût. Le bar est sans doute l'espace le plus réussi, avec ses tabourets face aux dizaines de (très bons) vins : chics, très chics. La cuisine joue le contraste de la simplicité, dans un esprit rôtisserie. Et le chariot de desserts permet de finir sur des parfums d'enfance.

L'Atlas (*plan C1, **27***) : *10-12, bd Saint-Germain, 75005. ☎ 01-44-07-23-66. • contact@latlas.fr • Ⓜ Maubert-Mutualité. ♿ Tlj, sauf lun et mar midi ; service 12h-14h30, 19h30-23h. Carte 30-35 €.* Resto au décor des *Mille et Une Nuits.* Cuisine marocaine allégée de ses sucres et matières grasses. Couscous et tajines hauts en saveur, accompagnés d'une semoule toute fine et de légumes à volonté. Accueil chaleureux et service attentionné. Ce n'est, hélas, pas donné.

Où faire une pause gourmande ?

Le Café Maure de la mosquée de Paris (*plan C3, **30***) : *39, rue Geoffroy-Saint-Hilaire, 75005. ☎ 01-43-31-38-20. • contact@lamosqueedeparis.com • Ⓜ Jussieu ou Place-Monge. Tlj 9h-minuit. Thé à la menthe et pâtisseries à partir de 2,50 €.* Avec ses colonnes, ses arcades, ses belles faïences et son patio, *Le Café Maure* vous transporte instantanément dans les jardins de l'Alhambra. Hélas, victime de son succès, ce havre de paix s'est transformé peu à peu en usine à touristes (prise d'assaut le week-end) en quête d'exotisme.

Odette (*plan zoom, **32***) : *77, rue Galande, 75005. ☎ 01-43-26-13-06. • fberthy@odette-paris.com • odette-paris.com • Ⓜ Cluny-La Sorbonne ; RER B et C : Saint-Michel-Notre-Dame. Tlj 10h-20h. Compter 1,90 € le chou et 10,90 € les 6.* Des p'tits choux, des p'tits choux... encore des p'tits choux ! Vous l'aurez compris, le chou, ici, est roi. Confectionné tous les matins dans les cuisines du sous-sol, il est fourré comme il se doit d'une onctueuse crème pâtissière aromatisée : chocolat, caramel, pistache, praliné... et, plus exotique, thé vert. À consommer avec un bon chocolat chaud ou une coupe de champagne dans le salon cosy à l'étage ou sur la microterrasse, avec vue unique sur Notre-Dame de Paris ! Sinon, jolies boîtes à emporter. Ah, ne cherchez pas Odette, c'est la grand-mère du patron : elle vit en Bretagne ! *Autre adresse au 18, rue Montorgueil, dans le 1er.*

5e

L'Enclos de Ninon – Sugarplum Cake Shop (*plan B2, **33***) : *66, rue du Cardinal-Lemoine, 75005. ☎ 01-46-34-07-43. • info@sugarplumcakeshop.com • sugarplumcakeshop.com • Ⓜ Cardinal-Lemoine ou Place-Monge. Tlj sauf lun 10h-20h (19h dim). Thés bio et cafés 2,50-6 € ; gâteaux 3-5 €.* L'une des belles terrasses du coin, au calme, pour un p'tit déj, un brunch ou une pause 4-heures gourmande : *cream cake, pecan pie,* brownies au beurre de cacahuètes et autres pâtisseries maison originales. On ajoute un *chaï* ou un jus de fruits pressés pour faire glisser le tout. Le top ! Accueil chaleureux et atmosphère conviviale.

Où manger une glace ?

Gelati d'Alberto (*plan B2, **34***) : *45, rue Mouffetard, 75005. ☎ 01-77-11-44-55. Ⓜ Place-Monge. Tlj 12h-minuit (2h en été). Fermé nov-fév. Compter 3,50 € pour 2 parfums, 4,50 € pour 3 et 5,50 € pour 4.* Alberto fabrique chaque matin une quarantaine de parfums : les classiques (citron, framboise...), les gourmands (crème caramélisée, Nutella, macarons...) et les originaux (laissez-vous tenter par le yaourt ou le coquelicot). La présentation sympathique des glaces, en forme de pétales de fleurs, réchauffera tous les cœurs. Très bon rapport qualité-prix-accueil. Pour les insatiables, les glaces sont aussi vendues au litre. *Autre adresse au 12, rue des Lombards (4e).*

Où boire un verre ?

***Café de la Nouvelle Mairie** (plan B2, **35**) : 19, rue des Fossés-Saint-Jacques, 75005. ☎ 01-44-07-04-41. Ⓜ Cardinal-Lemoine ou Place-Monge ; RER B : Luxembourg. Tlj 8h-minuit non-stop, sauf sam-dim ; service 12h-14h30, 20h-22h30 (apéros dînatoires ven). Congés : 3 sem en août et 1 sem à Noël. Plats 11-22 €. Verres de vin 4-8 €.* À 2 pas du Panthéon, ambiance néo-rétro pour ce bar à vins un peu jazzy, avec vieux zinc et chaises de bistrot bien patinées dans des teintes sobres et élégantes. Ici se bouscule une clientèle de fidèles heureux de boire un bon vin de pays choisi avec soin par le patron. Belle terrasse en été.

Où écouter de la musique ?

5e

***Caveau de la Huchette** (plan zoom, **37**) : 5, rue de la Huchette, 75005. ☎ 01-43-26-65-05. • huchette@aol.com • caveaudelahuchette.fr • Ⓜ Saint-Michel. Tlj 21h-2h30 (4h ven-sam). Concert à 21h30. Entrée : 13 € dim-jeu, 15 € ven-sam et veilles de fête ; étudiant 10 €. Consos à partir de 6 €.* Ex-repaire des Templiers, ancienne loge secrète maçonnique puis scène pour chansonniers... Le *Caveau* est devenu une institution du jazz dans les années 1950 (les plus grands musiciens américains ou européens de l'après-guerre s'y sont produits) et pour les danseurs « à l'ancienne », hors des modes. À tel point qu'il servit de décor à l'une des scènes finales du film *La La Land.* Ça swingue dans la cave aux pierres apparentes, et on peut même prendre des cours tous les jours en semaine de 19h à 21h.

***Le Petit Journal Saint-Michel** (plan A2, **38**) : 71, bd Saint-Michel, 75005. ☎ 01-43-26-28-59. • jazzclubpetitjournal@gmail.com • petitjournalsaintmichel.fr • Ⓜ Odéon ou Cluny-La Sorbonne ; RER B : Luxembourg. Tlj sauf dim à partir de 19h30. Congés : août. Entrée + conso à partir de 20-25 € ; réduc étudiants. Pour dîner, menus 59-69 € (spectacle inclus).* Depuis un demi-siècle, ce temple du jazz à Paris programme des concerts. Ils commencent vers 21h et sont essentiellement dédiés au jazz New Orleans. Sur scène, Claude Luter et Claude Bolling se produisaient régulièrement. Allez-y pour les groupes qui s'y produisent, mais vous économiserez un gros billet en évitant d'y dîner.

Où danser au clair de lune ?

***Sur les quais** (plan C-D1-2) : 75005. Rens sur • quefaire.paris.fr • En théorie, tlj sauf lun-mar, mais attention à la météo.* Une véritable institution sur les quais de Seine – quai Saint-Bernard précisément – en contrebas de l'Institut du monde arabe. Quelques petits amphithéâtres au ras de l'eau qui se transforment le soir venu (et dès l'après-midi le week-end) en pistes de danse enfiévrées de juin à septembre : initiations, démonstrations, piste ouverte pour danseurs confirmés et débutants, danses bretonnes, rock, tango argentin... Au milieu d'un doux mélange d'aficionados en tout genre et bon enfant. Une escale vraiment sympa de la nuit parisienne estivale.

Main dans la main

La Contrescarpe, la Mouff'

À l'orée du Quartier latin, des petits coins pleins de charme et particulièrement vivants.

La place de la Contrescarpe *(plan B2)* **:** une des places les plus mignonnes de Paris, avec sa fontaine au milieu. Toutes les maisons ont été restaurées, avec plus ou moins de bonheur. Prendre un verre au *Café Delmas,* en terrasse, reste un moment sympa. Au nº 1 (ou non loin !), Rabelais ou encore Ronsard, Du Bellay et leurs copains de la Pléiade venaient disserter sur les finesses de la langue française.

La rue Mouffetard *(plan B2-3)* **:** la « Mouff' », nommée ainsi en raison de la puanteur (la « *mofette* ») qui provenait des ateliers installés sur les rives de la Bièvre (tanneurs, tripiers... y résidaient), est une longue et étroite rue en pente. Ancienne voie romaine, donc l'une des plus vieilles de Paris, qui a encore gardé une animation de village. Malgré les rénovations et les fast-foods subsistent vieilles enseignes, noms de rues, petits passages et courettes. Délicieusement romantique... À l'angle de la rue du Pot-de-Fer, petite fontaine édifiée par Marie de Médicis (XVIIe s). Tout au long de la rue, vénérables maisons anciennes, à la restauration parfois un peu trop bien léchée. Au nº 69, un bois sculpté représente un chêne magnifique, généreux, splendide. À cet endroit, un bal réputé autant que mal famé s'est tenu de 1844 à 1890. On y dansait la « chaloupeuse », l'ancêtre – prétendent certains – de la java. Le bas de la rue Mouffetard, jusqu'au niveau de la rue Jean-Calvin, présente le spectacle pittoresque d'un des marchés les plus colorés de Paris. À l'angle de la rue Daubenton, une maison joufflue semble prête à craquer. Au nº 122, l'enseigne de *La Bonne Source* date d'Henri IV. Au nº 134, admirer la superbe façade tout en arabesques végétales. Décorée selon le procédé du *sgraffito* (ciment sculpté et rehaussé de décors d'inspiration baroque) par Adhigeri au XVIIe s, c'est elle qui a valu à l'édifice son classement. Tout en bas, la charmante ***église Saint-Médard*** *(plan B3 ; entrée au 41, rue Daubenton, par une porte à colonnes).*

Le Jardin des Plantes *(Muséum national d'histoire naturelle ; plan C-D2)* **:** *entrée à l'angle des rues Cuvier et Geoffroy-Saint-Hilaire (M Jussieu) ou pl. Valhubert (M Gare-d'Austerlitz). ☎ 01-40-79-56-01. • mnhn.fr • Tlj 7h-20h en été et 8h-17h30 en hiver. Tarif variable selon ouverture des sites ; gratuit moins de 26 ans pour les collections permanentes des galeries.*

L'une des plus belles promenades parisiennes (tôt le matin, c'est un enchantement) et l'une des plus riches en découvertes. Guy de La Brosse, médecin de Louis XIII, créa ce jardin en 1635 pour les étudiants en médecine et en pharmacie de l'époque, afin qu'ils apprennent l'herboristerie. De fait, c'est le plus vieux musée d'histoire naturelle au monde. Le souverain créa même un « droguier du roi », où l'on stockait toutes les substances médicamenteuses, puis un « cabinet des curiosités ». Véritable jardin expérimental, tous les voyageurs explorateurs ou missionnaires rapportèrent des plants ou des graines. Nicot y planta du tabac. Des Antilles, on fit venir un cacaoyer. Aujourd'hui, dans des galeries aux intérêts divers, le jardin abrite des collections d'une immense richesse. Si vous entrez par la porte de la Pitié, en face de la fontaine Cuvier, vous apercevrez sur votre droite le « labyrinthe », butte ombragée, fraîche et paisible, avec de très vieux arbres, dont un cèdre du Liban planté en 1734. Ce jardin fut aménagé sur un monceau d'ordures qu'on recycla et transforma en jardin paysager... un souci d'écologie avant l'heure ! C'est volontairement que, dans ce guide, nous avons choisi de ne pas développer la Grande Galerie de l'Évolution et la ménagerie, qui intéressent davantage les familles que les amoureux.

– **Les grandes serres :** *☎ 01-40-79-54-79 ou 56-01. ♿ Tlj (sauf mar) 10h-17h en hiver, 10h-18h (18h30 dim et j. fériés) en été. Fermé 1er mai. Entrée : 7 €.* 4 serres du Jardin des Plantes invitent à un voyage dans l'univers de la biodiversité, comme on dit aujourd'hui. Autant de voyages à l'autre bout du monde sans faire augmenter notre bilan carbone ! Tout au long de la visite, vous allez découvrir la diversité du monde végétal et ses étonnantes capacités d'adaptation à l'environnement grâce à une scénographie qui déroule, le long d'une liane en acier, des informations claires et précises sous forme d'animations interactives. La 1re serre a été édifiée en 1714, puis, au fil des années, d'autres serres ont été construites afin de préserver les collections de plantes rares et exotiques que les naturalistes rapportent de leurs voyages lointains.

– **Le jardin alpin :** *accessible aux mêmes horaires que le jardin lui-même. Fermé en hiver. GRATUIT.* Groupées par régions géographiques, plus de 2 000 espèces venant des Alpes, des Pyrénées, de Corse, du Groenland, de l'Himalaya... vivent grâce aux différents microclimats obtenus en fonction de leur place dans le jardin (c'est assez étonnant !). Vous y trouverez également des arbres d'importance historique, notamment le pistachier mâle qu'utilisa Sébastien Vaillant pour enseigner, en France, la sexualité chez les végétaux. Balade très agréable à travers les allées.

– **Le jardin écologique :** *visites guidées seulement ; rens : ☎ 01-40-79-56-01.* Accompagné par un botaniste, on peut découvrir la flore qui pousse naturellement en Île-de-France. Une oasis de biodiversité en plein Paris.

– **Les parterres :** de la place Valhubert, magnifique perspective sur les parterres bordés d'allées de platanes taillés « en rideaux ». De mai à octobre, on peut y admirer les plus jolies fleurs de la capitale. Ce n'est cependant pas une raison pour les cueillir, même pour les offrir à votre dulcinée...

– **La galerie de botanique :** *au rdc. Entrée comprise dans le billet couplé « Itinéraire botanique » qui donne accès aux serres (7 €).* Le plus vieux – 450 ans – et le plus vaste herbier au monde, riche de 8 millions de spécimens, a retrouvé une nouvelle jeunesse. Un espace de présentation lui est aujourd'hui consacré dans la galerie de botanique, elle aussi entièrement rénovée.

Le Quartier latin

Jusqu'à la Révolution, on y parlait le latin. D'où son nom...

Agréable ***balade à pied*** à la recherche des belles portes et façades sculptées des maisons anciennes et hôtels particuliers. En partant de la fontaine de la place Saint-Michel, vous êtes immanquablement aspirés par les rues étroites de l'îlot Saint-Séverin : rue de la Huchette, rue de la Harpe, rue Saint-Séverin, rue Xavier-Privas. La *rue de la Huchette* possède le même nom depuis 800 ans. Marrant : passez donc dans l'une des plus petites rues de Paris, la *rue du Chat-qui-Pêche* (20 m de long et 1,50 m de large), qui donne à la fois sur la rue de la Huchette et sur le quai Saint-Michel.

L'église Saint-Séverin *(plan zoom)* **:** elle date du début du XVe s. Nombreux concerts. Jolie façade avec large baie flamboyante. Tour du XIIIe s et portail de la même époque, provenant d'une église démolie de la Cité. À droite, sur le flanc, festival de gargouilles. À l'intérieur, admirez le superbe buffet d'orgue datant de Louis XV (malheureusement, il cache le plus beau vitrail de l'église). Les amateurs de bel ouvrage pourront s'absorber dans la contemplation du pilier central du déambulatoire. Des nervures qui s'y enroulent rayonnent les arcs de la voûte, avec une souplesse et une aisance superbes. Du grand art, et une bonne occasion de demander la main de votre promis(e) si le cœur vous en dit !

Les thermes et l'hôtel de Cluny *(plan B1)* **:** *28, rue Du Sommerard, 75005. ☎ 01-53-73-78-00. • musee-moyenage.fr • Ⓜ Cluny-La Sorbonne. Tlj 9h15-17h45, sauf mar. Entrée : 5 € ; réduc, gratuit moins de 26 ans et pour tous le 1er dim* *du mois.* ***Attention, le musée sera complètement fermé à partir d'oct 2021 jusqu'à début 2022.*** Ils englobent le jardin public, qui s'étend entre le boulevard Saint-Michel et la rue de Cluny, le long du boulevard Saint-Germain. En effet, plusieurs édifices se mêlent ici, au travers des époques : tout d'abord, les thermes gallo-romains, datant des Ier et IIe s, dont les ruines reflètent assez peu la grandeur d'antan, unique ensemble préservé de la Lutèce antique avec les arènes de la rue Monge et l'hôtel de Cluny édifié à la fin du XVe s. Sans visite guidée, on peut uniquement s'approcher du frigidarium. Le ***musée*** abrite un ensemble exceptionnel de sculptures, peintures, vitraux, pièces d'orfèvrerie et tapisseries, dont la célèbre *Dame à la licorne,* et d'intéressantes expos temporaires.

★★★ ***L'église Saint-Étienne-du-Mont*** *(plan B2)* **:** *derrière le Panthéon. ☎ 01-43-54-11-79. Mar-ven 8h45-19h30 ; sam-dim 8h45-12h, 14h30-19h45.* Elle annonce le charmant quartier de la Montagne-Sainte-Geneviève. Commencée sous Charles VIII en 1492, l'église fut achevée sous Louis XIII en 1626. Elle fut bâtie sur une ancienne abbaye où l'on vénérait sainte Geneviève. La sainte prit la défense des habitants de Lutèce lors de l'invasion d'Attila et de son armée barbare. On dit que ses prières sauvèrent la cité. L'église fut reconstruite au XVe s, et ce nouvel édifice prit le nom de Saint-Étienne-du-Mont. La façade, pleine de charme, mêle avec bonheur les influences italienne, gothique et antique. À l'intérieur, le jubé (cloison) séparant le chœur de la nef est le seul qui subsiste à Paris. Grande finesse d'exécution. Dans la chapelle de la Vierge, derrière le chœur, des piliers accueillent les dépouilles de Pascal et de Racine. Dans le bas-côté droit, chapelle avec les restes de sainte Geneviève. Passez devant la sacristie pour gagner la chapelle des Catéchismes et le cloître des Charniers, où vous découvrirez de superbes vitraux du XVIIe s.

★★ ***L'église Saint-Julien-le-Pauvre*** *(plan zoom)* **:** une des plus charmantes et des plus émouvantes églises de la capitale, avec son petit jardin ombragé. Bâtie au XIIe s sur d'anciennes sépultures mérovingiennes avec les pierres qui n'ont pas été utilisées pour la construction de Notre-Dame, elle est l'une des plus anciennes églises de Paris. La façade actuelle date du XVIIe s. L'intérieur de l'église possède un côté attendrissant, presque intime, et les icônes lui donnent une atmosphère chaleureuse. Vous pourrez à loisir vous extasier devant les dessins des chapiteaux. Dans le square Viviani, attenant, un robinier, dit « faux acacia », le plus vieux de Paris (400 ans) a été planté par le jardinier d'Henri IV. L'arbre a d'ailleurs une canne de béton pour l'aider à tenir debout.

Petit itinéraire romantique

➢ ***La montagne Sainte-Geneviève :*** *2 km, 45 mn sans les arrêts, du métro Cardinal-Lemoine (plan C2) au métro Censier-Daubenton (plan C3).*

Cette balade très agréable et facile – sans aucune dénivelée – peut être agrémentée, le matin, du marché de la rue Mouffetard.

En sortant du métro Cardinal-Lemoine, remontez par la rue du même nom vers la rue Clovis et le mur d'enceinte de Philippe Auguste, l'*hôtel des Grandes Écoles* et son jardin caché. Au no 74 de la *rue du Cardinal-Lemoine* vécut Hemingway, de 1921 à 1923, véritable lieu de naissance de son œuvre. Vous êtes déjà dans cette ambiance particulière du très vieux Paris, avant même d'entrer dans le village de la Mouff'. Imaginez les poètes de la Pléiade et Rabelais installés aux tables des bistrots de la ***place de la Contrescarpe.*** Au no 39, *rue Descartes,* l'immeuble où mourut Verlaine et où il louait une chambre pour travailler. Avant d'emprunter la rue Blainville, jetez un œil dans la charmante rue Rollin, où vécut René Descartes (au no 14). Prenez la rue Blainville, donc, puis continuez par la rue de l'Estrapade, la rue Laromiguière et la rue Amyot. La *rue Tournefort* voit son vieux nom gravé dans la pierre et offre à son début une vue plongeante sur le dôme du Panthéon. Si vous en avez assez, reprenez le métro à Place-Monge ; sinon, suivez l'antique

voie romaine de Lyon *(via Lugdunum)* par le bas de la rue Mouffetard. ***Un trésor de 3 000 pièces d'or*** fut découvert au nº 53, lors d'une démolition en 1938... Alors, regardez où vous mettez les pieds !
Continuez par la rue Jean-Calvin et la *place Lucien-Herr,* plantée de superbes arbres paulownias dont les fleurs bleues animent les terrasses. Dans cette partie moins connue du quartier, la rue Lhomond et le *passage des Postes* permettent de retrouver à nouveau le bas de la rue Mouffetard. L'étroite *rue Daubenton* ramène à la station de métro Censier-Daubenton en suivant l'église Saint-Médard. Si la balade vous paraît courte, dites-vous que les arrêts sont très, très nombreux.

Où pique-niquer ?

– ***Dans les arènes de Lutèce*** (plan C2) **:** *sur les rues Monge et de Navarre (entrée par la rue de Navarre). Tlj 8h (9h w-e)-21h30 (17h45 en hiver, 19h30 ou 20h30 à la mi-saison).* Situées au centre d'un jardin public, et datées de la fin du IIe s de notre ère, elles furent mises au jour lors du percement de la rue, en 1869. Mais il y avait longtemps déjà que l'on soupçonnait leur existence, sans avoir cependant pu mettre la main sur les pierres élevées par les Gallo-Romains. Et il a fallu une souscription publique pour les sauver définitivement, en 1917. Leur taille modeste prouve que Lutèce, à l'époque, possédait beaucoup moins d'importance qu'une ville comme Arles, bien que leurs gradins aient pu accueillir jusqu'à 17 000 personnes. Les arènes servent de terrain de jeux aux enfants du quartier. Agréables espaces verts alentour. Ce petit havre de paix, surprenant, repose de l'agitation voisine. Les joueurs de boules, qui l'investissent dès le printemps, ajoutent au charme intemporel de cet endroit bucolique, que jouxte le délicieux square Capitan.

– ***Sur les quais de Seine*** (plan zoom) **:** *descendre les escaliers au port de Montebello, face au nº 35 de la rue de la Bûcherie et à Notre-Dame. De préférence le soir.* Le paysage est romantique à souhait. L'île de la Cité et l'île Saint-Louis vous font de l'œil, les péniches à quai annoncent des brasseries, et les bancs invitent à la paresse. À la nuit tombée, les bateaux-mouches éclairent les immeubles du front de Seine, et l'atmosphère devient vraiment magique !

6e ARRONDISSEMENT

• Plan *p. 100-101*

Pour une tendre balade dans le 6e, quartier des étudiants et des éditeurs, une destination s'impose : le Luxembourg et son séquoia géant, son orme du Caucase, son arbre de Judée et son tulipier de Virginie ruisselant d'or jaune lorsque vient l'automne. Et aussi ses joueurs d'échecs silencieux qui improvisent une table de jeu sur une antique chaise verte, ses gamins sautillant comme des moineaux, ses sénateurs assoupis... Si le quartier a perdu sa gouaille, de charmantes courettes dérobées ou de pittoresques passages sont encore à dégoter pour se lover l'un contre l'autre. Où sont « les voyous, les poètes de deux sous » chers à Léo Ferré ? Partis sans laisser d'adresse, mais en semant derrière eux des refrains que l'on entend encore dans l'air du soir...

Où dormir ?

Coup de cœur

Hôtel de Nesle *(plan C1,* ***1****) : 7, rue de Nesle, 75006. ☎ 01-43-54-62-41. • contact@hoteldenesleparis.com • hoteldenesleparis.com • Ⓜ Odéon ou Pont-Neuf. Doubles 100-120 € ; pas de petit déj. Parking payant.* Un petit hôtel tout à fait original, qui, dès la réception, invite à un voyage dans le temps avec son capharnaüm d'objets hétéroclites. Les chambres sont tout aussi surprenantes, décorées chacune sur une thématique différente (vieilles affiches de cinéma dans « Pépé le Moko », lits à baldaquin et mobilier exotique pour « L'Africaine »...). Toutes possèdent une douche, mais certaines (les moins chères) ont encore les w-c dans l'escalier. On apprécie l'agréable jardin secret, joliment fleuri dès les beaux jours.

Coups de foudre

Hôtel Michelet-Odéon *(plan C2,* ***2****) : 6, pl. de l'Odéon, 75006. ☎ 01-53-10-05-60. • hotel@micheletodeon.com • hotelmicheletodeon.com • Ⓜ Odéon ; RER B : Luxembourg. ♿ Doubles 85-210 € ; petit déj 12 €.* Eh bien oui, il est possible de dormir sur cette élégante place sans se ruiner ! Que l'on choisisse une chambre avec vue plongeante sur le théâtre (très convoitée) ou que l'on préfère s'installer côté rue de Condé, avec ses hôtels particuliers, on profite d'une belle adresse, aux couleurs harmonieuses. On a aussi un faible pour les chambres nos 6, 16, 26 et 38, qui bénéficient de 2 fenêtres en angle qui leur confèrent du caractère (petite précision les amoureux : seules quelques chambres sont dotées d'un grand lit). Évidemment, l'espace étant compté à Paris, elles ne sont pas bien grandes. Notre meilleure adresse à Saint-Germain !

Hôtel Jardin Le Bréa *(plan B3,* ***9****) : 14, rue Bréa, 75006. ☎ 01-43-25-44-41. • brea.hotel@wanadoo.fr • hoteljardinlebrea.com • Ⓜ Vavin. Doubles 130-250 € ; petit déj 14 €.* Inutile de fantasmer sur le jardin, il s'agit tout au plus d'un minuscule patio ! Pour le reste, ce beau 3-étoiles tient toutes ses promesses. Avec ses chambres entièrement rénovées, alliant déco moderne et confort douillet, il a tout pour plaire. Style frais et reposant, avec lampes design, papier peint à motifs végétaux, moquette épaisse et salles de bains carrelées de noir et blanc. Si vous aimez prendre vos aises, mieux vaut toutefois privilégier une chambre de catégorie supérieure. À Paris, la surface est un luxe ! On prend le petit déj au sous-sol, dans un espace bien aménagé.

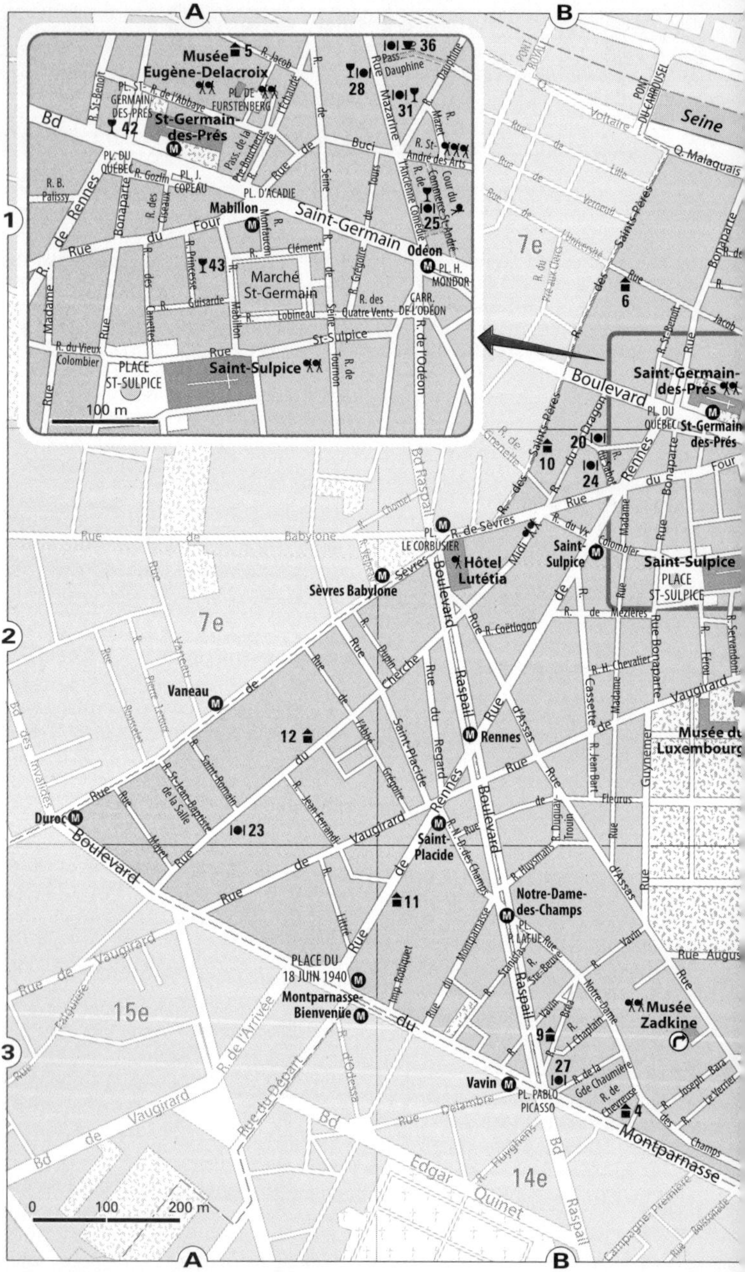
A
B
1
2
3
Musée Eugène-Delacroix 5
36
28
31
PL. ST-GERMAIN-DES-PRÉS
PL. DE FURSTENBERG
42
St-Germain-des-Prés
PL. DU QUÉBEC
PL. J. COPEAU
PL. D'ACADIE
R. B. Palissy
Mabillon
Bd Saint-Germain
Odéon
25
PL. H. MONDOR
CARR. DE L'ODÉON
43
Marché St-Germain
Saint-Sulpice
PLACE ST-SULPICE
100 m
Seine
Q. Malaquais
7e
6
Saint-Germain-des-Prés
St-Germain-des-Prés
10
20
24
PL. LE CORBUSIER
Hôtel Lutétia
Saint-Sulpice
Sèvres Babylone
Vaneau
12
Rennes
Musée du Luxembourg
Duroc
23
Saint-Placide
11
Notre-Dame-des-Champs
PL. LAFUE
PLACE DU 18 JUIN 1940
Montparnasse-Bienvenüe
Musée Zadkine
9
27
Vavin
PL. PABLO PICASSO
4
15e
14e
Boulevard du Montparnasse
Bd Edgar Quinet
0
100
200 m

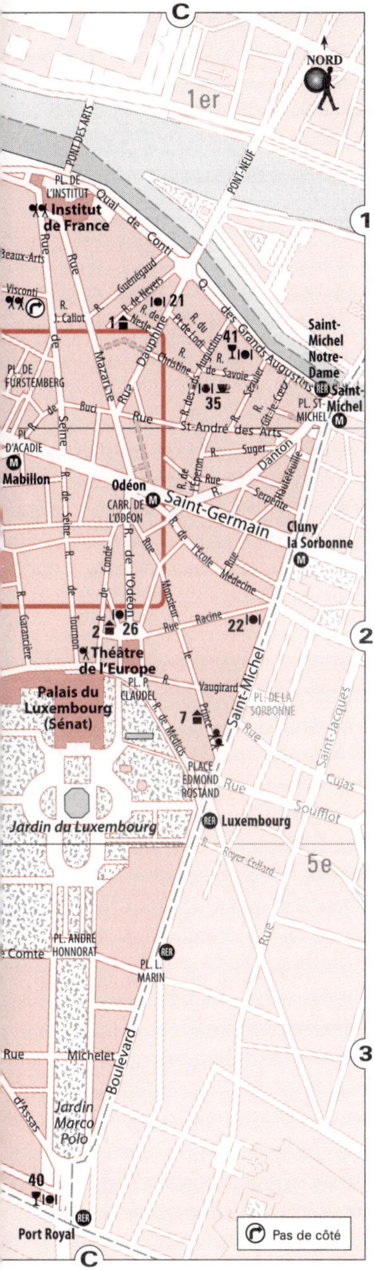

Où dormir ?

1 Hôtel de Nesle (C1)
2 Hôtel Michelet-Odéon (C2)
4 Apostrophe Hôtel (B3)
5 Hôtel des Marronniers (zoom)
6 Hôtel du Danube (B1)
7 Hôtel Le Clos Médicis (C2)
9 Hôtel Jardin Le Bréa (B3)
10 Hôtel des Saints-Pères (B2)
11 Hôtel Legend (B3)
12 La Belle Juliette (A2)

Où manger ?

20 Eggs & Co, Barista Café (B2)
21 Desi Road (C1)
22 Bouillon Racine (C2)
23 Anicia (A2)
24 Blueberry (B2)
25 Le Procope (zoom)
26 La Méditerranée (C2)
27 Niébé (B3)
28 L'Alcazar (zoom)

Bars à vins

31 Etna (zoom)

Où faire une pause gourmande ?

35 Mariage Frères (C1)
36 L'Heure Gourmande (zoom)

Où boire un verre ?

40 La Closerie des Lilas (C3)
41 Lapérouse (C1)
42 Les Deux Magots (zoom)
43 Tiger (zoom)

Coups de folie

Apostrophe Hôtel *(plan B3, **4**) : 3, rue de Chevreuse, 75006. ☎ 01-56-54-31-31. • info@apostrophe-hotel.com • apostrophe-hotel.com • Ⓜ Vavin, Raspail ou Notre-Dame-des-Champs ; RER B : Port-Royal. ♿ Doubles 99-270 €, jusqu'à 380 € avec balnéo en hte saison ; petits déj 8-14 €.* La façade ornée de feuillages stylisés annonce la couleur : ici, la déco n'est pas un passe-temps mais une passion ! Tout est soigné et original. Quelques citations écrites à l'envers (à lire dans le miroir !), des caractères d'imprimerie en relief, ou bien carrément des graffitis suffisent à donner une atmosphère unique à chacune des chambres. Douches à jets ou baignoires à remous pour se détendre. Bien sûr, certaines d'entre elles sont assez petites, mais c'est Paris, et le niveau de confort compense largement cet inconvénient. Excellent accueil.

6e

Hôtel des Marronniers *(plan zoom, **5**) : 21, rue Jacob, 75006. ☎ 01-43-25-30-60. • hotel-des-marronniers@wanadoo.fr • hoteldesmarronniers.com • Ⓜ Saint-Germain-des-Prés. Doubles 129-269 € ; petit déj 15 €. Un petit déj/chambre et par nuit offert sur présentation de ce guide.* Au fond d'une cour, un endroit au style Napoléon III plein de cachet. Derrière, un jardinet avec sa belle terrasse joliment aménagée et sa délicieuse véranda, lumineuse et confortable, où l'on prend le petit déj ou le thé. Déco un peu « cocotte du Second Empire », on adore ! Toutes les chambres, aux toiles tendues de couleurs vives, sont de véritables nids d'amour ; celles qui ont un numéro finissant par 1 ou 2 donnent sur le clocher de Saint-Germain, le plus vieux de Paris. Salon-bibliothèque secret à la cave. Accueil charmant, à la hauteur du lieu. Idéal pour un week-end romantique.

Hôtel du Danube *(plan B1, **6**) : 58, rue Jacob, 75006. ☎ 01-42-60-34-70. • info@hoteldanube.fr • hoteldanube.fr • Ⓜ Saint-Germain-des-Prés. Doubles 180-380 € ; petit déj 13 €.* Dans un décor Napoléon III aux tonalités orientales, une quarantaine de chambres cossues, réparties dans 2 bâtiments. Entre les 2, un patio pour prendre son petit déjeuner les jours de beau temps. Chambres spacieuses et toutes différentes, décorées avec goût : papiers peints élégants, salons personnalisés, guéridons en acajou, fauteuils confortables. Les chambres supérieures (notamment les nos 2, 6, 10, 15 et 19) sont particulièrement grandes et disposent de belles salles de bains. Une adresse au charme classique.

Hôtel Le Clos Médicis *(plan C2, **7**) : 56, rue Monsieur-le-Prince, 75006. ☎ 01-43-29-10-80. • message@hotelclosmedicisparis.com • hotelclosmedicisparis.com • Ⓜ Odéon ; RER B : Luxembourg. ♿ Doubles 120-240 € ; petit déj 13 €. Promos sur leur site.* Une belle demeure du XVIIIe s construite pour la famille Médicis. Les 38 chambres sont soignées, avec une décoration tendance, certaines en duplex ou avec terrasse. L'accueil y est professionnel et plein d'attentions. En été, terrasse dans une courette fleurie pour prendre le petit déj ou un verre le soir venu, à moins que vous ne préfériez, pour vous reposer entre 2 balades, le petit salon avec cheminée et banquettes, impeccables pour siroter un thé ou un café.

Hôtel des Saints-Pères *(plan B2, **10**) : 65, rue des Saints-Pères, 75006. ☎ 01-45-44-50-00. • hsp@espritdefrance.com • paris-hotel-saints-peres.com • Ⓜ Saint-Germain-des-Prés, Saint-Sulpice ou Sèvres-Babylone. Doubles à partir de 200 € ; « Chambre à la fresque » 390-560 € ; petit déj 20 €.* En plein Saint-Germain-des-Prés et proche du Luxembourg, cet hôtel du XVIIe s construit par Gittard, architecte de Louis XIV, est organisé autour d'une charmante cour intérieure fleurie où l'on fait volontiers traîner le petit déjeuner en été. Les chambres, élégantes et calmes, donnent sur le patio. Tableaux et mobilier d'époque, escalier d'origine côté rue pour une immersion dans le Paris historique ! Un lieu propice à l'inspiration, à en croire les écrivains de la maison Grasset voisine, qui ont ici leurs habitudes. L'hôtel dispose d'une grande chambre, ornée au plafond d'une fresque exceptionnelle. À réserver – à l'avance – pour une occasion spéciale...

Hôtel Legend (plan B3, **11**) : 151 bis, rue de Rennes, 75006. ☎ 01-45-48-97-38. • contact@legendhotelparis.com • legendhotelparis.com • Ⓜ Montparnasse-Bienvenüe. Doubles 130-250 € ; petit déj 16 €. Sur la grouillante rue de Rennes, la façade discrète se déploie en hauteur. Un immeuble en pierre de taille d'un classique bon teint qui contraste avec des chambres aux luminaires design, en accord avec le mobilier contemporain. Dans ce cocon convivial, on fait abstraction du bruit de la rue. Les sceptiques choisiront une chambre sur cour et les amoureux s'offriront peut-être l'une des chambres thématiques du 5e étage, ou la suite « *Dreamcatcher* ». Matelas à mémoire de forme représentatifs du confort top niveau. Quant à la terrasse lilliputienne, elle ajoute un soupçon de charme. Accueil enjoué. *NOUVEAUTÉ.*

La Belle Juliette (plan A2, **12**) : 92, rue du Cherche-Midi, 75006. ☎ 01-42-22-97-40. • reservation@labellejuliette.com • hotel-belle-juliette-paris.com • Ⓜ Vaneau ou Saint-Placide. Snack-resto tlj 16h (14h dim)-minuit (21h30 dim). Doubles 150-550 €, mais souvent autour de 250 € ; petits déj 12-22 €. Parking payant. La belle Juliette, c'est Juliette Récamier, l'amie de Mme de Staël et intime de Chateaubriand. Cet hôtel romantique lui rend hommage : la décoration féminine est raffinée, privilégiant le charme d'antan dans les superbes chambres au confort douillet (les amoureux privilégieront les « romantiques » avec méridienne et salle de bains ouverte). L'atmosphère est propice aux causeries dans les beaux salons élégamment meublés et réchauffés par des feux de cheminée. Bar et terrasse parfaits pour profiter d'un *tea time* ou d'un cocktail. Une adresse pour se ressourcer et se faire dorloter (l'espace bien-être, avec hammam, piscine et massages, n'est pas le moindre de ses atouts !). Accueil charmant.

Où manger ?

Coups de cœur

Eggs & Co, Barista Café (plan B2, **20**) : 11, rue Bernard-Palissy, 75006. ☎ 01-45-44-02-52. • franklin.reinhard@gmail.com • eggsandco.fr • Ⓜ Saint-Germain-des-Prés. Tlj, sauf mer, 9h-16h (18h w-e ; dim brunch seulement). Pas de résa le w-e. Carte 10-23 € ; brunchs 22-32 €. Une adresse de poche dédiée à l'œuf dans tous ses états (mais toujours fermier !) : brouillé, en omelette, au plat, Bénédicte, à la coque... Ambiance maison de campagne, décor champêtre (et bas de plafond !) au 1er étage, côté basse-cour ou mezzanine, service enjoué et décontracté, assiettes copieuses et goûteuses. Pour les affamés, l'œuf s'accompagne de saumon, d'un steak (très bon burger), de légumes... Idéal pour le déjeuner ou le brunch (servi tous les jours).

Desi Road (plan C1, **21**) : 14, rue Dauphine, 75006. ☎ 01-43-26-44-91. • desiroad@gmail.com • desiroadrestaurant.com • Ⓜ Saint-Michel, Odéon ou Pont-Neuf. Tlj 12h-14h (14h30 sam-dim), 19h-22h (22h30 ven-sam). Formules déj 15-22 € ; thalis 24-34 € ; carte env 25 €. Joli bistrot chic d'inspiration indo-british, petit frère de *MG Road* dans le Marais. Le concept est réussi et renouvelle totalement l'image de la gastronomie indienne en France. La carte, elle aussi, se veut atypique : le chef, né et formé à Bombay, prépare d'authentiques *thalis*, ces plateaux ronds de métal sur lesquels sont disposées des coupelles avec différentes spécialités : *dal*, curry de viande ou de poisson et autres préparations savoureuses, mais attention, bien relevées ! Formule végétarienne possible, végane également.

Coups de foudre

Niébé (plan B3, **27**) : 16, rue de la Grande-Chaumière, 75006. ☎ 01-43-29-43-31. 📱 06-27-33-29-35 ou 06-11-44-56-78. • niebe2016@outlook.fr •

restaurantniebe.com • Ⓜ Vavin ou Notre-Dame-des-Champs ; RER B : Port-Royal. Tlj sauf dim-lun ; service 12h-14h30, 19h-22h (22h30 ven-sam). Congés : 20 juil-20 août. Menus déj en sem 18-23 € ; le soir et sam midi, carte 35-40 €. Le *niébé* est un haricot sec originaire d'Afrique, qui a migré en Amérique latine et dans le sud des États-Unis *(black eyed pea),* où il est devenu un ingrédient incontournable de la cuisine afro-américaine. Aux commandes ici, 2 femmes : Joséphine Kodiani, qui orchestre le service en salle avec bonne humeur, et Anne Bastard-Vaÿsse. À elles 2, elles incarnent, avec le chef brésilien Fellipe Pastor, ce métissage formidable que l'on retrouve dans la carte, mêlant judicieusement les origines : *baba-ganoush* d'aubergines africaines, mafé de bœuf, feijoada, *bacalhau, bobo di camarão* (gambas sautées)... La plupart des plats sont également proposés en version végane. Un coup de cœur ! *NOUVEAUTÉ.*

6e

Bouillon Racine *(plan C2,* ***22****) : 3, rue Racine, 75006. ☎ 01-44-32-15-60. • bouillonracine@orange.fr • bouillonracine.fr • Ⓜ Cluny-La Sorbonne ou Odéon. ♿ Tlj 12h-14h30, 19h-23h. Congés : 1er-15 août. Formule déj en sem 17,50 € ; menu-carte 35 €.* Une institution plus que centenaire du Quartier latin, qui a aussi servi de cantine pour le personnel de la Sorbonne avant de retrouver son lustre d'antan ! Magnifique, le décor Art nouveau nous plonge dans le faste et l'ambiance Belle Époque : sol en mosaïque, miroirs peints, boiseries ciselées, motifs floraux... Pas de trompe-l'œil dans l'assiette, les plats traditionnels de saison fleurent bon le terroir, et le menu du jour ne dupe personne. Petit bar à vins, *Le Bar du Bouillon.* Une belle adresse !

Anicia *(plan A2,* ***23****) : 97, rue du Cherche-Midi, 75006. ☎ 01-43-35-41-50. • contact@anicia-bistrot.com • anicia-bistrot.com • Ⓜ Vaneau ou Saint-Placide. ♿ Tlj, sauf dim-lun. Résa indispensable. Formules déj 28-37 € ; le soir, menus-dégustation (4-6 services) 58-74 € ; carte env 60 €.* Anicia est l'ancien nom du Puy-en-Velay. Le chef (François Gagnaire, mais rien à voir avec Pierre), originaire de cette région, se plaît à mettre son terroir en lumière : la lentille bien sûr, les salaisons, les légumes, le caviar même... Mais pas seulement. Sa créativité puise dans tous les registres (plantes exotiques) et tous les terroirs, pourvu que le produit soit de saison et naturel. Avec quelques trouvailles végétariennes. Le cadre est épuré et feutré, le service attentionné.

Blueberry *(plan B2,* ***24****) : 6, rue du Sabot, 75006. ☎ 01-42-22-21-56. • blueberrymakibar.com • Ⓜ Saint-Germain-des-Prés. Tlj, sauf dim-lun ; service 12h-14h30 (12h30-15h sam), 19h30-22h30 (23h ven-sam). Résa indispensable. Formules déj en sem 24-26 € ; makis 15-21 € ; carte 40-50 €.* Un restaurant japonais haute couture. De vraies spécialités venues du Soleil-Levant : sushis, alcool de prune, saké et purée de pommes de terre. La marque de fabrique de la maison reste les makis aux noms délicieusement amusants : « *Little Miss Yuzu* » (*tataki* de saumon mariné, framboise, mangue, yuzu) ou encore « Rackham le Rouge » (*tempura* de gambas, thon mariné, carpaccio de truffe). L'ensemble est raffiné, original, parfumé, et réveille les palais sensibles aux saveurs lointaines. Cadre intimiste : lampions dans la 1re salle mais celle du fond a aussi du cachet avec ses poutres apparentes. À côté, le *Blueberry Steambar,* tout aussi élégant, propose une cuisine chinoise : *dim sum, bao* ou raviolis sont au programme !

Le Procope *(plan zoom,* ***25****) : 13, rue de l'Ancienne-Comédie, 75006. ☎ 01-40-46-79-00. • reservationprocope@blanc.net • procope.com • Ⓜ Odéon. Tlj en continu 12h-minuit (1h jeu-sam) ; service 12h-15h, 18h-minuit. Menus « Procope » 21,90-28,90 € (sauf dim) ; menus « Philosophe » 31,50-38,50 € (tlj à partir de 19h) ; carte 50-60 €.* Le plus ancien café de la capitale. En 1686, un certain Francesco Procopio dei Coltelli vint d'Italie ouvrir un troquet à Paris, y introduisant un breuvage nouveau appelé à un fulgurant succès : le café. La proximité de l'ancienne Comédie-Française en fit d'emblée un lieu littéraire et artistique. Au XVIIIe s, les philosophes s'y réunissaient, et l'*Encyclopédie* naquit ici d'une conversation entre Diderot et d'Alembert. Beaumarchais y attendait le verdict de ses pièces jouées à l'Odéon. Danton, Marat et Camille Desmoulins y prirent des décisions importantes pour la Révolution. Et Napoléon y laissa son bicorne pour honorer ses dettes de repas. Plus tard, Musset, George Sand, Balzac, Huysmans, Verlaine et bien d'autres aimaient à s'y retrouver. Aujourd'hui, *Le Procope* garde sa vocation de lieu de rencontres et dispose même d'une table présidentielle. Cuisine traditionnelle de brasserie et recettes ancestrales, comme la tête de veau en cocotte, dans un lieu historique !

I●I 🍸 *L'Alcazar* *(plan zoom,* ***28****)* **:** *62, rue Mazarine, 75006. ☎ 01-53-10-19-99. • contact@alcazar.fr • alcazar.fr • Ⓜ Odéon. ♿ Tlj 12h-15h, 19h-2h, sauf dim-lun (a priori). Congés : 1er-28 août. Le midi, formules et menu 27-41 € ; le soir, carte 50-60 €.* On se souvient tous du mythique cabaret des années 1970, chanté en son temps par Jacques Brel (un ancien jeu de paume en réalité !), transformé depuis en brasserie branchée. Spacieux et lumineux grâce à son puits de lumière, le cadre, mêlant matières nobles et matériaux bruts (vaisselle chinée, argenterie et végétation luxuriante), est idéal pour un déjeuner chic à base de recettes dans l'air du temps et de produits labellisés. Ambiance plus animée le soir, surtout en fin de semaine au *Balcon*, où se retrouvent les clubbers pour écouter la crème des DJs. Expos régulières. *NOUVEAUTÉ.*

Coup de folie

I●I ⛱ *La Méditerranée* *(plan C2,* ***26****)* **:** *2, pl. de l'Odéon, 75006. ☎ 01-43-26-02-30. • la.mediterranee@wanadoo.fr • Ⓜ Odéon ; RER B : Luxembourg. Tlj 12h-14h30, 19h30-23h. Congés : 25-31 déc. Menus 31-37 € ; carte 55-70 €.* Jadis, écrivains, cinéastes et peintres avaient leur table à *La Méditerranée,* d'Orson Welles à Aragon en passant par Picasso, Chagall, Man Ray ou Jean-Louis Barrault. Remise à flot après un toilettage discret – il ne fallait surtout pas toucher au décor des maîtres (peintures de Vertès et Bérard, lithos de Cocteau) –, *La Méditerranée* a retrouvé sa figure de proue face au théâtre de l'Odéon. Carte tendance grand bleu, avec quelques plats de viande pour contenter les carnivores. Pour les adeptes de la vie parisienne.

Bar à vins

🍸 I●I *Etna* *(plan zoom,* ***31****)* **:** *33, rue Mazarine, 75006. ☎ 01-46-34-84-52. • contact@bar-etna.fr • bar-etna.fr • Ⓜ Odéon. Tlj 18h30-2h, sauf lun. Tapas et assortiments gourmands à partir de 13 €. Verres de vin nature à partir de 8 €.* Au cœur de Saint-Germain, un bar à vins élégant qui vous fera découvrir la délicatesse (et parfois la folie) des vins nature(ls). Pas de carte, on vous conseille en fonction de vos goûts : Charles, le sommelier, écume les vignobles pour vous satisfaire... Sans sulfites, la fête est plus folle ! Pour accompagner vos découvertes, de très belles assiettes de tapas, qui jonglent habilement entre terre et mer.

Où faire une pause gourmande ?

I●I ☕ *Mariage Frères* *(plan C1,* ***35****)* **:** *13, rue des Grands-Augustins, 75006. ☎ 01-40-51-82-50. • mariagefreres.com • Ⓜ Odéon ou Saint-Michel. Salon de thé tlj 15h-19h. Brunchs tlj 35-44 € ; plat seul 25 €.* On entre par la boutique où sont vendues des tonnes de trésors en rapport avec le thé : des théières, du pain d'épice, des sablés au thé, du sucre candy, des livres... et, bien entendu, un nombre incalculable de différentes infusions. À l'étage, le salon de thé proprement dit, où vous aurez à choisir entre 500 sortes et parfums de thé ! Prenez votre temps, vous n'êtes pas pressés. Vous pourrez également vous sustenter d'une pâtisserie maison, toutes préparées... à base de thé, bien sûr ! Cadre cosy.

L'Heure Gourmande (plan zoom, **36**) : *22, passage Dauphine, 75006. ☎ 01-46-34-00-40. Ⓜ Odéon ou Mabillon. Entrée du passage au niveau du 30, rue Dauphine ou du 27, rue Mazarine. Tlj 11h30-19h (15h lun). Large choix de thés 6-7 € ; pâtisseries 4,60-8 € ; brunch tlj.* Si ce salon de thé reste une halte bucolique de Saint-Germain-des-Prés, c'est grâce à son emplacement dans un passage confidentiel aux pavés disjoints, à ses généreuses pâtisseries... et à son chocolat à l'ancienne. Quand l'été approche, qu'il est bon de se retrouver en tête à tête sur la terrasse, autour d'une tarte salée le midi ou d'un clafoutis de saison !

Où boire un verre ?

La Closerie des Lilas (plan C3, **40**) : *171, bd du Montparnasse, 75006. ☎ 01-40-51-34-50. • closeriedeslilas@orange.fr • closeriedeslilas.fr • Ⓜ Vavin ; RER B : Port-Royal. Tlj 11h-1h30 ; service 12h-0h30. Cocktail env 17,50 € ; verre de vin 8 €. À la brasserie, steak tartare (l'un des meilleurs de Paris) 22 € ; formule 30 € ; menus 38-47 €.* Ancienne guinguette et relais de diligences, c'est aujourd'hui une belle brasserie. Le mouvement parnassien fréquenta *La Closerie*, de même que le firent Verlaine, Baudelaire... Plus tard, les surréalistes reprirent le flambeau. Et tant d'autres dont on retrouve les noms gravés sur les tables : Max Jacob, Modigliani, Lénine... sauf Hemingway ! Lui, il possède sa plaque de cuivre sur le comptoir du célèbre bar américain qu'il vit naître dans les années 1925, et qu'il ne quitta plus. Il y écrivit *Le soleil se lève aussi.* Décor superbe et chaleureux. Bar en chêne clouté de cuivre. Tables massives et cirées. Sol en mosaïque. Sur les murs, vieilles glaces et lambris. Fréquenté aujourd'hui par une clientèle assez mélangée d'intellos, de bourgeois ultrachics, d'hommes d'affaires, de journalistes et d'écrivains. Au bar, sur les hauts tabourets de cuir rouge, la note grimpe quand même assez vite ! Si vous désirez manger, le resto est très cher ; mieux vaut s'installer à la brasserie (moins chère, plus relax et plus animée, bien sûr). Ambiance piano-bar le soir. Grande terrasse couverte.

6e

Lapérouse (plan C1, **41**) : *51, quai des Grands-Augustins, 75006. ☎ 01-43-26-68-04. • restaurantlaperouse@laperouse.com • laperouse.com • Ⓜ Saint-Michel. Tlj sauf sam midi et dim-lun ; service 12h30-14h, 19h-22h. Congés : août. Le midi en sem, menu 75 € ; carte env 100 €.* Dans une maison de la fin du XVIIIe s, cette célèbre institution est un lieu confortable et feutré pour les amoureux en quête de calme. Encore abordable pour boire un verre, il faut casser sa tirelire pour goûter la cuisine du chef Jean-Pierre Vigato et les desserts du célèbre pâtissier Christophe Michalak. En revanche, le principe des salons particuliers, unique à Paris, est un véritable *must*, et le cadre prestigieux un voyage dans le temps. Vous vous retrouverez en toute intimité dans une pièce richement décorée, avec un mobilier d'époque et une vaisselle somptueuse ! De quoi donner libre cours à vos envies les plus folles ! Savez-vous qu'au XVIIIe s l'adultère n'était reconnu que s'il avait été commis au domicile conjugal ? Les salons *Lapérouse* font partie des endroits où il était possible de s'ébattre en toute discrétion et impunité. Requis par un cordon pour le service, le personnel du restaurant savait fermer les yeux. Témoignage de ces folles soirées, les cocottes, demi-mondaines et autres horizontales qui « cédaient » aux avances de ces messieurs rayaient les miroirs avec les diamants que l'on venait de leur offrir, pour en vérifier l'authenticité...

Les Deux Magots (plan zoom, **42**) : *6, pl. Saint-Germain-des-Prés, 75006. ☎ 01-45-48-55-25. • contact@lesdeuxmagots.fr • lesdeuxmagots.fr • Ⓜ Saint-Germain-des-Prés ou Mabillon. Service continu tlj 7h30-1h. Concerts de jazz ts les jeu à 19h30.*

Café 4,90 € ; verres de vin à partir de 8,50 €. Salade env 19 € ; assiettes 19-30 € ; formule déj 34 € ; carte env 55 €. Son nom, *Les Deux Magots,* a pour origine l'enseigne d'un magasin de nouveautés qui occupait le même emplacement au XIXe s. Le café qui lui succède conserve son nom, la décoration et les statues, les fameux magots. Au XXe s, *Les Deux Magots* deviennent un des QG emblématiques de l'intelligentsia germanopratine. Il faut dire que la position privilégiée de sa terrasse-jardin, ouverte de mars à novembre face à l'église Saint-Germain, en fait un lieu éminemment stratégique pour côtoyer le monde des arts, des lettres, de la mode, du spectacle et de la politique. Nul besoin de rappeler que Jean-Paul Sartre, Simone de Beauvoir et bien d'autres y avaient leur table. Le prix littéraire des Deux Magots y est décerné depuis 1933. Nombreux sont ceux qui viennent y prendre un petit déj tout à fait parisien, avec un chocolat chaud à l'ancienne. Pour déjeuner, carte de brasserie assez classique et semainier ; l'après-midi, pâtisseries, certaines signées Pierre Hermé, et le soir, carte qui se renouvelle au gré des saisons. Groupes de jazz les jeudis soir.

🍸 ***Tiger*** *(plan zoom,* ***43****)* **:** *13, rue Princesse, 75006. ☎ 01-84-05-81-74. • contact@tiger-paris.com • tiger-paris.com • Ⓜ Mabillon ou Saint-Germain-des-Prés. Tlj 17h-2h. Cocktails 12-14 €. Planches à partager 8-10 €.* Un grand bar de la rue Princesse, qui tranche avec ses voisins : ici, ni rugby ni pintes, mais d'excellents cocktails, servis avec *maestria* dans un joli loft couvert de mosaïques. Le gin est l'alcool roi – à accompagner de tonic maison, extra –, mais rien ne vous empêche de le détrôner en commandant un classique ou un verre de vin.

6e

Main dans la main

Le quartier de l'Odéon

S'il y a foule rue de la Huchette, surtout le soir, la rue Saint-André-des-Arts et les ruelles adjacentes (passage de Rohan, rue de Buci, rue Dauphine...) ont conservé une certaine élégance.

★★★ À partir de la fontaine Saint-Michel, un petit quartier pittoresque, l'***îlot Saint-André-des-Arts*** *(plan zoom),* propose une petite balade dans ses ruelles médiévales. Vous noterez, au hasard de votre promenade, de-ci, de-là, des vestiges du passé, une tourelle d'angle, des portes basses, des balcons en fer forgé. Belles façades rue Saint-André-des-Arts. Pittoresque rue de l'Hirondelle, qui mène à la rue Gît-le-Cœur. Rue Séguier, rue Christine, beaux hôtels particuliers. La rue Suger conserve un charme tout provincial.

★ ***La cour du Commerce-Saint-André et la cour de Rohan*** *(plan zoom)* **:** *entrée par la rue Saint-André-des-Arts.* Ce bel ensemble architectural a été rénové. Charmante succession de courettes bordées d'élégantes demeures bourgeoises du XVIe s. Un portail ouvre sur la cour de Rohan, à l'arrière de la brasserie *Le Procope...* Dans l'une des boutiques (un salon de chocolat très surfait) subsiste une tour intacte du rempart de Philippe Auguste. Le tout est empreint d'une mystérieuse quiétude.

Vers le jardin du Luxembourg

★★ La ***rue Monsieur-le-Prince*** *(plan C2),* qui s'appelait jadis rue des Fossés (car elle suivait l'enceinte de Philippe Auguste), abrite beaucoup de belles demeures. Le prince en question était le prince de Condé. Au no 4, portail superbe de l'hôtel de Bacq (1750). Blaise Pascal habita au no 54. On ne vous cite pas tous les autres. Pratiquement chaque maison a sa plaque.

L'Odéon – Théâtre de l'Europe (plan C2) : • theatre-odeon.eu • Il fut construit en 1782 dans le style antique alors en vogue à l'époque et inauguré par Marie-Antoinette elle-même ! Il connut une occupation mémorable en mai 1968. Les casques romains utilisés lors des représentations théâtrales protégèrent plus d'un crâne étudiant sur les barricades, et Jean-Louis Barrault s'y fit gentiment chahuter. À l'intérieur, beau plafond d'André Masson.
– Mais non, vous ne jouez pas la comédie en emmenant votre moitié au **Café de l'Odéon.** Au 1er étage entre les colonnes, ou en terrasse sur la place en été, à la belle étoile, c'est un lieu aussi classe que romantique, en particulier à la nuit tombée !
– Maisons classées tout autour de la place. Au no 2 habitait l'un des héros de 1789 parmi ceux qui nous sont les plus sympathiques : Camille Desmoulins. Au no 1, on trouvait jadis l'ancien *Café Voltaire,* haut lieu littéraire pendant 150 ans. Les Américains de la génération perdue s'y retrouvaient (Scott Fitzgerald, Hemingway, Sinclair Lewis...).
– Dans le quartier, vous trouverez partout de superbes hôtels particuliers des XVIIe et XVIIIe s (en particulier rue de Condé, rue de Tournon, etc.). Une voyante du 5, rue de Tournon avait un client sombre et famélique : Bonaparte. Au no 17, c'est là, à son domicile, que Gérard Philipe est mort.

Le musée Zadkine (plan B3) : *100 bis, rue d'Assas, 75006. ☎ 01-55-42-77-20. • zadkine.paris.fr • Ⓜ Vavin ou Notre-Dame-des-Champs ; RER B : Port-Royal. Tlj 10h-18h, sauf lun et j. fériés. GRATUIT (sauf expos temporaires). Audioguide : 5 €, et livret d'accompagnement à la visite gratuit.*
Les vrais amoureux de la sculpture sauront trouver ce musée au fond d'une impasse confidentielle. Dans un jardin merveilleux, les bronzes d'Ossip Zadkine accueillent le visiteur, entre une petite maison de campagne charmante, inattendue, et l'atelier que le sculpteur se fit construire. Né en Russie, l'artiste arriva à Paris en 1909, à 20 ans. Zadkine fut une figure célèbre du Montparnasse des années 1920.
Le musée offre en 5 salles un ensemble représentatif de toutes les périodes de création de Zadkine : primitivisme, cubisme, art antique mythologique et art abstrait. Des œuvres en bois, comme ses célèbres *Torses de Pomone* (1960) ou l'*Éphèbe* (1920), et en bronze, comme *Formes et Lumières* (1923), *Femme à l'éventail* (1923) ou *La Naissance de Vénus* (1950). Mais on vous le conseille surtout pour le petit jardin paisible et poétique !

Petit itinéraire romantique

Saint-Germain-des-Prés

Aux XVIIIe et XIXe s, les bourgeois, la noblesse de robe et les éditeurs du faubourg Saint-Germain régnèrent en maîtres avant de céder la place aux intellectuels du XXe s. « Ça n'a jamais été un vrai quartier, on n'y trouvait ni putains ni marchands de cacahuètes », disait Jacques Prévert avant de le quitter pour s'installer à Montmartre. Boris Vian le définissait comme une île, dernier havre de la création et du non-conformisme. Pour tous, il y soufflait en tout cas un vent de liberté !
Le Flore recueille, à la fin des années 1930, les turbulents qui se font vider des *Deux Magots.* C'est la bande des frères Prévert, rejointe en 1939 par « Jean-Saul Partre » (selon Vian) et Simone de Beauvoir, qui assure l'animation intellectuelle du quartier. L'Occupation sera paradoxalement un riche moment de la vie de Saint-Germain. En effet, les Allemands y sont très peu présents. Poètes et écrivains se réunissent devant des assiettes aux ¾ vides, mais phosphorent dur. En hiver, Simone de Beauvoir arrive toujours la 1re au *Flore,* pour être sûre d'avoir une place près du poêle. Sartre y retrouve l'atmosphère d'un club anglais. Des fiestas

rassemblent tout le monde pour écouter du jazz en sourdine, lire des poèmes, jouer de petites pièces. À la Libération, la vie culturelle jaillit au grand jour, et c'est l'âge d'or : émergence de Mouloudji, des frères Jacques, d'Yves Robert, du mime Marceau et, bien sûr, de Juliette Gréco, muse des caves, toute de noir vêtue. Léo Ferré y fait aussi ses débuts.
Peu à peu, l'esprit germanopratin, défendu par Sartre, Simone de Beauvoir et Boris Vian, entre autres, se délite mais il en reste cependant un bout d'âme.

L'église Saint-Germain-des-Prés *(plan B1)* **:** la plus ancienne des églises parisiennes. À sa gauche, petit square avec une sculpture de Picasso en hommage à Apollinaire et ruines de la chapelle de la Vierge. Le palais abbatial, belle demeure de pierre et de brique, s'élève à l'angle de la rue de l'Abbaye et du passage de la Petite-Boucherie.

La place de Furstenberg *(plan zoom)* **:** une des plus jolies places de Paris, dont les paulownias donnent au printemps de belles fleurs bleues ou mauves. Les réverbères confèrent à l'ensemble une atmosphère gentiment romantique.
Quelques rues pittoresques autour : *rues Cardinale* (en coude et bordée de vieilles maisons), *de l'Échaudé, de Bourbon-le-Château. Rue de Seine,* beaux hôtels particuliers, parfois sur petite cour avec façades couvertes de lierre. *Rue Jacob,* il suffit de regarder les plaques pour connaître toutes les personnes illustres qui y vécurent. Marguerite Duras séjournait parfois *rue Saint-Benoît.* Tout le quartier est le royaume des galeries d'art. À l'angle des rues Jacques-Callot et de Seine, jolie sculpture évoquant les arts. Et à l'angle des rues Mazarine et Jacques-Callot, « la Grande Masse des Beaux-Arts », association des élèves des Beaux-Arts, qui possède une fanfare. Au printemps, celle-ci égaie le quartier de sa bonne humeur.

Le musée national Eugène-Delacroix *(plan zoom)* **:** *6, rue de Furstemberg, 75006. ☎ 01-44-41-86-50. • musee-delacroix.fr • Ⓜ Mabillon ou Saint-Germain-des-Prés. Tlj sauf mar 9h30-17h30 (fermeture des caisses à 17h). Nocturne 1er jeu de chaque mois jusqu'à 21h. Entrée : 7 € ; réduc ; gratuit moins de 26 ans et pour ts le 1er dim de chaque mois.* 6e
Au cœur de l'une des places les plus romantiques de Paris, le musée occupe l'appartement et l'atelier qu'Eugène Delacroix (1798-1863) avait aménagés en 1857 et qu'il occupa jusqu'à la fin de sa vie, pour se rapprocher de l'église Saint-Sulpice, dont il était chargé de décorer la chapelle des Saints-Anges. C'est là qu'il réalisa ses dernières œuvres. Pour la petite histoire, la place constituait l'avant-cour du palais abbatial de Saint-Germain-des-Prés, et les immeubles qui la bordent étaient les communs (logement des domestiques et garage pour les calèches).
Dans le salon, la salle à manger et la chambre de Delacroix sont exposées des œuvres du maître et de son entourage. L'ensemble est sobre, mais quelques meubles et objets personnels, comme sa table à peinture, laissent deviner un peu de son intimité.
À l'arrière, l'atelier et le ravissant jardin – où l'on vous invite à faire une pause en fin de visite – ont été conçus selon les plans mêmes de Delacroix.

Le marché de Buci *(plan zoom)* **:** bien que principalement situé rue de Seine, on dit « marché de Buci » quand même. Les terrasses de la rue de Buci, entre « Seine » et « Comédie », sont particulièrement recherchées dès les beaux jours. Autour de vous, sirotant tranquillou, c'est plutôt gauche caviar germanopratine. Excellents commerces de bouche, et, surtout, le marché ferme tard.

Vers les quais *(plan C1)* **:** au débouché de la rue Dauphine, prendre à gauche. On trouve l'*impasse de Nevers,* percée au XIIIe s, toujours bordée de maisons anciennes. Elle bute sur un vestige de l'enceinte de Philippe Auguste. À l'angle de la *rue de Nesle,* splendide maison toute ventrue.

En continuant, vous rencontrerez l'***Institut de France*** *(plan C1),* splendide ensemble architectural couronné de sa fameuse coupole (1663). À l'est de

l'emplacement de l'Institut se trouvait l'ancienne tour de Nesle. Au XIVe s, les 3 belles-filles de Philippe le Bel y recevaient leurs amants pendant qu'on formait leurs époux au métier de roi. C'est aussi à la tour de Nesle que Cyrano, le cadet de Gascogne fin bretteur, amoureux et poète, défia 100 hommes à lui tout seul, haut fait qui lui valut quelque attention de la part de sa cousine, la belle Roxane. Aujourd'hui, l'Institut abrite la ***bibliothèque Mazarine,*** la plus ancienne bibliothèque publique de France, riche d'ouvrages anciens. L'Institut, qui doit son existence à Mazarin, regroupe les 5 Académies : les inscriptions et belles-lettres, les sciences, les beaux-arts, les sciences morales et politiques, et enfin les 40 « immortels » de l'***Académie française.***
Devant l'Institut, la passerelle du Pont-des-Arts, 1er pont en fer de Paris, refuge des romantiques, des peintres et des amoureux, mène au Louvre. Elle remplace l'ancienne passerelle qui succomba aux coups répétés des péniches en folie. Elle a ensuite été fragilisée par tout autre chose : des milliers de « cadenas d'amour »... ; ceux-ci ont été enlevés à cause de leur poids, qui menaçait les structures du pont. Il est désormais impossible d'en accrocher, car les parois ont été remplacées par des plaques de verre. Un rituel victime de son succès qui a contaminé les ponts alentour.

★★ Ⓒ ***La rue Visconti*** *(plan B-C1)* **:** *entre la rue de Seine et la rue Bonaparte.*
On a un petit faible pour cette rue étroite bordée presque entièrement de maisons et d'hôtels du XVIe s. Percée en 1540, y vivait une majorité de protestants (dont Bernard Palissy), ce qui lui avait valu le surnom de Petite Genève. Du fait de la discrétion et de l'isolement de cette voie, beaucoup échappèrent d'ailleurs au massacre de la Saint-Barthélemy. Racine mourut au no 24. Balzac avait créé une imprimerie au no 17.

6e

★★ ***Saint-Sulpice et son quartier*** *(plan zoom)* **:** *entrée par la porte latérale, rue Palatine. ♿ Visite guidée gratuite de l'église dim à 14h30, visite des cryptes les 2e et 4e dim de chaque mois à 15h et visite des parties hautes (façades hors tours) le 4e sam de chaque mois. Inscriptions par tél au ☎ 01-42-34-59-98. Concerts réguliers (orgue chaque dim à 16h).*
Baudelaire et Sade furent baptisés dans cette église. Camille Desmoulins et Victor Hugo s'y marièrent (euh, pas ensemble, bien sûr !). Elle a néanmoins peu d'intérêt, si ce n'est le son de ses 5 cloches, plutôt harmonieux, et celui du célèbre orgue Cavaillé-Coll. Avec 7 étages de machinerie et 8 600 tuyaux, c'est l'un des plus grands du monde. À entendre tous les dimanches avant, pendant et après la messe de 11h !
Au no 36 de la rue Saint-Sulpice, sur le flanc de l'église, il y avait un bordel célèbre, *Chez Miss Beety.* De là à imaginer le genre de clientèle... Pourtant, cet établissement, ainsi que *Chez Alys,* au no 15, accueillait des prêtres, comme le note Alphonse Boudard, auteur d'un ouvrage documenté sur le sujet.
La petite ***rue des Canettes*** *(plan zoom)* part de la place et rejoint la rue du Four. Très ancienne (elle fut ouverte au XIIIe s), elle aligne quelques belles vieilles demeures. On pense qu'elle tient son nom du superbe bas-relief sur la façade du no 18, qui représente 3 canettes batifolant dans l'eau.

★★ La ***rue du Cherche-Midi*** *(plan A-B2)* débute au carrefour de la Croix-Rouge. Une des rues les plus chic et les plus recherchées du quartier. Au no 18, jolie façade décorée du XVIIIe s. Au no 19, enseigne de la même époque. Au no 44, hôtel du XVIIIe s où mourut l'abbé Grégoire,

LE SEXE DU *CENTAURE*

À l'angle de la rue du Cherche-Midi et de la rue de Sèvres, vous ne pouvez pas manquer l'imposant Centaure de César. L'animal, mi-homme, mi-cheval, fut sculpté en souvenir de Picasso. Il a l'avantage d'avoir 2 sexes, un devant et un derrière, ce qui est effectivement bien pratique, d'autant que celui de devant possède une roulette !

émancipateur des Juifs et des Noirs pendant la Révolution, fondateur du conservatoire des Arts et Métiers. Au n° 86, tout au fond, pittoresque fontaine figurant Jupiter.

L'hôtel Lutétia *(plan B2)* **:** *45, bd Raspail, 75006.* Ⓜ *Sèvres-Babylone. À l'angle de la rue de Sèvres.* Un hôtel fabuleux construit en 1910 à l'initiative de Mme Boucicaut (femme du fondateur du *Bon Marché,* en face) pour y héberger ses clients. Certaines sculptures de la façade sont de Paul Belmondo (le père de Jean-Paul). Alexandra David-Néel y descendait au retour de ses voyages en Orient. De Gaulle et Yvonne y passèrent leur nuit de noces. Le général resta très fidèle à l'hôtel, ce qui lui permit d'y rencontrer lors d'un baptême... le maréchal Pétain. Après une longue période de travaux, le *Lutétia* a rouvert à l'été 2018. Il est à nouveau possible d'admirer sa superbe façade Art nouveau et un décor intérieur griffé Jean-Michel Wilmotte. Quant à la brasserie, sa carte a été conçue par Gérald Passédat, chef marseillais triplement étoilé.
– Et puisque vous êtes là, profitez-en pour jeter un œil à la boutique *Hermès,* attenante à l'hôtel, rue de Sèvres : elle a été aménagée dans l'ancienne piscine du palace, style Art déco. Superbe !

Où pique-niquer ?

– ***Dans le jardin du Luxembourg*** *(plan B-C2-3)* **:** l'un des plus beaux jardins parisiens, romantique à souhait. Grands parterres à la française qu'aimèrent, avant les étudiants d'aujourd'hui, Baudelaire, Nerval, Verlaine, Rilke et tant d'autres, illustres ou inconnus. Chaises, fauteuils et bancs sont à votre disposition pour déployer votre napperon et ouvrir votre bouteille. En plein milieu du Quartier latin, le Luxembourg a toujours été un lieu privilégié pour les écrivains comme les amoureux. S'il pouvait parler, ce serait sans doute le témoin le plus précieux de la vie historique et littéraire de la France. Ainsi, Rousseau et Diderot se promènent dans des jardins que Watteau avait déjà peints dans sa jeunesse, imité en cela par David et, dans une moindre mesure, par Delacroix. La Révolution n'est pas propice à la dimension initiatique du lieu, mais, au XIXe s, Baudelaire, Chateaubriand, Chopin, Lamartine, Musset ou encore George Sand en font leur lieu de prédilection. Les personnages des *Misérables* de Victor Hugo fréquentent aussi beaucoup les jardins, tout comme Balzac qui, dit-on, se promenait le long des grilles en robe de chambre, un chandelier à la main. Puis c'est au tour de Gide, enfant, de tomber en admiration devant les sculptures, tandis que Sartre crée un spectacle de marionnettes avant d'y rencontrer Simone de Beauvoir. Ensuite viennent la guerre et les rendez-vous clandestins des résistants qui croisent Kessel, Modigliani ou Zadkine. Gérard Philipe y venait pour répéter ses tirades, Rilke rêver, Hemingway apprendre la peinture, Lénine voir la chaisière dont il était tombé amoureux... Enfin, chacun d'entre eux avait une bonne raison ! Aujourd'hui, on y vient pour lire, étudier ou prendre le soleil dès les 1ers beaux jours, devant l'orangerie ou autour du bassin central (on s'y fait également gentiment draguer...).
À gauche de l'entrée par la place Edmond-Rostand, les rendez-vous amoureux se donnent près de la superbe *fontaine Médicis,* entourée de platanes. Elle date de 1624, mais elle a été déplacée et complétée par des sculptures au XIXe s. Le plus bel endroit du quartier pour conter fleurette.
Sur une pelouse du côté de la rue Guynemer, vous trouverez une réplique de la *statue de la Liberté,* par Bartholdi. Au-dessus de la balustrade qui court autour du bassin central, *statues des reines de France.* On trouve des tas de choses curieuses dans ce jardin : des cours d'horticulture, et des ruches qui produisent plusieurs centaines de kilos de miel par an. Pour les curieux, le verger du jardin renferme 600 variétés de pommes et de poires, dont certaines rarissimes.
N'oubliez pas d'aller vous mesurer au n° 36 de la rue de Vaugirard (à droite de la porte cochère). À cette adresse subsiste l'un des mètres en marbre placés à hauteur d'homme lors de la période révolutionnaire afin d'habituer le peuple aux nouvelles mesures.

– ***Sur le pont des Arts*** *(plan C1),* entre l'hôtel de la Monnaie et le Louvre. Même assis, la vue sur le Louvre, le Pont-Neuf et les quais est exceptionnelle. Le charme du pont des Arts provient non seulement du panorama des plus enviable, mais aussi de la construction même du pont, avec ses lattes de bois assez espacées pour apercevoir la Seine et recevoir la lumière des bateaux-mouches quand ils passent dessous. Le plus marquant reste certainement l'esprit convivial qui se dégage du lieu. Pour certains couples, le pique-nique est simple : saucisson et camembert, arrosés de rouge, alors que d'autres installent les nappes et se tapent carrément la cloche, avec champagne à l'apéro ! Les célibataires en chasse sont également invités à venir y casser la croûte : il paraît que c'est un endroit stratégique pour les rencontres... Il suffit d'adopter les coutumes du pont des Arts et de demander un tire-bouchon ou un verre de vin à son voisin !

7e ARRONDISSEMENT

• Plan *p. 114-115*

Les enfants, les oiseaux et les amoureux aiment la tour Eiffel : les 1ers se bousculent en riant dans les escaliers pour tenter de battre des records de vitesse, les 2ds se perchent sur les branches métalliques pour mieux défier les matous à l'appétit féroce. Quant à nos amoureux, ils détaillent une géographie connue d'eux seuls : la rue des Premiers-Baisers, l'impasse de la Dernière-Étreinte... Et le dôme des Invalides brille de tous ses feux, étincelant comme un amour naissant !

Où dormir ?

Coup de foudre

Hôtel du Champ-de-Mars *(plan B2, **1**)* **:** *7, rue du Champ-de-Mars, 75007. ☎ 01-45-51-52-30. • reservation@hotelduchampdemars.com • hotelduchampdemars.com • Ⓜ École-Militaire. Parking : Place-Joffre. Doubles 90-220 € ; petit déj 12 €.* Charmant établissement. Dès la porte franchie, le bon goût est de mise avec cette réception jolie comme tout, à la fois classique et chaleureuse. La décoration des chambres, de style british et aux couleurs fraîches, est également intemporelle, avec une touche personnalisée dans chacune. L'entretien soigné et le calme en font une adresse au bon rapport qualité-prix.

Coups de folie

Hôtel de Varenne *(plan C2, **3**)* **:** *44, rue de Bourgogne, 75007. ☎ 01-45-51-45-55. • varennehotel@gmail.com • hoteldevarenne.com • Ⓜ Varenne. Doubles 154-350 € ; petit déj 15 €.* Ce bel hôtel particulier du XIXe s présente une décoration aux styles Louis XVI et Empire. Chambres parfaitement équipées, avec clim, salle de bains fonctionnelle et du mobilier ancien. Plus spacieuses que les autres, certaines donnent sur la tour Eiffel ou sur le jardinet et la cour. Au calme, c'est là que le petit déj est servi dès que le soleil pointe son nez. Accueil affable.

Hôtel Verneuil *(plan D2, **8**)* **:** *8, rue de Verneuil, 75007. ☎ 01-42-60-82-14. • hotel-verneuil-saint-germain.com • Ⓜ Rue-du-Bac ; RER C : Musée-d'Orsay. Doubles 180-359 € ; petit déj 18 € (12 € en formule express).* Un véritable hôtel de charme, à deux pas de Saint-Germain. Les architectes se sont habilement accommodés de cette vieille bâtisse et ont conçu des chambres au confort à la fois cosy et moderne, toutes personnalisées et avec de jolies salles de bains d'inspiration rétro. Différentes gammes dont le prix varie en fonction de la taille : les *club* et *deluxe* s'avèrent très intéressantes en basse saison. Parties communes élégantes et feutrées, qui invitent à paresser devant la cheminée lors de séjours hivernaux...

Où manger ?

Coups de foudre

Epoca *(plan C2, **20**)* **:** *17, rue Oudinot, 75007. ☎ 01-43-06-88-88. Ⓜ Vaneau ou Saint-François-Xavier. Tlj, sauf dim soir et lun. Pâtes 18 €, plat du jour env 23 € ; carte env 35 €.* Dans la rubrique petit bistrot mais grand chef, *Epoca* remporte la palme ! Cette élégante annexe du gastro *Ida* (rue de Vaugirard, dans le 15e), rehaussée de dorures et miroirs, se veut cool et

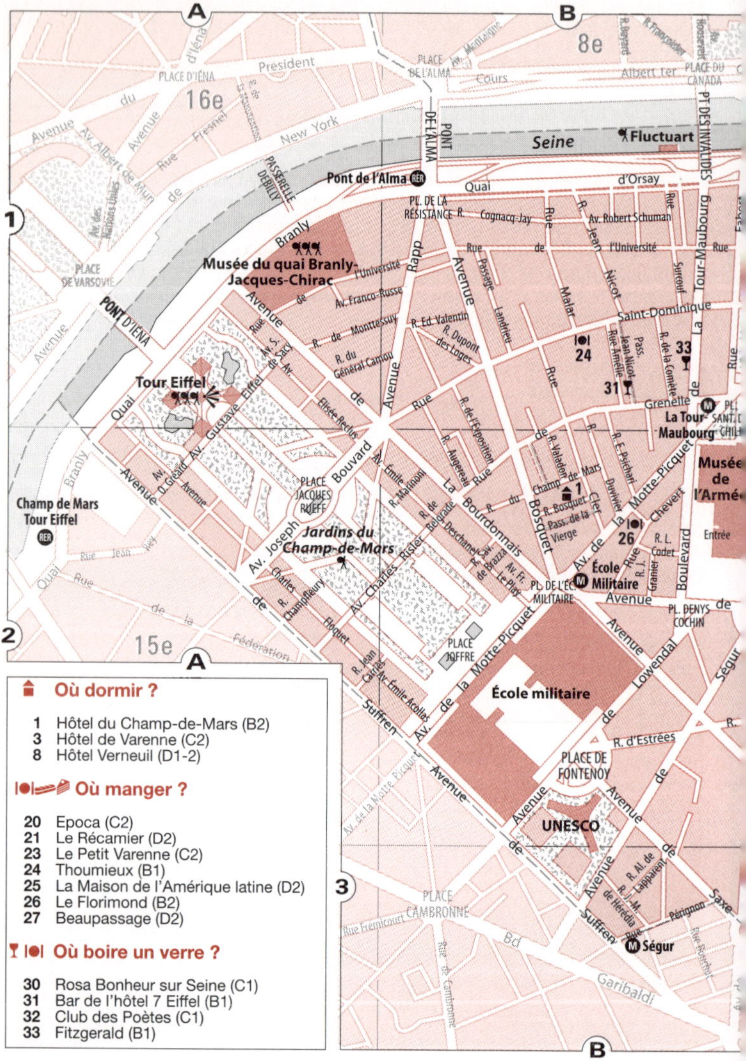

7e

Où dormir ?

1 Hôtel du Champ-de-Mars (B2)
3 Hôtel de Varenne (C2)
8 Hôtel Verneuil (D1-2)

Où manger ?

20 Epoca (C2)
21 Le Récamier (D2)
23 Le Petit Varenne (C2)
24 Thoumieux (B1)
25 La Maison de l'Amérique latine (D2)
26 Le Florimond (B2)
27 Beaupassage (D2)

Où boire un verre ?

30 Rosa Bonheur sur Seine (C1)
31 Bar de l'hôtel 7 Eiffel (B1)
32 Club des Poètes (C1)
33 Fitzgerald (B1)

authentique. La carte façon gazette présente un choix court et efficace de spécialités italiennes traditionnelles, revisitées à chaque saison. Desserts fameux. Belle carte de vins et cocktails transalpins qui malheureusement, hormis un choix mince proposé au verre, plombent l'addition. Bon accueil.

Le Florimond *(plan B2,* ***26****)* **:** *19, av. de la Motte-Picquet, 75007. ☎ 01-45-55-40-38. Ⓜ École-Militaire. Lun-ven midi et soir. Fermé le w-e.*

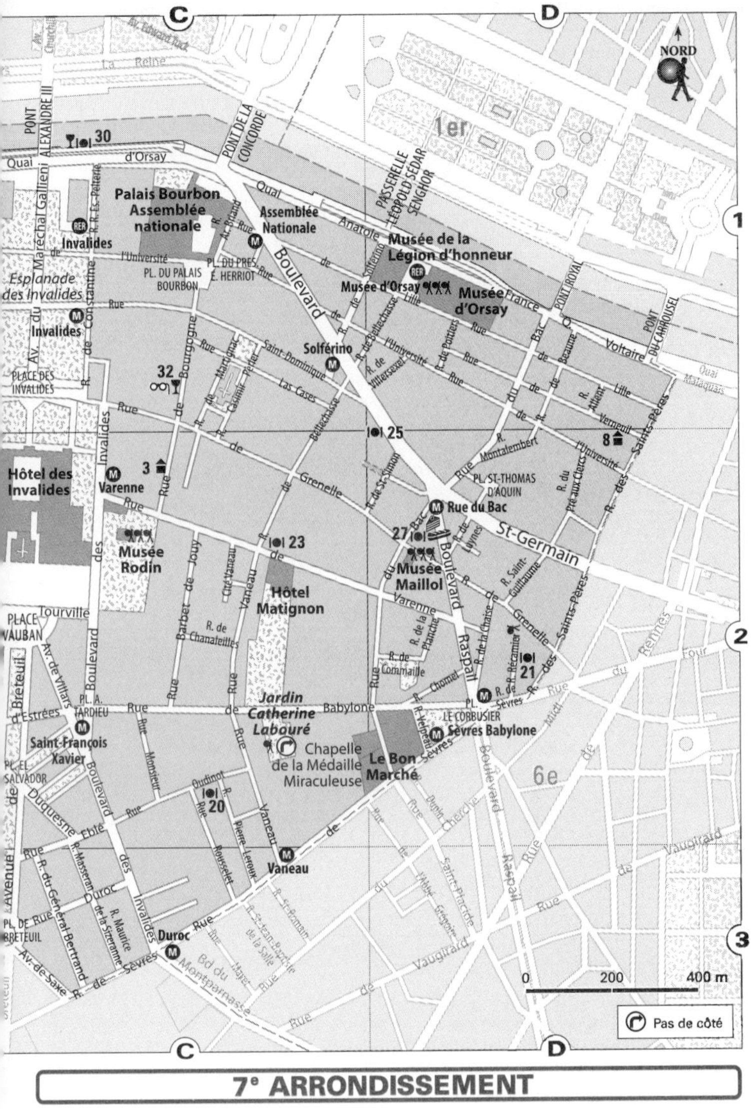

7e ARRONDISSEMENT

Formules et menus déj 23-27,50 € ; menu-carte 42 €. Cet établissement discret réserve de vraies bonnes surprises. D'abord son cadre, à la fois contemporain et douillet, où il fait bon se réfugier en amoureux. Mais surtout le talent de son chef, qui s'exprime dans des assiettes aussi gourmandes que soignées. Si le chou farci (recette de la grand-mère auvergnate) s'affirme comme une spécialité phare de la maison – tout comme le boudin ou le foie gras –, la cuisine se distingue aussi par sa réjouissante utilisation des légumes de saison, loin d'être ici de simples figurants (plats végétariens également). Service prévenant et très pro. Une belle adresse ! *NOUVEAUTÉ.*

Beaupassage *(plan D2, **27**) : 53-57, rue de Grenelle, 75007. • beaupassage.fr • Ⓜ Rue-du-Bac ou Sèvres-Babylone. Tlj.* Conçu comme un *food court* au décor théâtral, ce « beaupassage » à ciel ouvert aligne les enseignes gourmandes aux noms de stars. On y trouve la très chic *Boulangerie Thierry Marx* (excellent pain maison), le *Daily Pic,* fast-food plutôt *good* d'Anne-Sophie Pic (plats en bocaux... pour appétits d'oiseau), une pâtisserie-salon de thé siglée Pierre Hermé, *Mersea,* le comptoir iodé du chef breton Olivier Bellin, et même *L'Allénothèque* de Yannick Alleno, un bistrot-cave à vins ultra-design... Le concept est certes séduisant, mais on bute sur une vision très (trop ?) luxueuse du *food court.* Au final, vaut surtout pour le coup d'œil, la grignote sur le pouce ou la pause goûter chic. En terrasse, vous croiserez à coup sûr du beau linge... *NOUVEAUTÉ.*

7e

Le Récamier *(plan D2, **21**) : 4, rue Récamier, 75007. ☎ 01-45-48-86-58. Ⓜ Sèvres-Babylone. Tlj 12h-23h en continu. Soufflés salés 20-27 €, soufflés sucrés 11,50-16 € ; carte env 45 €.* Niché au fond d'une impasse piétonne, *Le Récamier* est une pépite jalousement gardée par les gens de lettres. Éditeurs, écrivains et autres célébrités dissertent autour de généreux plats du marché et d'incontournables soufflés, qui ont donné à la maison ses lettres de noblesse. En version salée ou sucrée, ils sortent du four gonflés à bloc, onctueux et aériens, savoureux et généreux tout à la fois. Aux beaux jours, belle terrasse au calme (pas de voitures dans cette impasse). Service impeccable.

Le Petit Varenne *(plan C2, **23**) : 57, rue de Bellechasse, 75007. ☎ 01-42-73-60-72. Ⓜ Solférino ou Varenne. Tlj sauf dim 12h (12h30 sam)-14h30, 19h45-22h30. Congés : 3 sem en août et 10 j. à Noël. Formules déj en sem 28-32 € ; carte env 50 €.* On aime bien ce bistrot version chic (on est en face de Matignon !) mais pas pompeuse, même si la clientèle semble sortir tout droit des bureaux du 1er ministre ! Priorité est donnée aux bons produits de saison cuisinés avec talent (excellents fonds de sauce, cuissons parfaites) et présentés avec art. Pas de doute, ce bistrot se la joue gastro ! Desserts un poil décevants en revanche, dommage... La carte des vins vise haut, mais elle propose quelques 1ers prix sans faute et une petite sélection au verre. Au final, une excellente adresse. On vote pour !

Thoumieux *(plan B1, **24**) : 79, rue Saint-Dominique, 75007. ☎ 01-47-05-79-00. • contact@thoumieux.com • thoumieux.com • Ⓜ La Tour-Maubourg. Tlj 12h-14h30, 19h-23h. Formules déj en sem 29-36 € ; carte env 60 €.* Cette vénérable enseigne, ouverte dans les années 1920, est aujourd'hui une brasserie tendance au cadre chic. Aux côtés de classiques bistrotiers d'excellente facture (tartare, ris de veau...), servis avec art et manière par une armada de serveurs, figurent des plats bien plus créatifs à base d'ingrédients nobles (homard, caviar, truffe ou cèpes en saison). Goûtez aussi aux excellents desserts. Les prix du soir, littéralement stratosphériques (pas de menu), nous incitent à recommander cette adresse pour le déjeuner. Également un resto gastronomique à l'étage (mais encore plus cher).

Coup de folie

La Maison de l'Amérique latine *(plan D1-2, **25**) : 217, bd Saint-Germain, 75007. ☎ 01-49-54-75-10. Ⓜ Solférino ou Rue-du-Bac. Lun-ven le midi tte l'année, plus le soir mai-sept ; service 12h-14h, 19h-22h. Fermé w-e et j. fériés. Congés : 25 juil-25 août. Résa 3 j. à l'avance. Menus 41-59 € le midi, 59 € le soir.* Dîner aux chandelles dans un parc de 1 ha vous donne une idée de ce que devait être le faubourg Saint-Germain du temps de Stendhal. Le midi, par jour de grand soleil, on se croirait dans un parc d'Île-de-France. La 1re fois, vous n'en croirez pas vos yeux. Évitez de venir par temps de pluie, la salle à manger d'intérieur est bien triste. Clientèle assez chic, bien entendu. Bar ouvert de 8h à 19h, qui propose des spécialités sud-américaines et quelques plats de brasserie.

Où boire un verre ?

Rosa Bonheur sur Seine *(plan C1,* ***30****) : 37, quai d'Orsay (pont des Invalides), 75007. • info@rosabonheursurseine.fr • rosabonheur.fr • Ⓜ Invalides. Presque au pied du pont Alexandre-III. Mer-dim 12h-minuit (1h30 jeu-sam, 20h dim). Congés : env 20 déc-10 janv. Verre de vin env 4 € ; cocktail env 10 €. Brunch 30 €.* Les filles du *Rosa Bonheur* (voir la rubrique « Où boire un verre ? » dans le 19e arrondissement) ont pris leurs aises dans une belle péniche sur les magnifiques berges de Seine piétonnes. Leur devise ? *Fluctuat nec mergitur* ! Au moindre rayon de soleil, on s'étale sur le pont ou sur la terrasse à quai pour déguster un bon rosé ou une bière fraîche, à accompagner d'une pizza ou d'un hot-dog fumant. En ligne de mire, l'une des plus belles vues de Paris ! Le brunch-buffet du week-end, qui propose une variété de salades et plats maison, n'est pas mal non plus.

Bar de l'Hôtel 7 Eiffel *(plan B1,* ***31****) : 17 bis, rue Amélie, 75007. ☎ 01-45-55-10-01. • 7eiffel.com • Ⓜ La Tour-Maubourg. Terrasse ouv par beau temps tlj.* Se décarcasser (ou donner l'impression !) pour dénicher une terrasse aussi confidentielle vous fera certainement gagner des points auprès de votre bien-aimé(e) ! Au 5e étage de cet hôtel 4 étoiles situé dans une petite rue, la paisible terrasse chauffée par temps frais est connue des seuls initiés... Pas de vue spectaculaire, mais on aime l'intimité du lieu, simple et discret. Rien de clinquant, juste un mobilier coloré qui met de bonne humeur à l'heure de l'apéro.

Fitzgerald *(plan B1,* ***33****) : 54, bd de La Tour-Maubourg, 75007. ☎ 01-45-50-38-63. Ⓜ La Tour-Maubourg. Lun-sam 18h-2h. Fermé dim. Cocktails 13-16 €.* Derrière le restaurant, un bar à cocktails feutré qui distille quelques clins d'œil aux années 1930 ! La porte capitonnée rappelle la confidentialité des *speakeasies*, et la carte des cocktails, tous plus savoureux et originaux les uns que les autres, fait voyager.

Club des Poètes *(plan C1,* ***32****) : 30, rue de Bourgogne, 75007. ☎ 01-47-05-06-03. • blaise@poesie.net • poesie.net/cdp.htm • Ⓜ Assemblée-Nationale, Invalides ou Varenne. Mar et ven-sam, dîner à 20h30, spectacle à 22h ; plus mar-ven 12h-14h30 mais pas toujours avec poésie ! Congés : août. Formules 8,50-20 €. Si on ne dîne pas, 1re conso 5 € ; les suivantes sont à 3 €.* Amis de la poésie, bonsoir ! Jean-Pierre Rosnay, ex-M. Poésie de la télé, réunit avec gentillesse sa famille d'étudiants tourmentés et de ministres venus en voisins autour d'un programme où cohabitent Victor Hugo, Rimbaud, Aragon et Vian, sans oublier Villon. Objectif : rendre la poésie « contagieuse et inévitable ». Dans ce doux décor d'auberge campagnarde, chacun déclame ses œuvres et celles des grands disparus. Tous les mardis, soirées d'audition et de découverte, avec des poètes contemporains inconnus... du moins pour l'instant !

7e

Main dans la main

La tour Eiffel *(plan A1-2)*

☎ 0892-70-12-39 (0,34 €/mn). • tour-eiffel.fr • Ⓜ Bir-Hakeim, Trocadéro ou École-Militaire ; RER C : Champ-de-Mars-Tour-Eiffel. (pour les 1er et 2e étages). Visite tlj 9h30-23h45 (9h-0h45 début juil-fin août) pour les 1er, 2e et 3e étages ; hors hte saison, les escaliers ferment à 18h30 (dernier accès à 18h).

Accès par ascenseur pour le 1er et le 2e : 16,60 € ; pour le 3e : 25,90 €. Accès par l'escalier (jusqu'au 2e étage) : 10,40 € ; 5,20 € moins de 25 ans. Application iPhone « Tour Eiffel », le guide officiel de visite gratuite.

– Au 1er étage, à 57 m : exceptionnel pour son cadre, le restaurant *58 Tour Eiffel (☎ 01-72-76-18-46 ; résa conseillée).* Au déjeuner y est servi un pique-nique chic *(accès prioritaire pour le 1er étage inclus).* Grâce à un plancher en verre, on peut y expérimenter la sensation de vide à 57 m de haut. Spectaculaire !

– Au 2e étage, à 115 m : animation digitale interactive et célèbre grand resto gastronomique *Jules Verne (menu 135 € le midi en sem).*

– Au 3e étage, à 276 m : une galerie supérieure ouverte, d'où la vue est époustouflante. Bonne occasion pour sortir le grand jeu : une bouteille de champagne et 2 coupes que vous aurez apportées feront de cet endroit, déjà fabuleux en lui-même, un souvenir qu'il – ou elle – n'est pas près d'oublier ! Pour les moins prévoyants, il y a aussi un bar à champagne *(tlj 10h15-22h15 ; coupes 13-22 €)* ! Longues-vues à pièces. Panorama jusqu'à 60 km de Paris par temps clair ; le meilleur moment : 1h avant le coucher du soleil.

UN ESCROC DE HAUT VOL

En 1925, Victor Lustig, faux aristocrate autrichien, réussit à vendre la tour Eiffel à un ferrailleur parisien. La victime, une fois attrapée dans les filets, ne porta pas plainte de peur d'être ridiculisée. Faut dire que la proie s'appelait M. Poisson ! Ce même escroc parvint aussi à arnaquer Al Capone, ce qui était courageux.

Si la Tour écrivait ses mémoires... nous connaîtrions tous les secrets, scandales et métamorphoses d'un siècle. Son histoire est aussi étonnante que sa silhouette est célèbre dans le monde entier. Tous les bons manuels rendent hommage à son génial inventeur, l'ingénieur Gustave Eiffel... En fait, la fameuse tour n'a pas vraiment été conçue par l'ami Gustave. En effet, 2 ingénieurs des ateliers de Gustave Eiffel, Kœchlin et Nouguier, conçoivent l'idée d'une très haute tour de fer. Eiffel leur achète le brevet, remanie un peu le projet, finance sa réalisation et le présente à l'Exposition universelle de 1889. Sur 107 projets présentés, il remportera le 1er prix et son nom sera associé à la tour.

Alors qu'elle fut traitée de « chandelier creux » ou de « squelette disgracieux » par Guy de Maupassant, l'écrivain Joris-Karl Huysmans en parlait plus vertement : « On ne peut se figurer que ce grillage infundibuliforme soit achevé, que ce suppositoire vulgaire et criblé de trous restera tel. » Pourtant, la tour Eiffel conquit de nombreux artistes : Seurat, le Douanier Rousseau, Utrillo ; d'autres l'ont chantée, comme Mistinguett, Trenet, Dutronc. Quant aux Parisiens, ils la comparent volontiers à une jambe pointée vers le ciel, couverte d'un bas résille. Dans cette comparaison imagée, les 4 piliers de la Tour seraient les attaches d'un porte-jarretelles.

La Tour a aussi ses aventuriers : en 1912, Reichelt, l'« homme-oiseau », avec ses ailes artificielles, ne plana malheureusement pas, mais fit dans le sol gelé un trou de 35 cm de profondeur. Marc Gayet, récidivant avec un parachute, n'eut pas plus de chance : détail technique, le parachute ne s'ouvrit pas, la soie étant trop humide. D'autres aventures sont plus souriantes, telle celle du journaliste qui descendit à bicyclette par l'escalier du 1er étage, mais fut, à son arrivée triomphale, inculpé par la préfecture de police en tant que « provocateur d'attroupement ». Un dirigeable en fit le tour, mais fut précipité dessus ; il n'y eut d'autre incident que l'affolement d'une dame enceinte à la terrasse du 3e étage : elle accoucha dans l'ascenseur qui la ramenait au sol.

Gustave Eiffel, qui vécut jusqu'à 91 ans, avait raison de dire : « Je devrais être jaloux de la Tour, elle est plus célèbre que moi. » Une phrase plus que jamais d'actualité, puisque la Tour reçoit près de 7 millions de visiteurs chaque année !

Le Champ-de-Mars *(plan A-B1-2)*

Entouré de vignes au XVe s, il était occupé par des maraîchers cultivant des légumes pour les Parisiens. Au XVIIIe s, on l'utilisa comme terrain de manœuvres pour les élèves de l'École militaire.
En 1785, le Champ-de-Mars eut une affectation surprenante : ses fossés furent utilisés par Parmentier, qui y cultiva la pomme de terre. Un peu trop bondé pour satisfaire entièrement les amoureux, le Champ-de-Mars possède quand même quelques recoins plus isolés, notamment sur les pelouses latérales. Et puis, le soir venu, il est toujours agréable d'apporter son pique-nique et de casser la croûte avec, d'un côté, la tour Eiffel et, de l'autre, l'École militaire. Avec un p'tit apéro et hop, c'est parti pour refaire le monde ! Sans vouloir gâcher la poésie du moment, attention quand même où vous posez les fesses, les chiens sont nombreux !

Le musée du quai Branly – Jacques-Chirac *(plan A1)* **:** *accès par le 206 ou le 218, rue de l'Université, ou par le 37, quai Branly, 75007. ☎ 01-56-61-70-00. • quaibranly.fr • Ⓜ Alma-Marceau ou Bir-Hakeim ; RER C : Pont-de-l'Alma. Parking payant. ♿ (entrée par le 222, rue de l'Université). Mar- dim 10h30-19h (22h jeu). Fermé lun (sauf pdt les petites vac scol), 1er mai et 25 déc. Entrée musée + expos temporaires : 12 € ; réduc et divers passes ; gratuit moins de 26 ans. Audioguide : 5 €. Nombreuses visites thématiques à partir de 8 € (rens à l'accueil et programme sur le site internet).*
Un grand projet architectural et muséographique qui a fait couler beaucoup d'encre. Initié en 1998 par Jacques Chirac, c'est LE grand chantier de ses mandats présidentiels. L'ambition ? Donner à voir les arts premiers non plus comme des objets d'étude anthropologiques ou ethnologiques, mais comme des œuvres d'art, tout simplement. L'architecte Jean Nouvel a réussi un exercice de funambule pour cet ensemble qui épouse judicieusement la courbe de la Seine, complété par un jardin spectaculaire qui ne connaît ni pesticides ni herbicides, aménagé par Gilles Clément.
À l'intérieur, près de la haute tour de verre qui dévoile une partie de la très riche collection d'instruments de musique, s'amorce la rampe sinueuse qui mène au 1er étage, vers l'exposition permanente. D'emblée, le visiteur est frappé par la diversité des collections. Différentes aires géographiques s'organisent de part et d'autre d'une allée, la « Rivière », et la couleur du sol en authentique lino vous renseigne sur le continent que vous êtes en train de découvrir. Un parcours très libre, aucun cheminement n'étant imposé, ni au sein de chaque aire géographique ni d'un continent à l'autre. Seule une carte, à l'entrée de chaque zone continentale, resitue un peu la section. Mieux vaut donc avoir quelques notions de géographie. L'ensemble du musée est superbement aménagé avec tous les outils multimédias dernier cri, permettant une meilleure compréhension des pièces exposées.
Sur le toit, un resto avec vue panoramique, *Les Ombres,* mais aussi une cafét' dans le jardin, une librairie spécialisée, une médiathèque et un théâtre destiné à diverses manifestations culturelles.

Autour des Invalides *(plan B-C2)*

Le musée Rodin *(plan C2)* **:** *79, rue de Varenne, 75007. ☎ 01-44-18-61-10. • musee-rodin.fr • Ⓜ Varenne. Tlj 10h-18h30, sauf lun ; fermeture des caisses 45 mn avt. Le parc ferme à la tombée de la nuit en hiver. Entrée (avec accès au jardin) : 12 € ; gratuit moins de 25 ans et pour ts le 1er dim de chaque mois. Audioguide (dont parcours enfant) : 6 €.*
Le majestueux hôtel Biron offre une sélection d'œuvres du maître déployées selon une scénographie entièrement repensée, chronologique puis thématique. Une approche qui privilégie le rapport direct aux sculptures (pas de textes explicatifs), une plongée dans les œuvres, en somme fidèle à l'esprit de Rodin qui

ne transmettait pas d'enseignement aux jeunes sculpteurs, mais leur proposait plutôt de partager un moment de travail. Les esquisses de plâtre ou de terre cuite sont désormais présentées en regard de l'œuvre achevée et mettent en valeur le processus créatif de Rodin. Des œuvres enrichies par l'exposition de tout ce qui nourrissait l'artiste – sa collection de peintures et ses sculptures antiques –, ainsi que des espaces consacrés à son entourage : Camille Claudel, bien sûr, le peintre Eugène Carrière...
Le sculpteur s'y sentait tellement bien qu'en 1916 il propose à l'État une donation de ses œuvres et collections à la condition que l'hôtel devienne un musée pour les abriter.
Le musée ouvre ses portes en 1919, 2 ans après la mort de Rodin, qui signe là sa dernière œuvre.
En parcourant les 18 pièces, on découvre de superbes volumes, de spectaculaires boiseries, trumeaux et cheminées, de vastes fenêtres... Un écrin dans lequel Rodin a travaillé.
Au fil des salles, on ressent ce qui fait, loin de l'académisme, la singularité et la grande modernité de son œuvre. De ses sculptures émanent puissance et vie grâce à l'expressivité de chaque membre du corps, comme l'homme de *L'Âge d'airain* (1877), dépouillé de tout attribut, que le sculpteur juge parasite. Rodin met en scène le vivant dans son individualité et non pas le symbole. Un sentiment que l'on ressent de manière implacable en admirant *Le Baiser,* où 2 amoureux s'enlacent dans un mouvement sidérant.
La découverte des œuvres se poursuit en plein air, dans le magnifique jardin, romantique à souhait, qui abrite 30 bronzes monumentaux et autant de marbres : *La Porte de l'Enfer,* les célèbres *Bourgeois de Calais, Le Penseur...* Au terme de la visite, la magie a opéré, et on se dit qu'on passerait bien « la nuit au musée »...
Côté ouest (ou à droite, le dos au musée), un chemin sinueux, petit itinéraire poétique, sur le thème des sources. De l'autre côté, cadre spécial pour *Orphée,* où le végétal renforce le caractère dramatique de l'œuvre. Tout au fond, 3 arches dans un treillage, reprenant en écho les 3 baies de la façade sur jardin. Vue remarquable sur le jardin et l'hôtel !

Le café-restaurant du musée, l'Augustine : ☎ *01-45-55-84-39. Tlj, sauf lun. Formules 16-20 € ; tea time 12 € ; pâtisseries Lenôtre env 6,50 €.* Pourquoi ne pas admirer les œuvres du maître en déjeunant ou en s'offrant un goûter à la cafétéria située dans le parc du musée ? Les plats du jour sont signés par Amandine Chaignot, jeune cheffe très cathodique. Jardin, terrasse sous les arbres. Extra aux beaux jours.

Fluctuart *(plan B1)* **:** *port du Gros-Caillou, 75007. 07-67-02-44-37. • fluctuart.fr • Ⓜ Invalides. Mer-dim (tlj en été) 12h-22h (1h ou 2h en été). GRATUIT.* « Mettre l'art à la portée de tous les publics », telle est l'ambition de ce nouvel OFNI – objet flottant non identifié – consacré à l'art urbain. Cette barge d'un nouveau genre, centre d'art urbain flottant, a jeté l'ancre en contrebas du pont des Invalides. Au menu ? 2 ou 3 expos par an d'œuvres françaises et internationales, créées in situ pour certaines, qui viennent compléter l'expo permanente (des pièces prêtées par des collectionneurs privés). Côté *rooftop,* une programmation de concerts, projections, rencontres et performances. La barge abrite aussi un bar, une librairie... Bref, un espace de vie en somme. Bon vent à *Fluctuart* !

Le jardin Catherine-Labouré *(plan C2)* **:** *29, rue de Babylone, 75007. Ⓜ Sèvres-Babylone.* Autrefois potager de cloître, c'est aujourd'hui un véritable verger caché derrière de hauts murs. À l'entrée, derrière les jeux d'enfants, une rangée de cerisiers ; le long des allées, des pommiers ; sur la pergola de droite, une longue tonnelle plantée de vignes à l'ombre de laquelle vous pouvez vous bécoter, et, tout au long, une double haie de noisetiers et de groseilliers.

Le square Récamier (plan D2) **:** *accès par la rue Récamier.* À quelques pas du *Bon Marché,* le square Récamier est une halte bienfaisante, où le tumulte de la ville paraît alors bien lointain. De vieux figuiers, hêtres, saules pleureurs, genêts, bassin en cascade donnent à ce petit square un aspect romantique. Pourtant pas bien grand, le square fleuri a des allures de jardin privé. C'est pour cette raison qu'on le recommande aux amoureux. Un banc semble y avoir été placé pour eux : il se trouve en haut des marches abritées d'une tonnelle. En semaine, quand il n'y a personne, l'endroit est un refuge pour les serments enflammés. Mme Récamier et Chateaubriand étaient des habitués des lieux.

Vers le faubourg Saint-Germain

Le musée Maillol – Fondation Dina-Vierny (plan D2) **:** *59-61, rue de Grenelle, 75007. ☎ 01-42-22-59-58. • museemaillol.com • Ⓜ Rue-du-Bac. ♿ En période d'expo temporaire, tlj 10h30-18h30 (20h30 ven). Entrée : 13 € ; réduc.* Ce musée, récemment rénové, est le résultat d'une extraordinaire passion : celle de Dina Vierny pour l'art, et pour Aristide Maillol en particulier, dont elle fut le modèle privilégié, comme on peut le constater tout au long de la visite (ainsi que de Matisse, Dufy, Bonnard...). Les sculptures de Maillol et ses tableaux – il fut d'abord peintre dans la mouvance des Nabis avant de se consacrer à la sculpture – sont présentés dans un superbe hôtel particulier orné de la *fontaine des Quatre Saisons* de Bouchardon (XVIIIe s).

Le musée d'Orsay (plan D1) **:** *62, rue de Lille, 75007. ☎ 01-40-49-48-14 ou 00. • musee-orsay.fr • Ⓜ Solférino ; RER C : Musée-d'Orsay. ♿ Entrée par le parvis, 1, rue de la Légion-d'Honneur. Tlj 9h30-18h (21h45 jeu), sauf lun ; fermeture des caisses 45 mn avt. Résas et vente en ligne. Entrée : 16 €, qui donne accès aux collections permanentes et temporaires ; tarif réduit : 11 € ; gratuit moins de 26 ans et pour ts le 1er dim de chaque mois.* Dans son fabuleux écrin, Orsay est l'un des plus beaux musées du monde, en toute simplicité. Musée complet, il permet d'embrasser en un seul lieu tout l'éventail de la création artistique de 1848 à 1914 : sculpture, peinture, architecture, arts décoratifs et graphiques, et photographie. C'est aussi un musée interdisciplinaire, qui renvoie à la littérature, à la musique et à la vie quotidienne du Second Empire et des débuts de la IIIe République. Son mérite est de pouvoir y confronter l'art officiel et académique avec les courants novateurs qui bouleversèrent l'histoire de l'art. On peut y suivre pas à pas la démarche des peintres et des sculpteurs qui, à l'avènement du XXe s, provoquèrent la plus grande révolution esthétique depuis la Renaissance. Des expositions temporaires y sont régulièrement présentées pour souligner les contextes historique, économique et social de cette période artistique foisonnante, d'une richesse exceptionnelle. L'intérieur du bâtiment, bien que construit à la fin du XIXe s, est nettement du style « 1900 éclectique, rococo, Napoléon III », plus proche d'un palais que d'une gare. Celle-ci fut construite à l'occasion de l'Exposition universelle afin d'acheminer les visiteurs au plus près du centre. Les trains y arrivaient tractés électriquement pour éviter fumée et suie. Elle ne fonctionna que jusqu'en 1939, et à la Libération, elle servit de centre d'accueil pour les prisonniers des camps. Sauvée de la démolition, elle est inscrite à l'inventaire des Monuments historiques. Le musée a récemment fait peau neuve au terme d'un vaste chantier, alors courez-y !

POMPE FUNÈBRE

En 1899, le président Félix Faure meurt à l'Élysée dans les bras de sa jolie maîtresse Mme Steinheil, suite à une fellation particulièrement appliquée. La statue lascive et nue de la jeune femme se trouve tout au fond de l'allée centrale, côté gauche, après avoir été cachée au public pendant bien des années.

Le Restaurant : *au niveau 2 du musée. ☎ 01-45-49-42-33. Accès par le musée. Déj tlj 11h45-14h30, sauf lun ; salon de thé tlj 15h-17h30, sauf lun et jeu ; formule dîner (67 €) jeu 19h-21h30. Formules déj 22-32 € ; plats 17-23 €.* Cadre classé, luxueux (plafond peint, panneaux peints, dorures), pour une cuisine correcte, à vocation gastronomique et à prix raisonnables.

Le Café Campana : *au niveau 5.* Un espace créé de toutes pièces au bout de la galerie impressionniste et griffé par les frères Campana : tulipes dorées au plafond, chaises tréflées et guirlandes de buisson de métal orangé sur fond de grande horloge. Carte de brasserie, salades.

On trouve aussi, au fond de la nef, le **Café de l'Ours** : jolie vue d'ensemble sur les sculptures, mais bruyant. Petite restauration.

Le 7e arrondissement possède quelques superbes exemples d'***Art nouveau*** appliqué à l'architecture. L'Art nouveau, né en réaction à l'académisme des formes à la fin du XIXe s, s'inspira largement de l'art japonais. Au 29, avenue Rapp, une porte et son encadrement d'un foisonnement et d'une exubérance proches du délire. Voir la jolie nymphette au sein menu qui provoque les passants... Le monument le plus photographié du 7e après la tour Eiffel est dû à l'architecte Jules Lavirotte. Vous pouvez également aller voir le 3, square Rapp, et le 12, rue Sédillot.

Le Parc Rives de Seine *(plan B-C-D1)* **:** *Point infos : mar-dim 12h-19h au port de Solférino, à l'ouest de la passerelle Léopold-Sédar-Senghor.* Ce parcours s'étend du Pont-Neuf au pont de Sully, ainsi que le long du bassin de l'Arsenal. Le parc Rives de Seine s'étend, au total, sur près de 7 km de promenade reliant la ***tour Eiffel*** à la ***Bastille*** et couvre 10 ha. Plusieurs stations Vélib', et toilettes à disposition. Au niveau du musée d'Orsay, 5 îlots artificiels de verdure (jardin de l'Archipel des Berges de Seine) reposent sur des barges amarrées à même la Seine. Main dans la main, à l'écart des pots d'échappement, les amoureux y trouvent largement leur compte.

8e ARRONDISSEMENT

• Plan *p. 124-125*

Le 8e arrondissement a un côté « 1er de la classe » avec ses magasins chics, ses avenues bien droites et bien peignées, ses hôtels particuliers calmes et luxueux, ses restaurants cossus, ses arbres bien alignés. On a connu plus fantaisiste, mais il reste tout de même l'inévitable balade sur les Champs-Élysées. Plutôt que le haut de l'avenue, côté Étoile, on préférera – à moins de raffoler de la foule et des magasins bondés – la descente vers la Concorde, quand les Champs prennent des airs de campagne : pour flâner sous les arbres ou, mieux, s'asseoir sur un banc et prendre le temps de regarder la vie qui passe.

Où dormir ?

Coups de foudre

Hôtel d'Argenson *(plan C2, **1**) : 15, rue d'Argenson, à l'angle du bd Haussmann, 75008. ☎ 01-42-65-16-87. • hoteldargenson@aol.com • hotel-argenson.com • Ⓜ Saint-Augustin ou Miromesnil. Congés : août. Résa conseillée. Doubles 120-150 € ; petit déj 8 € (servi en chambre).* Cet établissement familial est une petite perle dans son genre. D'abord, l'accueil est sympa comme tout ; ensuite, la façade typiquement haussmannienne cache en réalité des chambres rénovées au goût du jour réparties sur 6 étages (ascenseur). Ici ou là, quelques moulures et cheminées subsistent, apportant un cachet parisien. Préférez celles qui donnent sur le boulevard Haussmann, plus spacieuses, et dont certaines ont un petit balcon. Pas d'inquiétude à avoir question bruit : elles ont toutes une double-fenêtre en plus du double vitrage. Un très bon rapport qualité-prix.

New Orient Hôtel *(plan C1, **2**) : 16, rue de Constantinople, 75008. ☎ 01-45-22-21-64. • new.orient.hotel@wanadoo.fr • hotelneworient.com • Ⓜ Villiers, Europe ou Rome. Doubles 80-300 € ; petit déj 13 €. Parking à proximité.* Derrière son entrée surmontée d'une jolie marquise, un charmant hôtel où l'on se sent vite comme à la maison. Les chambres, classiques et élégantes, sont personnalisées avec du mobilier chiné amoureusement par les sympathiques propriétaires. À noter qu'un grand nombre d'entre elles possèdent un petit balcon bien agréable. Salles de bains pas bien larges mais modernes. Une adresse d'un bon rapport qualité-prix, tenue par une équipe tout sourire, qui lutte efficacement face aux grosses chaînes voisines.

Coups de folie

Le Belleval *(plan C2, **4**) : 16, rue de la Pépinière, 75008. ☎ 01-85-73-36-45. • contact@belleval-hotel-paris.com • belleval-hotel-paris.com • Ⓜ Saint-Lazare. ♿ Resto ouv lun-ven. Doubles 180-500 €.* Si cette voie de passage n'incite pas vraiment à la flânerie, c'est une bonne semence qui a fait éclore cet hôtel nouvelle génération. Un resto dans l'air du temps et des espaces ouverts à l'entrée, une cour accueillante cernée par un mur peint tout en hauteur, un coin bibliothèque, il y a de la vie ! Chambres modernes et pimpantes, sur 7 étages : beau plancher, larges lits et dimensions plus qu'honnêtes, surtout pour les *deluxe*. Seule la penderie ouverte est étroite. Quelques discrets rappels à la botanique dans la déco chic, et voilà une escale de grand confort au cœur de Paris. *NOUVEAUTÉ.*

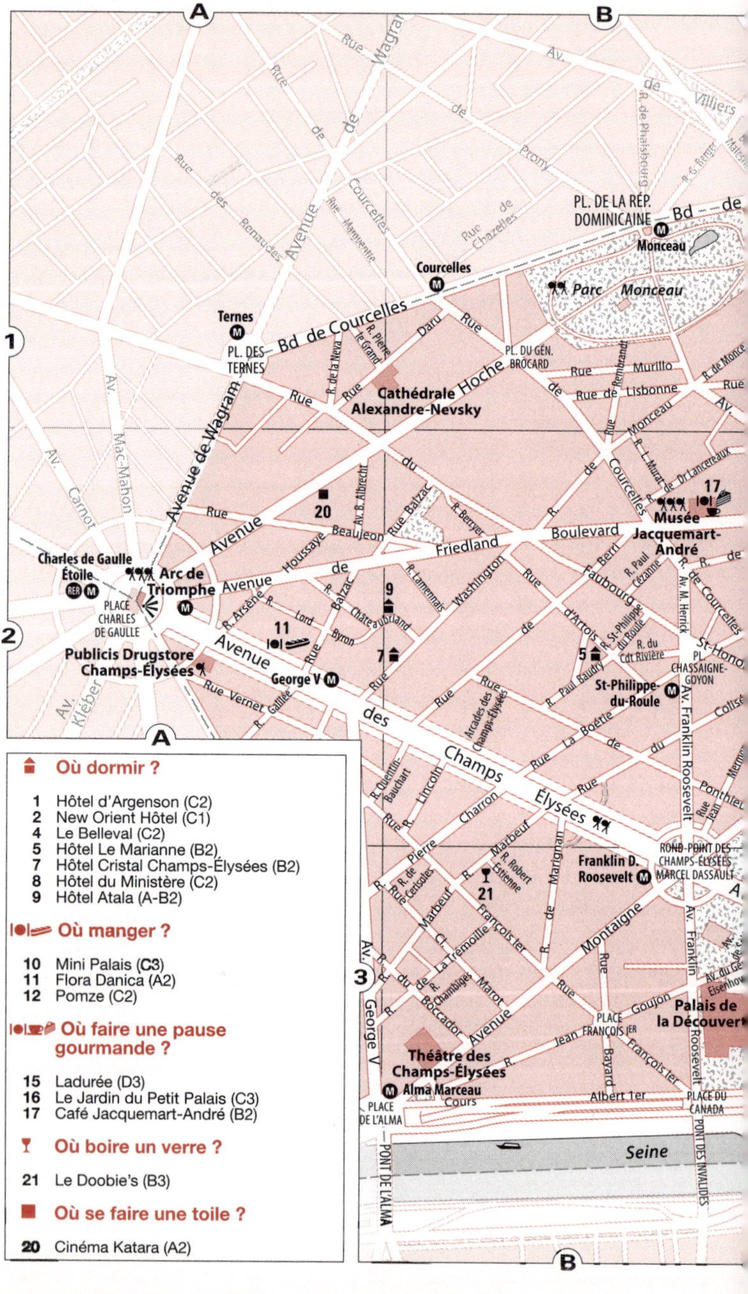

Où dormir ?

1 Hôtel d'Argenson (C2)
2 New Orient Hôtel (C1)
4 Le Belleval (C2)
5 Hôtel Le Marianne (B2)
7 Hôtel Cristal Champs-Élysées (B2)
8 Hôtel du Ministère (C2)
9 Hôtel Atala (A-B2)

Où manger ?

10 Mini Palais (C3)
11 Flora Danica (A2)
12 Pomze (C2)

Où faire une pause gourmande ?

15 Ladurée (D3)
16 Le Jardin du Petit Palais (C3)
17 Café Jacquemart-André (B2)

Où boire un verre ?

21 Le Doobie's (B3)

Où se faire une toile ?

20 Cinéma Katara (A2)

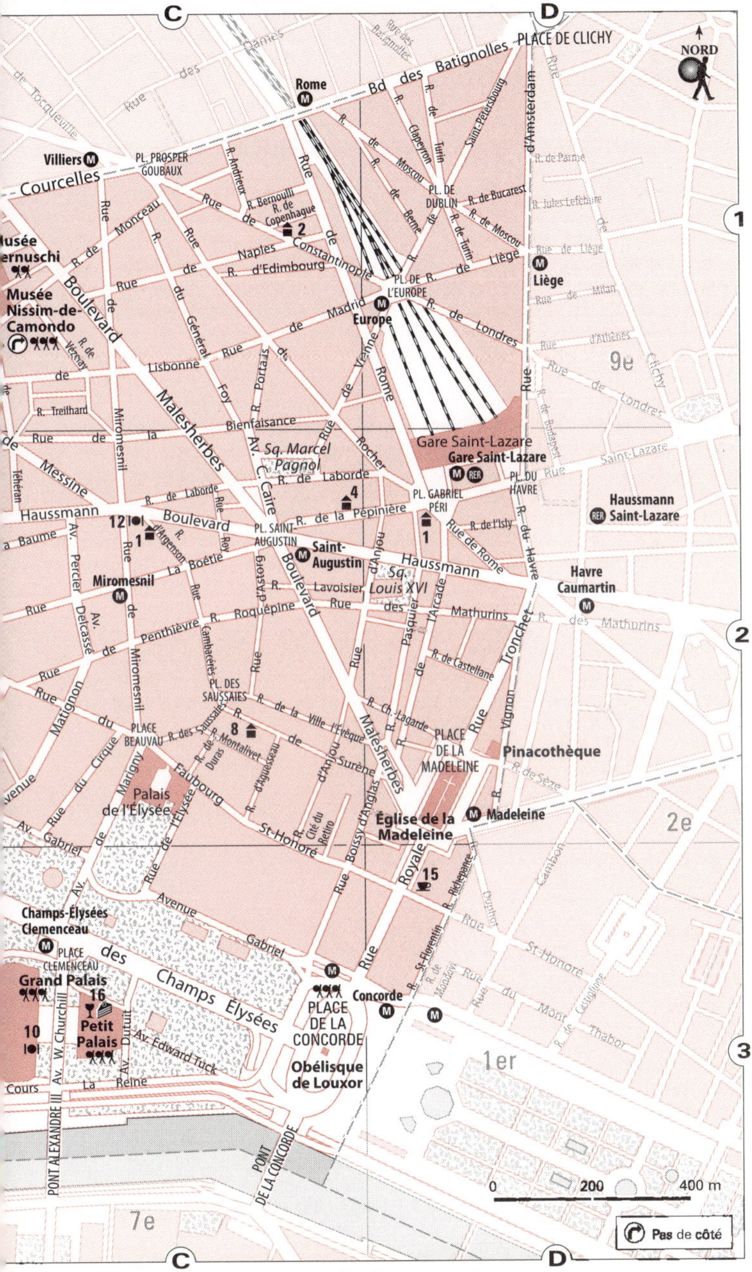

8e ARRONDISSEMENT

8e

Hôtel Le Marianne *(plan B2, **5**) : 11, rue Paul-Baudry, 75008. ☎ 01-45-04-30-30. • reception@lemarianne.com • lemarianne.com • Ⓜ Saint-Philippe-du-Roule ou Franklin-D.-Roosevelt. ♿ Doubles 200-250 € ; petit déj 19 €. Parking payant.* L'élégance contemporaine de cet hôtel contraste avec la classique façade haussmannienne. Le propriétaire, grand amateur d'art, distille sans parcimonie des touches personnelles dans la déco qui échappe au luxe conformiste et ennuyeux. 3 catégories de chambres qui donnent toutes envie de roucouler dans des lits aussi larges que longs ! Et pour le petit déj, direction une jolie salle pimpante prolongée par une verrière. Accueil charmant.

Hôtel Cristal Champs-Élysées *(plan B2, **7**) : 9, rue Washington, 75008. ☎ 01-45-63-27-33. • contact@hotel-le-cristal.com • hotel-le-cristal.com • Ⓜ George-V. ♿ Doubles 150-350 € ; petit déj 18 € (inclus ou non selon date de résa).* La façade discrète dissimule un hôtel design à l'atmosphère zen. Dans le hall, la géométrie se fait ludique ; les fauteuils colorés tranchent avec le blanc du marbre et la frise de cristaux de Madagascar. Les chambres sont des cocons cosy (les plus chères avec balnéo) à 300 m des Champs-Élysées. Accueil parfait.

8e

Hôtel du Ministère *(plan C2, **8**) : 31, rue de Surène, 75008. ☎ 01-42-66-21-43. • info@ministerehotel.com • ministerehotel.com • Ⓜ Miromesnil ou Madeleine. ♿ Doubles 170-320 € ; petit déj 22 € (inclus pour tte résa sur Internet).* À quelques pas du ministère de l'Intérieur et de l'Élysée, l'hôtel arbore un design graphique et coloré dans le hall prolongé par des salons accueillants. Suspensions en papier, fauteuils en cuir, motifs géométriques imprimés sur les moquettes... L'univers est conceptuel mais chaleureux. En amoureux, préférez les *deluxe,* ou décrochez carrément la lune avec une *deluxe* « Plein Ciel », au dernier étage, où une verrière permet de profiter du ciel parisien allongé dans son lit. Confort optimal : excellente literie, minibar en libre-service (softs), lecteur CD... Sympathique *honesty bar* (on note ce qu'on consomme) et salle de sport au sous-sol.

Hôtel Atala *(plan A-B2, **9**) : 10, rue Chateaubriand, 75008. ☎ 01-45-62-01-62. • hotel@hotel-atala.com • hotel-atala.com • Ⓜ George-V. Doubles 180-335 € ; petit déj 24 €.* À côté des Champs-Élysées mais dans une charmante rue sinueuse, l'hôtel bénéficie d'un emplacement de choix et d'un jardin arboré où des canapés permettent de se prélasser dans un écrin de verdure. Le luxe total à Paris ! Certaines chambres ont cette vue ultra-reposante, et d'autres (privilège avec vue) offrent un panorama éblouissant sur la capitale, Montmartre et la tour Eiffel depuis leur terrasse.

Où manger ?

Coup de foudre

Pomze *(plan C2, **12**) : 109, bd Haussmann, 75008. ☎ 01-42-65-65-83. • contact@pomze.com • pomze.com • Ⓜ Saint-Augustin ou Miromesnil. Tlj sauf w-e ; service 12h-14h, 19h-22h. Salon de thé hors horaires de service du resto. Formule salade au déj 18,50 € (sans résa) ; autres formules et menu 34-37 € ; carte env 45 €.* Inconditionnels de la pomme, ce restaurant monomaniaque est fait pour vous ! Ici, tout tourne autour d'un fruit moins défendu que recommandé. Le résultat est créatif, les associations et les saveurs sont raffinées et savamment dosées. Les desserts ne sont pas en reste. Côté gosier, une carte de 30 cidres de producteurs et une intéressante formule-dégustation de 3 cidres. Un cadre agréable sur plusieurs niveaux, des salons intimes à l'étage et une équipe sympathique aux commandes. Et pour prolonger le plaisir, un coin épicerie (cidre, chutneys, calvados...).

Coups de folie

Mini Palais *(plan C3, **10**) : Grand Palais, 3, av. Winston-Churchill, 75008. ☎ 01-42-56-42-42. • resa@minipalais.com • minipalais.com • Ⓜ Champs-Élysées-Clemenceau. ♿ Tlj 12h-minuit.*

Résa préférable. Formule déj en sem 29 € ; en-cas à partir de 9 € ; carte 40-45 €. Vins au verre. Encore un resto de la planète Frechon. Ici, le chef triplement étoilé a imaginé une cuisine simple, en parfaite adéquation avec le décor sobre, chic, épuré, de ce *Mini Palais* aux allures d'immense atelier d'artiste, prolongé par une terrasse formidable déployée à l'ombre d'une imposante colonnade. Dans l'assiette, de bons produits d'un terroir qui ne connaît pas les frontières : ris de veau en croûte de comté au vin jaune, baba au rhum géant (exceptionnel). La carte prend, avec les beaux jours, des accents plus méditerranéens.

Flora Danica *(plan A2,* ***11****) : 142, av. des Champs-Élysées, 75008. ☎ 01-44-13-86-26. • floradanica-paris.com • Ⓜ George-V ; RER A : Charles-de-Gaulle-Étoile. ♿ Tlj 8h-23h. Menus 31-39 € ; smørrebrøds 12,50-14 € ; salades 11-19 € ; carte env 50 € ; brunch 39,50 €.* La Maison du Danemark accueille 2 restaurants : la brasserie *Flora Danica* et le *Copenhague,* vitrines de la cuisine danoise à Paris. Si le 2d joue la carte de la gastronomie sous la houlette d'Andreas Moller, un digne représentant de la *New Nordic cuisine,* la brasserie, elle, mise sur le classique scandinave dans un cadre sobre et efficace. L'atout maître, c'est la magnifique terrasse dans la verdure, à l'abri du tohu-bohu. Petit déj gourmand, assiettes de saumon, veloutés ou salades nordiques, *smørrebrøds* (tartines de pain noir garnies). Également des jus détox et des cocktails à siroter au bar.

Où faire une pause gourmande ?

Ladurée *(plan D3,* ***15****) : 16, rue Royale, 75008. ☎ 01-42-60-21-79. Ⓜ Madeleine ou Concorde. Tlj 8h-19h30 (20h ven-sam). Thé env 7 € ; petit macaron, produit phare de la maison, 2,20 €.* Plus qu'un salon de thé, une institution ! Depuis 1862, un haut lieu de la bourgeoisie française. Le midi, les gens qui travaillent dans le quartier viennent y grignoter une salade et quelques-uns des macarons qui ont rendu cet endroit célèbre. Tous les produits sont d'ailleurs vendus au comptoir. Une fois en bouche, ces irrésistibles macarons font instantanément oublier le désagrément de la queue, souvent redoutable. Si vous voulez être un peu tranquille, évitez le rush entre 12h et 14h30. Le décor est somptueux avec ses grands miroirs et ses teintes pastel. *Même enseigne au 75, av. des Champs-Élysées (8e), au 21, rue Bonaparte (6e) et au Printemps.*

Le Jardin du Petit Palais *(plan C3,* ***16****) : Petit Palais, av. Winston-Churchill, 75008. Ⓜ Champs-Élysées-Clemenceau. ♿ Tlj 10h-17h (19h ven), sauf lun. En arrivant, préciser qu'on se rend au café, pour éviter les files des expos. Formules 13-17 €.* On ne le sait pas toujours, mais le Petit Palais renferme une cafétéria dont la terrasse donne sur un adorable jardin intérieur. Les tables, disposées le long de la galerie, permettent de faire une pause en admirant les petits bassins et les massifs fleuris. Charmant ! Également quelques plats classiques du type quiches et salades en cas de petite faim. *NOUVEAUTÉ.*

Café Jacquemart-André *(plan B2,* ***17****) : 158, bd Haussmann, 75008. ☎ 01-45-62-04-44. • cafe@musee-jacquemart-andre.com • musee-jacquemart-andre.com • Ⓜ Miromesnil ou Saint-Philippe-du-Roule. ♿ Tlj 11h45 (11h sam-dim)-17h30 (18h30 lun ; 15h pour le resto). Salades 15,50-20 € ; formule 18,50 € ; menu 25 € ; brunch dim (11h-14h30) 29,50 € ; « L'heure du thé » 11,80 €.* Installé dans la salle à manger d'apparat des anciens maîtres de la maison devenue aujourd'hui le musée Jacquemart-André. La salle vaut à elle seule le détour : plafond de Tiepolo, tapisseries, vasques de lumière en bronze doré et vue sur cour très agréable. Les habitués du quartier ne s'y trompent pas et s'y donnent souvent rendez-vous pour un brunch, un repas léger ou le menu élaboré en fonction de l'exposition du moment. Quant aux gâteaux, ils viennent de pâtisseries de renom. On se damnerait pour les tartes, exquises.

Où boire un verre ?

Le Doobie's (plan B3, **21**) : *2, rue Robert-Estienne, 75008. ☎ 01-53-76-10-76. • doobies.net • Ⓜ Franklin-D.-Roosevelt. Mer-dim 19h (12h dim)-4h (2h mer ; dernier service à 23h15). Congés : fin juil-fin août. Cocktail env 16 €. Repas 40-45 € ; brunch dim (2 services, à 12h et 14h) 36 €.* Difficile d'oublier qu'on arrive dans un lieu *fashion* du 8e arrondissement ! Pas question d'entrer ici comme dans un moulin : vous sonnez, et on ouvre en vous dévisageant, vous êtes prévenu. Cela dit, ce resto-bar festif façon lounge chic est plutôt intime et finalement pas désagréable. DJ du mercredi au samedi.

Où se faire une toile ?

Cinéma Katara (plan A2, **20**) : *à l'hôtel* Royal Monceau, *37, av. Hoche, 75008. ☎ 01-42-99-98-80. • leroyalmonceau.com • Ⓜ Charles-de-Gaulle-Étoile ou Ternes. Séance dim à 18h30 (arriver à 18h) : 40 €/pers, avec coupe de champagne et pop-corn Pierre Hermé.* Saviez-vous que le palace parisien rénové par Stark avait sa propre salle de cinéma ouverte au public lors d'une séance hebdomadaire ? Une salle chic et confidentielle où un seul fauteuil rouge tranche au milieu des autres en cuir clair. Parfait pour la personne unique qui vous accompagne !

Main dans la main

Le quartier des Champs-Élysées

8e

L'Arc de Triomphe (plan A2) : *☎ 01-55-37-73-77. Accès par le passage souterrain situé en haut et à droite des Champs, et qui donne sur l'av. de la Grande-Armée ; au milieu du souterrain, caisse sur la gauche. Ascenseur réservé aux pers prioritaires ; pour les autres... 284 marches à gravir pour accéder au sommet. Tlj 10h-22h30 (23h avr-sept) ; fermeture des caisses 45 mn avt. Entrée : 13 € ; réduc ; gratuit moins de 26 ans. Achat d'e-billet sur • ticket.monuments-nationaux.fr • Il vous donne droit à l'accès coupe-file ! Le parvis de l'Arc est accessible gratuitement.*

Pour les amateurs de chiffres, précisons tout de suite que l'Arc mesure 49 m de haut et 44 m de large, et que la voûte culmine à 29 m.

Bien qu'il ait été prévu pour honorer les armées napoléoniennes, Louis XVIII fit le choix de le dédier aux armées d'Espagne. Après pas mal de tergiversations liées à une époque trouble politiquement, on le dressa finalement en l'honneur des armées de la Révolution, et de l'Empire en général.

Victor Hugo résuma bien l'Arc : « Morceau de pierre sur un monceau de gloire ». Il est finalement bien à l'image de la grande épopée impériale et mégalo. Napoléon, qui en décida la construction par un décret en 1806, ne vit jamais le monument réalisé. La construction fut terminée sous le règne de Louis-Philippe, et l'inauguration eut lieu finalement en 1836. 4 ans plus tard, les cendres de Napoléon y furent exposées avant leur transfert aux Invalides.

Depuis, l'Arc a été le témoin de tous les grands événements de la vie nationale. Victor Hugo, qui l'avait critiqué parce que le nom de son père ne figurait pas parmi ceux des 660 généraux gravés dans la pierre, y eut droit à des obsèques nationales. En 1919, ce fut le défilé fou de la Victoire et, le 11 novembre 1920, la dépouille d'un soldat inconnu fut déposée sous la voûte. Depuis 1923, une flamme éternelle le veille, ravivée chaque soir à 18h30 par une délégation différente. Et puis, le 11 novembre 1940, c'est ici que manifestèrent les étudiants parisiens contre l'Occupation : ce fut le 1er acte de résistance de Paris.

Depuis la terrasse, une des plus belles vues panoramiques sur la capitale, et tout particulièrement sur l'axe Louvre – Champs-Élysées – la Défense, et sur les plus beaux monuments de la capitale. Par temps clair, on aperçoit même certains groupes dorés (les 2 groupes qui surmontent l'Opéra, les statues du pont Alexandre-III et l'éclatant dôme des Invalides). Remarquer, au loin, à gauche des Champs, la silhouette bleutée de Beaubourg et, plus au fond encore, l'impressionnante étendue de l'espace boisé occupé par le Père-Lachaise.

Les Champs-Élysées *(plan A-B-C2-3)* **:** avec son tracé exemplaire et sa largeur de 71 m, la voie triomphale de la Ville Lumière n'a plus tout à fait le prestige d'antan. C'est, durant le jour, un quartier d'affaires que font oublier le soir, 1er du genre en France, *Le Lido,* cabaret quelque peu institutionnalisé avec ses nus bien corrects, les grands cafés comme *Le Fouquet's,* encore une poignée de cinémas et des restaurants... de moins en moins gastronomiques. Sur le rond-point à gauche en montant, l'ancien hôtel particulier des Le Hon, ensuite occupé par *Jours de France,* qui lui a ajouté une aile. La comtesse Le Hon, épouse d'un ambassadeur, était surtout célèbre pour sa liaison avec son voisin le duc de Morny. Au no 25 demeurait la marquise de Païva, fameuse aventurière. Au no 68, nous avons un faible pour l'immeuble Guerlain, datant de 1913, très belle réussite de l'architecture de l'époque. Aux environs de Noël, c'est réellement féerique, lorsque la façade est habillée de centaines de petites lumières. Le *rond-point* est sous de nouveaux projecteurs depuis que 6 nouvelles fontaines signées par les designers et frères Bouroullec dressent leur silhouette longiligne au milieu des bassins rénovés. Qui imaginerait que l'*avenue Montaigne* était jadis bordée de bouges et de guinguettes ? On l'appelait « allée des Veuves » ; celles qui ne pouvaient se montrer en ville pendant leur deuil avaient coutume de venir, en guise de consolation, chercher ici une aventure galante. En effet, c'est sous Napoléon III que les Champs-Élysées connaissent leur apogée, dans un mélange de luxe et d'élégance. Dans les années 1930, l'avenue devient le paradis du 7e art, et le *Fouquet's* reçoit Raimu, Abel Gance, Guitry ou encore Charlie Chaplin. Ainsi, que ce soit en la remontant vers l'Étoile ou en la descendant en direction de la Concorde, il y aura toujours, à 5h, quand Paris s'éveille, ou à minuit, quelque chose à voir sur celle qui reste encore « la plus belle avenue du monde »...

LE PLUS GRAND CADRAN SOLAIRE DU MONDE

En observant bien la place de la Concorde, on aperçoit quelques lignes jaunes aboutissant à de grands chiffres romains (par exemple, sur le terre-plein central en direction de l'hôtel Crillon*). Il s'agit bien d'un gigantesque cadran solaire avec l'obélisque comme gnomon (aiguille centrale).*

Publicis Drugstore Champs-Élysées *(plan A2)* **:** *133, av. des Champs-Élysées, 75008. • publicisdrugstore.com • Ⓜ Charles-de-Gaulle-Étoile. Tlj 8h (10h w-e)-2h.* Adresse fétiche des jeunes nantis pendant les Trente Glorieuses, ce drugstore à la française, imaginé par Marcel Bleustein-Blanchet en 1958, est aujourd'hui un complexe aéré dont les vagues de métal et de verre dressent leurs rouleaux sur la célèbre avenue. Les boutiques ouvertes tard le soir (pharmacie, librairie, point presse, tabac et impressionnante cave à cigares) font la joie des riches noctambules. On peut aussi s'y restaurer – très bien même – à la table de la brasserie chic chapeautée par le grand chef Éric Fréchon ou à *L'Atelier* de Joël Robuchon.

Le Grand Palais *(plan C3)* **:** *av. Winston-Churchill, 75008. ☎ 01-44-13-17-17 (serveur vocal). • grandpalais.fr • Ⓜ Franklin-D.-Roosevelt ou Champs-Élysées-Clemenceau.* ***Attention, Grand Palais et Galeries nationales du Grand Palais sont fermés pour travaux de restauration et d'aménagement jusqu'en 2023.***

Ce colossal palais fut édifié pour l'Exposition universelle de 1900, en même temps que le magnifique pont Alexandre-III. Il s'y tient aujourd'hui d'importantes expositions temporaires. Lieu chargé d'histoire, dévolu aux arts et à l'industrie, il servit également de cantonnement à nos vaillantes troupes coloniales partant au front en 1914-1918, avant d'être transformé en... hôpital militaire.
De nombreux événements majeurs s'y déroulent encore, en attendant sa fermeture programmée entre 2021 et 2024. Le temps nécessaire pour remettre à flot cet immense vaisseau dont les fondations, reposant sur 3 400 pieux de chêne, s'affaissent par endroits et nécessitent d'être renforcées. Entre 2021 et 2024, un Grand Palais éphémère s'installe sur le Champ-de-Mars.

Le Petit Palais, musée des Beaux-Arts de la Ville de Paris *(plan C3)* **:** *en face du Grand Palais ; entrée par le grand escalier, av. Winston-Churchill, 75008. ☎ 01-53-43-40-00. • petitpalais.paris.fr • Ⓜ Champs-Élysées-Clemenceau. Tlj, sauf lun, 10h-18h (21h ven lors des expos temporaires). GRATUIT (sauf expos temporaires). Audioguide : 5 €. Librairie et cafétéria.* Une large et riche collection – de l'Antiquité au début du XXe s – abritée dans un bâtiment monumental édifié pour l'Exposition universelle de 1900. En alternance, des expositions temporaires invitent à redécouvrir la richesse des collections du musée et à relire les grandes civilisations. En parallèle, le Petit Palais pérennise les manifestations associant art contemporain et art ancien. Pour vous reposer les yeux de tant de beauté, allez vous balader dans le ravissant jardin intérieur avec son élégant péristyle richement ornementé. Aux beaux jours, on apprécie la sérénité de la terrasse pour siroter un verre ou grignoter, à côté du bassin (voir plus haut « Où faire une pause gourmande ? »).

Le quartier du parc Monceau

Le musée Jacquemart-André *(plan B2)* **:** *158, bd Haussmann, 75008. ☎ 01-45-62-11-59. • musee-jacquemart-andre.com • Ⓜ Miromesnil ou Saint-Philippe-du-Roule. Tlj 10h-18h. Entrée : 16 €, audioguide inclus (pour les collections permanentes).* Coup de cœur pour ce délicieux musée, ancienne demeure d'Édouard André et Nélie Jacquemart, grands collectionneurs devant l'Éternel, ayant sillonné le monde pour acquérir toutes les œuvres de 1er plan. Cet endroit magique était déjà considéré, lors de son inauguration en tant que musée (en 1913), comme l'un des hauts lieux de l'art à Paris.

8e

On arrive sur le perron de l'hôtel particulier par une astucieuse rampe d'accès doublée de l'autre côté qui permettait aux carrosses et attelages de déposer leurs invités puis de repartir sans causer d'embouteillage dans la cour. Les salles du rez-de-chaussée sont consacrées successivement à l'art français du XVIIIe s, avec des peintures de Fragonard, Boucher, Chardin, Vigée-Lebrun, des sculptures de Pigalle... puis aux écoles flamande et hollandaise du XVIIe s. La visite est l'occasion rêvée de découvrir les espaces habités d'une grande demeure du XIXe s : salons d'apparat, appartements privés, jardin d'hiver. Le superbe escalier à double révolution, dominé par une fresque de Tiepolo, permet d'accéder au *Musée italien,* présentant le must de la Renaissance italienne : peintures de Botticelli, Mantegna, Carpaccio, Bellini... et sculptures de Verrocchio et Donatello pour ne citer qu'eux. Fastueux ! Le tout meublé en styles Louis XV et Louis XVI, excepté quelques meubles plus exotiques dans le fumoir, que Nélie rapporta d'Orient après le décès de son mari. Également de belles expos temporaires très courues.

Idéal pour une pause, le ***Café Jacquemart-André,*** orné d'une fresque de Tiepolo (au plafond) et de superbes tapisseries retraçant l'histoire d'Achille, est une étape conseillée. Voir plus haut la rubrique « Où faire une pause gourmande ? ».

Le musée Nissim-de-Camondo *(plan C1)* **:** *63, rue de Monceau, 75008. ☎ 01-53-89-06-50. • madparis.fr • Ⓜ Villiers ou Monceau. Tlj 10h-17h30, sauf*

lun-mar et j. fériés. Entrée : 9 €, audioguide compris ; gratuit moins de 26 ans. Visite guidée 3 dim/mois à 11h. C'est en 1871 que les frères Abraham et Nissim de Camondo, issus d'une riche famille de banquiers, s'installent dans cet hôtel en bordure du parc Monceau. En 1911, Moïse, le fils de Nissim, en hérite. Le style Second Empire ne convenant pas à ses goûts, il fait reconstruire un nouvel hôtel de style 2de moitié du XVIIIe s, inspiré du Petit Trianon de Versailles, et qui pourra accueillir plus convenablement l'ensemble de sa riche collection d'œuvres d'art décoratif datant de cette période.
À travers les superbes salons (dont le rond, dit « de Huet », notre préféré), parfois un peu chargés, on découvre l'intimité de cet homme qui consacra sa vie à réunir des meubles, des tableaux, des sculptures, ou encore des bibelots, des services en argent... Soit plus de 800 pièces se rappelant au souvenir des plus grands artistes de l'époque comme Vigée-Lebrun, Oudry, Pigalle ou Huet. Citons, entre autres, le bureau à cylindre signé Œben, des effets personnels de Marie-Antoinette, un joli bonheur-du-jour (petit bureau) ou le service de Sèvres aux oiseaux, inspiré des planches de Buffon. Et pour ceux qui désireraient en savoir plus sur la famille Camondo, dont les derniers membres disparurent tragiquement dans les camps d'Auschwitz, un film lui est consacré. Au rez-de-chaussée, il faut jeter un coup d'œil aux incroyables cuisines. C'est ce qu'on faisait de mieux au début du XXe s : énorme fourneau, passe-plat, rôtissoire électrifiée (digne des plus grands restos)... Plus qu'une visite, un voyage dans le temps !

Le musée Cernuschi *(plan C1) : 7, av. Vélasquez, 75008. ☎ 01-53-96-21-50. • cernuschi.paris.fr • Ⓜ Monceau ou Villiers. Tlj 10h-18h, sauf lun et j. fériés. GRATUIT (sauf expos temporaires). Audioguide : 5 €. Visite guidée des collections ou de l'expo temporaire mar et jeu à 14h30, sam à 15h : 7 € plein tarif ; visite guidée en langue labiale 1 sam/mois à 11h.*
Ce musée discret occupe un emplacement formidable en bordure du parc Monceau, dans la magnifique demeure avec jardin d'Henri Cernuschi, financier d'origine italienne passionné d'art asiatique. Parti en 1871 pour un voyage de 2 ans en Extrême-Orient, il en rapporta une collection exceptionnelle d'objets d'art (principalement chinois et japonais) qu'il légua en 1896 à la Ville de Paris. Le musée a rouvert ses portes, après des travaux de refonte. De la préhistoire à nos jours, le parcours suit la chronologie des dynasties chinoises et met en valeur l'évolution culturelle et artistique de l'empire du Milieu. On y retrouve les œuvres emblématiques : poteries néolithiques, vases en bronze archaïques, tandis que l'impressionnant bouddha Amida (bronze japonais du XVIIIe s) veille sur des objets évoquant l'art funéraire sous la dynastie Han (206 av. J.-C. - 220 apr. J.-C.). Plus près de nous sont présentées les collections des époques Ming (1368-1644). Un beau voyage en Extrême-Asie d'hier et d'aujourd'hui. Expositions temporaires.

Le parc Monceau *(plan B1) : tlj 7h-20h (22h avr-oct).*
Constitué par le duc de Chartres sur plusieurs parcelles du château féodal de Mousseaux, qui existait en 1300, ce parc est un bel exemple du goût du Second Empire pour les jardins à l'anglaise, sans parterres rectilignes ni effets géométriques. C'était, vers 1780, le parc privé du duc d'Orléans qui l'avait fait agrémenter d'une pyramide égyptienne, d'un temple grec, de grottes et de cascades artificielles. Certains de ces bâtiments exotiques sont restés, mais le parc, lui, s'est bien réduit. Amputé de moitié, il permit aux banquiers Pereire et à quelques autres de réaliser les plus fructueuses spéculations immobilières. Pas trop de regrets pourtant, puisque c'est l'occasion de découvrir tout autour, dans les rues aux noms de peintres (Murillo, Van Dyck, Ruysdael, Vélasquez), les hôtels qui furent ceux des « cocottes » impériales, des banquiers et des 1ers grands industriels. Et pour imaginer le luxe incroyable de l'époque, allez voir le petit *palais* qui, à l'angle de l'avenue Van-Dyck, donne sur le parc. C'était l'hôtel du chocolatier Menier. La cuisine était si loin de la salle à manger qu'un petit chemin de fer apportait les plats sur la table ! Quant à la résidence secondaire de M. Menier, c'était, en toute simplicité, le château de Chenonceau !

L'élégante *rotonde,* dite « de Chartres », entourée de 16 colonnes et qui ouvre sur le boulevard de Courcelles, n'est autre qu'un des postes de surveillance de l'ancienne enceinte des Fermiers généraux dessinée par Ledoux. Gounod, Chopin, Maupassant et Ambroise Paré, le père de la chirurgie, ont leur monument à l'ombre des grands arbres où Proust, enfant, venait pousser son cerceau avant d'aller faire ses études au lycée Condorcet et de se retirer au 102, boulevard Haussmann pour y écrire une grande partie de son œuvre.
En flânant, vous profiterez de la savoureuse collection de portraits qu'offre le parc ; enfants sages des institutions privées, amoureux sur les bancs, joggeurs très chics, vieux messieurs dignes lisant *Les Échos* ou *La Tribune de Genève...* tout un monde, quoi !

La place de la Concorde *(plan C3)*

Elle fut réalisée par l'architecte Gabriel entre 1753 et 1763, à la gloire de Louis XV, pour recevoir sa statue équestre et porter son nom. N'étant pas limité par la place, et travaillant sur marécage, Gabriel conçut très grand cette sorte d'équivalent en dur du parc de Versailles. Les fontaines ne furent installées qu'entre 1836 et 1846. L'intérêt est d'y venir la nuit, car sa beauté doit beaucoup à la magie des réverbères. Au milieu s'élève l'***obélisque de Louxor*** offert par le vice-roi d'Égypte. La ***galerie nationale du Jeu de paume,*** consacrée à la photographie et à l'art contemporain, donne sur la place de la Concorde. Tout autour de la place s'élèvent les statues de 8 grandes villes de France. On dit que Juliette Drouet (la maîtresse de Victor Hugo) posa pour Strasbourg et que la femme du préfet de police de Lille servit de modèle à celle représentant cette ville. Les 2 grandes fontaines sont des copies de celles qui ornent la place Saint-Pierre de Rome. ***Les Chevaux de Marly,*** à l'entrée des Champs-Élysées, complètement rongés par la pollution, ont été remplacés par des copies parfaites. Quant au pont de la Concorde, il a été construit avec des pierres de la prison de la Bastille ! Les chefs révolutionnaires voulaient que le peuple puisse piétiner ce symbole royal. Déjà du marketing politique ! Si vous passez par là le 21 juin, au solstice d'été, vous aurez droit à un coucher de soleil spécial, puisqu'il s'aligne dans l'axe de l'Arc de Triomphe : joli calcul !

Le quartier de la Madeleine

En face de la Madeleine, au 9, ***boulevard Malesherbes,*** se trouve la maison où Marcel Proust passa son enfance. Et au 11, ***rue de l'Arcade*** était situé le bordel d'Albert Le Cuziat, que Marcel Proust meubla avec l'héritage de sa mère.

Le ***quartier de la Madeleine*** présente plus d'intérêt que son monument. Vous y trouverez des boutiques de luxe, mais pas seulement puisque Fauchon a baissé le rideau et qu'une célèbre enseigne de sport cohabite désormais avec le beau linge. Pour le coup d'œil d'esthète, en voici les maisons réputées :
– *La Maison de la Truffe* vend, bien entendu, les meilleures truffes de Paris et bien d'autres choses. Petite astuce pour épater votre amoureux(se) gourmand(e) sans vous ruiner : on y dégotte du sel à la truffe, qui sublime immédiatement un plat de pâtes !
– On y trouve aussi *La Marquise de Sévigné* et ses célèbres chocolats, *Caviar Kaspia,* qui détaille du caviar dans son salon de dégustation, etc. Le risque, c'est qu'en sortant de votre tournée vous n'ayez plus assez faim pour aller dîner chez *Maxim's,* rue Royale...

La galerie de la Madeleine : *pl. de la Madeleine, 75008.* Ⓜ *Madeleine. Tlj, sauf dim et j. fériés.* Percée en 1845, elle joint la place de la Madeleine et la rue Boissy-d'Anglas où se trouvent, à l'angle avec le faubourg Saint-Honoré, le célébrissime magasin *Hermès* et sa vitrine d'angle toujours étonnante.

Petit itinéraire romantique

Bateaux-mouches *(plan B3)* **:** *embarcadère pont de l'Alma, rive droite. ☎ 01-42-25-96-10. • bateaux-mouches.fr • Ⓜ Alma-Marceau. Départ ttes les 30 mn env. Durée de la promenade : 1h10. Prix : 14 €. Dîner 79-139 € (déj 69 €). Le billet se prend 15 mn avt l'heure du départ ou sur Internet.* Idéal pour les amoureux qui souhaitent toucher ensemble le cœur de la Ville Lumière.

9e ARRONDISSEMENT

• Plan *p. 136-137*

Le 9e est trop souvent circonscrit aux Grands Boulevards, lesquels offrent cafés et cinémas à profusion mais manquent singulièrement d'intimité. Il faut filer vers les petites rues du côté de la place Saint-Georges, découvrir des placettes ombragées, grimper une rue des Martyrs animée, déambuler dans les passages mystérieux et s'offrir une pause dans le jardin minuscule mais charmant du musée de la Vie romantique.

Où dormir ?

Coup de cœur

Hôtel Bienvenue *(plan C2,* ***1****)* **:** *23, rue Buffault, 75009. ☎ 01-48-78-32-18. • hotelbienvenue.fr • Ⓜ Cadet. Doubles à partir de 130 €.* Le nouvel hôtel d'Adrien Gloaguen se compose de 2 immeubles qui cachent un joli jardin secret. L'atmosphère d'une grande maison de vacances où l'on se retrouverait en famille ou entre amis. Plein de petites attentions. Ouvert aux non-résidents, un bar avec d'excellents vins ou cocktails. La déco est assurée par la jeune décoratrice Chloé Nègre. Un vrai lieu de vie un peu caché, tendance. Un coup de cœur !

Coups de foudre

Hôtel des Arts *(plan C3,* ***3****)* **:** *7, cité Bergère, 75009. ☎ 01-42-46-73-30. • contact@hoteldesarts.fr • hoteldesarts.fr • Ⓜ Grands-Boulevards. Doubles 59-140 € ; petit déj 8 €. Parking payant.* À 2 pas de l'animation du boulevard Montmartre, l'hôtel se niche au calme de la cité. Toutes les chambres donnent dessus. De taille correcte, classiques et soignées, elles combleront les bohèmes au budget serré... Gérant convivial. Bon rapport qualité-prix.

Hôtel Panache *(plan C3,* ***7****)* **:** *1, rue Geoffroy-Marie, 75009. ☎ 01-47-70-85-87. • hotelpanache.com • Ⓜ Grands-Boulevards. ♿ Doubles à partir de 130 € ; petit déj 18 €.* À 2 pas des Grands Boulevards et tout proche des Folies Bergère... Entièrement rénové par l'équipe de l'*Hôtel Bienvenue,* à côté, dans le 10e. Déco assez unique, et pourtant un excellent rapport qualité-prix. Une atmosphère très parisienne, rétro et jazzy, orchestrée par la décoratrice Dorothée Meilichzon. Excellent resto (voir la rubrique « Où manger ? »). Le patron est le fils de Philippe Gloaguen, fondateur du *Routard.* C'est dire s'il s'y connaît !

Hôtel Joséphine *(plan B1,* ***4****)* **:** *67, rue Blanche, 75009. ☎ 01-55-31-90-75. • bonjour@hotel-josephine.com • hotel-josephine.com • Ⓜ Blanche, Place-de-Clichy ou Trinité-d'Estienne-d'Orves. ♿ Doubles à partir de 139 € ; petit déj 15 €.* Un hôtel récent d'une quarantaine de chambres, dont le salon-réception donne d'emblée le ton : celui d'un confortable cocon. Les chambres – certaines avec balcon – sont de taille raisonnable (certaines salles de bains sont vraiment petites). La déco, originale et chamarrée, marie motifs et imprimés des papiers peints, photos de danseuses de cabaret de temps révolus réveillées par des teintes acidulées et un mélange d'aménagements vintage et contemporains, pour un résultat baroque qui fait honneur à Joséphine Baker. Dommage toutefois que l'insonorisation ne soit pas au top. Petit déjeuner au sous-sol – une cave voûtée aux pierres apparentes –, comme souvent à Paname. Boissons chaudes offertes tout au long de la journée.

Hôtel Chopin *(plan C3, **5**) : 46, passage Jouffroy, 75009. ☎ 01-47-70-58-10. • info@hotelchopin.fr • hotelchopin-paris-opera.com • Ⓜ Grands-Boulevards ou Richelieu-Drouot. Au niveau du 10, bd Montmartre. Doubles 100-148 €.* Un hôtel-bijou du XIXe s, situé au fond du passage, donc une véritable oasis de paix, à 2 pas des Grands Boulevards. La façade datant de 1850 vaut le coup d'œil : vieilles boiseries et grande baie vitrée. D'emblée, on voyage dans le temps ! Les 25 chambres sont plutôt jolies, classiques (voire datées mais certaines viennent d'être rénovées), et l'ensemble est très bien tenu. Les chambres mansardées sont très colorées et lumineuses, car donnant sur la verrière du passage. Celles sur cour donnent en revanche sur un immense mur ! Et petit bonheur du matin : du jus d'orange pressée au buffet du petit déjeuner (exceptionnel à ce prix-là) ; salle mouchoir de poche, en revanche. Accueil parfait.

Hôtel Sacha *(plan C1, **6**) : 7, rue de Navarin, 75009. ☎ 01-48-78-51-73. • bonjour@hotelsacha.com • hotelsacha.com • Ⓜ Saint-Georges ou Pigalle. ♿ Doubles 150-180 €, petit déj compris. Parking payant.* Niché au cœur de « South Pigalle », ce bel hôtel, typiquement parisien, s'est inspiré pour sa déco de l'acteur Sacha Guitry. Déco très théâtrale donc, mais toujours cosy et de bon goût. La cinquantaine de chambres s'est parée de tentures de velours, de miroirs et de coloris rétro. Salle de petit déj tout aussi cosy et belle verrière, bien agréable pour boire un thé, offert par la maison... Bel accueil. *NOUVEAUTÉ.*

Coups de folie

Hôtel Amour *(plan C1, **8**) : 8, rue de Navarin, 75009. ☎ 01-48-78-31-80. • hotelamour@hotmail.fr • hotelamour.com • Ⓜ Saint-Georges. Doubles 160-300 € ; petit déj 13,50 €. Au resto, carte env 25 € le midi, 40 € le soir.* Cet hôtel jeune et branché éclaire le trottoir de son néon rose. 24 chambres aux couleurs pétantes (une seule y échappe), pour éviter de broyer du noir. Un vert pomme sur des murs illustrés dans l'une, avec baignoire au pied du lit, cœur sculpté dans les tables de chevet, marbre au sol, terrasse privée sur jardin pour une autre... On n'est plus dans l'hôtellerie conventionnelle ! Tant que la cour du resto, flanquée de verdoyantes frondaisons, ne fait pas trop caisse de résonance, nous sommes prêts à y déclarer notre flamme. De temps à autre, des offres pour les amoureux, incluant le champagne ; se renseigner.

Ze Hôtel *(plan C2, **10**) : 10, rue de La Tour-d'Auvergne, 75009. ☎ 01-48-78-61-60. • contact@zehotel.fr • zehotel.fr • Ⓜ Cadet, Poissonnière ou Anvers. ♿ Doubles 140-220 € (voire 230-300 €) ; petit déj 15 €.* Un boutique-hôtel comme Paris en compte de plus en plus... Conciliant un confort fonctionnel, voire optimal, et un esprit déco qui lui donne tout son charme. De taille variable, chaque chambre a son style et sa gamme chromatique. Petit déj servi dans une petite salle à la lumière zénithale, attenante à un petit salon cosy. Idéal pour une escapade amoureuse et romantique. Atmosphère familiale et accueil charmant.

Hôtel Langlois – Hôtel des Croisés *(plan B2, **11**) : 63, rue Saint-Lazare, 75009. ☎ 01-48-74-78-24. • info@hotel-langlois.com • hotel-langlois.com • Ⓜ Trinité-d'Estienne-d'Orves. Résa obligatoire. Doubles env 140-190 €; petit déj 13 €. Réduc sur le prix du parking public voisin via l'hôtel.* Une superbe réception et des chambres climatisées, spacieuses, d'un charme fou. Avec un cachet particulier pour chacune d'elles : meubles d'époque, boiseries Art déco ou cheminées en céramique émaillée... Rapport qualité-prix exceptionnel, et un coup de cœur pour le charme et l'accueil. Et nous ne sommes pas les seuls à adorer...

Hôtel du Triangle d'Or *(plan A3, **12**) : 6, rue Godot-de-Mauroy, 75009. ☎ 01-47-42-25-05. • info@hoteldutriangledor.com • hoteldutriangledor.com • Ⓜ Madeleine ou Opéra ; RER A : Auber. ♿ Doubles 169-229 € ; petit déj 16 €. Intéressantes promos sur Internet.* Chic, choc et ludique ! La proximité de l'Olympia a inspiré la conception du lieu : chaque étage s'attache au style d'un musicien spécifique. Déco

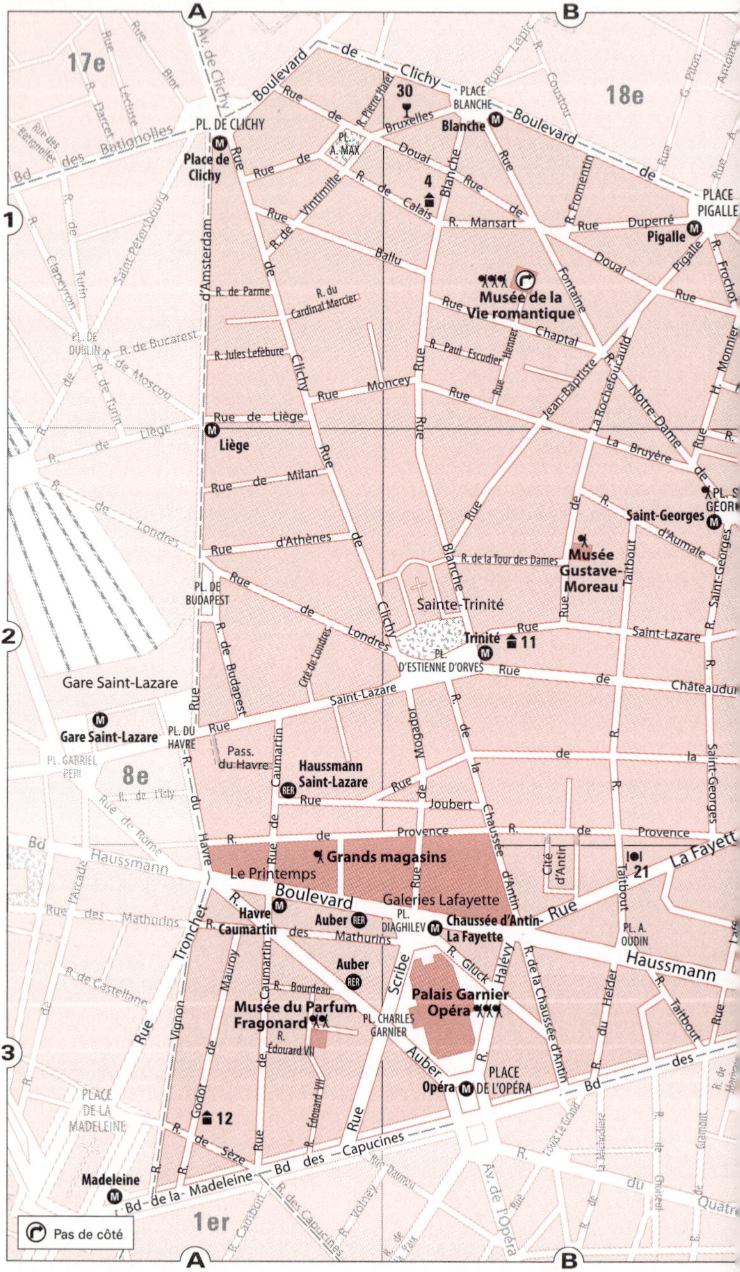
A
B
1
2
3
17e
18e
8e
1er
Boulevard de Clichy
PL. DE CLICHY
Place de Clichy
PLACE BLANCHE
Blanche
PLACE PIGALLE
Pigalle
Bd des Batignolles
Av. de Clichy
Rue de Bruxelles
R. Pierre Haret
PL. A. MAX
Rue de Douai
R. de Calais
Rue Blanche
R. Mansart
Rue Duperré
Rue Fontaine
Rue Frochot
Rue de Vintimille
Rue Ballu
Rue d'Amsterdam
R. de Parme
R. du Cardinal Mercier
R. Jules Lefebure
Rue de Clichy
Musée de la Vie romantique
Rue Chaptal
R. Paul Escudier
Rue Henner
Rue Moncey
Rue Jean-Baptiste
R. La Rochefoucauld
Rue Notre-Dame de Lorette
Rue La Bruyère
Rue Pigalle
Rue de Liège
Liège
Rue de Milan
Rue d'Athènes
Rue de Londres
PL. DE BUDAPEST
R. de Budapest
Cité de Londres
R. de la Tour des Dames
Musée Gustave-Moreau
Saint-Georges
R. d'Aumale
Rue Taitbout
Sainte-Trinité
Trinité
11
PL. D'ESTIENNE D'ORVES
Rue Saint-Lazare
Rue de Châteaudun
Gare Saint-Lazare
PL. DU HAVRE
PL. GABRIEL PÉRI
PL. DE DUBLIN
R. de Bucarest
R. de Moscou
R. de Turin
R. de Clapeyron
Rue de Saint-Pétersbourg
R. de Liège
R. de Londres
Pass. du Havre
Haussmann Saint-Lazare
R. Caumartin
Rue Mogador
R. de la Chaussée d'Antin
Rue de la Victoire
Rue Joubert
R. de Provence
Grands magasins
Le Printemps
Galeries Lafayette
Boulevard Haussmann
Rue La Fayette
Cité d'Antin
21
Havre Caumartin
Auber
PL. DIAGHILEV
Chaussée d'Antin-La Fayette
PL. A. OUDIN
Rue des Mathurins
R. du Havre
Rue de Rome
R. de l'Isly
Rue Tronchet
Rue de l'Arcade
R. de Castellane
R. Bourdeau
Musée du Parfum Fragonard
R. Édouard VII
PL. CHARLES GARNIER
Palais Garnier Opéra
R. Gluck
R. Halévy
Rue Scribe
Rue Auber
R. du Helder
PLACE DE L'OPÉRA
Opéra
Bd des Italiens
Rue Vignon
Rue Godot de Mauroy
12
R. de Sèze
Bd des Capucines
Bd de la Madeleine
PLACE DE LA MADELEINE
Madeleine
Rue Daunou
Av. de l'Opéra
R. Volney
R. Cambon
R. des Capucines
R. Louis Le Grand
R. de la Michodière
R. de Choiseul
R. de Gramont
Rue du Quatre-Septembre
Pas de côté

	Où dormir ?
1	Hôtel Bienvenue (C2)
3	Hôtel des Arts (C3)
4	Hôtel Joséphine (B1)
5	Hôtel Chopin (C3)
6	Hôtel Sacha (C1)
7	Hôtel Panache (C3)
8	Hôtel Amour (C1)
10	Ze Hôtel (C2)
11	Hôtel Langlois – Hôtel des Croisés (B2)
12	Hôtel du Triangle d'Or (A3)

	Où manger ?
7	Café Panache (C3)
20	La Table des Anges (C1)
21	Mamou (B3)

	Où boire un verre ?
30	Bar de la Maison Souquet (B1)

9e ARRONDISSEMENT

imaginative mais non envahissante, accueil attentif et souriant. Au dernier étage, certaines chambres jouissent d'un balcon avec vue plaisante. Une immersion, un frisson... de plaisir.

Où manger ?

Coups de foudre

🍽 ***Café Panache*** *(plan C3, **7**) : 1, rue Geoffroy-Marie, 75009. ☎ 01-53-34-03-91. Ⓜ Grands-Boulevards. Tlj 12h-15h, 19h30-22h30, sauf dim soir. Résa conseillée. Carte 40-50 €.* Pour le resto de son hôtel, Adrien Gloaguen propose d'abord la cuisine qu'il aime. Bien dans son temps, finement réalisée avec les produits du marché. La carte nous fait découvrir une cuisine originale et raffinée, aux saveurs épicées. Accueil souriant, décor intimiste (38 places seulement !) à l'atmosphère bostonienne.

🍽 ⛱ ***La Table des Anges*** *(plan C1, **20**) : 66, rue des Martyrs, 75009. 📱 06-70-54-21-59. • reservation@latabledesanges.fr • latabledesanges.fr • Ⓜ Pigalle ou Anvers. Mar-sam 12h-14h, 19h-22h. Formule déj 17 € ; menu 35 € ; carte env 40 €.* Murs de pierres apparentes, objets chinés çà et là, voilà le décor ! Dans l'assiette, des plats dans l'air du temps, élaborés au gré des saisons par un cuisinier qui met un point d'honneur à choisir avec soin ses petits producteurs locaux. Idem pour les vins, judicieusement sélectionnés (grand choix de vins au verre). Les produits de la mer ne sont pas en reste et les desserts sont fameux.

🍽 ***Mamou*** *(plan B3, **21**) : 42, rue Taitbout, 75009. ☎ 01-44-63-09-25. • restaurantmamou@gmail.com • restaurantmamou.com • Ⓜ Opéra ou Chaussée-d'Antin-La Fayette. Tlj 12h-14h, 19h30-21h30, sauf sam-dim et le soir lun-mar. Congés : août. Résa indispensable, surtout le midi. Formule déj 22 € ; menu 35 € ; carte env 40 €.* C'est en souvenir de sa grand-mère, qu'il appelait « Mamou », que le chef Romain Lalu a baptisé son restaurant. Mais la nostalgie de l'enfance prend ici un sérieux coup de jeune, avec une cuisine inventive, fraîche et pleine de peps. Le tartare de bœuf – grand classique – est ainsi superbement revisité avec œuf poché, sauce au sésame. Quant aux desserts, qui font la part belle aux fruits de saison, ils sont remarquables.

Où boire un verre ?

9e

🍸 ***Bar de la Maison Souquet*** *(plan B1, **30**) : 10, rue de Bruxelles, 75009. ☎ 01-48-78-55-55. Ⓜ Blanche. Tlj jusqu'à 2h. Cocktails à partir de 13 € sans alcool, de 17 € avec alcool.* Un coup de baguette magique du décorateur Jacques Garcia a transformé cette ancienne maison close en hôtel luxueux. Sans s'éloigner de sa vocation première : chacune des 20 chambres porte le nom d'une courtisane célèbre. Un verre à la main, on s'encanaille volontiers dans les salons intimistes, où la bibliothèque occupe un pan de mur, entre éléments de décoration mauresques, cheminée ouvragée et fauteuils en velours rouge. Il flotte ici un excitant parfum de licence, qui nous transporte dans le contexte frivole d'une autre époque !

Main dans la main

Du boulevard du crime au boulevard du kitsch

De la Bastille à la Madeleine, les ***Grands Boulevards*** épousent l'itinéraire des anciens remparts de Charles V, prolongés par ceux de Louis XIII. Quand les fortifications devinrent inutiles, Louis XIV fit aménager les espaces libérés en promenades plantées d'arbres. De riches demeures furent construites, avec de vastes jardins. Puis, au XIXe s, les boulevards s'urbanisèrent et se couvrirent de guinguettes et de théâtres où l'on jouait des mélos ahurissants (le célèbre « boulevard du Crime », vers la République, qui disparut dans la tourmente haussmannienne). Aujourd'hui, toujours succession de cafés, grandes brasseries, restos, cinémas et théâtres dits « de boulevard ». Ces derniers étaient spécialisés dans la comédie légère, vaguement polissonne, visant avant tout à divertir un public sans prétentions intellectuelles et ne demandant qu'à rire de choses simples, comme d'un amant dans le placard, par exemple. La grande époque des Boulevards eut lieu dans la 2de moitié du XIXe s. Ils symbolisaient vraiment le haut lieu de l'élégance et de la mode. Puis, vers les années 1950, ils se démocratisèrent doucement, les grandes boutiques leur préférant, dans le même temps, le faubourg Saint-Honoré et les Champs-Élysées. N'allez pas en déduire pour autant que les Boulevards, c'est fini. On peut y faire des balades un peu hors du temps, en... refaisant la tournée des passages, par exemple (répartis entre les 2e et 9e arrondissements).

Le passage Jouffroy *(plan C3)* **:** *tlj jusqu'à 21h30.* On trouve de tout, comme dans une rue commerçante de province, dans cette galerie construite en 1847. Pourtant, à l'origine, sa vocation était plutôt coquine. Notez qu'à la fin du XIXe s le passage était réputé pour ses nombreuses prostituées, ses restos et son musée Grévin (on y voit l'entrée d'origine). Aujourd'hui, les magasins n'y présentent plus un intérêt flagrant. Entre les 2 parties du passage, un élégant hôtel rétro. Arrivés au bout, foncez en face dans le ***passage Verdeau*** *(tlj jusqu'à 21h – 20h30 le w-e),* peut-être un peu moins joli que le passage Jouffroy mais bourré d'échoppes aux richesses incalculables : galeries, brocantes, antiquaires... Pour une balade plus complète au travers des passages, récupérez le *passage des Panoramas* (voir la rubrique « Balade sous les verrières » dans le 2e arrondissement).

La cité Bergère et la cité de Trévise *(plan C-D2-3)* **:** depuis le faubourg Montmartre, on peut remonter vers le nord de la ville en empruntant quelques chemins de traverse. La *cité Bergère,* ou « cité des hôtels », abrite quelques beaux spécimens du genre. Grande homogénéité dans le style Restauration, avec de belles marquises ouvragées – un peu décaties aujourd'hui – surmontant les portes cochères. Pour rejoindre la charmante *cité de Trévise,* tout près des Folies Bergère, emprunter la rue de Trévise, puis la rue Richer. Bel ensemble architectural néo-Renaissance avec une adorable petite place ronde au centre de laquelle 3 nymphes, les pieds dans l'eau, se tiennent par la main. C'est certainement l'un des endroits les plus romantiques de l'arrondissement, calme, vert et reposant, mais il n'y a malheureusement pas de bancs pour s'asseoir...

Les grands magasins *(plan A-B2-3)* **:** qui n'a jamais rêvé devant les vitrines de Noël des grands magasins, en regardant la classe des lapins ou la ronde des ours ? La bonne idée, c'est de prendre un verre à la brasserie située sous la coupole Haussmann au *Printemps* : moment magique pour apprécier les tons bleus de la verrière. Véritablement un must.

Le palais Garnier (Opéra ; *plan B3)* **:** *entrée au 8, rue Auber, 75009. ☎ 0892-89-90-90 (0,40 €/mn ; infos et résas). • operadeparis.fr • Ⓜ Opéra. Visite libre tlj 10h-16h30 (dernier billet) – jusqu'à 17h30 en été. Fermé 1er janv, 1er mai et j. de représentation en matinée ou en cas de manifestation exceptionnelle. Entrée : 12-14 € ; réduc. Également des visites guidées sur rdv : 17 €.*

Les places sont mises en vente selon un calendrier préétabli. Les abonnés sont les 1ers servis. 2 à 3 mois à l'avance (selon les opéras), on peut réserver sur Internet, puis par téléphone et, enfin, au guichet. On peut aussi acheter des billets dans les Fnac. Places de dernière minute proposées à des tarifs très intéressants aux moins de 28 ans, aux retraités et aux demandeurs d'emploi.

Un conseil pour visiter l'Opéra pendant la journée : venir entre 13h et 14h pour avoir une chance de visiter le théâtre lui-même, dont le plafond peint par Chagall reste le clou de la visite. En effet, il y a souvent des répétitions qui en empêchent l'accès. À l'heure du déjeuner, les petits rats quittent la scène. À signaler, une nouvelle visite proposée à 17h, juste après la fermeture aux visiteurs diurnes et juste avant la réouverture au public... L'impression d'avoir l'opéra pour soi seul est magique !

Chef-d'œuvre, en son genre, du Second Empire, le palais Garnier a toujours ses admirateurs. Édifié à partir de 1860 par Charles Garnier, il fut inauguré en 1875 par Mac-Mahon comme l'apothéose de l'urbanisme d'Haussmann. À la question de l'impératrice Eugénie : « Quel style est-ce ? », Garnier répondit : « Madame, c'est du Napoléon III ! » Le jour de l'inauguration, l'architecte paya sa place comme tout le monde, en 2e loge. Malgré son volume et ses 11 000 m² de superficie, l'Opéra n'a qu'une capacité de 1 971 places. En revanche, la scène peut accueillir 450 figurants. La façade principale donne son style à la place, à l'avenue et au quartier de l'Opéra.

PROTECTION RAPPROCHÉE

En 1858, Napoléon III échappa à un attentat fomenté par Orsini et les anarchistes. Voilà pourquoi Garnier créa une rampe sécurisée uniquement destinée au fiacre de l'empereur (côté rue Scribe). Quand il mettait pied à terre, il n'était plus visible de l'extérieur. Cet accès est toujours là.

Le musée du Parfum Fragonard *(plan A3)* **:** *3-5, sq. de l'Opéra-Louis-Jouvet, 75009. ☎ 01-40-06-10-09. Ⓜ Opéra ou Havre-Caumartin. ♿ Lun-sam 9h-18h (dernière visite à 17h). GRATUIT. Visites guidées tts les 20 mn env. Boutique Fragonard.*

Une belle adresse, et un décor qui a conservé un peu de l'âme de ses anciennes fonctions : l'ancien théâtre où se pressait la belle société de la fin du XIXe fut transformé en manège vélocipédique où les Parisiens venaient se familiariser avec l'usage de la petite reine, sur une piste de 1 000 m de longueur de parquet ciré, avant d'abriter une boutique de meubles anglais pendant plus d'un siècle. Aujourd'hui, l'ancien théâtre ouvre à nouveau ses portes et fait désormais office d'écrin à la collection de la famille Costa, propriétaire de la parfumerie Fragonard, historiquement installée à Grasse. Verrière, moulures en stuc, piste vélocipédique, poutres métalliques Eiffel... Un décor très « révolution industrielle » auquel se sont ajoutés de spectaculaires alambics et une bien jolie collection de flacons, pots à khôl, à mouches, *pomander,* brûle-parfums, flacons à sels, vaporisateurs en cristal...

Les 1ers témoignages de l'usage du parfum, sous forme de fumée, remontent à l'Égypte ancienne, où il constituait un élément de rite funéraire ; puis le parfum sera paré de vertus médicinales au Moyen Âge, avant de se muer en véritable outil de séduction au XVIIIe s. Les senteurs florales et végétales prennent le dessus. À la cour de Louis XV, l'étiquette prescrivait même de changer de parfum quotidiennement ! Les flacons deviennent des œuvres d'art, travaillées par des orfèvres qui rivalisent d'ingéniosité.

À travers le parfum, on plonge dans une petite histoire des modes de vie ; très dépaysant.

Petit itinéraire romantique

La Nouvelle-Athènes

C'est le quartier qui s'étend autour des rues Notre-Dame-de-Lorette et des Martyrs. Nombreux hôtels particuliers des XVIIIe et XIXe s. L'expression « Nouvelle-Athènes » provient du style néoclassique des immeubles construits pendant la Restauration, largement inspiré par la Grèce antique. Une véritable « république des Arts et des Lettres » s'y était établie pendant la période du romantisme triomphant, avec George Sand, Dumas, Berlioz, Delacroix, Murger, Chopin... Du métro Blanche à Pigalle, Notre-Dame-de-Lorette et Trinité, le secteur, autrefois réservé aux sex-shops et cabarets, est devenu le terrain de jeu des *hipsters*. On y trouve de plus en plus d'adresses branchées : boutiques tendance, cafés-épiceries bio, bistrots typiques et bars à cocktails raffinés. Mais l'atmosphère sulfureuse demeure, et il n'est pas rare de croiser des indices de ce passé canaille.

LORETTES ET COCOTTES

Au XIXe s, derrière Notre-Dame-de-Lorette, vivaient ces demi-mondaines, ou « lorettes », qui étaient entretenues par plusieurs amants (on disait à l'époque des Arthur !). Les cocottes, quant à elles, exerçaient le même métier, mais dans le haut de gamme, comme Sarah Bernhardt. Elles avaient d'ailleurs les moyens d'abuser de parfums (d'où le verbe « cocotter »).

La place Saint-Georges *(plan B2)* **:** Ⓜ Saint-Georges. On y trouve une belle demeure au nº 28, dans le style romantico-gothique, et la maison de Thiers, aujourd'hui fondation. Derrière, le *square Biscarre*, un jardin de poche à peine visible de la rue et anciennement jardin de l'hôtel particulier. Une fois passé la petite partie réservée aux enfants, poignée de bancs disposés en rond autour d'un bout de gazon et auvent en bois sous lequel s'abriter pour se chuchoter de doux serments.

Le musée de la Vie romantique *(plan B1)* **:** *hôtel Scheffer-Renan, 16, rue Chaptal, 75009. ☎ 01-55-31-95-67. • vie-romantique.paris.fr • Ⓜ Saint-Georges ou Pigalle. Tlj 10h-18h, sauf lun et j. fériés. GRATUIT (sauf expos temporaires).*

Ne vous méprenez pas ; il ne s'agit pas du musée des amoureux (même s'ils sont les bienvenus !). Le romantisme est un mouvement littéraire évoquant les sentiments personnels. Victor Hugo et George Sand en étaient les grandes personnalités.

Le musée de la Vie romantique n'est pas un musée au sens académique. C'est une maison et un jardin qui vous invitent à une plongée dans le monde des Arts et des Lettres au temps du romantisme. En découvrant le passage bordé de robiniers centenaires et les pavés disjoints menant à un pavillon aux allures italiennes, on est tout de suite sous le charme. L'enclos Chaptal fut habité dès 1830 par Ary Scheffer, peintre et sculpteur romantique d'origine hollandaise, qui y installa 2 ateliers : l'un pour travailler et l'autre pour recevoir ses amis artistes (Delacroix, George Sand et Chopin – venus en voisins –, Liszt, Dickens, Tourgueniev...). Voir les 2 tableaux qui représentent les ateliers à cette époque – le grand atelier et l'atelier salon, ce dernier désormais ouvert de façon permanente pour y présenter des œuvres des amis et contemporains du maître des lieux. D'intéressantes expositions temporaires autour du romantisme y sont organisées chaque année.

Le rez-de-chaussée est consacré à George Sand, grande habituée des lieux. Bijoux personnels, bracelet cousu pour sa fille, aquarelles, mobilier provenant du château de Nohant, la résidence familiale de l'écrivaine dans le Berry... Dans le salon, le portrait le plus emblématique de George Sand par Auguste Charpentier. Au 1er étage, les salles présentent l'œuvre de Scheffer et de ses contemporains, proposant un panorama de la création à l'époque romantique. En été, le jardin embaume les roses et le seringa, parfums surannés à l'image de ce lieu rare et séduisant.

LE 1ER STRIP-TEASE AU MONDE

En 1894, au Divan Japonais, *un cabaret au 75, rue des Martyrs (la salle existe toujours), eut lieu un événement fondateur. Une comédienne se déshabilla totalement sur scène. Ce spectacle fut admiré par Toulouse-Lautrec. Il provoqua une telle émotion qu'on en fit un film et Picasso devint, plus tard, un habitué des lieux.*

Un Thé dans le Jardin : *tlj 10h-17h30, sauf lun.* Idéal pour un « thé-à-tête » romantique, aux beaux jours, au milieu des massifs de dahlias, des rosiers et de la vigne, près de l'atelier-salon où, le vendredi, le peintre Ary Scheffer recevait Ingres, Liszt, Delacroix et George Sand, venue en voisine pour « papo-thé ». Dans la serre, on déguste de bons gâteaux.

Le musée Gustave-Moreau *(plan B2)* **:** *14, rue de La Rochefoucauld, 75009. ☎ 01-48-74-38-50. • musee-moreau.fr • Ⓜ Trinité. Tlj 10h-18h, sauf mar. Entrée : 7 € ; réduc ; gratuit jusqu'à 26 ans et pour ts le 1er dim de chaque mois.*
Étonnante histoire que celle de ce musée voulu et créé par Gustave Moreau. Peintre incompris, il fit pourtant figure de chef de file pour la jeune génération symboliste. Il laissa le musée à l'État, à condition de ne toucher à rien ; lequel accepta le legs au bout de... 4 ans.
Les salles du rez-de-chaussée présentent plus de 400 peintures, dans des placards à panneaux pivotants, et une collection unique d'aquarelles de Gustave Moreau. Ces espaces ont été réhabilités et restaurés à l'identique.
Au 1er étage, visite de ce qui subsiste des pièces où l'artiste vécut avec ses parents et qu'il réaménagea en 1897 comme un petit musée sentimental, à la suite de la construction des ateliers des 2e et 3e étages. Les murs du cabinet de réception et de l'appartement sont couverts de copies de maîtres faites par Moreau lors de son séjour en Italie. Dans l'appartement sont accrochés portraits de famille et œuvres offertes par ses amis Théodore Chassériau ou Degas.
Au 2e étage s'ouvre le grand atelier d'où part un magnifique escalier en spirale datant de 1895. Au 3e étage, voir le chef-d'œuvre du peintre : *Jupiter et Sémélé,* foisonnement de couleurs et exubérance de détails.

10e ARRONDISSEMENT

• Plan p. 144-145

Entre la rue du Faubourg-Poissonnière et le boulevard de la Villette, voici un quartier dense, vivant, qui charrie une population cosmopolite et jeune. Le canal Saint-Martin offre sa « gueule d'atmosphère » et un petit air du large bienvenu, avec ses écluses, ses ponts tournants et ses balades plantées de peupliers. Il est encore possible de se croire ici dans une image de Doisneau, surtout lorsqu'on passe à côté d'un pêcheur taciturne, gâpette vissée sur la tête.

Où dormir ?

Coup de cœur

Hôtel du Nord – Le Pari Vélo *(plan C3,* ***1****) : 47, rue Albert-Thomas, 75010. ☎ 01-42-01-66-00. • contact@hoteldunord-leparivelo.com • hoteldunord-leparivelo.com • Ⓜ République ou Jacques-Bonsergent. Réception 7h-23h30. Double 86 € ; petit déj 8,50 €.* On passerait presque sans le remarquer, bien caché sous sa cascade de lierre. C'est pourtant une merveille de petit hôtel ! On s'y sent un peu comme à la maison, avec ses meubles et ses bibelots chinés, ses plantes vertes et ses fresques colorées, ses poutres et son parquet, le tout créant une ambiance unique et conviviale. Chaque chambre est bien sûr différente par son volume, ses couleurs, son inspiration... Le petit déj (avec confitures maison, hmm) se prend au sous-sol, dans une cave voûtée. Les patrons, cyclistes convaincus et militants, mettent gratuitement à disposition des vélos. À vos mollets pour découvrir Paris sous un autre angle !

Coups de foudre

Hôtel Paradis *(plan A2,* ***2****) : 41, rue des Petites-Écuries, 75010. ☎ 01-45-23-08-22. • hotel@hotelparadisparis.com • hotelparadisparis.com • Ⓜ Bonne-Nouvelle ou Gare-du-Nord. ♿ Doubles 120-210 € ; petit déj 12 €.* Idéalement situé, dans une rue calme. Une merveille de boutique-hôtel de charme ; de la haute couture au prix du prêt-à-porter ! Difficile de ne pas craquer en découvrant les parties communes joliment agencées et les chambres originales et cosy. Une suite dispose même d'une vue unique sur le Sacré-Cœur. Excellents restos à proximité.

Hôtel Beaurepaire *(plan C3,* ***3****) : 31, rue Albert-Thomas, 75010. ☎ 01-42-39-19-03. • hotel@hotelbeaurepaire.com • hotelbeaurepaire.com • Ⓜ République. Doubles 109-160 € ; petit déj 12 €.* Situé dans une rue tranquille et agréable, l'hôtel abrite des chambres certes petites mais claires et modernes, et surtout d'un confort suffisant. Accueil charmant mais un conseil : réservez l'ascenseur riquiqui aux valises et grimpez à pied.

Coups de folie

Hôtel Grand Amour *(plan B2,* ***4****) : 18, rue de la Fidélité, 75010. ☎ 01-44-16-03-30. • grandamour@hotelamourparis.fr • hotelamourparis.fr • Ⓜ Gare-de-l'Est. Doubles 120-290 € ; petits déj 12-15 €. Pas de TV.* L'*Hôtel Amour* du 9e arrondissement a engendré un petit frère, rue de la Fidélité (comment trouver meilleur nom ?). Place donc à l'amour et à l'érotisme. Photos de nus, déco intimiste avec des recoins cachés et des bibelots suggestifs, un patio qui appelle au romantisme et des chambres de beau standing pour s'acoquiner. On aime la déco soignée, les objets chinés, les couleurs douces et les plus flashy. Les

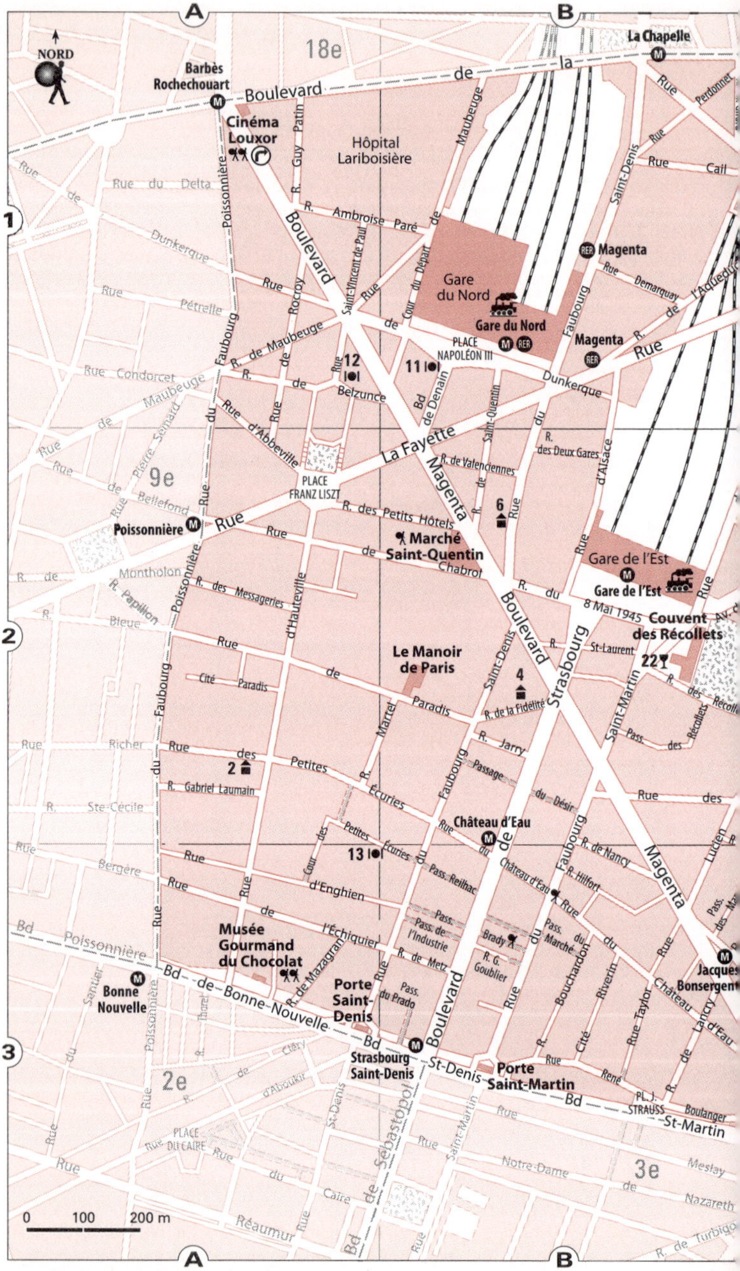
A
B
NORD
18e
La Chapelle
Barbès Rochechouart
Boulevard de la Chapelle
Cinéma Louxor
Hôpital Lariboisière
Rue Guy Patin
Rue Maubeuge
Rue Perdonnet
Rue Cail
Rue du Delta
Rue de Dunkerque
R. Ambroise Paré
Rue Saint-Vincent de Paul
Cour du Départ
Magenta
Rue Demarquay
Rue de l'Aqueduc
Gare du Nord
Gare du Nord
PLACE NAPOLÉON III
Rue Pétrelle
Rue Rocroy
R. de Maubeuge
Rue de Maubeuge
12
11
Bd de Denain
Rue de Belzunce
Rue Condorcet
Rue d'Abbeville
Rue La Fayette
Rue Saint-Quentin
R. des Deux Gares
Rue d'Alsace
Rue Pierre Semard
9e
Rue de Bellefond
PLACE FRANZ LISZT
R. de Valenciennes
Boulevard de Magenta
6
Poissonnière
R. des Petits Hôtels
Rue de Chabrol
Marché Saint-Quentin
Gare de l'Est
Gare de l'Est
R. de Montholon
R. Papillon
Rue Bleue
R. des Messageries
Rue d'Hauteville
Rue du Faubourg Poissonnière
R. du 8 Mai 1945
Couvent des Récollets
Rue des Récollets
R. St-Laurent
22
Boulevard de Strasbourg
Le Manoir de Paris
Rue de Paradis
Cité Paradis
4
R. de la Fidélité
Rue Saint-Denis
Rue Saint-Martin
Rue Martel
R. Jarry
Pass. des Récollets
Rue Richer
Rue des Petites Écuries
2
R. Gabriel Laumain
R. Ste-Cécile
Passage du Désir
Rue du Faubourg Saint-Denis
Rue des Vinaigriers
Château d'Eau
Rue du Château d'Eau
R. de Nancy
R. Hilfort
Rue Lucien Sampaix
Rue Bergère
Petites Écuries
13
Cour des Petites Écuries
Pass. Reilhac
Rue d'Enghien
Rue de l'Échiquier
Pass. de l'Industrie
Brady
Pass. du Marché
Bd Poissonnière
Musée Gourmand du Chocolat
R. de Mazagran
R. de Metz
R. G. Goublier
Bd de Bonne Nouvelle
Bonne Nouvelle
Rue du Sentier
Rue Thorel
Porte Saint-Denis
Pass. du Prado
Rue Bouchardon
Cité Riverin
Rue Taylor
Rue de Lancry
Jacques Bonsergent
Rue du Château d'Eau
Strasbourg Saint-Denis
Bd St-Denis
Porte Saint-Martin
R. René Boulanger
PL. J. STRAUSS
Bd St-Martin
3
2e
R. de Cléry
Rue d'Aboukir
PLACE DU CAIRE
Rue du Caire
Rue St-Denis
Bd de Sébastopol
Rue Saint-Martin
Rue Notre-Dame de Nazareth
3e
Rue Meslay
R. de Turbigo
Rue Réaumur
0 100 200 m
1
2

Où dormir ?

1 Hôtel du Nord – Le Pari Vélo (C3)
2 Hôtel Paradis (A2)
3 Hôtel Beaurepaire (C3)
4 Hôtel Grand Amour (B2)
5 Le Citizen – Hôtel du Canal (C2)
6 Midnight Hôtel (B2)

Où manger ?

11 Neni (B1)
12 Chez Michel (A1)
13 Floderer (A-B3)

Où boire un verre ?

20 Le Comptoir Général (C3)
21 La Cave à Michel (D2)
22 Café A (B2)

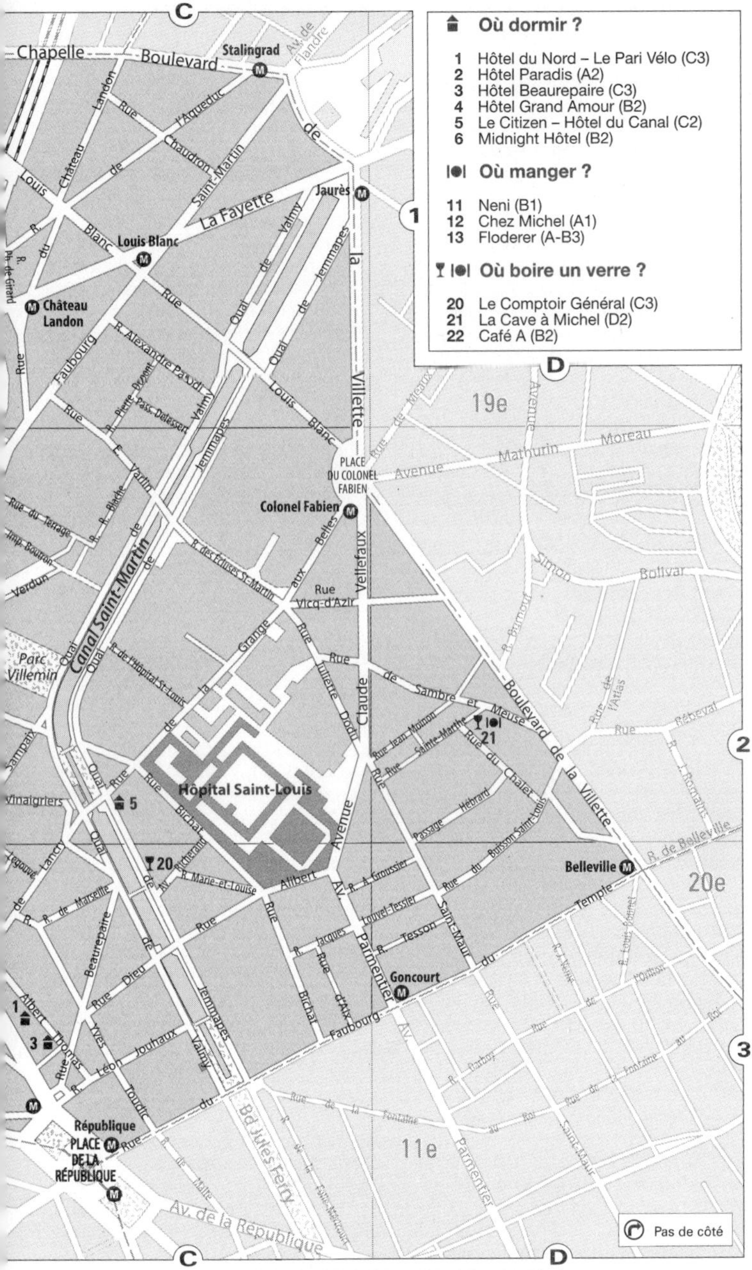

10e ARRONDISSEMENT

10e

salles de bains ouvertes donnent aussi envie de s'encanailler. Seuls bémols : les chambres les plus petites, pas vraiment sexy, et d'autres manquant d'un brin de fantaisie.

Le Citizen – Hôtel du Canal *(plan C2, **5**) : 96, quai de Jemmapes, 75010. ☎ 01-83-62-55-50. • contact@lecitizenhotel.com • lecitizenhotel.com • Ⓜ Jacques-Bonsergent. ♿ Doubles 160-300 €, avec petit déj.* Le nom donne le ton : zen et écocitoyen. Petit, avec 2 chambres seulement par étage, déclinant le concept dans les moindres détails : meubles intégrés en bois blond, hyper design, hyper fonctionnels. Un style très épuré mais cosy et chaleureux ; des produits bio, verts, et du commerce équitable dans une optique de développement durable... iPad à disposition dans chaque chambre ! Son principal atout reste malgré tout la vue sur le canal dont profite chacune des chambres. Les moins chères ne sont pas bien grandes, mais leur confort est optimal, et leur charme indéniable. Accueil jeune et dynamique, très sympa, excellentes prestations et magnifique petit déj servi au resto (déjeuner possible).

Midnight Hotel *(plan B2, **6**) : 133, rue du Faubourg-Saint-Denis, 75010. ☎ 01-40-36-14-50. • info@midnighthotelparis.com • midnighthotelparis.com • Ⓜ Gare-de-l'Est. Doubles 100-280 € ; petit déj 13 €.* Très discret, ce petit hôtel idéalement situé entre la gare du Nord et la gare de l'Est est une bonne option dans sa catégorie. On oublie vite l'agitation extérieure une fois la porte poussée. Poutres apparentes, joli parquet, lourds rideaux, tons clairs et clichés de Paris en maxi format créent un cadre cosy, qui invite au cocooning. Les chambres sont calmes et confortables, les salles de bains modernes et nickel, et l'accueil soigné. Impeccable ! *NOUVEAUTÉ.*

Où manger ?

Coups de foudre

Neni *(plan B1, **11**) : 12, bd de Denain, 75010. ☎ 01-42-80-82-34. Ⓜ Gare-du-Nord. Tlj 12h-23h. Carte 35-40 €.* « Neni », ce sont les initiales des fils de Haya Molcho, grande prêtresse de la gastronomie orientale et israélienne. Planqué à l'étage de l'hôtel *25 Hours,* son resto est un vrai cocon où l'on se laisse emporter par une ambiance relax, un service aux petits oignons, et surtout une cuisine pleine de goût et de soleil. Fallafels aériens, houmous et *babaganoush* onctueux garnissent les plateaux à étages, avant de céder la place au *shawarma* de poulet ou au poulpe grillé. Tout est bon et délicat, jusqu'aux desserts méditerranéens revisités en version allégée. *NOUVEAUTÉ.*

Chez Michel *(plan A1, **12**) : 10, rue de Belzunce, 75010. ☎ 01-44-53-06-20. • chezmichel@hotmail.com • Ⓜ Gare-du-Nord ou Poissonnière. Tlj (sauf sam-dim) midi et soir. Formule et menu 29-35 € le midi, 38 € le soir (avec de nombreux – gros – suppléments) ; pas de carte.* Repris par un chef japonais, le resto qui avait fait le succès de Thierry Breton continue d'assumer pleinement ses origines bretonnes. Des produits de qualité, voire d'exception, qui collent parfaitement aux saisons : Saint-Jacques, ormeaux, légumes « oubliés » mais toujours raffinés, pêche de ligne, gibier (qui reste sa grande spécialité !)... Ici, le terroir prend ses lettres de noblesse, avec des plats en sauce dans la grande tradition française, ce qui n'exclut pas une réjouissante créativité. Le cadre est provincial à souhait, chaleureux et rassurant, comme la cuisine. On ressort heureux, ravi, rassasié, jamais déçu, que l'on décide ou pas de casser sa tirelire (ce qui peut arriver avec certains plats).

Floderer *(plan A-B3, **13**) : 7, cour des Petites-Écuries (entrée par le 63, rue du Faubourg-Saint-Denis), 75010. ☎ 01-47-70-13-59. • floparis.com • Ⓜ Château-d'Eau. ♿ Tlj 12h-15h, 19h-minuit (23h dim-lun). Formule déj (sauf dim) 19,50 € ; menu 35 € ; carte env 40 €.* Un grand classique de la nuit. La vieille brasserie de l'Allemand

Flœderer, qui date de 1886, n'a pas pris une ride. Les acteurs des théâtres des Grands Boulevards tout proches se faisaient livrer des plats dans leur loge, notamment Sarah Bernhardt quand elle jouait à La Renaissance. Superbe déco 1900, vitraux séparant les pièces, plafonds richement décorés, banquettes de cuir, piano mécanique, porte-chapeaux en cuivre. Clientèle jeune, moins jeune, toujours gaie, attirée par les grands classiques : foie gras, choucroute, sole meunière, plateaux de fruits de mer, ils y sont tous.

Où boire un verre ?

Café A (plan B2, **22**) : *148, rue du Faubourg-Saint-Martin, 75010. ☎ 09-81-29-83-38. • cafea.curtis@gmail.com • cafea.fr • Ⓜ Gare-de-l'Est. Tlj 10h-2h (17h dim-lun).* « A » comme « Architranquille ». Le couvent des Récollets cache un jardin clos, épargné par le brouhaha de la rue. Qu'il fait bon y flemmarder sur un transat coloré, au soleil ou à l'ombre des arbres. On se croirait à la campagne ! L'intérieur, avec ses pierres et poutres métalliques, s'apparente à un immense loft où les plus studieux viennent bûcher.

Le Comptoir Général (plan C3, **20**) : *80, quai de Jemmapes, 75010. ☎ 01-44-88-24-48. • contact@lecomptoirgeneral.com • lecomptoirgeneral.com • Ⓜ République, Goncourt ou Jacques-Bonsergent. Lun-mar 18h-1h, mer 10h-1h, jeu-sam 10h-2h, dim 11h-1h.* Niché au fond d'une cour donnant sur le canal Saint-Martin, cet espace génial se divise en différentes salles dont la déco fait voyager en Orient, aux Caraïbes ou vers d'autres destinations exotiques. Mention spéciale pour le comptoir en forme de bateau pirate ! Entre les concerts, les conférences, la vente de produits équitables ou les animations proposées aux enfants sur la mezzanine à l'heure du brunch (le week-end), on n'est pas près de s'ennuyer. Attention, la queue s'allonge en fin de semaine !

La Cave à Michel (plan D2, **21**) : *36, rue Sainte-Marthe, 75010. ☎ 01-42-45-94-47. Ⓜ Belleville ou Colonel-Fabien. Tlj 16h-23h, sauf lun-mar. Tapas 2-13 €. Vins au verre à partir de 6 €.* Cave à vins reprise par Romain Tischenko, du *Galopin* voisin, qui se transforme en bar à vins dès l'heure de l'apéro. C'est étroit, pas très confortable, mais il y a de l'ambiance. Quelle bonne idée que ces délicieuses tapas élaborées en direct derrière le comptoir ! On peut aussi acheter des bouteilles à emporter.

Main dans la main

La ***rue du Château-d'Eau*** *(plan B3)* relie le boulevard Magenta à la rue du Faubourg-Saint-Denis. Au n° 39, la plus petite maison de Paris : 1,10 m de façade, un seul étage, 5 m de haut.

Le marché Saint-Quentin *(plan B2)* : *juste à côté de la gare de l'Est, à l'angle de la rue de Chabrol et du bd Magenta. Tlj, sauf lun.* Sur 2 500 m², le plus grand marché couvert de Paris, construit en 1865 dans le style Baltard. Franchir les grandes portes à glissière vitrée pour pénétrer dans ce brin de campagne au cœur de la ville, où vous flânerez au petit bonheur entre les étals de produits frais, surtout le dimanche matin (jusqu'à 13h). On y trouve aussi quelques restos.

LE GUET-APENS DES RUES DU 10E

Télescopage des noms : le passage du Désir, entre le boulevard de Strasbourg et la rue du Faubourg-Saint-Denis, nargue la rue de la Fidélité à 2 pas, qui, elle-même, prétend mener au... Paradis. Plus haut, la rue des Petits-Hôtels ne convie-t-elle pas à cacher les tentations adultérines ?

Le ***passage Brady*** *(plan B3)* est devenu le « Little India » de Paris. Dépaysement garanti ! Ça sent bon les épices, et on aime croiser le sourire des Indiens qui tiennent les restos, salons de coiffure et petites échoppes où trônent sacs de riz basmati et étalages de fruits exotiques. Le passage est surmonté d'une longue et grande verrière. Il se poursuit à l'extérieur, de l'autre côté du boulevard de Strasbourg.

Le cinéma Louxor – Palais du Cinéma *(plan A1)* **:** *170, bd Magenta, 75010. Ⓜ Barbès-Rochechouart. Ticket : 9,90 €.* Pour finir cette balade en amoureux, on vous invite à (re)découvrir ce mythique cinéma restauré, à l'occasion d'une séance dans la salle Youssef-Chahine. Une façade néo-égyptienne des années 1920, tout comme le décor de la salle principale.

Le musée gourmand du Chocolat *(plan A3)* **:** *28, bd de Bonne-Nouvelle, 75010. ☎ 01-42-29-68-60. • museeduchocolat.fr • Ⓜ Bonne-Nouvelle. Tlj 10h-18h. Fermé 1er janv et 25 déc. Entrée : 12 € ; réduc. Un chocolat chaud offert sur présentation de ce guide.* Chaud, chaud, chaud, cacao ! À travers plus de 1 000 pièces de collection, le chocolat traverse ici les âges et les continents. De son utilisation par les Aztèques et les Mayas à sa mise en boîte par les maîtres chocolatiers, la fève tant convoitée se dévoile au fil des photos et objets qui lui sont consacrés. Jolie collection de chocolatières et bonbonnières anciennes. Tout au long du parcours, on trouve 5 points de dégustation pour se régaler sans modération ! On découvre aussi une démonstration virtuelle animée par 3 chocolatiers, qui présente les techniques et secrets pour réaliser des bonbons pralinés et ganache...

Le canal Saint-Martin

Le canal Saint-Martin, long de 4,5 km, imaginé par Louis XIV, commencé sous Napoléon Ier et terminé en 1825, reste l'un des paysages urbains les plus pittoresques. Il a de tout temps inspiré poètes, écrivains et artistes. Ses berges ont longtemps été le cadre d'une intense activité. Plusieurs dizaines de péniches transportaient sable et charbon chaque jour, et les 9 écluses s'actionnaient à la main. La plupart des entrepôts et fabriques qui bordaient le canal ont aujourd'hui été remplacés par des immeubles de standing. On trouve encore un bel exemple de ces hangars au 132, ***quai de Jemmapes*** *(plan C2)*, qui, jusqu'en 1898, abritait l'usine électrique de la Compagnie parisienne de l'air comprimé. Depuis le classement des berges en 1991, les Parisiens redécouvrent le canal, ses écluses, ses rives plantées d'arbres, ses petits squares, ses ponts métalliques à la vénitienne ou tournants... qui composent l'un des plus romantiques paysages de la capitale. Une douzaine de panneaux ponctuent son tracé et relatent son histoire.

À nouveau dans l'air du temps, on aime longer le quai de Jemmapes *(plan C1-2-3)*, avec son pont tournant à l'intersection avec la rue de la Grange-aux-Belles. Cafés et terrasses, boutiques de fringues et galeries d'artistes ont transformé le canal en un lieu de vie et de sortie très couru. Main dans la main les soirs d'été, il fait bon vivre au bord du canal !

À proximité de l'*Hôtel du Nord*, une passerelle permet de franchir le canal. D'en haut, regardez vers l'écluse... ça ne vous rappelle rien ?... des ricochets, un grand film populaire, un joli minois ?... C'est d'ici qu'Amélie Poulain aime à s'adonner au lancer de galets, son passe-temps favori.

GUEULE D'ATMOSPHÈRE

*Difficile de ne pas évoquer l'*Hôtel du Nord *et sa passerelle, lieu immortalisé par Marcel Carné en 1938 grâce à Arletty et Louis Jouvet. « Atmosphère, atmosphère ! », oui, bien sûr... Mais savez-vous que la scène fut tournée dans un décor reconstitué aux studios de Boulogne-Billancourt ? Un décor gigantesque de 70 m de profondeur, avec un vrai canal !*

Balade sur le canal Saint-Martin et le bassin de la Villette

Possibilité d'effectuer une ***balade de 2h30 au rythme des écluses,*** sur des bateaux qui ne font pas bateaux-mouches pour touristes. ***La Guêpe Buissonnière, Le Martin-Pêcheur*** *et* ***Le Canotier*** *partent du quai Anatole-France (près du pont de la Concorde). ☎ 01-42-40-96-97. • pariscanal.com • Ⓜ Solférino ; RER C : Musée-d'Orsay. Départ du musée d'Orsay à 9h45 (rdv à 9h30) tlj de fin mars à mi-nov ; arrivée vers 12h30 dans le parc de la Villette. Vous pouvez également choisir de descendre le canal : départ à 14h30 (rdv à 14h15) tlj à la même période au parc de la Villette, devant le centre « La Folie des Visites du Parc » (Ⓜ Porte-de-Pantin) ; arrivée quai Anatole-France. Résa indispensable par tél. Prix : 22 € ; réduc.* En plus de la balade sur le canal Saint-Martin, du même coup vous vous en offrez une sur la Seine. Après le franchissement des écluses du bassin de l'Arsenal, vous passez sous la colonne de la Bastille, puis sous une voûte souterraine de 2 km. Des puits de lumière tous les 50 m laissent les rayons du soleil percer la pénombre et l'eau glauque, amplifiant l'impression de mystère et d'insolite de la balade (prévoir une petite laine). Apparaît plus clair le verbe « écluser » quand on songe que les mariniers avaient largement le temps de se boire un petit verre le temps que l'écluse se remplisse.

Petit itinéraire romantique

Le bas de Belleville

Ce quartier est avant tout une atmosphère et un rythme de vie qui en font, avec l'extrême variété de sa population, un coin très vivant. Et puis, comme toujours, votre œil exercé distinguera bien, en cours de route, quelques maisons anciennes, de belles cours-jardins, des échoppes pittoresques, des cafés d'une autre époque, patinés par la crasse et la nicotine, et de vieilles enseignes rouillées.

➢ ***Petite balade basse-bellevilloise (1h) :*** sortez à la station de métro Belleville et commencez à descendre la ***rue du Faubourg-du-Temple.*** Dans cette succession de bazars, épiceries et friperies, on suit au fil des trottoirs bondés les traces du Belleville d'autrefois. À droite, au n° 129, la *cour de la Grâce-de-Dieu* vous offre le calme de ses vieux pavés. À gauche, au n° 108, la vieille enseigne « Aux Cent Culottes », qui surmonte aujourd'hui une boucherie, rappelle les traditions commerciales et révolutionnaires du quartier. Au niveau du n° 94, une petite incursion dans le 11ᵉ arrondissement, *passage Piver,* pour la belle façade du théâtre du Tambour-Royal. *La Java,* l'un des 200 bals-musettes d'avant-guerre, est toujours ouverte. Au n° 99, on pousse la grille de la *cour de Bretagne* pour découvrir comment le quartier est réinvesti massivement par les bobos et les ateliers de haute couture.

11e ARRONDISSEMENT

• Plan *p. 152-153*

C'est un quartier où il fait bon se perdre et découvrir au coin des rues des impasses verdoyantes, des passages secrets, des ateliers d'artisans qui sentent bon le bois et la cire. Le soir, le quartier change complètement d'aspect : il s'allume comme une fête foraine et se remplit de fêtards et de noctambules en tout genre. Ne manquez pas d'aller faire un tour rue Oberkampf, qui a le vent (de la mode) en poupe et offre des cafés sympathiques au décor cosy ou d'avant-garde. En revanche, ce n'est pas là qu'on vient chercher l'intimité.

Où dormir ?

Coups de foudre

La Nouvelle République *(plan B1,* **1***)* **:** *9, rue Moret, 75011. ☎ 01-47-00-15-09. • hello@hlnr.paris • hotel-la-nouvelle-republique.paris • Ⓜ Ménilmontant, Couronnes ou Parmentier. Doubles 110-130 €, petit déj compris. Parking payant.* Une vraie perle que ce petit hôtel design d'Oberkampf ! Le sublime *lobby,* que l'on entrevoit depuis la rue, annonce la couleur : grande table en bois qui ondule, sol marbré, murs en adobe... Chambres très agréables, calmes (triple vitrage) et décorées avec goût (jolies photos). Salles de bains très fonctionnelles et grandes douches. Le plantureux petit déj-buffet se prend à la table d'hôtes, avec jus d'orange pressée à la demande. Café à volonté toute la journée. On se sent vraiment comme chez soi. *NOUVEAUTÉ.*

Hôtel Exquis *(plan C3,* **3***)* **:** *71, rue de Charonne, 75011. ☎ 01-56-06-95-13. • hotelexquisparis.com • Ⓜ Charonne ou Ledru-Rollin. ♿ Doubles 120-350 € ; petit déj 14 €.* Les chambres ne sont pas bien grandes, comme souvent à Paris, mais ce qui fait la différence, c'est la déco pleine de fantaisie et d'inventivité. Dès l'ascenseur vitré, on note les grafs sur les murs, puis c'est parti pour une balade délirante et colorée où chaque étage et chaque chambre a sa personnalité. Meubles rétro, œuvres d'art originales, tout vaut le coup d'œil, jusqu'au système électrique ! Quant aux salles de bains, elles sont parfois ouvertes : à réserver aux amoureux. Très sympa, comme l'accueil.

Coups de folie

Hôtel L'Antoine *(plan B3,* **4***)* **:** *10-12, rue de Charonne, 75011. ☎ 01-55-28-30-11. • contact@hotelantoineparis.com • hotelantoinebastilleparis.com • Ⓜ Ledru-Rollin ou Bastille. Doubles 150-220 € ; petit déj 9-16 €.* Dès le hall d'entrée, *L'Antoine* fait son show, avec une déco exubérante signée Christian Lacroix. Le créateur s'est fait plaisir et privilégie le mélange des genres en fonction des 5 thématiques déclinées au gré des étages : couleurs parfois détonantes, matériaux insolites, mobilier unique (comme ces lampes de chevet hilarantes conçues par un artiste). On choisit selon ses goûts, du plus sage au plus *arty.* Ludique, et bien sûr tout confort. Excellent accueil, attentif et souriant.

Hôtel Original Paris *(plan B3,* **5***)* **:** *8, bd Beaumarchais, 75011. ☎ 01-47-00-91-50. • info@hoteloriginalparis.com • hoteloriginalparis.com • Ⓜ Bastille. Doubles 140-300 € ; petit déj 12 €.* Vous aimez les hôtels atypiques ? Détour obligatoire par cet hôtel décoré avec passion par la créatrice de mode Stella Cadente. Selon le confort et les étages, on découvre le chat d'*Alice au pays des merveilles* perdu dans un échiquier, des lampes aux éclats de lumière féeriques, des baignoires avec vue, des apparitions au plafond pour le moins étranges... Quant aux chambres sous les toits, elles sont autant d'invitations tentatrices, reprenant le thème des 7 péchés capitaux ! Un hôtel fidèle à l'univers à la fois loufoque et élégant de la créatrice. Joli sauna pour se détendre.

Hôtel Gabriel *(plan A1,* ***6****) : 25, rue du Grand-Prieuré, 75011. ☎ 01-47-00-13-38. • hotelgabrielparis.com • Doubles 119-259 €. Promos régulières sur Internet et réduc très intéressantes en saison creuse (août et mois d'hiver).* Derrière une façade Art déco sobre, un boutique-hôtel qui mêle judicieusement les thèmes chers à cette époque (la silhouette de danseuse se retrouve à tous les étages), un style épuré, des lignes géométriques, un papier peint à décor de mosaïque ou façon galuchat et des trouvailles plus contemporaines. Quelques-unes avec balcon et transats. Excellent petit déj et accueil chaleureux. Vaut le coup, surtout en saison creuse...

Maison Bréguet *(plan B2,* ***7****) : 8, rue Bréguet, 75011. ☎ 01-58-30-32-31. • maisonbreguet.com • Ⓜ Bréguet-Sabin. ♿ Doubles 180-300 € ; petit déj 25 € (inclus pour tte résa en direct).* Ce nouvel hôtel chic de Bastille, planqué dans une rue discrète, compte bien devenir LE rendez-vous des dandys branchés de l'Est parisien. Si vous ne logez pas dans l'une de ses jolies chambres ultra-confortables (mais pas si grandes), passez au moins faire un tour dans son magnifique bar-resto installé entre différents patios, dont les verrières s'ouvrent quand il fait beau. Longs comptoirs pour grignoter (pas donné) et apaisant mur végétal au fond. Spa au sous-sol pour les hôtes.

Où manger ?

Coup de cœur

Le Relais *(plan C2,* ***10****) : 10, rue de la Vacquerie, 75011. ☎ 01-70-38-64-14. • contact@lerelaisrestaurant.fr • Ⓜ Voltaire. ♿ Tlj 12h-15h, 19h-23h, sauf sam-dim. Le midi, plat 16 €, formule 19 €, menu 22 € ; le soir, assiettes à partager 6-22 €.* Vous êtes partisan des circuits courts ? Alors voici votre repaire. On y propose des repas classiques le midi et des assiettes à partager le soir dans une salle d'une élégance discrète et toute contemporaine, dont les murs comportent les feuilles de route des ingrédients. Provenance, distance entre lieu de production et de consommation, de la boulangerie du quartier aux fruits du sud de la France, vous faites votre choix en toute conscience sans perdre en gourmandise : fraîcheur, couleurs, saveurs et esthétique. Carte des vins du même tonneau, accueil attentif, service compétent : décidément non, un comportement écolo n'est pas une punition. *NOUVEAUTÉ.*

Coup de foudre

Square Gardette *(plan B2,* ***11****) : 24, rue Saint-Ambroise, 75011. ☎ 01-43-55-63-07. • squaregardette@gmail.com • Ⓜ Rue-Saint-Maur. Tlj 12h-14h30, 19h-22h30 (23h ven-sam, 22h dim). Formules déj 21-26 € ; menu 36 € ; carte env 45 € ; brunch dim 29 €.* Le décor volontairement vieillot et chaleureux dégage une véritable atmosphère. Mais la vraie surprise est dans l'assiette ! Au piano, la chef élabore une cuisine mi-classique, mi-revisitée, fraîche et goûteuse. Des cuissons parfaites, une carte originale qui change régulièrement, des produits de saison, pour un résultat qui flatte très largement vos papilles ! Aux beaux jours, les tables s'étalent le long du trottoir, ce n'est pas désagréable. Un peu plus de simplicité dans l'accueil, et tout serait parfait !

Coup de folie

Le Villaret *(plan B1,* ***12****) : 13, rue Ternaux, 75011. ☎ 01-43-57-89-76.*

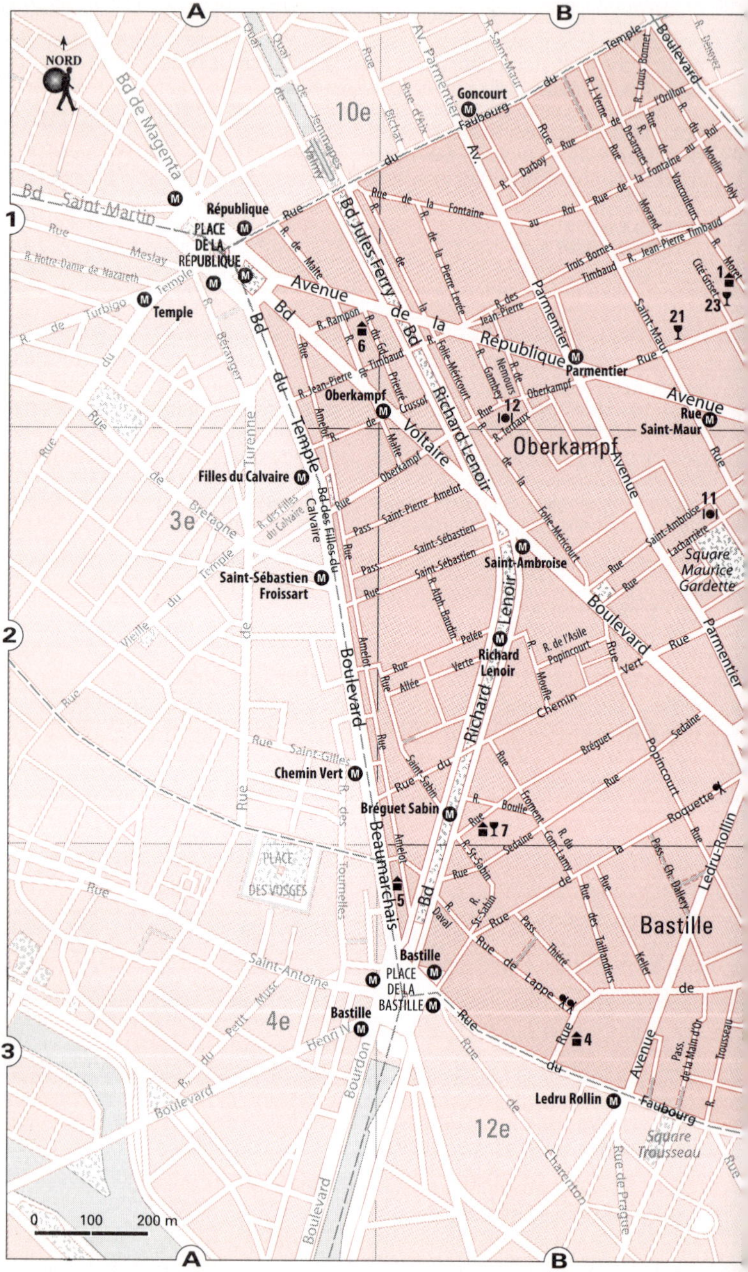

A
B
NORD
1
2
3
10e
3e
4e
12e
Oberkampf
Bastille
Goncourt
République
PLACE DE LA RÉPUBLIQUE
Temple
Oberkampf
Parmentier
Rue Saint-Maur
Filles du Calvaire
Saint-Ambroise
Saint-Sébastien Froissart
Richard Lenoir
Chemin Vert
Bréguet Sabin
Bastille
PLACE DE LA BASTILLE
Ledru Rollin
PLACE DES VOSGES
Square Maurice Gardette
Square Trousseau
Bd de Magenta
Bd Saint-Martin
Quai de Jemmapes
Quai de Valmy
Rue du Faubourg du Temple
Boulevard de Belleville
Avenue de la République
Bd Jules Ferry
Bd du Temple
Bd des Filles du Calvaire
Boulevard Beaumarchais
Boulevard Voltaire
Bd Richard Lenoir
Avenue Parmentier
Rue Oberkampf
Rue Jean-Pierre Timbaud
Rue de la Folie-Méricourt
Rue Amelot
Rue de la Roquette
Avenue Ledru-Rollin
Rue du Faubourg Saint-Antoine
Rue Saint-Antoine
Rue de Lappe
Rue de Charenton
Rue de Bretagne
Rue de Turbigo
Rue Saint-Gilles
Rue de Prague
Boulevard Henri IV
Boulevard Bourdon
0
100
200 m
1
4
5
6
7
11
12
21
23

11e

Où dormir ?

1 La Nouvelle République (B1)
3 Hôtel Exquis (C3)
4 Hôtel L'Antoine (B3)
5 Hôtel Original Paris (B3)
6 Hôtel Gabriel (A1)
7 Maison Bréguet B2)

Où manger ?

10 Le Relais (C2)
11 Square Gardette (B2)
12 Le Villaret (B1)

Où boire un verre ?

21 Le Café Charbon (B1)
22 Le Perchoir (C1)
23 L'Impasse (B1)

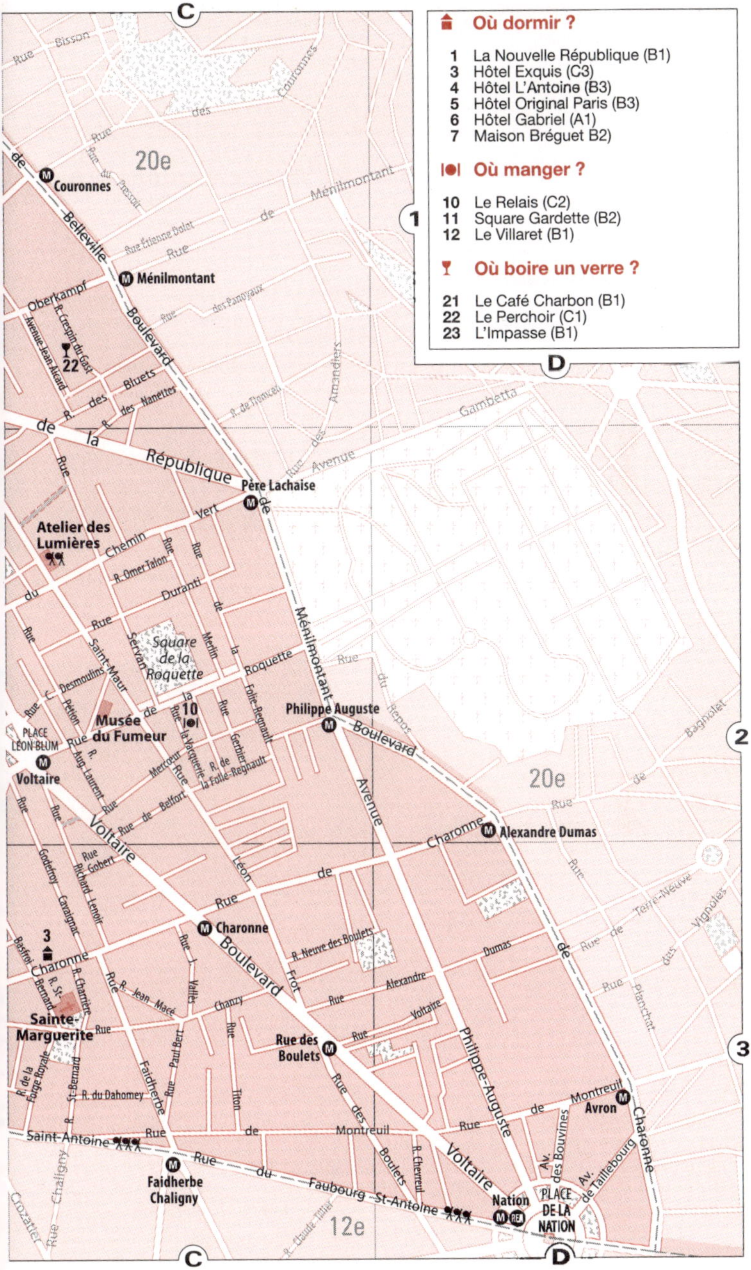

11e ARRONDISSEMENT

11e

• *restlevillaret@wanadoo.fr* • Ⓜ *Parmentier ou Oberkampf. Tlj, sauf sam midi et dim ; service 12h-14h30, 19h-22h30 (23h sam). Congés : 2 sem mi-août. Formules déj 25-30 € ; menu du marché 38 € ; le soir, menu-dégustation 60 € ; carte env 50 €.* À l'opposé des restos parfois trop branchés du quartier, cette belle table bistronomique a un côté rassurant. Les plats, élaborés selon le marché par Olivier Gaslin, qui tient les rênes de la cuisine depuis 25 ans, font mouche. Assiettes soignées et généreuses, qui mettent à l'honneur de bons produits. Fabuleuse carte de grands crus, que le personnel se fera un plaisir de commenter. Service très pro et cadre accueillant.

Où boire un verre ?

Le Café Charbon *(plan B1,* ***21****) : 109, rue Oberkampf, 75011. ☎ 01-43-57-55-13.* • *nouveaucasino.net* • Ⓜ *Parmentier, Rue-Saint-Maur ou Ménilmontant. ♿ Tlj 8h-2h (4h ven-sam) ; service 12h-minuit.* Happy hours *16h30-20h. Fermé soir du 24 déc et 25 déc. Carte env 20 € ; brunch dim 22 €.* Fréquenté par les habitués d'Oberkampf et les nuitards parigots, puisque communiquant avec *Le Nouveau Casino,* ce troquet est l'un des incontournables de la capitale. Les fresques 1900 et la savante lumière tamisée recréent une atmosphère de bistrot début XXe s. Allez, on peut le dire, ce bar a une âme. DJs les vendredi et samedi à partir de 23h.

Le Perchoir *(plan C1,* ***22****) : 14, rue Crespin-du-Gast, 75011. ☎ 01-83-62-64-22.* Ⓜ *Ménilmontant. Lun-jeu, ven-sam 16h-2h, dim 16h-minuit. Résa :* • *resabar@leperchoir.fr* • Une fois la hype un peu retombée, on ne boude plus son plaisir de profiter de ce *rooftop* vertigineux, avec vue imprenable sur les toits de Paris. Belles terrasses, avec différentes perspectives sur la ville. Quand il fait plus frais, grande cabane en bois façon repaire de flibustiers pour s'abriter. La queue s'allonge sacrément en cas de météo ensoleillée ou en fin de semaine, essayez de venir tôt ! Service un peu désordonné. *NOUVEAUTÉ.*

L'Impasse *(plan B1,* ***23****) : 4, cité Griset, 75011.* • *communication@entouragegroupe.com* • *limpassebar.com* • Ⓜ *Ménilmontant ou Rue-Saint-Maur. ♿ Tlj 17h-2h, sauf dim-lun. Congés : août. Verres de vin 4-5 €. Planches 15-27 €.* Ouvrez l'œil ! *L'Impasse* se planque dans les murs de brique d'une ancienne manufacture, aujourd'hui reconvertie en un loft aux airs berlinois. Fauteuils dépareillés, canapés Chesterfield et tapis colorés plantent le décor de ce repaire de bobos, mi-*arty,* mi-intello. On s'accoude au bar tapissé de palmiers pour commander un p'tit verre de rouge, à accompagner d'une bonne planche de charcut' ou de fromages. Allez, une partie de baby-foot entre 2 tournées ? *NOUVEAUTÉ.*

Main dans la main

Autour de la place de la Bastille

La rue de Lappe *(plan B3)* **:** elle avait mauvaise réputation à la fin du XIXe s, lorsque les apaches (les voyous de l'époque) y faisaient la loi ; elle était aussi bordée en ce temps de bals populaires où le bourgeois venait s'encanailler. Aujourd'hui, les façades sont ravalées, et de nombreux restaurants thématiques l'ont envahie. Le week-end, l'ambiance n'est pas toujours très authentique, les véritables oiseaux de nuit ayant depuis longtemps migré vers d'autres horizons. À 2 pas du trafic infernal de la Bastille, la rue cache des cours anciennes du vieux Paris qui ne manquent pas de charme avec leur verdure campagnarde. Au no 9, le fameux *Balajo,* inauguré en 1936 en présence de Mistinguett. Au no 21, vieux passage Louis-Philippe (on y trouve le *Café de la Danse*).

La rue de la Roquette *(plan B2-3)* **:** très longue, puisqu'elle va jusqu'au Père-Lachaise. Maisons anciennes, restos, boutiques, passages se succèdent tout du long. Au n° 70, un dais abrite une fontaine de 1846 où l'eau coule de la bouche d'un grotesque. Sur le chemin du Père-Lachaise, après avoir traversé la place Voltaire, grand jardin public sur l'emplacement de l'ancienne prison de la Roquette, dont demeure le porche. Subsistent encore, sur le sol, enchâssées à l'entrée de la rue de la Croix-Faubin, 5 larges pierres plates insolites. Elles servaient d'assises à la guillotine. Les exécutions furent publiques rue de la Roquette jusqu'au début du XXe s.

Le faubourg Saint-Antoine (plan B-C-D3)

Longue, longue, la rue vous mènera jusqu'à la place de la Nation. Colonne vertébrale d'un important quartier d'artisans et de petites industries. Grâce à Louis XI, qui lui accorda une franchise totale pour l'installation de tous métiers et corporations, ceux du bois et de l'ameublement s'y établirent. Quelques incursions sont à prévoir dans le 12e arrondissement, car le côté droit de la rue du Faubourg-Saint-Antoine en fait partie ! C'est là que naquirent les plus beaux meubles Louis XIV, Louis XV ou Louis XVI, qui, tels ceux du célèbre Boulle, allaient orner Versailles ou les palais de l'aristocratie.

En partant de la place de la Bastille, vous pouvez commencer par fouler les pavés du ***passage Damoye,*** puis revenir emprunter la rue du Faubourg-Saint-Antoine, d'où vous pourrez découvrir les passages suivants : le passage du Chantier (au n° 66), la cour industrielle des Bourguignons (Second Empire, au n° 74), le passage du n° 95 (au fond, une vénérable maison : le Peaussier Tassin), ou encore les passages de la Bonne-Graine et de la Main-d'Or (respectivement au n° 117 et au n° 131).

Atelier des Lumières *(plan C2)* **:** *38, rue Saint-Maur, 75011. • atelier-lumieres.com • Ⓜ Rue-Saint-Maur. ♿ Tlj 10h-18h (22h ven-sam, 19h dim). Entrée : 14,50 € ; réduc.* L'ancienne fonderie du XIXe s s'est muée en un centre d'art numérique, d'une ampleur inédite dans le monde. Dans la grande halle, où tout a été conservé, du bain de refroidissement de l'acier à la cheminée, sont projetées des expos immersives monumentales recouvrant l'ensemble des surfaces, à l'exception du plafond. On est invité à déambuler et à se laisser happer par ces projections XXL (3 300 m² de surface de projection simultanée, des murs de 10 m de hauteur, 140 projecteurs) minutieusement orchestrées, associées à des musiques d'époque qui rythment images et effets spéciaux. Après Yves Klein, c'est désormais à Dalì – jusqu'à début janvier 2022 – de prendre la lumière (en lumières et en musique). Bluffant ! La projection tourne en boucle. On vous conseille donc de vous rendre en priorité sur la mezzanine, où des panneaux rétro-éclairés présentent l'artiste. Attenant au volume principal, le studio immersif est, quant à lui, destiné à accueillir des créations numériques d'artistes contemporains dans un espace beaucoup plus restreint.

12e ARRONDISSEMENT

• Plan *p. 158-159*

On aime la Promenade plantée de l'avenue Daumesnil, aménagée sur l'ancienne voie de chemin de fer qui reliait la Bastille à La Varenne – Saint-Maur. Au programme : mousse, coquelicots, fougères et bambous. De là, on saute dans le parc de Bercy, magnifique, vaste et audacieux, avec une roseraie où il fait bon musarder. Le soir, on peut aller boire un verre dans les anciens entrepôts de vin si bien convertis qu'on se croirait dans un décor de cinéma... Le succès de la cour Saint-Émilion ne s'est pas fait attendre, et dès les premiers rayons de soleil, on y est royalement bien.

Où dormir ?

Coup de cœur

Nouvel Hôtel *(plan C1, **1**)* **:** *24, av. du Bel-Air, 75012. ☎ 01-43-43-01-81. • nouvelhotel@parisnation.fr • nouvel-hotel-paris.com • Ⓜ et RER A : Nation. ♿ Congés : vac de Noël. Doubles 125-135 € ; petit déj 12 €.* Un petit morceau de campagne à Paris. On débouche sur une belle terrasse pavée dans une courette, prolongée par un adorable jardin très fleuri. Aux beaux jours, on y prend son petit déj. Les chambres, classiques et personnalisées de façon très élégante, donnent pour la plupart sur cet îlot de verdure improbable. Pour ne rien gâcher, l'accueil est charmant. Vous l'aurez compris, à ce prix à Paris, et même si l'on peut trouver moins cher, cet établissement familial atypique est l'une de nos adresses préférées.

Coups de foudre

Hôtel de la Porte Dorée *(plan D2, **2**)* **:** *273, av. Daumesnil, 75012. ☎ 01-43-07-56-97. • contact@hoteldelaportedoree.com • hoteldelaportedoree.com • Ⓜ Porte-Dorée. Doubles 100-210 € ; petit déj (bio) 14 €.* Un hôtel familial parfaitement tenu, rénové avec beaucoup de goût dans un esprit déco et rétro très élégant. Certaines chambres ont même encore un poêle, une cheminée, voire une petite terrasse privative. Atmosphère intime et feutrée. L'adorable patronne met un point d'honneur à recevoir correctement les familles. Tout a été pensé pour qu'elles soient le plus à l'aise possible, jusqu'aux idées de sorties dans le bois de Vincennes à deux pas ! Une belle adresse de charme à prix encore raisonnables.

My Open Paris *(plan A1, **3**)* **:** *35, rue de Lyon, 75012. ☎ 01-75-57-32-56. • contact@myopenparis.com • myopenparis.com • Ⓜ Bastille ou Gare-de-Lyon. Résa obligatoire. Studios 170-190 €, avec petit déj.* Étonnant, pour ne pas dire insolite, cet îlot de sérénité au cœur d'un quartier des plus trépidant ! Poussez donc la porte d'un immeuble classique pour découvrir, au fond d'une cour, un petit jardin zen s'étendant devant une belle maison de caractère. Après avoir jeté un œil aux carpes koï qui barbotent dans les bassins, on découvre des studios et appartements soignés, joliment aménagés dans un style contemporain, et d'un excellent niveau de confort (TV satellite, clim, coin cuisine, et même le téléphone en illimité !). Une adresse rare.

Coups de folie

Hôtel Albe Bastille *(plan zoom, **4**)* **:** *66, rue de Charenton, 75012. ☎ 01-43-44-06-66. • contact@hotelalbebastille.com • hotel-albe-bastille.com • Ⓜ Ledru-Rollin. ♿ Ouv tte l'année. Doubles 100-195 € ; petit déj 13 €.* Hôtel de charme entièrement rénové dans un style néoclassique élégant : pierres apparentes dans les parties communes, beau dallage, mobilier classe. Un ascenseur mène à des chambres impeccables et d'un confort irréprochable mais de tailles variables. La plupart donnent sur le patio arboré. Accueil disponible et très pro.

Yacht Hôtel VIP Paris (plan A2, **5**) : *port de la Rapée, 75012. ☎ 01-44-68-06-38. • info@le-vip-paris.com • le-vip-paris.com • Ⓜ Gare-de-Lyon ou Gare-d'Austerlitz. Nuit sans restauration ni croisière possible lun-mer : doubles 155-210 €. Dîner + croisière + nuitée jeu-dim à partir de 138 €/pers ; petit déj 17 €. Réduc sur Internet.* Si près de la gare de Lyon et déjà tellement loin du brouhaha parisien ! Passer une nuit sur un bateau face aux tubes futuristes de la Cité de la Mode et du Design est une parenthèse enchantée, une expérience insolite idéale pour les amoureux. Une vingtaine de petites cabines de bois, bien organisées, avec une literie confortable et une salle de bains avec douche. Dîner à bord, en chansons (concert). Que c'est beau, Paris, et comme on aime se faire mener en bateau dans ces conditions !

Où manger ?

Coups de foudre

Jodhpur Palace (plan B2, **11**) : *42, allée Vivaldi, 75012. ☎ 01-43-40-72-46. • jodhpurpalace@gmail.com • jodhpurpalace.com • Ⓜ Montgallet. ♿ Tlj 12h-14h30, 19h-23h30. Thali du jour 12-14,50 € (midi en sem) ; menus 26-30,50 € ; carte env 38 €.* Un restaurant de cuisine du nord de l'Inde au décor enchanteur : soieries aux murs, paravents peints, gravures de princes moghols, éléphants sculptés, un vrai palais de rajah ! Toute la gamme des plats penjabis et rajasthanis cuits au *tandoor* (four). Bel éventail de spécialités : samoussas, *biryani* et bières indiennes.

Le Janissaire (plan C2, **12**) : *22-24, allée Vivaldi, 75012. ☎ 01-43-40-37-37. • lejanissaireparis@gmail.com • lejanissaire.fr • Ⓜ Daumesnil ou Montgallet. ♿ Tlj 12h-14h30, 19h-23h, sauf sam midi et dim. Menus 16-23,50 € (midi), puis 26,90-29,90 € ; carte 30-35 €.* Dans le prolongement de la Coulée verte, une halte bienvenue pour découvrir au calme une délicieuse cuisine turque. Le choix sera difficile entre les *mezze* et les incontournables *böreks* (roulés au fromage). Les viandes sont grillées, cuisinées en papillote ou marinées dans un onctueux yaourt épicé. Belle carte de vins de Turquie. Décor cosy où se marient des œuvres de peintres turcs contemporains, des tapis anciens et de vieux documents officiels de l'Empire ottoman. Service discret et efficace. Aux beaux jours, agréable terrasse. *NOUVEAUTÉ.*

Où boire un verre ?

Le China (plan zoom, **21**) : *50, rue de Charenton, 75012. ☎ 01-43-46-08-09. • lechina.eu • Ⓜ Ledru-Rollin ou Bastille. Mar-sam 17h-2h, dim 12-16h. Fermé lun. Happy hours 17h-21h. Cocktail env 12 € (7 € pdt le happy hour). Brunch à volonté dim 34 €.* Excellente nouvelle pour les dandys amateurs de cocktails : *Le China* a rouvert ses portes dans un somptueux décor chinois années 1930 (on se croirait dans un club à Shanghai !). Un lieu chic et choc. Les cocktails sont fameux et, petit tuyau, c'est un vrai plan en or pendant le *happy hour...* Mais chut ! Possibilité de dîner (cuisine asiatique plutôt chère).

Les Caves de Prague (plan zoom, **22**) : *8, rue de Prague, 75012. ☎ 01-72-68-07-36. Ⓜ Ledru-Rollin. Tlj, sauf dim-lun : resto 12h-14h30, puis bar à vins 16h-23h. Formule déj en sem 14 € ; brunchs sam 22-28 € ;*

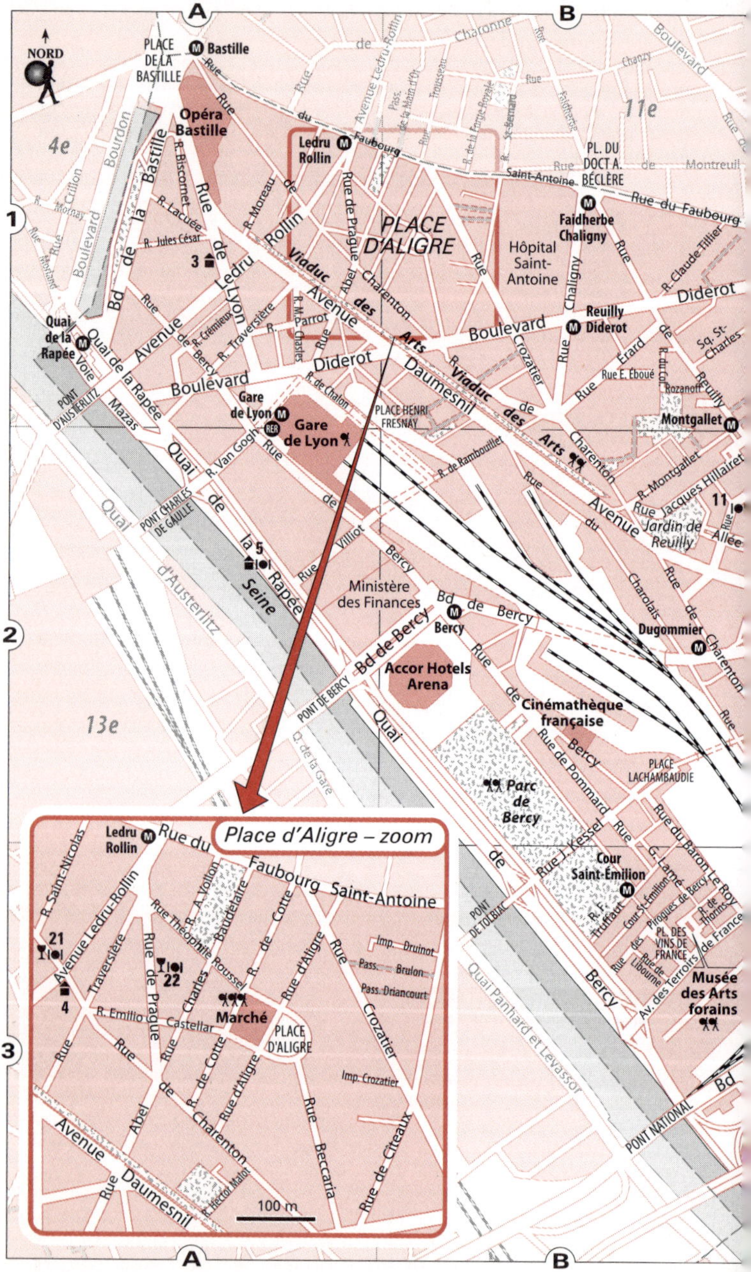
NORD
PLACE DE LA BASTILLE
Bastille
Opéra Bastille
4e
11e
13e
Ledru Rollin
PLACE D'ALIGRE
Hôpital Saint-Antoine
Faidherbe Chaligny
PL. DU DOCT A. BÉCLÈRE
Reuilly Diderot
Montgallet
Quai de la Rapée
Gare de Lyon
PLACE HENRI FRESNAY
Ministère des Finances
Bercy
Accor Hotels Arena
Cinémathèque française
Parc de Bercy
Cour Saint-Émilion
Dugommier
Jardin de Reuilly
PLACE LACHAMBAUDIE
PL. DES VINS DE FRANCE
Musée des Arts forains
PONT D'AUSTERLITZ
PONT CHARLES DE GAULLE
PONT DE BERCY
PONT DE TOLBIAC
PONT NATIONAL
Seine
Quai d'Austerlitz
Quai Panhard et Levassor
Place d'Aligre – zoom
Rue du Faubourg Saint-Antoine
Marché
PLACE D'ALIGRE
Avenue Daumesnil
100 m
12e

Où dormir ?

1 Nouvel Hôtel (C1)
2 Hôtel de la Porte Dorée (D2)
3 My Open Paris (A1)
4 Hôtel Albe Bastille (zoom)
5 Yacht Hôtel VIP Paris (A2)

Où manger ?

11 Jodhpur Palace (B2)
12 Le Janissaire (C2)

Où boire un verre ?

21 Le China (zoom)
22 Les Caves de Prague (zoom)
23 La Terrasse Éphémère Poisson Lune (D2)

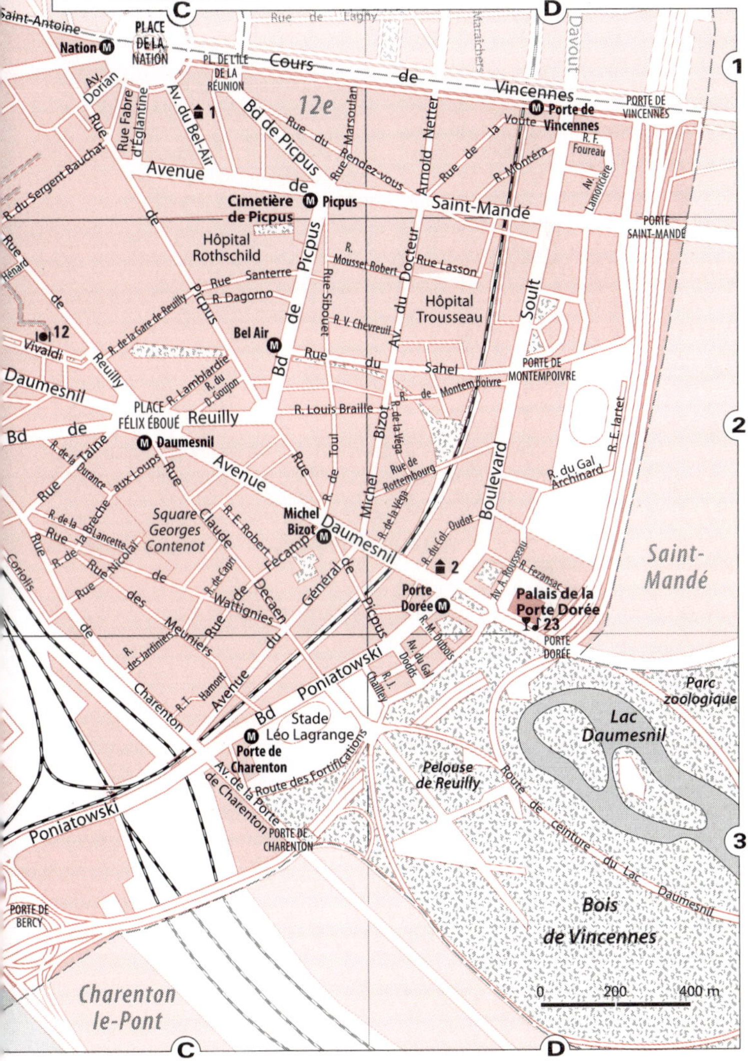

12e ARRONDISSEMENT

le soir, planches 16-26 €. Vins au verre 5,50-9 € ; bouteilles à partir de 17 € (droit de bouchon 5 €). Une cave de quartier top niveau. D'abord, parce que l'ambiance est bonne. Ensuite, parce que l'équipe en connaît un rayon niveau vin. Ils prennent même le temps d'aller chez les producteurs pour dénicher des coups de cœur en bio, biodynamie et nature, qu'on déguste ensuite bien relax à l'apéro, autour de planches de qualité (charcut' gourmandes et fromages de saison). Ça vaut le coup aussi le midi, quand tartines, bols et autres délicieux plats du jour simples et efficaces permettent de se régaler à prix d'ami. On adore ! Décor chaleureux. Grande table d'hôtes pour les copains ou petites tables pour les amoureux. À vous de choisir la vôtre ! *NOUVEAUTÉ.*

La Terrasse Éphémère Poisson Lune *(plan D2,* ***23****)* **:** *293, av. Daumesnil, 75012. • palais-portedoree.fr • Ⓜ Porte-Dorée. Ⓣ Porte-Dorée. Sur le parvis du palais de la Porte Dorée. Mai-oct, tlj 16h (12h w-e)-minuit, sauf lun.* Dès l'arrivée des beaux jours, l'intégralité de la terrasse du Palais (1 000 m² quand même !) se métamorphose en un lieu de vie génial débordant d'énergie. Au programme, des concerts, des rencontres, des ateliers et, bien sûr, de quoi boire un verre et grignoter en profitant du cadre verdoyant du bois de Vincennes, juste en face. *NOUVEAUTÉ.*

Main dans la main

Autour de l'Opéra-Bastille

Le marché d'Aligre *(plan zoom)* **:** *pl. d'Aligre, 75012. Ⓜ Ledru-Rollin. Ts les mat sauf lun ; sam-dim sont les j. les plus intéressants.* Tout autour de la halle Beauvau et de la place d'Aligre, l'un des marchés parisiens les plus denses, les plus vivants. À midi, entre la place d'Aligre et la rue Crozatier, c'est la folie, on fait du surplace. L'un des moins chers aussi, même si la qualité et le choix ont fortement progressé avec la boboïsation du quartier. Au printemps, la place prend des allures de marché de Provence ou d'Afrique. Les cafés autour de la place sont bondés, animés et chaleureux. La fripe tient le haut du pavé, suivie de près par la brocante pure. Les affaires se font à 8h ou à 13h, au remballage.
– Amoureux de Gervaise, allez donc jeter un œil sur l'un des derniers lavoirs parisiens, au nº 9, rue de Cotte. Sans sa cheminée de brique, on le prendrait pour une mairie de village.

La gare de Lyon et Le Train Bleu *(plan A1-2)* **:** *bd Diderot, 75012. ☎ 01-43-43-09-06. • le-train-bleu.com • Ⓜ Gare-de-Lyon. Resto tlj 11h30-14h45, 19h-22h45 ; cher, mais on peut aussi seulement y boire un verre (tlj 7h30-22h).* Avec son somptueux *Train Bleu* en bonne partie classé Monument historique, la gare mérite de figurer sur votre itinéraire. Ce n'est que profusion de dorures, moulures, peintures représentant toutes les grandes villes traversées par le train, d'une richesse invraisemblable. Les 2 grandes salles, « Réjane » et « Dorée », et les salons algérien et tunisien ont bien évidemment été classés Monuments historiques. Luc Besson utilisa le cadre pour son film *Nikita.* On peut aussi se contenter d'y passer un délicieux moment à boire un thé ou un chocolat sur les Chesterfield du bar. L'idéal pour se faire des serments entre 2 trains... Et pas mal non plus le plateau-repas à emporter dans le train ou pour un pique-nique improvisé dans le parc de Bercy : il fallait y penser !

Petits itinéraires romantiques

La Promenade plantée *(surnommée aussi* ***viaduc des Arts*** *; plan A-B1-2)* **:** *nombreux accès (ts les 250 m env). Tlj de 8h30 (9h w-e et j. fériés) au coucher du soleil.* Une idée géniale que d'avoir repris le tracé de l'ancienne ligne de chemin

de fer Bastille – Saint-Maur (4,5 km) pour y aménager, depuis la gare de Lyon (au croisement de l'avenue Daumesnil et du boulevard Diderot) jusqu'au boulevard périphérique, entre porte de Vincennes et porte Dorée, cette promenade pédestre traversant tout le 12e arrondissement.
2 parties distinctes : l'axe longeant l'avenue Daumesnil, perché sur l'ancien viaduc transformé en jardin luxuriant, puis l'axe Vivaldi (cyclo-pédestre, celui-ci), à niveau de rue ou dans une tranchée large et profonde, avec quelques tunnels. Et jalonnant ce parcours toujours agrémenté d'arbustes, de cerisiers, de massifs fleuris et d'« amoureux qui s'bécotent sur les bancs publics », 3 ou 4 espaces plus spacieux, notamment le jardin de Reuilly, jolie cuvette verdoyante où lézarder aux beaux jours.
Notez l'originalité du viaduc, qui permet d'observer les parties hautes des bâtiments de part et d'autre, les toits zingués et les détails d'architecture : immeubles tendance bourgeoise fin XIXe et début XXe s côté gare de Lyon, à dômes et frontons d'angle, balustres sculptés, et, côté nord, les ensembles plus populaires, de brique, des années 1920 ou 1930, avec leurs courettes, leurs réseaux de tuyaux-cheminées. Remarquable, le commissariat au croisement de la rue de Rambouillet : un look pas possible, avec ses 3 derniers niveaux comme des ponts de paquebot, ceints de cariatides colossales, quelle bizarrerie ! Sous vos pieds, tout au long du viaduc, près de 60 boutiques et galeries d'art, logées dans les anciennes voûtes et aux vitrines élégantes : vastes baies et structures de bois courbes. Sculpteur, luthier, ébéniste ou costumier se succèdent...
Vous arrivez au jardin de Reuilly, que vous enjambez par une longue passerelle. Ensuite, tronçon un peu moins charmant entre des immeubles modernes quelconques, mais très vite on descend en tranchée, 7 m en contrebas de tout, et là, c'est un autre monde, une parenthèse enchantée. Verdure, oiseaux, et nous sommes à Paris ! Pour finir, vous longez la calme rue du Sahel pour buter contre le périphérique. On passe dessous et hop, après 5 mn à pied dans Saint-Mandé, c'est déjà le bois de Vincennes.

Près de la gare de Lyon, le nouveau quartier de Bercy

Promenade des vignobles de Bercy *(plan B-C-D2-3)* **:** *3,5 km, un peu plus de 1h sans les arrêts, de la station de métro Bercy à celle de la Porte-Dorée. Possibilité de raccourcir de 20 mn en s'arrêtant Porte-de-Charenton. Réf. : topoguide* Paris à pied, *avec cartes, éd. FFRP.* Des tulipiers de Virginie environnent le bassin Canyoneaustrate sculpté par Singer. Suivez l'allée dallée marquée d'un trait en granit poli. Dépassant un rideau de chênes, vous atteignez les grandes pelouses marquées encore du cheminement des entrepôts et des rails de la voirie.

Le parc de Bercy – Yitzhak-Rabin *(plan B2-3)* **:** *tlj 8h (9h dim-lun)-19h (et jusqu'à 21h30 selon saison).* Avec ses presque 14 ha, c'est l'un des plus grands parcs aménagés de Paris depuis les travaux d'Haussmann. Il s'étend de part et d'autre de la rue Joseph-Kessel. D'ouest en est, une prairie (où l'on peut musarder) et 9 parterres thématiques parsemés de treilles et de vignes. Puis vient le Jardin romantique avec son lac et son jardin du Philosophe (dont les arches en pierre proviennent de l'ancien marché Saint-Germain). Une terrasse de 8 m de haut, bordée de tilleuls et agrémentée de « sculptures du monde », sépare le parc de la voie Georges-Pompidou, et 3 passerelles relient les 2 côtés du jardin sans que l'on ait à poser le pied sur l'asphalte. 12e
Au cœur du parc, une ***maison du Jardinage*** a été installée dans une baraque de la fin du XVIIIe s. Ses 130 m² sur 2 étages abritaient auparavant le service des taxes sur vins et spiritueux. Cet espace entouré de parterres permet de s'initier aux secrets du jardin.

➢ À la sortie, empruntez l'une des passerelles qui conduisent à la partie orientale du parc et, après avoir baguenaudé dans le Jardin romantique, vous en ressortez rue François-Truffaut, à côté de la station de métro Cour-Saint-Émilion. Là, en 2 pas, vous rejoignez les chais et entrepôts restaurés. D'abord la jolie ***cour Saint-Émilion.*** Sur votre droite, en bord de Seine, le complexe de cinéma, hyper moderne, comme le reste du quartier, qui abrite lui aussi cafés et restos. Si vous préférez retrouver l'ambiance « vieux chais », tournez plutôt le dos à la Seine et poussez jusqu'aux pavillons Lheureux, superbe carré encadré par la rue du même nom, l'avenue des Terroirs-de-France, la rue des Pirogues-de-Bercy et celle du Baron-Le-Roy (ah ! tous ces noms évocateurs...). Cette ville dans la ville, classée à l'inventaire supplémentaire des Monuments historiques, traversée par 2 rues, un patio, ponctuée de platanes centenaires et dallée de plus de 17 000 pavés, se nomme maintenant les ***Pavillons de Bercy.***

★★ *Le musée des Arts forains* *(plan B3) : 53, av. des Terroirs-de-France, 75012. ☎ 01-43-40-16-22. • arts-forains.com • Ⓜ Cour-Saint-Émilion. ♿ Tte l'année,* ***visites guidées uniquement*** *(compter 1h30), SUR RÉSA mer et w-e (tlj pdt vac scol, mais fermé le w-e fin nov et déc). Également ouv pour les Journées du patrimoine et le Festival du merveilleux à Noël. Tarif : 16 €.*
Ce musée insolite et génial célèbre la fête foraine, qui connut son apogée vers 1900. Féerie des manèges, baraques et attractions aux décors uniques, monumentaux parfois, toujours très travaillés, lumineux, naïfs et fantastiques. On se prend alors à rêver à ces colossales fêtes itinérantes qui comptaient jusqu'à 1 000 métiers et dont on retrouve la merveilleuse atmosphère. Ce musée est en fait un musée-spectacle : ici, on a parfois le droit de manipuler, et même de monter sur certains manèges qui fonctionnent (étonnamment, de façon générale, les manèges ont initialement été conçus par les forains pour un public adulte) ! Course de garçons de café, jeu de massacre des Pieds Nickelés, stand de tir renvoi-nougat, tout enchante, et mille détails retiennent l'attention.
S'y ajoutent 3 autres espaces, les Salons vénitiens (des airs d'opéra chantés par des automates), le Théâtre du Merveilleux et le Théâtre de Verdure, toujours motivés par le même esprit festif, et superbement décorés. La mise en scène de ce palais de l'illusion est extraordinaire : automates, éclairage, projections d'images vidéo, effets d'optique, perspectives et jeux de miroirs jouent avec les décors forains et végétaux pour créer une atmosphère totalement unique.

Le bois de Vincennes (plan D3)

Ⓜ Château-de-Vincennes, Porte-Dorée ou Porte-de-Charenton ; RER A : Joinville-le-Pont, Fontenay-sous-Bois ou Nogent-sur-Marne. Procurez-vous le topoguide Paris à pied, *éd. FFRP (avec cartes) : une petite balade (7 km, 2h sans les arrêts) qui contourne le Parc floral et le lac des Minimes depuis la station de métro Château-de-Vincennes.*
Situé au-delà du périphérique, le bois de Vincennes appartient pourtant à la Ville de Paris, plus précisément au 12e arrondissement, depuis 1926. C'est même la plus grande promenade parisienne.
Comme au bois de Boulogne, le chêne y est l'espèce dominante, les érables et les pins sont également représentés.

➢ ***Balades :*** les amoureux rêveurs pourront (vraiment !) se perdre au fil de la centaine de kilomètres de sentiers balisés. Les allées rectilignes impeccablement dessinées sous Louis XV, héritage des routes royales qui servaient à la chasse, s'entremêlent avec des chemins plus sinueux dessinés comme une promenade à l'anglaise sous Napoléon III.
Les moins aventureux partiront de la station de métro Château-de-Vincennes, sortie Fort-Neuf, en direction du Parc floral de Paris. Face à l'esplanade Saint-Louis du château fort de Vincennes, côté est, ils trouveront un balisage bleu et jaune qui

les mènera vers le sud et la grande allée Royale, avec une belle perspective sur le château. Vers l'est, le petit circuit passe à côté de la butte aux Canons, le point le plus haut du bois. Au rond-point sud de l'allée Royale, le balisage du petit circuit coupe l'allée de la Belle-Étoile. Un sous-bois permet de croiser la route Dauphine et la route de Bourbon jusqu'à la plaine Saint-Hubert. Dans ces grandes étendues herbeuses, les dernières alouettes de Paris se donnent volontiers rendez-vous, nullement effrayées par la fréquentation sportive des terrains de jeux. Sur la N 4, ou avenue du Tremblay, l'autobus n° 112 ramène les randonneurs fatigués au château de Vincennes. Attention, les passages sont peu fréquents.
Commun avec le circuit jaune et rouge du grand circuit du bois de Vincennes, le petit circuit continue par la route circulaire. Il se confond avec les couleurs blanc-rouge du GR 14 pour longer le ruisseau des Minimes qui mène à la rocaille artificielle et à la cascade du lac des Minimes. Du courage, continuez encore sur un petit kilomètre le long des rives du lac par le sentier des Moines. Venus du Limousin, ceux-ci furent à l'origine de ce domaine conventuel au XIIe s. Le retour se fait ensuite en traversant la route circulaire et l'avenue du Tremblay jusqu'au métro Château-de-Vincennes.

■ ***Location de barques :*** *de mi-fév à mi-nov, tlj de 10h (13h en sem) jusqu'à 1h avt la tombée de la nuit au lac Daumesnil (☎ 01-43-28-19-20 ; ● barques.org ● ; 13,50 €/h pour 2 pers ; caution 20 €) ou au lac des Minimes, plus enfoncé dans les bois (📱 06-86-08-01-12 ; 10 €/h pour 1 ou 2 pers).*

Location de vélos : *à une borne Vélib'. Autre option,* ***Cyclorama,*** *au bord du lac Daumesnil. 📱 06-81-34-47-19. ● cycloramaevents.fr ● De mi-mars à oct, tlj 10h30 (12h l'été)-19h, ainsi que tlj sur résa, sauf en cas de mauvais temps. 5 €/h ; 11 € la ½ journée. Pièce d'identité et caution demandées.*

– Et de nombreuses autres activités : on trouve de tout au bois de Vincennes ! Un temple de l'amour et sa romantique grotte sur une île du lac Daumesnil, des clubs équestres, des circuits de cyclotourisme, des aires de jeux, des terrains de boules, des parcs aménagés pour les enfants (aux squares de la Croix-Rouge et de Saint-Mandé).

Les jardins de l'école Du Breuil et l'arboretum : *route de la Pyramide, bois de Vincennes (près de l'hippodrome), 75012. ☎ 01-53-66-14-00. RER A : Joinville-le-Pont. Tlj 9h-19h (18h mars et oct, 17h nov-fév). GRATUIT.*
ÉcoJardin et Jardin remarquable, le domaine de l'école Du Breuil offre 10 ha de diversité paysagère et plus de 1 000 variétés de plantes : roseraie contemporaine, rocaille, jardin paysager à l'anglaise, collection d'arbustes, de vivaces, de grimpantes, de bambous et de plantes saisonnières. Quant aux serres, pépinière, potager et verger, on peut les visiter en présence des jardiniers et lors de journées exceptionnelles (se renseigner).
L'arboretum du Jardin botanique de Paris déroule, sur 13 ha, ses bosquets de chaque côté d'une belle allée. Différents milieux permettent de découvrir 650 essences de feuillus et de conifères : oranger des Osages, pin faiseur de veuves, et de nombreux autres arbres remarquables à découvrir de part et d'autre de 2 charmantes rivières. On peut voir et revoir sans s'en lasser, aux différentes époques de l'année, plus de 2 000 arbres. Pour les fleurs, venir en avril, et pour les feuilles à collectionner, en octobre, par exemple.

Le Parc floral de Paris : *situé sur l'esplanade du Château-de-Vincennes. ☎ 01-49-57-25-50. Ⓜ Château-de-Vincennes ; RER A : Vincennes. Accès par le bus n° 46 de la Porte-Dorée. Tlj 9h30-20h avr-sept, 18h30 mars et oct, 17h en hiver. Entrée payante avr-sept : 2,50 €, gratuite en hiver.*
Promenade bucolique à travers 235 ha de plans d'eau, de verdure et de parterres multicolores. À voir : la vallée des Fleurs, la pinède, le jardin des Quatre Saisons (où l'on peut voir des fleurs toute l'année), les bonsaïs, etc. Concerts gratuits de juin à septembre les samedi et dimanche sous le Delta (espace-concert de 1 500 places) : en juin-juillet, *Paris Jazz Festival,* et en août et septembre, *Classique au Vert.*

Où pique-niquer ?

– ***Dans le jardin de Reuilly*** *(plan B2)* **:** *accès depuis la Promenade plantée.* Ⓜ *Montgallet.* L'un des rares jardins parisiens dont les pelouses soient accessibles à qui veut profiter de la verdure pour étaler sa serviette en papier... Un arrêt au calme avant de reprendre la marche de la Promenade plantée.

DES BULLES AU ROBINET

Dans le jardin de Reuilly, on découvre une fontaine unique en France, puisque l'eau qui en sort est... pétillante ! Ce résultat insolite est obtenu grâce à un procédé original de gazéification. Alors, une tournée de bulles, darling *?*

– Il existe également une « zone ouverte » dans le ***parc de Bercy*** *(plan B2),* du côté du Palais omnisports. Vous avez alors le choix de vous installer sur un banc ou sur la pelouse, un peu à l'écart des terrains de football si vous ne voulez pas voir atterrir un ballon dans votre assiette...

13e ARRONDISSEMENT

• Plan *p. 166-167*

Le 13e, terre de contrastes... Balade à ne pas manquer, bien sûr, dans Chinatown et ses magasins remplis de choux chinois, litchis, ramboutans, mangoustans, kumquats et autres merveilles étranges et odorantes. À côté des tours sans grand caractère de la place d'Italie subsiste le vieux 13e, celui de la Butte-aux-Cailles et ses lacis de ruelles avec maisonnettes et jardins, s'il vous plaît ! Un quartier qui a incontestablement le vent en poupe, mais le phénomène de mode n'a pas encore défloré la vieille Butte, qui a de quoi séduire... Enfin, dans le récent quartier de la Bibliothèque nationale de France, il y a comme un avant-goût de printemps à se promener le long de la Seine, autour de la passerelle Simone-de-Beauvoir.

SE MARIER À LA MAIRIE DU 13E

Jusqu'en 1860, il n'y avait que 12 arrondissements. À l'époque, dire d'un couple qu'il s'était marié à la mairie du 13e arrondissement était donc une façon ironique de dire qu'il vivait en concubinage. Napoléon III créa ensuite 8 nouveaux arrondissements, et l'expression disparut.

Où dormir ?

Coups de foudre

Hôtel Le Vert Galant *(plan A2,* **2***)* **:** *43, rue de Croulebarbe, 75013. ☎ 01-44-08-83-50. • contact@vertgalant.com • vertgalant.com • Ⓜ Les Gobelins ou Corvisart. Doubles 95-200 € ; studios avec kitchenette 130-180 € ; petit déj 12 €. Parking payant.* Un coin de campagne perdu en plein 13e, face au square René-Le-Gall. Chambres toutes uniques et à la déco soignée. Salles de bains avec douche à l'italienne ou baignoire pour les plus chics. Et coin kitchenette, très pratique, pour les plus chères. Les chambres donnent, pour certaines même de plain-pied, sur un jardin aménagé, avec une pelouse sur laquelle poussent quelques plants de vigne de jurançon : clin d'œil au restaurant basque mitoyen, l'auberge *Etchegorry,* appartenant à la même famille (voir plus loin). Bon petit déj (gâteau maison et orange pressée). Un endroit rare à Paris.

Hôtel Saint-Charles *(plan zoom,* **3***)* **:** *6, rue de l'Espérance, 75013. ☎ 01-45-89-56-54. • resa.hotel@wanadoo.fr • hotel-saint-charles.com • Ⓜ Corvisart. ♿ Doubles 130-140 € ; petit déj 14 €.* Au cœur de la Butte-aux-Cailles, un de nos quartiers préférés à Paris ! Dans cet hôtel, des chambres pas très grandes mais très propres, de standing et climatisées. Prix un peu élevés mais justifiés, surtout si vous avez pu obtenir une chambre côté cour. Mais rassurez-vous, la Butte est calme désormais... Copieux petit déj-buffet à prendre dans la salle à manger et, dès les beaux jours, dans le patio joliment fleuri ou sur la terrasse en teck. Mention spéciale pour l'accueil : aux petits soins.

Hôtel des Écrivains *(plan B2,* **4***)* **:** *8, rue Coypel, 75013. ☎ 01-47-07-76-32. • hotel@hotelecrivains.com • hotelecrivains.com • Ⓜ Place-d'Italie. Doubles 95-159 € ; petit déj 12 €.* Un petit hôtel de 38 chambres plein sud, dans une rue très calme et sans cambriolages (le commissariat est juste en face !). Et idéalement situé, juste derrière la mairie, à côté des Gobelins, du marché Mouffetard et du Quartier latin, à 5 mn du Jardin des Plantes et à quelques pas de Chinatown.

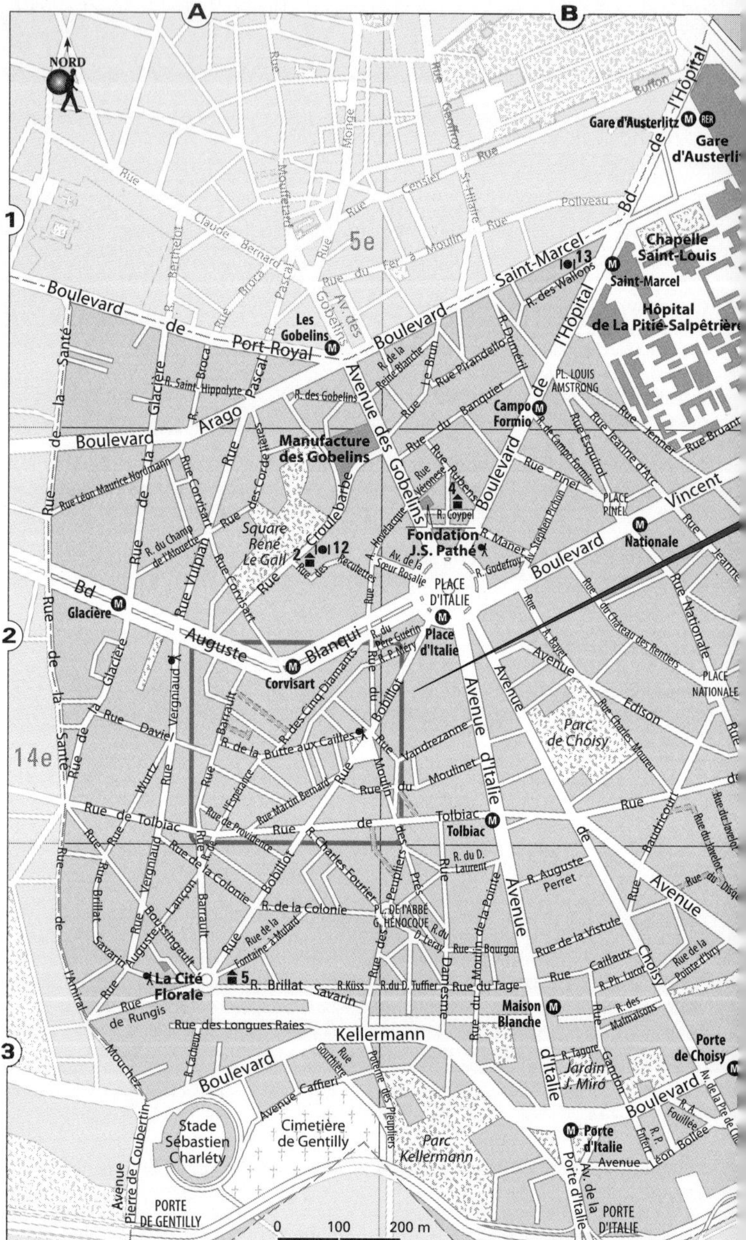
A
B
NORD
1
2
3
5e
14e
Gare d'Austerlitz
Gare d'Austerlitz
Buffon
Bd de l'Hôpital
Rue Geoffroy St-Hilaire
Rue Censier
Rue Poliveau
Rue Monge
Rue Mouffetard
Rue Claude Bernard
Rue Berthollet
Rue Broca
Rue Pascal
Rue du Fer à Moulin
Av. des Gobelins
Chapelle Saint-Louis
Saint-Marcel
Hôpital de La Pitié-Salpêtrière
Boulevard Saint-Marcel
R. des Wallons
13
Boulevard de Port-Royal
Les Gobelins
R. Saint-Hippolyte
R. des Gobelins
R. de la Reine Blanche
R. Le Brun
Rue Pirandello
R. Duméril
PL. LOUIS AMSTRONG
Rue du Banquier
Campo Formio
R. de Campo Formio
Rue Esquirol
Rue Jeanne d'Arc
Rue Jenner
Rue Bruant
Boulevard Arago
Rue de la Glacière
Rue Léon Maurice Nordmann
Rue de la Santé
Manufacture des Gobelins
Avenue des Gobelins
Rue Véronèse
Rue Rubens
4
R. Coypel
Boulevard de l'Hôpital
Rue Pinel
PLACE PINEL
Boulevard Vincent
Nationale
Rue Corvisart
Rue des Cordelières
Rue Croulebarbe
Square René Le Gall
2
12
Rue des Reculettes
R. du Champ de l'Alouette
Rue Vulpian
A. Hovelacque
Av. de la Sœur Rosalie
Fondation J.S. Pathé
R. Manet
Av. Stephen Pichon
R. Godefroy
Boulevard
PLACE D'ITALIE
Place d'Italie
Bd Auguste Blanqui
Glacière
Corvisart
R. du Père Guérin
R. P. Méry
Rue du Château des Rentiers
Rue Nationale
PLACE NATIONALE
Rue A. Bayet
Avenue Edison
Rue Charles Moureu
Parc de Choisy
Avenue d'Italie
Rue Vergniaud
Rue Daviel
Rue Barrault
R. des Cinq Diamants
Rue Bobillot
R. de la Butte aux Cailles
Rue Vandrezanne
Rue du Moulinet
R. de l'Espérance
Rue Martin Bernard
Rue du Moulin des Prés
Rue Wurtz
Rue de Tolbiac
Tolbiac
Rue Baudricourt
Rue du Javelot
Rue de Providence
R. Charles Fourier
R. du D. Laurent
R. Auguste Perret
Avenue de Choisy
Rue de la Colonie
R. de la Colonie
Rue Brillat Savarin
Rue Lançon
Rue Boussingault
R. de la Fontaine à Mulard
PL. DE L'ABBÉ G. HÉNOCQUE
R. du D. Leray
Rue Bourgon
Rue des Peupliers
Rue Damesme
Rue du Moulin de la Pointe
Rue de la Vistule
Rue Caillaux
R. Ph. Lucon
Rue de la Pointe d'Ivry
La Cité Florale
5
R. Brillat Savarin
R. Küss
R. du D. Tuffier
Rue du Tage
Maison Blanche
R. des Malmaisons
Rue de Rungis
Rue des Longues Raies
Boulevard Kellermann
Rue de l'Amiral Mouchez
R. Cacheux
Rue Gouthière
Poterne des Peupliers
R. Tagore
Rue Gandon
Jardin J. Miró
Porte de Choisy
Avenue Caffieri
Stade Sébastien Charléty
Cimetière de Gentilly
Parc Kellermann
Porte d'Italie
Av. de la Porte d'Italie
R. A. Fouillée
R. P. Enfert
Avenue Léon Bollée
Av. de la Pte de Choisy
Avenue Pierre de Coubertin
PORTE DE GENTILLY
PORTE D'ITALIE
0
100
200 m

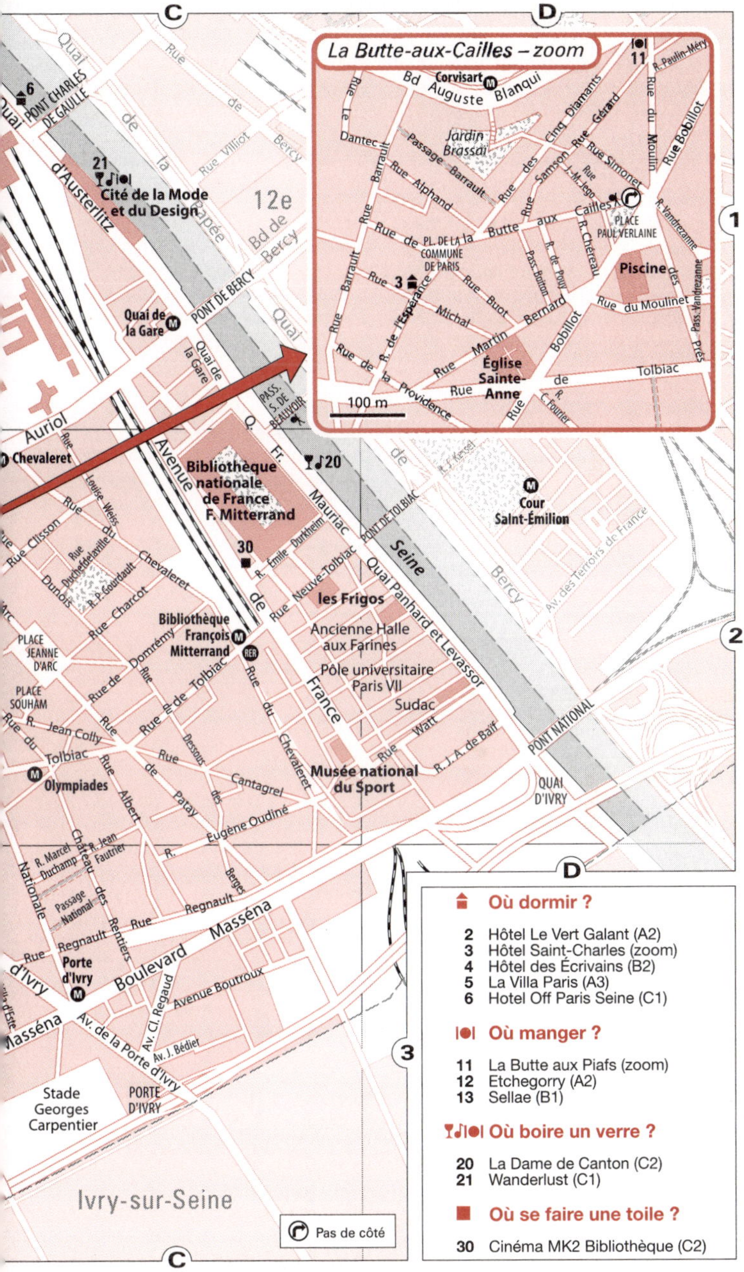

Où dormir ?

2 Hôtel Le Vert Galant (A2)
3 Hôtel Saint-Charles (zoom)
4 Hôtel des Écrivains (B2)
5 La Villa Paris (A3)
6 Hotel Off Paris Seine (C1)

Où manger ?

11 La Butte aux Piafs (zoom)
12 Etchegorry (A2)
13 Sellae (B1)

Où boire un verre ?

20 La Dame de Canton (C2)
21 Wanderlust (C1)

Où se faire une toile ?

30 Cinéma MK2 Bibliothèque (C2)

13e ARRONDISSEMENT

Coups de folie

La Villa Paris (plan A3, **5**) : *33, rue de la Fontaine-à-Mulard, 75013. 06-73-62-38-45. • contact@la-villa-paris.com • la-villa-paris.com • Ⓜ Tolbiac ou Maison-Blanche. Ⓣ Stade-Charléty ou Poterne-des-Peupliers. Congés : 3 sem en août et pour les fêtes de fin d'année. Doubles 120-160 €, petit déj (frais !) inclus.* Bienvenue dans l'intimité d'une maison parisienne ! Avec ses 5 chambres d'hôtes, *La Villa Paris* vous accueille chaleureusement. D'ailleurs, les propriétaires, fort aimables, vivent au dernier étage de cette bâtisse construite en 1925, qui a gardé des touches Art déco, comme sa belle porte d'entrée à vitraux. Les chambres aux lits douillets offrent un cadre épuré et confortable. Pour un séjour en amoureux, choisissez la plus grande, équipée d'un jacuzzi. Convivialité aussi dans la salle à manger avec sa cheminée ou sur la petite terrasse, où l'on peut prendre un petit déjeuner maison et savoureux. Dans la cuisine, frigo et bouilloire à disposition. Comme chez vous... mais en mieux !

Hotel Off Paris Seine (plan C1, **6**) : *20-22, port d'Austerlitz, 75013. ☎ 01-44-06-62-65. • contact@offparisseine.com • offparisseine.com • Ⓜ Gare-d'Austerlitz. ♿ En face du parvis de la gare d'Austerlitz, à 2 pas de la Cité de la Mode et du Design. Doubles à partir de 199 € ; petit déj à partir de 11 €.* Dans un quartier en plein renouveau, le seul hôtel flottant de Paris, sur 2 coques bien amarrées (ça ne tangue même pas !). Déco très contemporaine, mêlant métal, bois, cuir et couleurs métallisées, et flashy : la suite orange du sol au plafond surprend ! Grandes baies vitrées qui donnent sur la Seine ou... les quais. On préfère les chambres standard, un peu étroites mais au ras de l'eau. Joli spectacle. Salles de bains (douche dans les standard) design avec luminothérapie. Bar sympa pour boire un verre, à la proue, ou pour le petit déj. Belle vue sur le pont d'Austerlitz et le métro (qu'on n'entend pas dans les chambres). Clim et petit bassin pour faire trempette. *NOUVEAUTÉ.*

Où manger ?

Coup de cœur

La Butte aux Piafs (plan zoom, **11**) : *31, bd Auguste-Blanqui, 75013. ☎ 09-83-51-07-50. • yvalabutte@yahoo.fr • labutteauxpiafs-paris.fr • Ⓜ Corvisart ou Place-d'Italie. ♿ Tlj 12h-15h, 18h-minuit, sauf sam midi et dim. Carte env 30 €.* En bas de la Butte, un cadre agréablement rétro, une grande terrasse baignée de soleil et une carte alléchante qui sait coller aux goûts du moment. Voilà une bonne équation ! Burgers déjà fameux, plats végétariens et des plats du jour qu'on choisit à l'ardoise. Vins nature et à emporter.

Coup de foudre

Etchegorry (plan A2, **12**) : *41, rue Croulebarbe, 75013. ☎ 01-44-08-83-51. • etchegorry.com • Ⓜ Corvisart ou Les Gobelins. Tlj sauf dim-lun ; service 12h-14h, 19h30-22h15. Plats 20 € ; menu-découverte 36 €. Parking payant.* Sous la jolie façade fleurie, juste à côté de l'*Hôtel Le Vert Galant*, on lit une vieille inscription : « Cabaret de Mme Grégoire ». Il y a près de 2 siècles se restauraient ici Victor Hugo, Béranger, Chateaubriand et bien d'autres. Depuis plus de 30 ans, l'*Etchegorry* (« maison rouge » en basque) régale une clientèle fidèle, dans la grande tradition du Sud-Ouest. Plats goûteux et assiettes généreuses. Une adresse attachante !

Sellae (plan B1, **13**) : *18, rue des Wallons, 75013. ☎ 01-43-31-36-04. Ⓜ Saint-Marcel. Tlj sauf dim-lun 12h30-14h30, 19h30-22h30. Formules déj 22-27 € ; menu 38 € ; carte env 50 €.* L'ancien *Top Chef* Thibault Sombardier tient les rênes de cet élégant bistrot avec terrasse, à l'angle de rues calmes. Les touches vintage et contemporaines ne renient pas le décor du bistrot d'antan avec ses stucs et miroirs au mercure. Et la carte joue la même partition en mettant à l'honneur une cuisine saisonnière de tradition agréablement allégée et réinterprétée. Tartare de veau, suprême de pintade, faux-filet de bœuf Angus... Les viandes sont goûteuses, les légumes de saison nacrés comme il faut. Les desserts sont moins enthousiasmants mais ils ont le mérite d'être faits maison ! La formule déjeuner est un vrai bon plan. *NOUVEAUTÉ.*

Où boire un verre ?

La Dame de Canton *(plan C2, **20**) : port de la Gare (au pied de la BnF), 75013. ☎ 01-53-61-08-49. • public@damedecanton.com • damedecanton.com • Ⓜ Bibliothèque-François-Mitterrand ou Quai-de-la-Gare. Bar tlj 19h-minuit, sauf dim-lun. Resto tlj, sauf dim-lun ; service 19h-minuit. Terrasse tlj midi et soir mai-sept. Congés : août (sauf terrasse). Entrée : 8-12 € selon programmation. Verres à partir de 4 €.* Cette *Dame de Canton* est une authentique jonque traditionnelle construite en Chine à l'aube des années 1980. Autant dire que le lieu est magique ! Cocktails et quelques petits plats goûteux. La jonque est aussi bien ancrée dans la fête et fait entendre ses sirènes : concerts de jazz, fusion, rock ou soul... Une programmation musicale qui mise généralement sur le métissage des cultures.

Wanderlust *(plan C1, **21**) : dans la Cité de la Mode et du Design, 32, quai d'Austerlitz, 75013. • contact@wanderlustparis.com • wanderlustparis.com • Ⓜ Austerlitz. Mai-sept, mar-dim 18h-6h ; oct-avr, jeu 22h-4h, ven-sam 23h-6h. Consos 5-12 €. Street food 8-15 €. Possibles changements selon programmation, voir le site • wanderlustparis.com •* La plus grande terrasse de Paris : 1 600 m² surplombant la Seine, au beau milieu de la Cité de la Mode et du Design, vaisseau de béton corseté de vert. Le *Wanderlust,* c'est l'endroit idéal pour profiter du soleil, assister à des concerts, danser au son de DJs house, hip-hop ou dancehall. Également de nombreux événements et activités, comme des festivals de *street food* ou des projections. Bref, un lieu à fréquenter toute l'année, et encore plus en été.

Où se faire une toile ?

■ **Cinéma MK2 Bibliothèque** *(plan C2, **30**) : 128-162, av. de France, 75013. • MK2.com • Ⓜ Bibliothèque-François-Mitterrand.* 20 salles dans cet immense complexe oblong, éclos du bitume il y a une quinzaine d'années. Jusque-là, on ne voit pas la vie en rose mais en blanc de blanc. Dans ces salles obscures, un petit plus pour les amoureux qui ont envie de se lover l'un contre l'autre : en relevant l'accoudoir, les fauteuils se transforment en banquettes pour 2...

Où se faire tirer le portrait ?

– ***Au cinéma MK2 Bibliothèque :*** le célèbre studio photo Harcourt a mis au point un photomaton, avec l'éclairage si particulier qui fait la « patte » Harcourt. Une façon de mettre ses pas dans ceux des plus grandes stars... À découvrir joue contre joue.

Main dans la main

13e

La Butte-aux-Cailles (plan zoom et plan A2)

« La Butte », pour les habitués. Cernée par les tours du secteur Italie et de la Glacière, elle occupe une place à part à Paris. Les rues du Moulin-des-Prés, du Moulinet ou encore du Moulin-de-la-Pointe indiquent que, de Gentilly aux

Gobelins, des moulins à eau jalonnaient le cours de la Bièvre. Jean-Jacques Rousseau aimait aller herboriser le long de ses rives et admirer la petite rivière de la butte qui la borde. Benjamin Franklin vint lui-même y assister à l'atterrissage de la montgolfière de Pilâtre de Rozier. On recouvrit progressivement la Bièvre à la fin du XIXe s. Elle n'avait plus très bonne réputation à cause des tanneries qui y lavaient les cuirs et laissaient flotter dans le quartier une odeur nauséabonde.
Voici donc quelques sites insolites. Oh ! pas de monuments grandioses, de boutiques prestigieuses, non ! Quelque chose d'indéfinissable, une atmosphère un peu magique parfois. Peut-être les dernières heures d'une époque. En tout cas, une promenade architecturale au travers de tous les styles : des pavillons Art déco, des exemples intéressants d'architecture sociale, des cités-jardins, des rues villageoises, des passages aux pavés disjoints et, disséminés çà et là, les pochoirs décapants de Miss.Tic.

La rue des Cinq-Diamants (du nom d'une ancienne taverne) mène à la ***rue de la Butte-aux-Cailles*** (le centre historique de la Butte). On a élargi les trottoirs, planté des pommiers, pour faire un carrefour de village. Tout autour, des voies paisibles, bordées de maisons basses : rues Buot, Michal, Alphand, passage Boiton... Le genre de rues où les amoureux adorent se voler un baiser...
Au no 58 de la rue des Cinq-Diamants, à l'angle de la rue de la Butte-aux-Cailles, on trouve un immeuble baptisé « la tour de Pise ». Il peine en effet à se tenir droit, bâti qu'il fut sur un sous-sol percé de carrières.

Rue Vergniaud *(plan A2-3),* à l'angle de la rue Daviel, curieuse église campagnarde des antoinistes, religion théosophique fondée en 1913 par Louis Antoine, un Belge pétri de spiritisme.

Ne manquez pas au passage, rue Daviel, au no 10, l'ensemble architectural à colombages, sortes de constructions de style anglo-normand. Appelée aussi la ***Petite Alsace,*** cette cité ouvrière ouverte en 1913 comporte 40 pavillons à la disposition de cité-jardin. Tout un mythe dû à Walter et à l'abbé Viollet. En face, une série de coquettes villas peintes et fleuries vous dépaysent totalement : Irlande, Angleterre ou Paris enchanté ?

LES RUSSES BLANCS VOIENT ROUGE !

Au-dessus de la Petite Alsace, située rue Daviel, se découpe la silhouette de la **Petite Russie,** *une dizaine de pavillons identiques. À l'origine, des logements fournis à ses chauffeurs par une compagnie de taxis. Pourquoi la Petite Russie ? Parce qu'une majorité d'entre eux étaient des Russes blancs qui avaient fui la révolution d'Octobre. Ruinés, leur seule richesse était leur permis de conduire. Les pavillons donnent sur une vaste terrasse inaccessible pour cause de digicode. On aperçoit les maisons perchées sur le toit d'un garage, en regardant par la rue Daviel.*

La Cité florale *(plan A3) : accès par la pl. de Rungis ou la rue Auguste-Lançon.* Une curiosité méconnue. Un ensemble de maisons en brique construites en 1928 sur des prés anciennement inondés par la Bièvre. Ce qui a donné le lieu-dit Glacière, puisque l'on y patinait l'hiver et que l'on y conservait la glace. Des noms de rues qui nous chantent allègrement aux oreilles. La *rue des Orchidées* et ses beaux pavillons Art déco, la tranquille *rue des Glycines* (avec une placette plantée d'un cerisier), celle *des Liserons,* couverte de lierre, les *rues des Volubilis, des Iris,* le *square des Mimosas...* Un havre de paix exubérant de verdure, comme une enclave de résistance au cœur d'un quartier bétonné.

Les Gobelins *(plan A-B1)*

Quartier agréable aux frontières de Mouffetard et du Quartier latin. À cheval sur 2 arrondissements, 2 rues du 13e (Broca et Pascal) y vont même faire une

escapade de curieuse façon : elles plongent et se glissent, presque souterraines, sous le boulevard de Port-Royal.
Jusqu'au début du XXe s, toute la vie du quartier tournera autour de la Bièvre. Celle-ci coulera longtemps à découvert, et nombre de tanneries et mégisseries s'installeront sur ses bords (une rue des Tanneries en témoigne encore). Un teinturier, Jean Gobelin, y implanta un atelier au XVe s et fit fortune avec la découverte de la teinture d'écarlate, tirée de la cochenille. Sa nombreuse descendance finit par posséder tant de terres et de maisons qu'on disait alors « aller aux Gobelins ».
Notez que, déjà au XVIe s, des « écologistes » se plaignaient de la pollution de la Bièvre.

LE CABARET DE LA MÈRE GRÉGOIRE

Le quartier des Gobelins connut une période de grande pauvreté, et ce n'est pas un hasard si Victor Hugo y situa plusieurs épisodes des Misérables. *Face au jardin, rue Croulebarbe, on peut encore voir l'enseigne du vieux* Cabaret de la Mère Grégoire, *où l'écrivain venait ripailler, tout comme bien d'autres hommes de plume. L'enseigne disparaît sous la façade fleurie d'*Etchegorry, *le plus vieux resto basque de Paris, qui lui a succédé.*

La Fondation Jérôme-Seydoux-Pathé *(plan B2)* **:** *73, av. des Gobelins, 75013. ☎ 01-83-79-18-96. • fondation-jeromeseydoux-pathe.com • Ⓜ Place-d'Italie. ♿ Mar 13h-20h, mer-ven 13h-19h, sam 11h30-19h. Entrée : 7 € ; réduc. Le billet donne accès aux expos et à une séance de cinéma muet, avec accompagnement au piano (2 ou 3 séances/j., voir le programme sur le site). Visite guidée du bâtiment sam à 12h (sur résa ; 7 €).* Le siège de la Fondation Pathé se visite comme une curiosité déconcertante et secrète. Derrière la façade d'un ancien théâtre sculptée par Rodin se déploie la silhouette arrondie d'un bâtiment contemporain édifié par le célèbre architecte Renzo Piano (cité internationale de Lyon, Beaubourg...). Du jardin, à l'arrière, on a un (léger) recul pour observer ce vaisseau argenté dont la forme titille l'imagination. Dans cet écrin hors du commun, quasiment invisible depuis la rue, la Fondation Jérôme-Seydoux-Pathé fait découvrir sa collection d'appareils cinématographiques, depuis les 1res caméras jusqu'à celles des années 1980... Laissez-vous embarquer, sans manquer l'heure de la séance de cinéma muet accompagné au piano par des élèves de Jean-François Zygel, dans la belle salle située au sous-sol. Chut, place aux artistes !

Autour de la BnF *(plan C1-2)*

Longtemps laissé à l'état de friche, l'espace entre les voies ferrées menant à la gare d'Austerlitz et à la Seine offre un visage bien différent. C'est, depuis les travaux d'Haussmann, l'un des chantiers les plus ambitieux que Paris ait connus, articulé autour de la BnF, figure de proue de ce récent quartier. Les immeubles ultramodernes jouxtent des vestiges industriels : ex-entrepôts frigorifiques convertis en ateliers, ancienne minoterie des Grands-Moulins transformée en campus, magasins généraux (Docks en Seine) devenus Cité de la Mode et du Design... Un terrain de jeu formidable pour les architectes et les urbanistes associés à ce titanesque chantier.

Ouverte aux « circulations douces » (vélos et piétons), la ***passerelle Simone-de-Beauvoir*** est le 37e pont de Paris ! Elle allie élégance architecturale et prouesse technique (180 m de portée libre pour une longueur totale de 270 m), reliant la BnF au parc de Bercy, trait d'union entre le 13e arrondissement et le 12e. Construite en Alsace, elle a été acheminée par la mer du Nord et la Manche, puis montée en pleine nuit en seulement 2h. Les Parisiens l'ont adoptée en la surnommant « la lentille » en raison de ses 2 courbes contraires se croisant pour former un œil.
– Jetez justement un œil à la ***piscine flottante Joséphine-Baker.***

Chinatown (plan B2-3)

Vous abordez maintenant le quartier asiatique annoncé par les magasins en forme de pagodes sur la terrasse des Olympiades. Ici résident Vietnamiens, Laotiens, Cambodgiens, Chinois, qui ont au moins autant de différences entre eux que les peuples d'Europe. Les Chinois, qui forment environ 80 % de cette communauté, sont eux-mêmes divisés. Ceux du Cambodge ne se reconnaissent pas dans ceux de Canton ou de Hong Kong, et vice versa. Ceux de Taïwan sont considérés comme des snobs et des frimeurs par les autres. Les Asiatiques représentent maintenant plus de 13 % de la population du 13e. Ils offrent l'image d'une communauté dynamique et organisée. Les coutumes traditionnelles sont toujours présentes. Répartie sur 3 secteurs, Masséna, Baudricourt et Dunois, l'implantation de la communauté asiatique est désormais étendue et durable, puisque celle-ci gère de nombreuses boutiques et entreprises : restaurants, supermarchés, bijouteries, assurances, agences de voyages, cabinets médicaux, etc. Près de 90 % des commerces des Olympiades sont tenus par des Asiatiques. Ils possèdent plus de 150 restos dans le seul 13e.
Venez donc dans cette partie du 13e voir comment les Asiatiques ont subtilement détourné l'horreur du béton en y insufflant une vie et une activité démentes. Dans les 2 grands supermarchés de l'avenue d'Ivry (*Tang,* au no 48, et *Paris-Store,* au no 44), faites, comme eux, emplette de fruits exotiques, de soja, de toutes les variétés de riz, d'oreilles de porc laquées, etc.
– Possibilité de visiter 2 ***temples bouddhiques.*** Le 1er se trouve rue du Disque, une des rues souterraines de la terrasse des Olympiades *(entrée au niveau du 70, av. d'Ivry ; tlj 9h-18h).* Grande inscription « Autel du culte de Bouddha ». Musique traditionnelle les lundi, mercredi et vendredi après-midi. Il est d'usage de laisser une obole dans le tronc de l'autel (en faisant un vœu). L'autre temple se situe sur la terrasse même, un peu plus loin que le resto *Asia Palace.* C'est l'*amicale des Teochew* (prononcer « chao chou » ; *tlj 9h30-17h*) en France, une communauté de la région de Canton. Ici, on enlève ses chaussures à l'entrée. Fresques sculptées dans un marbre gris. Tous les après-midi a lieu un rituel bouddhique.

Où se jeter à l'eau ?

– ***Piscine Joséphine-Baker*** (plan D2) **:** *port de la Gare, quai François-Mauriac, en contrebas de la BnF. ☎ 01-56-61-96-50. • piscine-baker.fr • ♿ Tlj (sauf mat, réservé aux scolaires) ; se renseigner pour les horaires. Entrée : 4 € ; réduc.*
Arrimée au quai, sur la Seine, la piscine flottante est alimentée en partie par l'eau de celle-ci, filtrée et purifiée, avant d'être à nouveau traitée et rejetée, plus propre donc. Il s'agit là d'un véritable complexe aquatique, avec bassin de 25 x 10 m, toit ouvrant (couvert en hiver, donc), pont-solarium, espaces de détente, spa, etc. Le site est idéal, l'environnement prestigieux : tout est réuni pour faire de cette piscine un lieu vivant, ludique, convivial, sportif... On plonge ?

14e ARRONDISSEMENT

• Plan p. 174-175

Brassens a cassé sa pipe, ses chats se sont enfuis sur la pointe des coussinets, mais il flotte encore dans le 14e un air de chanson rebelle. On attrape un peu de l'atmosphère d'autrefois à *La Coupole,* quand le 14e était un nid de talents, un réservoir de génies aux doigts barbouillés de peinture ou d'encre, quand Picasso, Modigliani, Zadkine, Apollinaire ou Max Jacob tutoyaient les anges dans leurs ateliers et tiraient le diable par la queue ! À ne pas manquer : les pelouses immenses du parc Montsouris et le cimetière du Montparnasse. Tous les amoureux du monde devraient rendre une petite visite à la sculpture de Brancusi, *Le Baiser* : 2 amants de pierre enlacés sur la pierre tombale de 2 jeunes artistes montparnos, amis du sculpteur, qui s'étaient suicidés ensemble.

Où dormir ?

Coup de cœur

Hôtel des Bains *(plan zoom, **1**) : 33, rue Delambre, 75014. ☎ 01-43-20-85-27. • des.bains.hotel@orange.fr • hotel-des-bains-montparnasse.com • Ⓜ Vavin, Edgar-Quinet ou Montparnasse-Bienvenüe. Doubles 90-115 € ; petit déj 11 €. Parking payant.* Un sympathique hôtel de quartier. Les chambres, sur rue ou sur cour, ne sont pas bien grandes mais agréables (déco classique et salles de bains modernes), tandis que les suites, calmes et confortables, occupent une dépendance au fond de la cour. Partout une excellente literie. Le chaleureux salon vient ajouter un agrément supplémentaire. Bon rapport qualité-prix et accueil serviable.

Coup de foudre

Hôtel Mistral *(plan zoom, **2**) : 24, rue Cels, 75014. ☎ 01-43-20-25-43. • mistral.hotel@wanadoo.fr • hotel-mistral-paris.fr • Ⓜ Gaîté. Doubles 130-150 € ; petit déj 12 €.* Dans une rue isolée, derrière le cimetière du Montparnasse, cet hôtel est un havre de tranquillité. Les chambres d'un doux blanc immaculé sont belles, calmes et lumineuses. Chacune est rehaussée d'une touche colorée (oreillers, dessus-de-lit) et agrémentée de petits détails rappelant que Sartre et Simone de Beauvoir ont vécu ici quelque temps. Le petit déj se prend dans une jolie salle éclairée par une véranda donnant sur une petite cour intérieure. Un lieu accueillant où l'on se pose volontiers en journée. Ambiance bucolique et accueil charmant. On adore !

Coups de folie

Hôtel Max *(plan C2, **3**) : 34, rue d'Alésia, 75014. ☎ 01-43-27-60-80. • contact@hotel-max.fr • hotel-max.fr • Ⓜ Alésia. ♿ Doubles 100-230 € ; petit déj 12 €. Promos sur Internet.* Boutique-hôtel plein de charme, à l'élégant style contemporain. Passé une charmante courette verdoyante, on découvre des parties communes bien chaleureuses avec un salon-bibliothèque où s'alignent des livres d'art. Une vingtaine de chambres lumineuses aux lignes épurées et aux tonalités douces : plancher, liseuses design, mobilier chic, fresques murales. Certaines d'entre elles disposent même d'une terrasse. Côté confort, pas de lacune, rien ne manque. Une excellente adresse. *NOUVEAUTÉ.*

Fred Hôtel *(plan B2, **4**) : 11, av. Villemain, 75014. ☎ 01-45-43-24-18. • contact@fred-hotel.com • fred-hotel.com • Ⓜ Plaisance ou Pernety.*

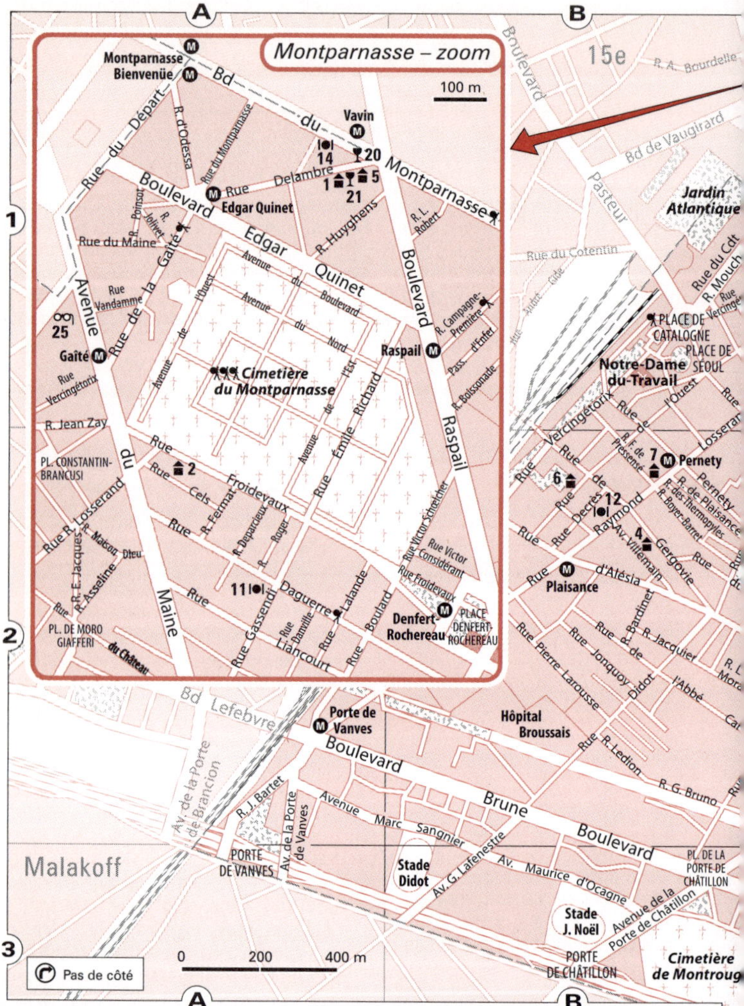

Où dormir ?

1 Hôtel des Bains (zoom)
2 Hôtel Mistral (zoom)
3 Hôtel Max (C2)
4 Fred Hôtel (B2)
5 Lenox Montparnasse (zoom)
6 Le Fabe Hôtel (B2)
7 Hôtel Cabane (B2)

Où manger ?

10 La Bonbonnière (D3)
11 Le Cornichon (zoom)
12 Bistrotters (B2)
13 L'Assiette (C2)
14 La Coupole (zoom)
15 Le Pavillon Montsouris (D3)

Où boire un verre ?

20 Le Dôme (zoom)
21 Le Rosebud (zoom)

Où sortir ?

25 Le Petit Journal Montparnasse (zoom)

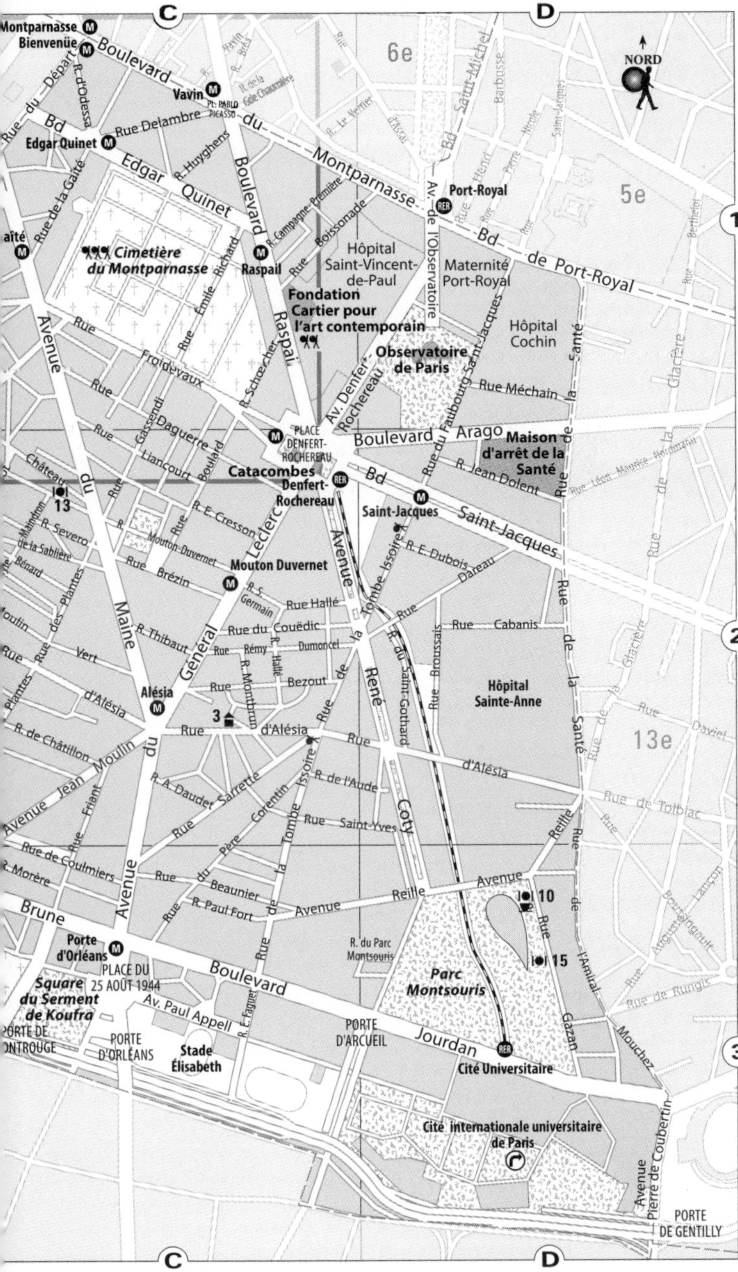

14e ARRONDISSEMENT

Doubles 90-200 € ; petit déj 12 €. Accord avec le parking voisin (18 €/j.). Fans de design, voici votre havre. Des lignes épurées, réchauffées par des couleurs terre, un salon *lounge* hyper cosy avec cheminée à l'éthanol, des tableaux aux murs, une petite terrasse verdoyante raccord avec la déco intérieure : pas un détail qui n'échappe au souci de beauté et de confort, bref au souci du client. Chambres tout aussi classe, au confort sans faille. Accueil pro et chaleureux à la fois. Un coup de foudre !

Lenox Montparnasse *(plan zoom, **5**) : 15, rue Delambre, 75014. ☎ 01-43-35-34-50. • hotel@lenoxmontparnasse.com • paris-hotel-lenox.com • Ⓜ Vavin ou Edgar-Quinet. Doubles 110-300 € ; petit déj 17 €. Parking payant.* Un vrai cocon pour cet hôtel de charme rénové dans un esprit chic et parisien. Ambiance feutrée et cosy, qui rappelle le Montparnasse littéraire avec ses portraits d'écrivains, son bar séduisant et sa bibliothèque. Chambres élégantes et stylées, qui profitent depuis les étages les plus élevés d'une vue dégagée (pour les numéros se terminant en 9). Le summum du charme revient aux suites sous les combles, toutes munies d'une cheminée. Accueil aux petits oignons.

Le Fabe Hôtel *(plan B2, **6**) : 113 bis, rue de l'Ouest, 75014. ☎ 01-40-44-09-63. • info@lefabehotel.fr • lefabehotel.fr • Ⓜ Pernety. Doubles 100-220 € ; petit déj 12 €. Promos sur Internet. Parking payant.* Un 3-étoiles intimiste, pensé dans un esprit zen coloré. La taille des 17 chambres varie selon la catégorie (cosy, charme et plaisir). Les 1res ne sont pas bien grandes, mais le confort proposé et la jolie déco contemporaine compensent largement. D'autant qu'elles sont parfaitement équipées : clim, minibar, écran plat, coffre, etc. Excellent accueil. En prime, accès gratuit au sauna.

Hôtel Cabane *(plan B2, **7**) : 76, rue Raymond-Losserand, 75014. ☎ 01-40-52-12-40. • hotelcabane.com • Ⓜ Pernety. Doubles 85-220 € ; cabane à partir de 200 € ; petit déj 10 €.* Une quarantaine de chambres pour cet hôtel relooké dans une veine *arty* bien plaisante. Rien à redire sur la confortable literie, ni sur la déco : les tons gris-vert sont d'un bel effet. Les chambres classiques, qui restent petites, conviendront aux amoureux qui n'ont rien à cacher : la douche et le lavabo sont ouverts sur la chambre. Mais la pépite est cette cabane nichée au fond du jardin, un improbable chalet en bois pour roucouler en toute quiétude... Salon et salle de petit déj sur cour, avec quelques tables en extérieur. Accueil pro.

Où manger ?

Coup de cœur

La Bonbonnière *(plan D3, **10**) : face au lac du parc Montsouris, 75014. 06-14-34-99-12. • stephanebilly@orange.fr • RER B : Cité-Universitaire. Mars-oct, tlj (sauf j. de pluie) 12h-18h30 (19h w-e) ; le reste de l'année, mer, w-e, j. fériés et vac scol. Menu 13 € avec galette, crêpe sucrée et boisson au choix.* N'hésitez pas à soulever le couvercle de cette *Bonbonnière*-là, nichée au cœur du parc Montsouris. Chaises de jardin et couverts jetables sont de mise pour un pique-nique amélioré autour d'une galette et/ou d'une crêpe. Quand il fait froid, on se réchauffe avec une tasse de délicieux chocolat *(Valronha)*. Sympa pour une pause champêtre en plein cœur de Paris.

Coups de foudre

Le Cornichon *(plan zoom, **11**) : 34, rue Gassendi, 75014. ☎ 01-43-20-40-19. • lecornichon.fr • Ⓜ Alésia, Mouton-Duvernet ou Denfert-Rochereau. Lun-ven 12h-13h45, 19h-22h. Congés : août et 2 sem à Noël. Menus 35 € le midi, 42 € le soir ; carte env 55 €.* Ne cherchez pas, il n'y a ni terrine ni cornichons sur les tables, mais une peinture de la cucurbitacée au mur. Et en guise de plats bistrotiers, le chef donne plutôt dans le bistronomique ! Produits de prime fraîcheur et de belle qualité (excellentes viandes) pour une cuisine de marché sans fanfaronnade mais bien troussée, servie dans un élégant cadre contemporain. Côté vins, c'est du tout bio, avec de belles excursions en biodynamie et même chez les vignerons nature. Super !

Bistrotters *(plan B2, **12**) : 9, rue Decrès, 75014. ☎ 01-45-45-58-59. • francois@bistrotters.com • bistrotters.com • Ⓜ Plaisance. Tlj 12h-14h, 19h-22h. Congés : 1 sem à Noël. Formules déj en sem 19-23 € ; menus-carte 33-37 €.* Dans cette rue assez improbable, 2 jeunes hardis et optimistes, Adrien au service et Martin au piano, imposent avec brio leur élégante cuisine créative dans un cadre sobre. Produits du marché, mise en valeur subtile des saveurs, carte courte qui bouge pas mal... Avec cependant quelques vedettes plébiscitées comme le croustillant de poitrine de cochon. Poisson frais cuit à la perfection. Beaux desserts aussi bons que graphiques. Carte des vins bien fournie, notamment en biodynamie. Globalement un bon rapport qualité-prix. *NOUVEAUTÉ.*

Coups de folie

L'Assiette *(plan C2, **13**) : 181, rue du Château, 75014. ☎ 01-43-22-64-86. Ⓜ Gaîté ou Mouton-Duvernet. Tlj midi et soir, sauf lun-mar. Résa indispensable. Formule déj 23 € ; carte 50-70 €.* Ancienne charcuterie de quartier, naguère le resto préféré de François Mitterrand, et repris par le talentueux David Ratgeber, formé par les meilleurs chefs. Dans ce lieu plein de charme, ce défenseur de la cuisine de terroir réalise des plats canailles avec un amour évident du bon produit (excellents gibiers) et un savoir-faire jamais démenti. Ici, on ne rigole pas sur la qualité des produits. Bons desserts bistrotiers au goût d'antan. *NOUVEAUTÉ.*

La Coupole *(plan zoom, **14**) : 102, bd du Montparnasse, 75014. ☎ 01-43-20-14-20. • lacoupole-paris.com • Ⓜ Vavin. Tlj 8h-11h pour le petit déj ; pour la brasserie, commande à la carte 12h-minuit (23h dim-lun). Formules 19,50 € le midi, 29,50 € le soir ; carte 50-60 €. Service voiturier le soir mar-dim (10 €).* C'est l'un des derniers dinosaures de Montparnasse, une institution, un mythe même ! Gigantesque « hall de gare » : c'est le plus grand resto, en surface, de France. *La Coupole* a vu le jour en 1927 dans un dépôt de bois et de charbon. Dès sa naissance, l'endroit était fréquenté par les artistes : Chagall, Man Ray, Soutine, Joséphine Baker et son guépard. C'est là qu'Aragon rencontra Elsa, que le modèle Youki quitta Foujita pour Robert Desnos, lui-même en rupture avec Breton sur le surréalisme... Impossible d'établir une liste exhaustive de tous ceux qui fréquentèrent *La Coupole* : Hemingway, Lawrence Durrell, Henry Miller, Buñuel, Dalí, Picasso, Artaud, Colette, Simone de Beauvoir, Sartre, Giacometti... Un lieu légendaire donc, qui a plus de 80 ans d'existence, mais le décor, lui, bien que récemment rénové, n'a pas changé : style Art déco original, colonnes surmontées de fresques et d'une superbe coupole, carrelage cubiste. En cuisine, continuité et innovation avec les recettes d'un bon chef, sans compter l'emblématique curry d'agneau. Huîtres et crustacés en direct du banc à huîtres. Très bon accueil.

Le Pavillon Montsouris *(plan D3, **15**) : 20, rue Gazan, 75014. ☎ 01-43-13-29-00. • pavillon.montsouris@wanadoo.fr • RER B : Cité-Universitaire. ♿ Ouv midi et soir, sauf dim-lun. Congés : vac scol de fév. Menu-carte 49 €.* Installé dans le magnifique parc Montsouris, un pavillon qui accueillit nombre de personnalités des lettres, des arts et de la politique. Lénine y jouait aux échecs et Mata Hari recevait de beaux officiers au 1er étage. Intérieur élégant et lumineux (grande verrière), tables bien séparées. Vue sur le parc, bien sûr, magnifique, avec accès réservé aux clients les soirs d'été... Terrasse très prisée dès les premières chaleurs, et clientèle plutôt chic. Menu-carte offrant un choix intéressant de viandes ou de poissons. Cuisine de grande tenue, concoctée avec doigté par le chef sous l'œil malicieux du patron.

Où boire un verre ?

Le Dôme (*plan zoom,* **20**) **:** *108, bd du Montparnasse, 75014. ☎ 01-43-35-25-81. • ledomemontparnasse@gmail.com • Ⓜ Vavin. Tlj (sauf dim-lun juil-août) ; service 12h-14h45, 19h-23h. Vins au verre à partir de 9 €. Formules 43-48 € ; carte 90-150 € ! Parking payant.* Terrasse superbe agrémentée d'une végétation foisonnante, salle de style Art déco, lampes Tiffany, chaises en osier, fresques... Un cadre exceptionnel pour le plus touristique et le plus chicos des grands cafés de Montparnasse. Jean-Paul Sartre (toujours lui !) aimait y venir l'après-midi. Dans l'assiette, poisson et fruits de mer travaillés avec précision par un chef japonais très talentueux (mais il faut y mettre le prix !).

Le Rosebud (*plan zoom,* **21**) **:** *11 bis, rue Delambre, 75014. ☎ 01-43-35-38-54. Ⓜ Vavin ou Edgar-Quinet. Tlj 19h-2h. Congés : août. Cocktail env 14 €.* Dans les années 1950, Jean-Paul Sartre et la bande de Montparnasse venaient souvent y prendre un verre. Ce bar, au joli cadre 1930 et à l'ambiance surannée, accueille aujourd'hui une clientèle d'artistes peintres, d'écrivains et de journalistes. Les tables de style bistrot baignent dans une douce pénombre, propice aux confidences.

Où sortir ?

Le Petit Journal Montparnasse (*plan zoom,* **25**) **:** *13, rue du Commandant-Mouchotte, 75014. ☎ 01-43-21-56-70. • infos@petitjournal-montparnasse.com • petitjournal-montparnasse.com • Ⓜ Montparnasse-Bienvenüe ou Gaîté. ♿ Tlj 16h-2h, sauf dim et lun soir. Entrée (avec une conso) à partir de 20 € selon soirée. Consos 6-12 €. Formules dîner + concert 55-80 € selon programmation. Parking payant.* Mammouth des nuits jazz, le club parisien prend un virage de plus en plus français. Claude Bolling ou Dany Brillant tapent fréquemment le bœuf dans ce bar musical, dont le jumeau est sur le boulevard Saint-Michel. De par la disposition des tables, qui encerclent la scène, on est toujours bien placé. L'acoustique est soignée. Piano-bar le soir dès les beaux jours.

Main dans la main

Montparnasse

À partir de 1900, c'est l'âge d'or de la bohème : poètes, écrivains, artistes, réfugiés politiques y débarquent en masse – Modigliani et Utrillo, qui émigrent de Montmartre, Max Jacob, Apollinaire, Paul Fort, Cendrars, Lénine, qui y prépare le grand soir, et Trotski, qui phosphore sur les moyens d'empêcher Staline de dévoyer la révolution russe. C'est vrai que Montparnasse, alors, est un village. Les ateliers d'artistes se nichent dans les impasses fleuries. Après la Grande Guerre, le quartier attire de plus en plus de monde. Beaucoup viennent de très loin. Hemingway, Foujita, Soutine, Zadkine, Braque, Chagall, Picasso, Rouault, Klee fréquentent les grands cafés populaires. C'est l'âge d'or de l'école de Paris, époque où Paname était la capitale intellectuelle du monde.

Montparnasse continuera encore un temps à vivre sur sa réputation et à attirer les foules. Son aura intellectuelle aurait pu continuer à se diluer lentement dans l'alcool de ses bistrots sans dommage, mais les rois du béton en décidèrent autrement. Exit la vieille gare Montparnasse d'où, une fois, une locomotive décida toute seule d'aller boire un verre en face !

Le boulevard du Montparnasse, de la place Bienvenüe au boulevard Raspail, reste animé tard dans la nuit et aligne bon nombre d'usines à films, de restos et de grands cafés pour tous les goûts.

La Gaîté *(plan zoom)* **:** rue qui débute boulevard Edgar-Quinet et se termine avenue du Maine. On l'emprunte presque obligatoirement quand on rejoint Plaisance-Pernety. Elle rappelle que Montparnasse fut un quartier de plaisir très couru au XIXe s, avec ses cabarets, guinguettes, théâtres, bals, cafés, etc. Une jolie fresque murale à la brasserie *La Liberté* (angle Gaîté – Edgar-Quinet) en témoigne encore (Jean-Paul Sartre, qui habitait à côté, venait y tremper son croissant). Vestige de la Belle Époque : le *théâtre du Montparnasse,* avec sa belle façade sculptée et ses cariatides. En face, le vieux *théâtre de la Gaîté-Montparnasse,* enserré dans un immeuble à la façade également ouvragée, est classé à l'inventaire des Monuments historiques.

Petite balade architecturale

Si Montparnasse n'est plus le quartier d'artistes qu'il fut naguère, il y reste cependant de superbes traces de ce passé créatif et bouillonnant. Il faut seulement savoir les débusquer dans de petites rues discrètes. Pour peu qu'il fasse beau, Paris prend des allures de toile impressionniste. 1re étape : à la station de métro Vavin, devant le fantastique *Balzac* de Rodin.

Magnifique façade ouvragée en céramique au 31, ***rue Campagne-Première*** *(plan zoom),* chef-d'œuvre de l'Art nouveau (1911). Masques et guirlandes de roses. L'immeuble abritait une vingtaine d'ateliers, dont celui de Man Ray, qui s'y installe en juillet 1922 avec sa compagne et égérie, la fameuse Kiki de Montparnasse.

Descendre un peu le boulevard Raspail. Au no 261, on change d'époque. Ce lieu abrite la ***Fondation Cartier pour l'art contemporain*** *(plan C1)* : *☎ 01-42-18-56-50. • fondation.cartier.com • Ⓜ Denfert-Rochereau ou Raspail. Bus nos 38, 68, 88 et 91. Ouv seulement en période d'expos, tlj 11h-20h (22h mar), sauf lun. Fermé 1er janv et 25 déc. Entrée : 10,50 €.* Achevé en 1994 par Jean Nouvel, cet édifice de verre et de métal est une incontestable réussite esthétique. La Fondation Cartier a pour vocation de révéler des artistes contemporains du monde entier, dans tous les domaines de la création, du design à la photographie, de la peinture à la vidéo, de la mode au spectacle vivant. L'avant de son jardin abrite toujours le mythique cèdre du Liban que Chateaubriand y planta en 1823 et qui reste visible de l'extérieur. Profitez de votre visite pour faire le tour de la fondation et vous poser à une table. La buvette, ouverte aux beaux jours, permet de s'extraire du boulevard Raspail et de passer un moment au vert, à écouter le gazouillis des oiseaux !

Au 126, ***boulevard du Montparnasse*** *(plan zoom),* passer sous un porche monumental ; au fond de la 2e cour, splendide maison avec ateliers d'artistes. Au no 120 bis, décor de mosaïque à fleurs sur la façade.

Petits itinéraires romantiques

Plaisance, Pernety

Vieux quartier populaire rattaché à Paris depuis à peine un siècle, grosso modo circonscrit dans le triangle formé par la rue Vercingétorix, la rue d'Alésia et l'avenue du Maine. Longtemps un village. Le nom des rues témoigne d'un passé laborieux et artisanal : rue du Moulin-Vert, rue du Moulin-de-Beurre (aujourd'hui disparue).

Partez à pied dans le quartier. Avec un peu de sensibilité, vous découvrirez encore plein de choses, des rues et des maisons insolites, une accumulation de petits détails et, toujours, des sourires chaleureux.

Au centre de l'imposante ***place de Catalogne*** *(plan B1),* œuvre de Ricardo Bofill, une étrange *fontaine,* dessinée par Shamaï Haber. Quand elle fonctionne, ça produit un curieux plan d'eau incliné.

➢ La rue Raymond-Losserand a conservé un côté encore populaire, surtout autour du métro Pernety. Au niveau du nº 71 débute l'*allée du Château-Ouvrier,* bordée de charmants ateliers d'artistes. Au fond, une lourde bâtisse, le ***Château ouvrier,*** qui tient une place importante dans la mémoire locale. Construit en 1891 par un architecte qui s'appelait Louis Gauche (ça ne s'invente pas !) pour loger des familles ouvrières, menacé dans les années 1990 par la spéculation immobilière, il fut sauvé grâce à une forte mobilisation populaire et réhabilité en 2004. Il en impose avec ses 2 côtés en saillie, comme l'amorce de 2 tours. Partir sur sa gauche pour découvrir le ***jardin du Lapin ouvrier,*** où une trentaine de parcelles sont cultivées par les enfants des écoles et les habitants du voisinage... En face, le sympathique *Moulin à Café,* troquet associatif, pour se reposer les gambettes...

➢ ***La rue des Thermopyles*** *(plan B2)* **:** au niveau du nº 80, rue Raymond-Losserand, on trouve la rue des Thermopyles, qui forme un des passages secrets les plus charmants du 14e. Petites maisons, jardins paisibles, ateliers d'artistes bordant une chaussée pavée sans voitures, beaucoup de gens ont planté un arbre devant leur porte... on est loin de l'agitation de Montparnasse. Au bout de la rue, aux nos 6-8, on découvre un étonnant jardin partagé géré par une association de quartier qui organise de temps en temps des concerts. La rue débouche dans la ***cité Bauer,*** également bordée de maisons basses et de jardinets. Au nº 19, un charmant portail en bois ciselé en forme de cœur, rappelant ceux des fermes de Maramures, en Roumanie.

Denfert-Rochereau

Au sud de Montparnasse, vieux quartier là aussi avec un certain charme. Peu atteint par la rénovation. Un coin intéressant pour son côté provincial et son calme. Sa position assez centrale dans l'arrondissement, à mi-chemin entre Montparnasse et Montsouris, permet en outre d'atteindre à pied tous les points d'intérêt.

Les villas *(plan C2)* **:** une jolie balade, tout à fait insolite. Bien peu de Parisiens connaissent cette partie du 14e et ses îlots de verdure et de charme. Descendez, de Denfert-Rochereau, l'avenue du Général-Leclerc sur le trottoir de gauche. Peu après l'hospice, au nº 19, une grande grille de fer forgé annonce la ***villa Adrienne.*** À l'origine, en 1880, ce n'était qu'un grand square pris sur d'anciennes carrières, avant que des constructions ne voient le jour 15 ans plus tard. Elles étaient sans doute destinées à un usage communautaire, sorte de cité-jardin édifiée par un industriel un peu humain. Un côté Chelsea, avec son grand jardin ouvert au milieu et ses maisons de brique à 2 ou 3 étages, la plupart croulant sous le lierre, avec des jardinets sauvages. Au lieu d'un numéro, chacune d'entre elles porte un nom de peintre, de savant ou d'auteur : Watteau, Poussin, Lavoisier, Lulli, Molière, Racine. Rue Hallé, les maisons font tout à coup un harmonieux dos rond pour s'aménager une gentille placette. Quelques autres coins campagnards du quartier : *villa Hallé, villa Boulard* (rue Boulard).
Avenue René-Coty, entre Denfert et la rue Hallé, une curieuse petite construction sur une butte herbeuse. C'est le « regard » d'un aqueduc souterrain du XVIIe s passant sous les maisons du quartier (ancien aqueduc d'Arcueil).

La rue Daguerre *(plan zoom)* **:** une rue-marché animée et en partie piétonne (tout comme quelques rues adjacentes d'ailleurs, le dimanche après-midi).

Alésia

Au sud de la rue d'Alésia, bordée par l'avenue du Général-Leclerc et la rue de l'Amiral-Mouchez, un quartier offrant de superbes balades architecturales et bucoliques.

Dans la ***rue de la Tombe-Issoire,*** vous trouverez, à gauche, au nº 83, une tranquille cité d'artistes dans la verdure. Empruntant la provinciale rue de l'Aude, vous atteignez la *rue des Artistes* (accessible également par un escalier de l'avenue René-Coty). Au nº 1 de la ***rue de l'Aude*** *(plan D2),* un cabinet d'architecte occupe l'ancien atelier d'un peintre. Aux nºs 3, 5 et 7, ***impasse Gauguet,*** 3 ateliers d'artistes des années 1930. Le peintre Nicolas de Staël occupa l'un d'eux.

La villa Seurat : *à la hauteur du nº 101 de la rue de la Tombe-Issoire.* Impasse bordée de jolies maisons des années 1925, qui connurent de prestigieux locataires. Henry Miller séjourna au nº 18 de 1934 à 1938 et y écrivit *Tropique du Cancer.* Miller, interdit pour littérature obscène dans tous les pays anglophones, en était réduit à éditer ses livres à Paris et à les vendre quasiment sous le manteau. Anaïs Nin et Lawrence Durrell vivaient avec lui. Son voisin du dessus était Soutine. Gromaire travailla également dans la villa.

Balade chez les « artistes » : au nº 53 de l'avenue Reille débute une petite rue, probablement l'une des plus coquettes de Paname : le *square Montsouris.* Tout au début, l'atelier du peintre Ozenfant, la 1re œuvre de Le Corbusier à Paris, en 1922. Elle a perdu son toit en dents de scie et un peu de son intérêt architectural. Enchantement ensuite que de fouler les gros pavés de la rue, entre les 2 rangées d'ateliers et de pavillons bourgeois hibernant sous leur abondante végétation. Tout au bout, au 14, rue Nansouty, admirez les lignes très pures et l'élégance de la *villa Guggenbühl. Rue Georges-Braque,* au nº 6, résidence-atelier de l'artiste. Au nº 7, villa-atelier Reist en brique, avec une grande verrière qui date des années 1920. La *rue du Parc-Montsouris* et la villa du même nom alignent également de grandes demeures bourgeoises croulant sous les glycines et le chèvrefeuille. Le regretté Coluche habitait rue Gazan.

Comme Harold et Maude

Le cimetière du Montparnasse (plan zoom) **:** Ⓜ *Edgar-Quinet ou Raspail. Tlj 8h (8h30 sam, 9h dim et j. fériés)-17h30 (18h de mi-mars à début nov). Plan à la disposition des visiteurs à l'entrée.*
Créé en 1824, cet espace de 19 ha où s'épanouissent près de 1 200 arbres de 40 essences différentes est la 2e nécropole intra-muros de la capitale en superficie, mais c'est surtout l'un des cimetières les plus intéressants du point de vue de la qualité des occupants. C'est fou le nombre de gens connus qui reposent à l'ombre de la tour ! Baudelaire, Gainsbourg, les sculpteurs Rude, Houdon et Bourdelle, l'amiral Dumont d'Urville, Desnos, Saint-Saëns, Proudhon (« La propriété, c'est le vol. »), Sainte-Beuve, l'actrice Maria Montez, Sartre, Maupassant, Dreyfus (de l'Affaire), Bartholdi (le *Lion de Belfort* de la place Denfert-Rochereau et la statue de la Liberté à New York), Soutine, Tzara, Cohen (Albert), auteur de l'inoubliable *Belle du Seigneur* (très beau roman d'amour à offrir de toute urgence), Jean-Paul Sartre et Simone de Beauvoir. À la mort de Sartre, sa compagne et muse écrit cette belle phrase : « Sa mort nous sépare. La mienne ne nous réunira pas. Mais il est déjà beau que nos vies aient pu s'accorder aussi longtemps. » Beaucoup d'éditeurs : Plon, Larousse, et notre très ancien patron, Louis Hachette. Un petit musée à ciel ouvert.
Ne passez pas à côté du ***petit cimetière,*** qu'on rejoint par la *rue Émile-Richard,* la seule rue de Paris sans habitants vivants, sans boutiques, sans maisons, propice aux discrets arrêts de voiture des couples que l'on disait « illégitimes ». Les

barrières anti stationnement et l'évolution des mœurs ont contribué à réduire le nombre de ces véhicules tous feux éteints et pourtant fort occupés. Un effort encore : le petit cimetière présente la tombe la plus fascinante de Montparnasse. Entrée par la porte côté Raspail. Allez tout droit, puis tournez à droite, vous ne pouvez manquer M. Pigeon (1838-1915), l'inventeur de la lampe du même nom. Marchez sur la pointe des pieds pour ne pas les déranger. Dans un lit monumental et baroque, M. Pigeon lit tranquillement un livre à la lumière de sa fameuse lampe. À côté de lui, sa femme dort paisiblement. Un hymne à la félicité conjugale.

Où pique-niquer ?

– ***Dans le parc Montsouris*** *(plan D3)* **:** 2e parc parisien après celui des Buttes-Chaumont. Ce fut l'un des cadeaux du baron Haussmann aux Parisiens, car il ne savait que faire de ce terrain troué comme du gruyère. Délicieusement vallonné, avec ses grandes pelouses accessibles au public et où il est toléré de pique-niquer, des bosquets touffus, des arbres rares, le parc est malheureusement traversé par le RER. Oh ! une blessure discrète ! En bas du jardin, un grand lac artificiel. Quand le soleil perce les nuages, le parc Montsouris reste un endroit merveilleux pour bronzer et se reposer main dans la main. Sans aucun doute le plus bel espace vert de l'arrondissement. Une aubaine pour les couples.

– Ⓡ ***Dans le parc de la Cité internationale universitaire*** *(plan D3)* **:** ☎ *01-44-16-64-00. • ciup.fr/citescope • (programme des activités : théâtre, concerts, conférences).* Ⓜ *Porte-d'Orléans ; RER B et* Ⓣ *Cité-Universitaire. Accès libre au parc 9h-22h. Visite guidée pavillon et parc dim à 14h30 (env 2h) : 12 € plein tarif ; 5 € étudiant ; réduc.*

Cette cité U pas comme les autres accueille chaque année 12 000 étudiants, chercheurs et artistes en provenance de 140 pays différents. Pour le promeneur, c'est une ville-jardin : installée sur une trentaine d'hectares de verdure, constituée de quartiers typiques et proposant une offre culturelle très riche. La cité a compté quelques locataires célèbres, comme l'impératrice Farah Diba, le couturier Pierre Balmain, l'écrivain et homme politique Léopold Sédar Senghor, et le réalisateur Costa-Gavras... Toujours dans la rubrique *people,* elle continue d'accueillir régulièrement de nombreux tournages : *Mesrine, Trésor, Gainsbourg (vie héroïque).* On peut profiter du parc en s'installant au soleil ou à l'ombre des arbres, usage classique des espaces verts, ou encore regarder de plus près la petite quarantaine de pavillons, bâtis généralement dans le style du pays, ce qui donne un kaléidoscope pittoresque de toutes les architectures. Ainsi, la maison des étudiants d'Asie du Sud-Est nous plonge dans l'atmosphère d'un temple traditionnel. Le pavillon de la Suisse, réalisé par Le Corbusier, est une « machine à habiter » qui préfigure les Cités radieuses que l'architecte bâtira après la guerre. La Fondation Biermans-Lapôtre, où l'on trouve plus de Belges et de Luxembourgeois qu'ailleurs, présente une façade d'inspiration flamande. Une bonne idée pour faire un tour du monde sans aller trop loin.

15e ARRONDISSEMENT

• Plan *p. 184-185*

Certes, ce n'est pas le quartier où l'on va spontanément se promener main dans la main : rien de touristique par ici, ni de promenades enchanteresses, peu de bâtiments spectaculaires. Mais, comme toujours, il y a des surprises à cueillir : du côté de l'impasse du Labrador, vous allez sûrement envier les petits veinards qui y ont pavillon et jardin. Le 15e possède aussi 2 épatants poumons : le parc Georges-Brassens (le poète, en 1968, habitait rue Santos-Dumont) et le parc André-Citroën. Les paysagistes ont su, dans ce dernier, garder des endroits sauvages où les graminées poussent au petit bonheur la chance, et où l'on peut, au printemps, improviser des goûters champêtres au chant des grenouilles, entre un massif d'iris presque noirs et un buisson d'aubépines en fleur.

Où dormir ?

Coups de foudre

Hôtel de l'Avre *(plan C1,* ***1****) : 21, rue de l'Avre, 75015. ☎ 01-45-75-31-03. • hotel.delavre@wanadoo.fr • hoteldelavre.com • Ⓜ La Motte-Picquet-Grenelle. 2 parkings à moins de 5 mn de l'hôtel. Ouv tte l'année. Doubles 100-200 € ; petit déj 13 €.* Un petit hôtel de charme à prix plutôt doux. Chaleureuse ambiance un peu « maison de campagne » : belles chambres personnalisées où la déco a été pensée avec goût dans les moindres détails : meubles anciens, vieilles photos, gravures anciennes... Celles donnant sur le vrai jardin sont particulièrement agréables et possèdent une grande salle de bains. On aime ! Excellent rapport qualité-prix-accueil.

Hôtel Eden *(plan C2,* ***4****) : 110, rue Blomet, 75015. ☎ 01-48-28-13-95. • info@hoteledenparis.com • hoteledenparis.com • Ⓜ Vaugirard. Ouv tte l'année. Doubles 125-250 € ; petit déj 17 € (petit déj express 10 €).* Au jardin (un agréable patio verdoyant aménagé qui prolonge la salle de petit déj), comme dans les parties communes ou la jolie cage d'escalier, trône le fruit défendu. Style contemporain de bon goût pour cet élégant hôtel paré de superbes papiers peints qui donnent le ton de chaque chambre. Une trentaine de chambres, de tailles variables, confortables et douillettes. Accueil pro et souriant.

Coups de folie

Platine Hôtel *(plan B1-2,* ***5****) : 20, rue de l'Ingénieur-Robert-Keller, 75015. ☎ 01-45-71-15-15. • direction@platinehotel.fr • platinehotel.fr • Ⓜ Charles-Michels. Doubles 129-345 € ; petit déj 15 €.* Vous aimez les blondes platine, le rouge à lèvres bien rouge et l'ambiance fifties ? Des chaises de réalisateur aux extraits de film dans l'ascenseur, tout évoque ici l'univers de Marylin Monroe. Dans certaines chambres (plus chères), un lit de forme ronde, un balcon – mais on ne vient pas ici pour la vue – ou une baignoire balnéo promettent de doux moments de cocooning, à prolonger au spa (privatisable). Pour cinéphiles et amoureux.

Hôtel Vice Versa *(plan B2,* ***6****) : 213, rue de la Croix-Nivert, 75015. ☎ 01-55-76-55-55. • info@viceversahotel.com • viceversahotel.com • Ⓜ Convention. Ouv tte l'année. Doubles à partir de 95 € ; petit déj 15 € (parfois inclus selon offres sur leur site internet).* Un concept-hôtel entièrement décoré par Chantal Thomass, avec le côté glamour et *girly* qu'on lui connaît. Les 7 péchés capitaux sont

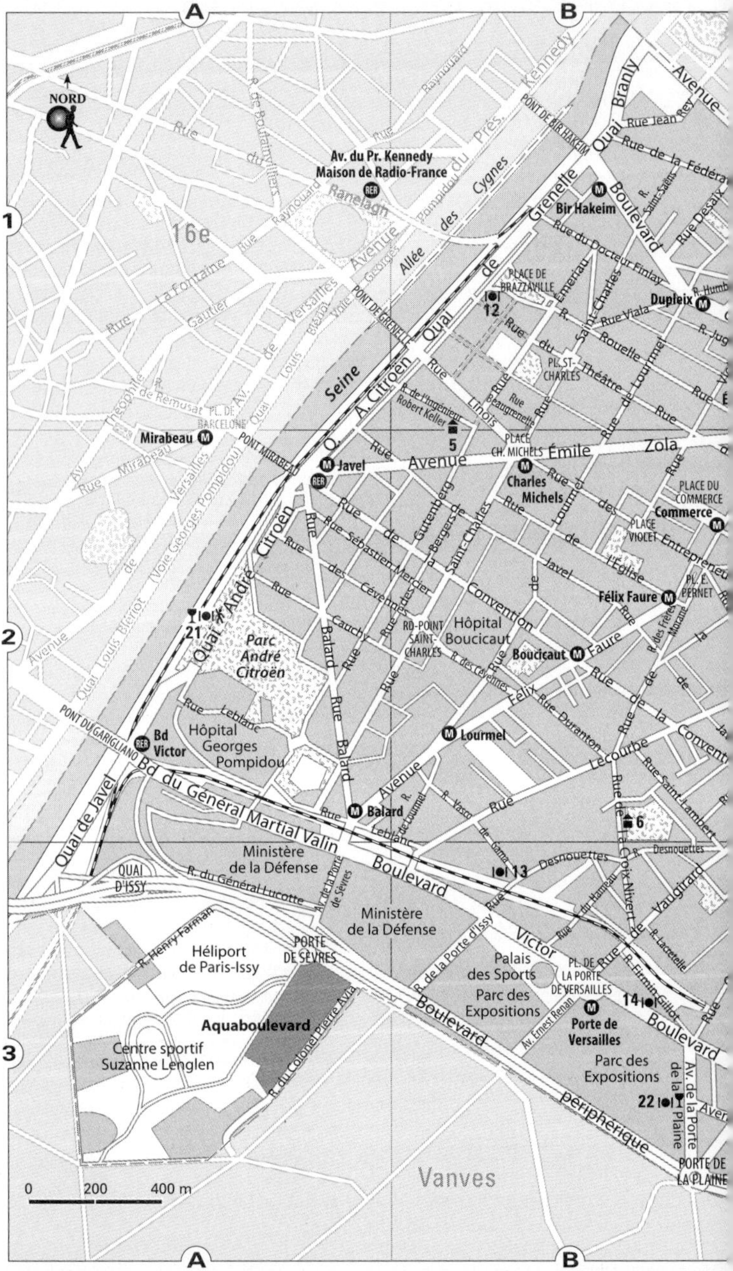
A
B
NORD
16e
Av. du Pr. Kennedy
Maison de Radio-France
Ranelagh
Mirabeau
PONT DE BIR HAKEIM
PONT DE GRENELLE
PONT MIRABEAU
PONT DU GARIGLIANO
Seine
Allée des Cygnes
Quai de Grenelle
Quai A. Citroën
Quai André Citroën
Quai de Javel
Quai Louis Blériot
Quai Branly
Bir Hakeim
Dupleix
Javel
Charles Michels
Commerce
Félix Faure
Boucicaut
Lourmel
Balard
Bd Victor
Porte de Versailles
PLACE DE BRAZZAVILLE
PL. ST-CHARLES
PLACE CH. MICHELS
PLACE DU COMMERCE
PLACE VIOLET
PL. E. PERNET
RD-POINT SAINT-CHARLES
Avenue Émile Zola
Rue de la Convention
Rue Saint-Charles
Rue Linois
Rue de Lourmel
Rue Rouelle
Rue du Théâtre
Rue Émeriau
Rue Balard
Rue Leblanc
Rue Lecourbe
Rue Saint-Lambert
Rue de Vaugirard
Rue de la Croix Nivert
Rue Desnouettes
Rue Duranton
Rue Sébastien-Mercier
Rue des Cévennes
Rue Cauchy
Rue de Javel
Rue Gutenberg
Avenue Félix Faure
Rue du Docteur Finlay
R. de l'Ingénieur Robert Keller
Parc André Citroën
Hôpital Boucicaut
Hôpital Georges Pompidou
Bd du Général Martial Valin
Ministère de la Défense
QUAI D'ISSY
R. du Général Lucotte
PORTE DE SÈVRES
Héliport de Paris-Issy
R. Henry Farman
Aquaboulevard
R. du Colonel Pierre Avia
Centre sportif Suzanne Lenglen
Boulevard Victor
Palais des Sports
Parc des Expositions
PL. DE LA PORTE DE VERSAILLES
Av. Ernest Renan
R. de la Porte d'Issy
Boulevard périphérique
Av. de la Porte de la Plaine
PORTE DE LA PLAINE
Vanves
5
6
12
13
14
21
22
0
200
400 m
1
2
3

Où dormir ?

1 Hôtel de l'Avre (C1)
3 Chambres d'hôtes Le Clos de l'Olivier (C3)
4 Hôtel Eden (C2)
5 Platine Hôtel (B1-2)
6 Hôtel Vice Versa (B2)
7 Hôtel Eiffel Blomet (C2)
8 Hôtel Vic Eiffel (C2)

Où manger ?

10 Intuition Gourmande (C2)
11 Erawan (C1)
12 Polichinelle (B1)
13 Le Beurre Noisette (B3)
14 L'Atelier du Parc (B3)

Où faire une pause gourmande ?

15 Pascal & Anthony (C3)

Où sortir ?

20 Bal Blomet (C2)
21 Guinguette La Javelle (A2)
22 Mama Shelter Paris West (B3)

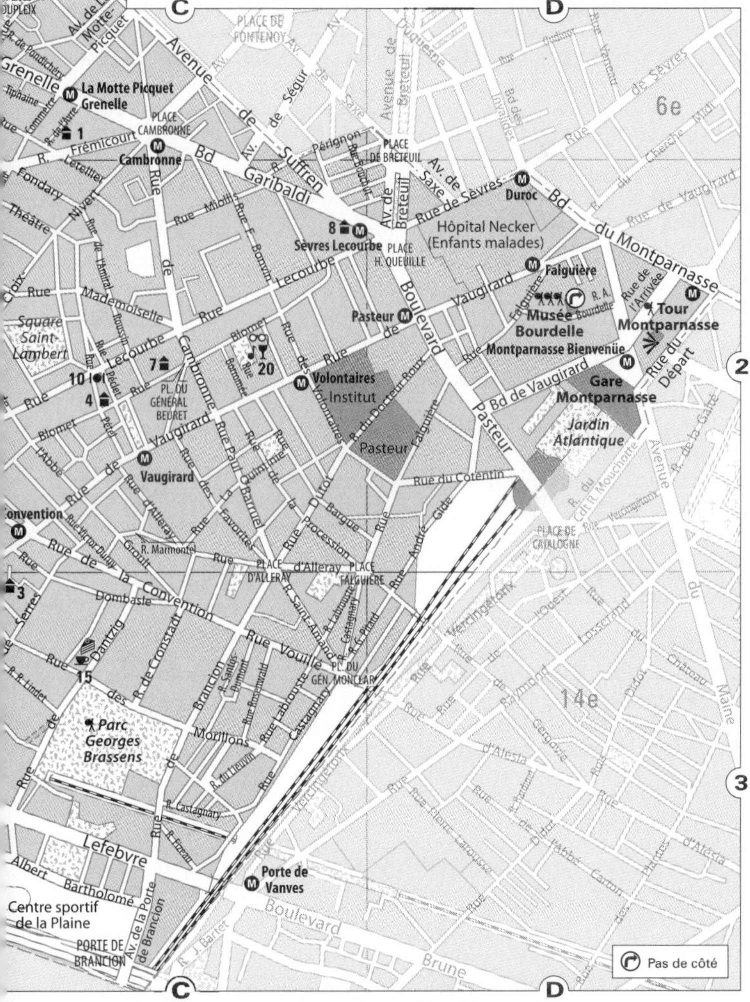

déclinés dans les étages avec une foule de détails bien vus et, comme de bien entendu, l'unique chambre dédiée à la gourmandise voisine la salle de petit déj rose bonbon ! L'étonnante réception, d'un blanc immaculé, représente quant à elle le paradis. Excellent confort, identique dans toutes les chambres. Seule la taille de la salle de bains détermine le prix. Humour, esprit décalé, belles trouvailles et originalité. Décidément, pécher a du bon !

Chambres d'hôtes Le Clos de l'Olivier (plan C3, **3**) : *4, passage Olivier-de-Serres, 75015. 06-95-85-89-74. • leclosdelolivier@outlook.com • leclosdelolivier.com • M Convention. Doubles 160-220 €.* Au fond d'une paisible impasse pavée, on savoure dans cette maison retapée de fond en comble l'âme du Paris d'hier et le confort d'aujourd'hui. Aux 1er et 2e étages, les 4 chambres spacieuses aux tonalités douces sont tenues au cordeau. Beau plancher en chêne clair, lumineuses salles de bains (douche ou baignoire) en béton ciré, frigo, machine à café, lits XL, grands placards et meubles de famille pour la touche personnelle. Ici, on est au large, et au calme. Aux beaux jours, la cour-jardin est tout indiquée pour un moment de détente auprès de l'olivier. Elle est pas belle, la vie parisienne ? *NOUVEAUTÉ.*

Hôtel Eiffel Blomet (plan C2, **7**) : *78, rue Blomet, 75015. ☎ 01-53-68-70-00. • info@hoteleiffelblomet.com • hoteleiffelblomet.com • M Vaugirard. ♿ Doubles 140-290 € (plus pour les suites avec balcon).* L'architecture Art déco du bâtiment, aux lignes géométriques, rappelle la vitalité de ce quartier à l'époque des Années folles, quand, à 2 pas de là, l'ancien *Bal Nègre* faisait salle comble. Entièrement décoré dans un style qui reprend les codes du genre, l'ensemble paraît d'une authenticité à s'y méprendre... comme la piscine, de belle taille, et le spa, au sous-sol, pourtant créés dans un parking ! Déco identique dans toutes les chambres, dont le prix varie du simple au triple suivant la taille. Les *standard* sont bien suffisantes. Accueil classe.

Hôtel Vic Eiffel (plan C2, **8**) : *92, bd Garibaldi, 75015. ☎ 01-53-86-83-83. • contact@viceiffel.com • hotelviceiffel.com • M Sèvres-Lecourbe. ♿ Ouv tte l'année. Doubles 155-195 € ; petit déj 14 €.* Face à l'élégante et pittoresque ligne de métro aérien qui sillonne le 15e, cet hôtel livre de belles chambres contemporaines lumineuses, chaleureuses et cosy. Ultraconfortables (machine à café...) et bien insonorisées. Même ambiance pour le salon-salle à manger avec ses fauteuils, canapés et lampes design ; le tout flanqué d'un patio sympa et d'une belle terrasse. Excellent accueil. On aime !

Où manger ?

Coups de cœur

Intuition Gourmande (plan C2, **10**) : *4, rue Pétel, 75015. ☎ 01-45-32-58-76. • sedefdjian@me.com • intuition-gourmande.com • M Vaugirard. Tlj sauf dim-lun. Congés : 3 sem en août. Formule déj en sem 18,50 € ; menus 29,50-36 € ; carte env 36 €.* On aime bien ce petit bistrot de quartier au cadre chaleureux et assez intime en soirée. Au menu, cuisine bistrotière revisitée par Mathieu Sebban, un chef talentueux qui a fait ses armes chez Pierre Gagnaire. Son secret : de bons produits frais travaillés avec passion, en saupoudrant quelques saveurs inattendues. On s'est régalés ! Belle carte des vins à prix copains. Accueil familial gentil.

Erawan (plan C1, **11**) : *76, rue de la Fédération, 75015. ☎ 01-47-83-55-67. M Dupleix. Tlj midi et soir sauf dim-lun. Congés : 3 sem en août. Au dej, menu 16 € et carte env 30 €. Le soir, menu uniquement, 26 €.* Le cadre est agréable, l'accueil courtois et le service efficace. Et quelle constance pour ce pionnier des restos thaïs à Paris ! Parmi les grands classiques de la gastronomie siamoise, la *tom ka kaï* (soupe de poulet au lait de coco) est délicieuse, et la salade de seiche à la citronnelle retient notre attention. Et l'air de rien, c'est archiplein tous les midis !

Coups de foudre

Polichinelle (plan B1, **12**) : 51-53, quai de Grenelle, 75015. ☎ 01-87-44-69-14. Ⓜ Bir-Hakeim. Tlj midi et soir. Résa préférable en soirée et pour le brunch. Formules 23-29 € le midi, 49 € le soir ; brunch 49 €. *Polichinelle,* pourtant discrètement niché au rez-de-chaussée du *Yooma Urban Lodge,* n'est plus un secret ! La nouveauté a circulé comme une traînée de poudre. Épaisses tentures de velours ocre, banquettes garnies de coussins moelleux, tables espacées, éclairages tamisés en soirée : le cadre séduit autant les tablées de copains que les couples romantiques qui se retrouvent autour de l'unique buffet à volonté. Petits appétits comme gourmands gourmets trouvent leur compte dans ces petites assiettes ludiques et créatives, à dominante végétarienne, qui sortent au fur et à mesure des cuisines juste derrière. Cerise sur le gâteau, les desserts sont signés Christophe Michalak, pâtissier star. Les cocktails maison sont top et le service adorable. *NOUVEAUTÉ.*

Le Beurre Noisette (plan B3, **13**) : 68, rue Vasco-de-Gama, 75015. ☎ 01-48-56-82-49. • restaurantlebeurrenoisette@orange.fr • lebeurrenoisette.com • Ⓜ Lourmel, Balard ou Porte-de-Versailles. Tlj sauf dim-lun ; service 12h-14h, 19h-22h30. Congés : 9-24 août. Résa indispensable. Formules déj 25-34 € ; le soir, menu 42 € ; menus-dégustation 50-60 €. Thierry Blanqui, chef formé à bonne école, concocte une cuisine assez classique et raffinée, qu'il revisite au gré du marché. Pas de fausse note dans l'assiette. Il n'y a qu'à voir la mine réjouie des habitués qui savourent au coude-à-coude cette cuisine inspirée dans les salles bistrotières ou entre potes autour de la grande table d'hôtes. Très belle sélection de vins, assez chère. Une bonne maison, comme on dit !

L'Atelier du Parc (plan B3, **14**) : 35, bd Lefebvre, 75015. ☎ 01-42-50-68-85. • contact@atelierduparc.fr • atelierduparc.fr • Ⓜ Porte-de-Versailles. Ⓣ Georges-Brassens. En face du parc des expos. Tlj, sauf dim-lun ; service 12h-14h, 19h30-21h30. Congés : 1 sem en janv et 3 sem en août. Formule déj 27 € ; menus 36-85 € ; carte env 55 €. Précédé d'une terrasse sur le boulevard, c'est un espace design et feutré où le bar lumineux et flashy donne le ton. Vraie cuisine d'artisan, à cheval sur la tradition et respectueuse des saisons, mais bourrée d'idées novatrices et mise à la portée de tous grâce à un large éventail de formules. Desserts confondants et plateau de fromages labellisés ; vins au verre bien conseillés. Service courtois et attentif.

Où faire une pause gourmande ?

Pascal & Anthony (plan C3, **15**) : 32, rue de Dantzig, 75015. ☎ 01-43-31-20-03. Ⓜ Convention. Tlj 7h30-20h, sauf dim. Sandwichs 3,90-4,60 € ; formules 5,90-8,60 €. Petit déj, déj sur le pouce, goûter... la pause s'impose ! L'un est pâtissier, l'autre boulanger, les 2 formés à bonne école. Que ce soit du côté des viennoiseries au feuilleté et au goût de beurre incomparables ou au rayon gâteaux (éclair au chocolat épatant, tarte citron-*yuzu* acidulée juste ce qu'il faut), Pascal et Anthony maîtrisent leur spécialité. Beau choix de fougasses et sandwichs variés, copieusement garnis. Le tout à déguster dans le parc Georges-Brassens voisin ou tout simplement dans la belle salle d'angle au mobilier contemporain. *NOUVEAUTÉ.*

Où boire un verre ? Où sortir ?

Mama Shelter Paris West (plan B3, **22**) : 20, av. de la Porte-de-la-Plaine, 75015. • mamashelter.com • Ⓜ Porte-de-Versailles ou Porte-de-Vanves. Tlj jusqu'à minuit ; brunch dim 12h30-16h30 ; rooftop ouv avr-sept. L'arrivée du *Mama* et de ses codes branchés qui ont fait le succès de l'enseigne réveille les abords plutôt ingrats du parc des Expositions !

Carton plein dans le vaste espace de restauration, prolongé par un bar accueillant et ouvert sur la cuisine. En été, il y a même une petite terrasse. Côté déco, c'est réussi et la clientèle de quadras bobos apprécie l'ambiance joyeusement bruyante. Aux beaux jours, allez donc vous percher sur la terrasse du 8e étage qui domine les toits de la capitale pour siroter un cocktail, sur votre petit nuage. Et si la faim vous guette, le resto italien, au même niveau, assure avec des classiques de la Botte et de délicieuses pizzas à la pâte soufflée. *NOUVEAUTÉ.*

Bal Blomet *(plan C2,* ***20****) : 33, rue Blomet, 75015. • balblomet.fr • Ⓜ Sèvres-Lecourbe ou Volontaires. Jeu-dim soir. Programmation et résa (indispensable) sur le site. Congés : de juil à mi-sept.* Le QG de campagne d'un candidat antillais à la députation, plus féru de musique que de politique, est devenu l'un des cabarets les plus en vogue à la fin des années 1920, fréquenté entre autres par Hemingway, Fitzgerald, Foujita, Kiki de Montparnasse, Man Ray et toute l'avant-garde. Joséphine Baker s'y est produite. L'atmosphère y était bouillonnante. Dans ces Années folles, il suffisait de dire 33 au taxi pour arriver à bon port ! Tombé dans l'oubli, l'ancien « *Bal Nègre* » a repris du service grâce à la ténacité d'un ancien tradeur, passionné de musique. Le petit cabaret à l'atmosphère intimiste, avec sa mezzanine et ses hauts murs de brique, connaît une nouvelle vie à travers une programmation éclectique entre jazz, comédie musicale et cafés philo, et avec des intervenants et des prestations de grande qualité. Boissons dans la salle de spectacle.

Guinguette La Javelle *(plan A2,* ***21****) : port de Javel-Bas, 75015. • contact@lajvelle.com • lajavelle.com • Ⓜ Balard ou Exelmans. ♿ Avr-oct, tlj 12h-minuit. Compter 10-15 €.* La péniche déploie tables, chaises, lumières multicolores et bonne humeur sur le quai de Seine, face au parc André-Citroën. Plusieurs *food trucks* de qualité pour nourrir les affamés, et le quai se transforme en salle de concerts et plancher de danse (latino, karaoké, live...).

Main dans la main

Un urbanisme dense et plutôt éclectique où les arpenteurs de bitume pourront toutefois dénicher quelques curiosités entre les 2 bols de chlorophylle de l'arrondissement : Georges-Brassens et André-Citroën. La rue Lecourbe était l'ancien grand chemin de Bretagne. Les maisons s'arrêtaient là. Après, c'était le village de Vaugirard. Une de ces maisons s'appelait la Folie. On disait alors : « Je t'aimerai jusqu'à la Folie, mais je te quitterai à Vaugirard. »

Autour de la tour et de la gare Montparnasse

L'observatoire panoramique de la tour Montparnasse *(plan D2) : ☎ 01-45-38-52-56. • tourmontparnasse56.com • Ⓜ Montparnasse-Bienvenüe. ♿ (accès direct au 56e étage pour les pers handicapées). Possibilité d'accéder au sommet tlj 9h30-22h30 (23h30 en été). Montée : 18 € !*
Construite sur l'emplacement de l'ancienne gare Montparnasse, où fut signée, le 25 août 1944, la reddition de la garnison allemande (une plaque rappelle cet événement sur l'un des piliers du centre commercial), la tour fut achevée en 1973 et mesure quelque 210 m. 25 ascenseurs, dont l'un des plus rapides d'Europe (196 m en 38 s), 1 300 bureaux, 7 200 fenêtres et 56 piliers de béton, coulés à 80 m de profondeur pour supporter l'énorme masse d'acier et de verre. Du sommet, on a le plus haut point de vue face à la tour Eiffel ! Vue superbe sur la capitale, bien sûr, ainsi qu'une expérience immersive pour voyager dans le temps et dans l'histoire de Paris. Montez jusqu'à la terrasse : plus spectaculaire encore, avec une vue à 360° qui porte jusqu'à 40 km par temps clair. Possibilité de grignoter ou de boire quelque chose.

Le musée Bourdelle (plan D2) : *18, rue Antoine-Bourdelle, 75015. ☎ 01-49-54-73-73. • bourdelle.paris.fr • Ⓜ Falguière ou Montparnasse-Bienvenüe (sortie « Place Bienvenüe »). Tlj 10h-18h, sauf lun et j. fériés. GRATUIT (sauf expos temporaires). Audioguide : 5 €. Cycles de visites-ateliers pour les visiteurs malvoyants, lesquels peuvent d'ailleurs toucher un certain nombre de sculptures.*
Très beau musée, étonnamment méconnu, l'un des derniers témoignages de ces cités d'artistes parisiennes auparavant entourées de jardins verdoyants, de vignes et de champs de blé qui fleurirent à la fin du XIXe et au début du XXe s.
Praticien de Rodin, Bourdelle fut par la suite le maître de Giacometti, Germaine Richier et Vieira da Silva, entre autres. Le musée est inauguré en 1949 dans la maison, l'atelier et les jardins où Bourdelle travailla jusqu'à sa mort en 1929. L'appartement de Bourdelle ainsi que son atelier ont été religieusement préservés et nous livrent l'intimité de l'artiste. L'ensemble est complété du grand hall des plâtres, ainsi que d'une galerie dont les arcades en brique rose – inspirées de la place Nationale de Montauban – bordent le jardin extérieur. Depuis la terrasse à l'étage, joli point de vue sur le jardin et les sculptures côté rue, notamment l'imposant cheval en bronze, fragment du monument au général Alvear. Une extension de l'architecte Christian de Portzamparc, en 1992, a permis de redéployer les collections, et la muséographie de les mettre mieux en valeur. Études, esquisses, réductions et plâtres permettent de suivre les différentes phases d'élaboration des sculptures. Parmi les chefs-d'œuvre renommés, souvent inspirés de l'Antiquité, on trouve le célèbre *Héraklès archer,* aux muscles saillants, qui a mené Bourdelle à la consécration internationale, la *Tête d'Apollon,* la voluptueuse *Pénélope,* dont le modèle fut la 1re épouse de Bourdelle...

Autour du parc Georges-Brassens

La villa Santos-Dumont (plan C3) : *accès au niveau du 32, rue Santos-Dumont, 75015. Ⓜ Porte-de-Vanves.* Charmante petite impasse pavée bordée de jolies maisons basses en brique, entrelacées de verdure. Bref, un cadre à la Marcel Carné. 25 pavillons élevés dans les années 1920 sur ce qui n'était encore, sous Napoléon III, que vignes et champs de blé. Zadkine a habité 10 ans au no 3 avant de partir pour la rue d'Assas. Quant à Fernand Léger, il a occupé le no 4 et, au no 10, on trouve un contemporain, le dessinateur Franck Margerin. Au no 15, belles mosaïques composées par Gatti, qui habita ici. Ce lieu calme au passé prestigieux avait aussi séduit Georges Brassens, mort en 1981, qui vécut les dernières années de sa vie au 42, rue Santos-Dumont.

Le parc Georges-Brassens (plan C3) : *accès rue des Morillons, rue Brancion ou rue des Périchaux, 75015. Ⓜ Porte-de-Vanves. Tlj 8h (9h w-e et j. fériés)-21h30 (20h30 avr et sept, 19h30 oct, 19h mars, 17h45 nov-fév).*
Ce parc de 8,7 ha est construit à l'emplacement des abattoirs de Vaugirard. Souvenirs de cette époque révolue, les 2 énormes taureaux en bronze qui surveillent l'entrée principale rue des Morillons, la tour à l'horloge – centre du marché à la criée – et les halles aux chevaux, côté rue Brancion, qui abritent désormais le *marché du livre ancien (w-e 9h-18h).* Le parc offre des paysages variés sur une forte dénivelée.
Entre petite rivière, pont, belvédère, fontaines et bassin à canards, on découvre aussi de nombreuses variétés de plantes. Un *jardin des senteurs* permet aux malvoyants de s'initier à la botanique à l'aide d'étiquettes en braille. Également des ruches, célébrées le 1er week-end d'octobre lors de la fête du Miel. Enfin, le 2e vignoble parisien après Montmartre compte 720 pieds de vigne (pinot noir et pinot meunier pour être précis) plantés en 1985.

La Petite Ceinture du 15e : *accès rue Olivier-de-Serres (ascenseur), rue de Vaugirard, rue Desnouettes (ascenseur), rue Lecourbe ou pl. Balard (ascenseur), 75015. Ⓜ Porte-de-Versailles ou Balard ; Ⓣ Georges-Brassens,*

Portes-de-Versailles, Desnouettes ou Balard. Tlj 9h (9h30 w-e et j. fériés)-20h30 (19h30 avr et sept, 18h30 oct, 18h mars, 16h45 nov-fév).

Construite autour de la capitale au Second Empire pour relier les gares parisiennes, c'est une voie ferrée qui transporta des voyageurs jusqu'en 1934, puis des marchandises. Abandonnée à la nature depuis l'arrêt de son exploitation dans les années 1970, la Petite Ceinture du 15e a été réaménagée en une promenade de 1,3 km de long reliant la rue Olivier-de-Serres (parc Georges-Brassens) à la place Balard (parc André-Citroën). Un véritable corridor vert suspendu offrant des paysages inédits sur la ville, ainsi qu'une biodiversité singulière réunissant près de 220 espèces de plantes et d'animaux sur 3,5 ha (panneaux explicatifs). Une expérience assez déroutante !

Où pique-niquer ?

– ***Dans le parc André-Citroën*** *(plan A2)* **:** *entrées rue Balard, quai André-Citroën, rue de la Montagne-de-l'Espérou, rue Cauchy, etc., 75015. Ⓜ Balard ; RER C : Boulevard-Victor ; Ⓣ Pont-du-Garigliano. ♿ (partiel : grande pelouse, Jardin blanc et Jardin noir). Tlj 9h-21h30 (20h30 avr et sept, 19h30 oct, 19h mars, 17h45 nov-fév).*

Inauguré fin 1992, le parc occupe les anciens terrains des usines Citroën et couvre 14 ha. 2 serres, un axe symétrique, une large perspective sur la Seine, de vastes pelouses (où il fait bon s'installer pour casser une petite croûte discrètement), de l'eau... C'est une sorte de Versailles moderne, disent ses admirateurs les plus fervents.

Le parc se divise grosso modo en 3 zones : le *Jardin blanc* (appelé ainsi pour ses plantes à floraison blanche), un petit carré côté rue Saint-Charles, dans le genre verdure tenue d'une main de béton (murs un peu trop contraignants, allées en granit, jardins en contrebas) ; puis le *Jardin noir,* en contrebas ; pour finir, accès au grand parc proprement dit. Bref, une belle conciliation entre la ville et la nature, à l'image de ces 2 immenses serres à l'architecture aérienne, de la vaste esplanade et du miroir de verdure bordé d'eau.

En contrebas, il fait bon flâner dans le *Jardin argenté,* aux doux noms poétiques tels l'euphorbe ou la fétuque glauque. Le *Jardin bleu* offre, quant à lui, des chaises longues pour se prélasser au soleil. Enfin, le *Jardin en mouvement,* notre préféré, demeure un gentil désordre végétal, domestiqué par les lignes rigoureuses du parc.

■ Le parc accueille le ***ballon de Paris,*** qui, en s'élevant à 150 m d'altitude, permet d'admirer la ville et ses alentours (jusqu'à 40 km !) pendant environ une dizaine de minutes. Retenu au sol par un câble, il s'agit du plus grand ballon au monde, puisqu'il peut contenir à son bord 30 passagers. *• ballondeparis.com • Tlj de 9h jusqu'à 30 mn avt la fermeture du parc ; le ballon volant en fonction des conditions météorologiques, mieux vaut appeler avt au ☎ 01-44-26-20-00 (pas de résa). Tarif : 15 €.*

– Entre le pont de Grenelle et celui de Bir-Hakeim, au milieu de la Seine, une étroite bande de terre appelée l'***île aux Cygnes*** *(accès par le pont de Bir-Hakeim).* En effet, Louis XIV y fit transporter des cygnes pour le plaisir des yeux. Moins réjouissant, on y avait enterré les protestants massacrés lors de la Saint-Barthélemy. Vous y découvrirez une *statue de la Liberté,* modèle réduit de celle de New York. Un tuyau : passez au marché de Grenelle faire quelques provisions et, munis d'un Opinel et d'un bon morceau de pain de campagne, installez-vous sur l'un des nombreux bancs face à la rive de votre choix... Alors, elle est pas belle la vie ?

16e ARRONDISSEMENT

• Plan nord *p. 192-193* • Plan sud *p. 194-195*

Quand les villages d'Auteuil et de Passy ont été rattachés à Paris en 1859 pour former le 13e arrondissement, un tollé de protestations de la part des habitants suivit : en effet, jusqu'alors, Paris n'étant divisé qu'en 12 arrondissements, on disait d'un couple vivant en concubinage : « Ils se sont mariés à la mairie du 13e. »
Le 16e arrondissement est truffé d'allées courbes, d'oasis de verdure et d'habitations magnifiques. Certaines « villas » (ces impasses très chics habitées par des familles modèles) recèlent des trésors de buissons, de jardinets, de massifs de fleurs, de courettes où l'on aimerait bien se poser un moment, comme le font d'impertinents piafs. Hélas, les digicodes et les gardiens veillent au grain...

Où dormir ?

Coup de cœur

Hôtel Boileau *(plan sud B3, **1**) : 81, rue Boileau, 75016. ☎ 01-42-88-83-74. • info@hotel-boileau.com • hotel-boileau.com • Ⓜ Exelmans ou Porte-de-Saint-Cloud. ♿ Doubles 137-210 € ; petit déj 12,50 €. Parking payant.* Ce charmant hôtel propose des chambres de goût, tout confort et bien tenues. Notre préférence va à la no 222, calme et décorée d'estampes. Toutes sont différentes. Atmosphère « lumière tamisée, tableaux anciens et beaux objets dans les parties communes » pour cette adresse bien plaisante. Salles de bains modernes et salle du petit déjeuner ouvrant sur un petit patio paisible et fleuri. Accueil délicieux.

Coups de folie

Queen's Hotel *(plan sud B1, **3**) : 4, rue Bastien-Lepage, 75016. ☎ 01-42-88-89-85. • contact@queens-hotel-paris.com • queens-hotel-paris.com • Ⓜ Michel-Ange-Auteuil. Résa conseillée (1 mois à l'avance). Doubles 90-209 € ; petit déj 13 €.* Prestations de qualité pour cet hôtel de charme aux chambres aménagées avec goût, portant le nom d'un peintre contemporain dont une œuvre se trouve exposée à l'intérieur. 17 chambres très claires, climatisées, dont 7 avec baignoire balnéo. Certaines possèdent un petit balcon, et celles du dernier étage sont légèrement mansardées. Dommage que l'excellent petit déj-buffet soit servi dans un petit espace à peine distinct du hall d'entrée. Accueil disponible et souriant.

Hôtel Gavarni *(plan nord C3, **4**) : 5, rue Gavarni, 75016. ☎ 01-45-24-52-82. • reservation@gavarni.com • gavarni.com • Ⓜ Passy. Doubles 110-190 € ; petit déj bio 15 €.* Dans une rue tranquille, cet hôtel concentre charme, gentillesse et bon goût. Les chambres, quoique petites, sont modernes et ont su conserver le côté Art déco des lieux. Couleurs patinées, tissus raffinés et déco fleurie, chaque chambre a son propre cachet... Avec une équipe jeune et accueillante, l'hôtel est engagé dans une démarche d'écotourisme citadin et a été distingué par l'Écolabel européen ; chapeau bas ! Une adresse qui a tout d'un nid d'amour...

Chambres d'hôtes Sourire de Passy *(plan sud C1, **7**) : 29, rue des Marronniers, 75016. ☎ 06-64-64-72-86. • contact@ausourire.com • sourirepassy.com • Ⓜ La Muette ; RERC : Boulainvilliers. Doubles 160-230 €.* À côté de la commerçante rue de Passy, ce magnifique hôtel particulier à l'architecture néogothique attire les regards. Derrière ses murs

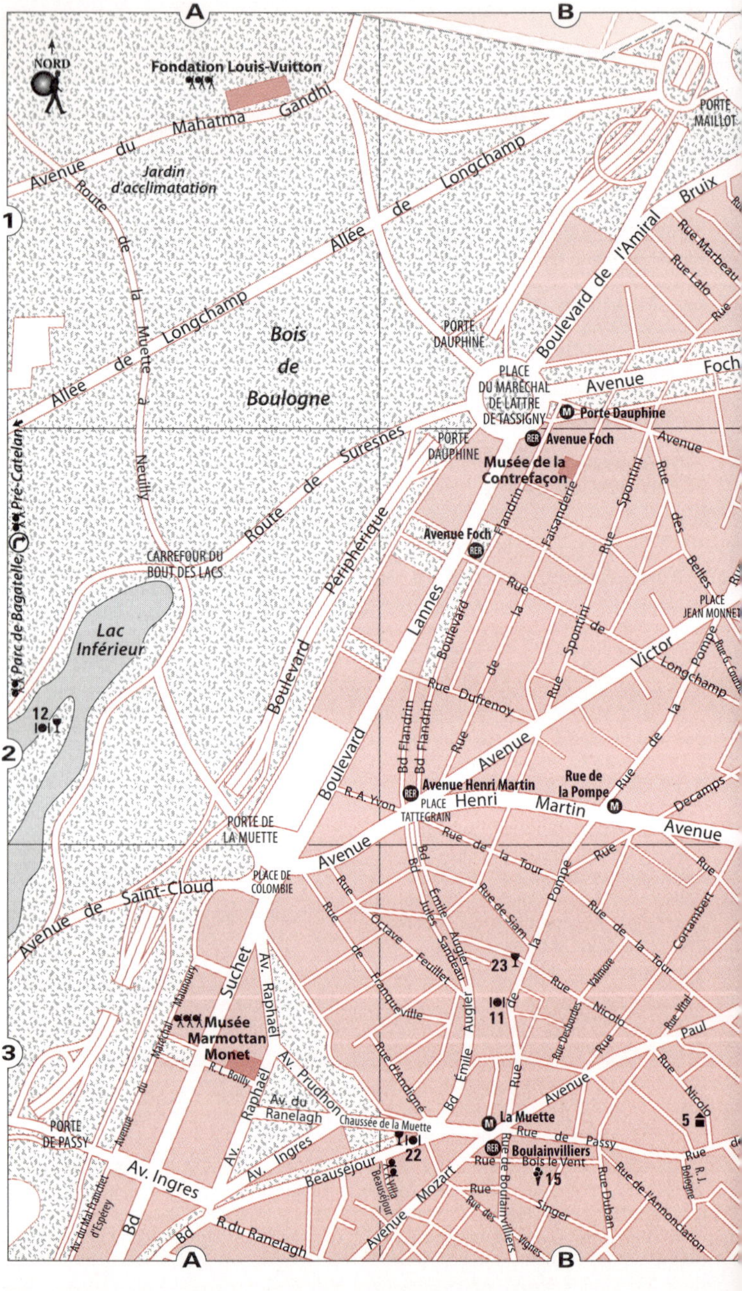
A
B
1
2
3
NORD
Fondation Louis-Vuitton
Avenue du Mahatma Gandhi
Jardin d'acclimatation
Route de la Muette à Neuilly
Allée de Longchamp
Bois de Boulogne
PORTE MAILLOT
Boulevard de l'Amiral Bruix
Rue Marbeau
Rue Lalo
PORTE DAUPHINE
PLACE DU MARÉCHAL DE LATTRE DE TASSIGNY
Avenue Foch
Porte Dauphine
Avenue Foch
Musée de la Contrefaçon
Pré-Catelan
Parc de Bagatelle
Route de Suresnes
CARREFOUR DU BOUT DES LACS
Lac Inférieur
12
Boulevard Périphérique
Boulevard Lannes
Rue Flandrin
Rue de la Faisanderie
Rue Spontini
Rue des Belles Feuilles
PLACE JEAN MONNET
Rue de Longchamp
Rue Dufrenoy
Avenue Victor Hugo
Rue de la Pompe
Bd Flandrin
Avenue Henri Martin
Rue de la Pompe
R. A. Yvon
PLACE TATTEGRAIN
Avenue Henri Martin
Rue Decamps
PORTE DE LA MUETTE
PLACE DE COLOMBIE
Rue de la Tour
Rue Cortambert
Avenue de Saint-Cloud
Rue Octave Feuillet
Bd Jules Sandeau
Bd Émile Augier
Rue de Siam
Rue de Franqueville
23
11
Rue Nicolo
Rue Vital
Rue Paul Doumer
Rue Desbordes-Valmore
Suchet
Av. Raphaël
Musée Marmottan Monet
Avenue du Maréchal Maunoury
R. L. Boilly
Av. Prudhon
Av. du Ranelagh
Rue d'Andigné
Chaussée de la Muette
La Muette
Boulainvilliers
Rue de Passy
Rue Bois le Vent
Rue de Boulainvilliers
5
22
15
PORTE DE PASSY
Av. Ingres
Beauséjour
Villa Beauséjour
Avenue Mozart
Rue Singer
Rue des Vignes
Rue Duban
Rue de l'Annonciation
R. J. Bologne
Av. du Mal Franchet d'Espérey
Bd
R. du Ranelagh

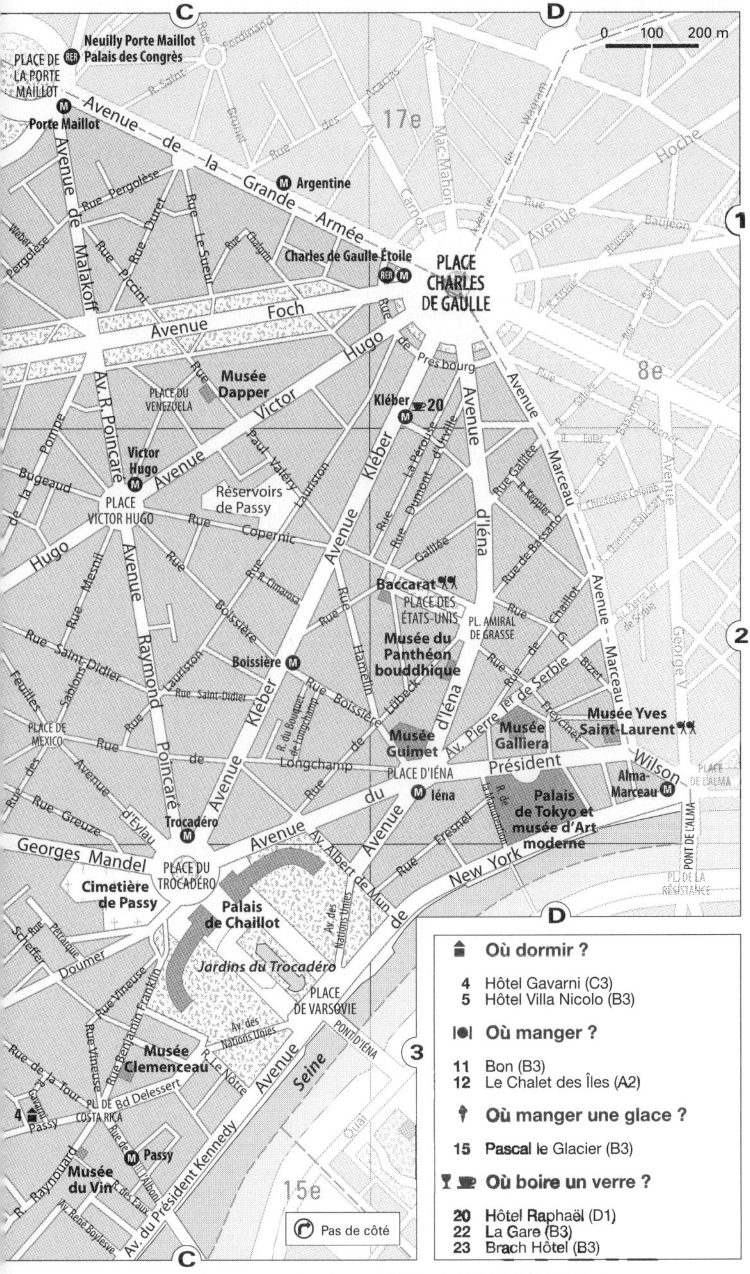

Où dormir ?

4 Hôtel Gavarni (C3)
5 Hôtel Villa Nicolo (B3)

Où manger ?

11 Bon (B3)
12 Le Chalet des Îles (A2)

Où manger une glace ?

15 Pascal le Glacier (B3)

Où boire un verre ?

20 Hôtel Raphaël (D1)
22 La Gare (B3)
23 Brach Hôtel (B3)

16e ARRONDISSEMENT NORD

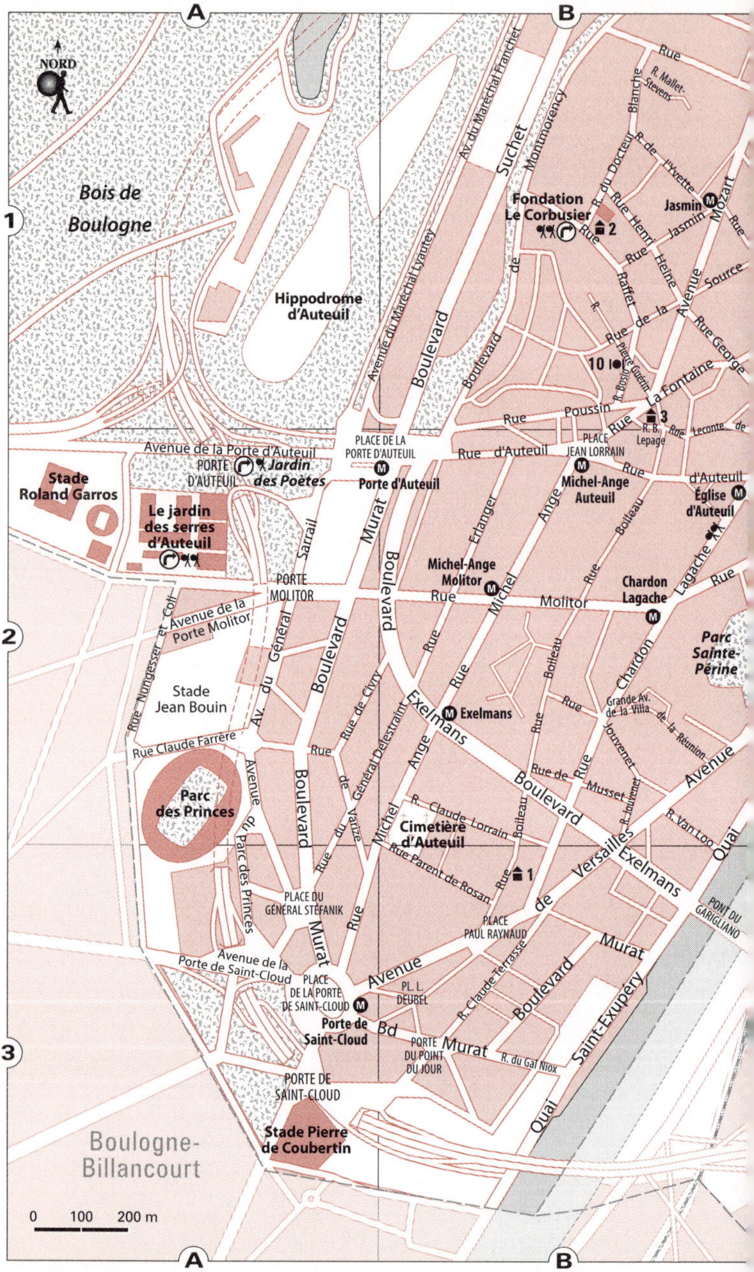
NORD
Bois de Boulogne
Hippodrome d'Auteuil
Avenue du Maréchal Lyautey
Av. du Maréchal Franchet
Boulevard Suchet
Fondation Le Corbusier
Jasmin
Stade Roland Garros
Le jardin des serres d'Auteuil
Jardin des Poètes
PORTE D'AUTEUIL
PLACE DE LA PORTE D'AUTEUIL
Porte d'Auteuil
Avenue de la Porte d'Auteuil
PLACE JEAN LORRAIN
Michel-Ange Auteuil
Église d'Auteuil
Michel-Ange Molitor
Chardon Lagache
Parc Sainte-Périne
PORTE MOLITOR
Avenue de la Porte Molitor
Stade Jean Bouin
Exelmans
Parc des Princes
Cimetière d'Auteuil
PLACE DU GÉNÉRAL STÉFANIK
PLACE PAUL RAYNAUD
PLACE DE LA PORTE DE SAINT-CLOUD
PL. L. DEUBEL
Porte de Saint-Cloud
PORTE DU POINT DU JOUR
PORTE DE SAINT-CLOUD
Stade Pierre de Coubertin
Boulogne-Billancourt
PONT DU GARIGLIANO
Quai Saint-Exupéry
0 100 200 m
A
B
1
2
3
10

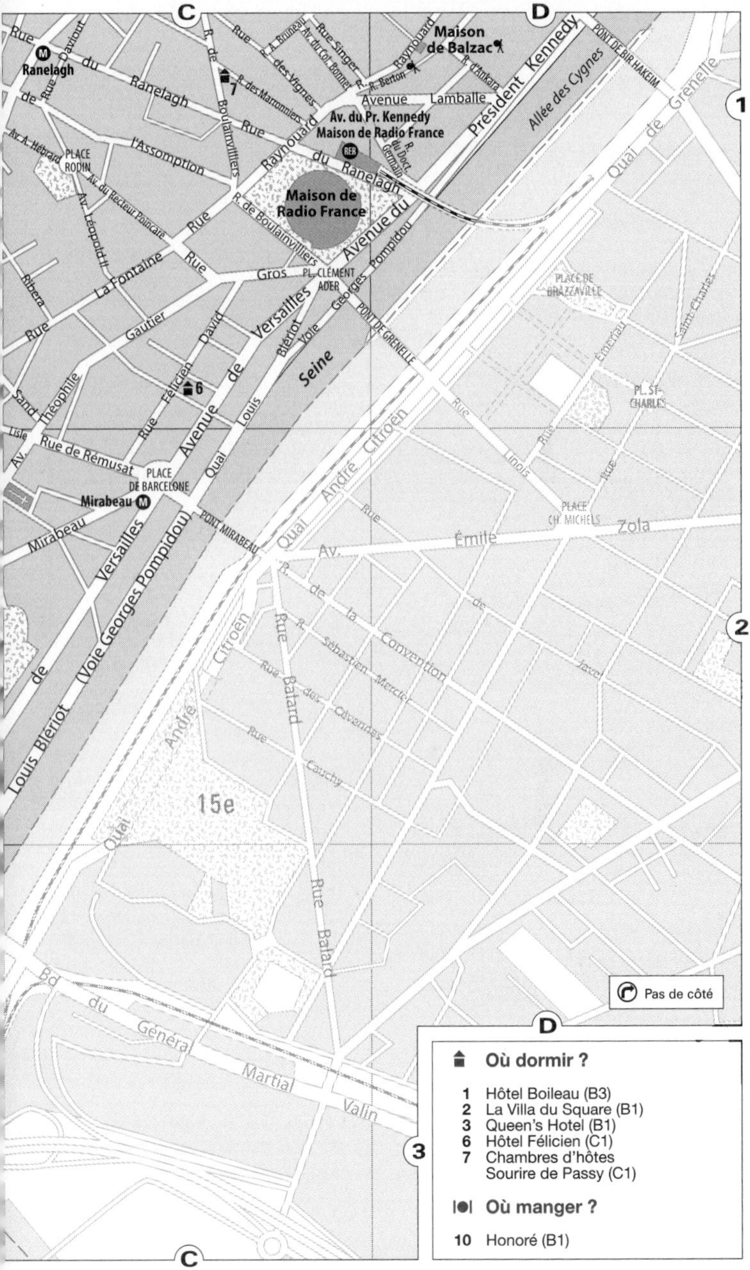

Où dormir ?

1 Hôtel Boileau (B3)
2 La Villa du Square (B1)
3 Queen's Hotel (B1)
6 Hôtel Félicien (C1)
7 Chambres d'hôtes Sourire de Passy (C1)

Où manger ?

10 Honoré (B1)

16e ARRONDISSEMENT SUD

en brique rouge, Ilhame et son mari bichonnent leurs hôtes. Les 3 salons en enfilade ont un sacré cachet : moulures et plancher centenaires s'harmonisent avec les joyeux lampions. Mais la griffe d'origine demeure, entre les vitraux colorés d'époque et le bel escalier en fer forgé qui mène aux 5 chambres à l'esprit voyageur. Entre la « Céladon » avec un petit balcon, la « Zen » et sa griffe asiatique, l'« Ethnic » aux touches marocaines, on se laisse bercer dans une ambiance 1 001 nuits. 2 suites séduisantes elles aussi, la « Curiosité » et la « Bohème », au 2e étage et en duplex : à privilégier pour des déclarations enflammées auprès de la cheminée ! Le plus, c'est le jardin d'hiver et le *rooftop* confidentiel noyé dans la végétation. Possibilité de repas et d'événements grâce à un talentueux chef aux fourneaux. Une adresse d'exception ! *NOUVEAUTÉ.*

Hôtel Villa Nicolo *(plan nord B3,* **5**) : *3, rue Nicolo, 75016. ☎ 01-42-88-83-40. • contact@hotel-nicolo.fr • villanicolo.com • Ⓜ Passy ou La Muette. Ouv 24h/24. Doubles 110-280 € ; petit déj 16 €.* Au cœur du village de Passy, au fond d'une cour d'immeuble bourgeois se cache cette pépite, un petit hôtel intime et familial, entièrement rénové et parfaitement entretenu. Les 27 chambres élégantes et colorées, personnalisées, donnent toutes sur le patio. Calme assuré donc. La déco, le mobilier et les têtes de lit anciennes évoquent le voyage. Dans le patio, terrasse paisible et agréable. Accueil plus que charmant. Un coup de cœur !

Hôtel Félicien *(plan sud C1,* **6**) : *21, rue Félicien-David, 75016. ☎ 01-55-74-00-00. • contact@hotelfelicienparis.com • Ⓜ Mirabeau. Doubles 109-309 € ; petit déj 18 € (peut être inclus dans le prix de la chambre pour les résas en direct).* Achluophobes, abstenez-vous ! Du hall de l'hôtel jusque dans les chambres, en passant par les salles de massage au sous-sol, les murs sont noirs ! La déco est l'œuvre d'Olivier Lapidus, qui s'est inspiré de sa vision de la mode, ultra-contemporaine et épurée, en utilisant des tissus à incrustations métalliques ou de la flanelle. Chambres pas très grandes mais très confortables (épaisses literies, insonorisation). Les suites, avec terrasse et jacuzzi extérieur privé, peuvent se négocier à bons prix en promo. Spa, piscine et petit déj très complet. Accueil simple et adorable.

La Villa du Square *(plan sud B1,* **2**) : *26, rue Raffet, 75016. ☎ 01-71-72-91-33. • contact@villadusquare.com • villadusquare.com • Ⓜ Jasmin. Ouv tte l'année. Doubles 150-220 €, petit déj compris. Parking payant.* Dans l'un des plus jolis quartiers du 16e, cette maison de style Art déco ne fait pas exception. Dotée de magnifiques volumes et d'un bel escalier en pierre avec une rampe en fer forgé, elle abrite dans ses étages 5 chambres d'hôtes de charme. 4 de taille très convenable côté rue, calmes et claires, et une grande, notre préférée, côté jardin avec vue sur la fondation Le Corbusier. Déco différente dans toutes les chambres, et toujours de bon goût. On notera les beaux tableaux, dont certains sont des œuvres exposées d'artistes. Ici, on aime l'art, et les propriétaires, très accueillants, organisent pour leurs hôtes des visites de la fondation Le Corbusier voisine. Une superbe adresse, parisienne en diable !

Où manger ?

Coup de cœur

Honoré *(plan sud B1,* **10**) : *13, rue Bosio, 75016. ☎ 01-42-88-12-12. • restaurant.honore@club.fr • restaurant-honore.fr • Ⓜ Michel-Ange-Auteuil ou Jasmin. Tlj, sauf dim ; service 12h-14h30, 19h30-22h30 (23h ven-sam). Congés : 4 sem en août et Noël-2 janv. Formule déj 16 € ; carte env 25 €.* Dans une rue discrète du quartier d'Auteuil, ce restaurant est une aubaine. Cadre chaleureux avec tables en bois, rondes pour certaines, et un bon feu de cheminée pour se ragaillardir dès les 1ers frimas. Le menu du déjeuner n'offre pas de choix mais il est irréprochable, et le prix aussi. À la carte, prix légers pour une qualité plutôt costaude et une présentation soignée. Belle cave à vins et nombreuses références au verre. Ambiance sympa, comme l'accueil.

Coups de folie

Bon (plan nord B3, **11**) : *25, rue de la Pompe, 75016. ☎ 01-40-72-70-00. Ⓜ La Muette. Tlj ; service 12h-14h30, 19h30-23h (23h30 ven-sam). Formules déj 27,50-32,50 € ; le soir, carte env 55 € ; brunch-buffet dim 55 €.* Dans un superbe bâtiment à la façade Art nouveau incrustée de mosaïques, belle enfilade de salles aux atmosphères classieuses et distinctes imaginées par Starck. Passez l'étonnant fumoir pour vous rendre sur la mezzanine avec sa belle charpente et prendre place dans la petite alcôve capitonnée. Idéal pour un dîner en amoureux. Le spectacle ne se limite pas au décor, la clientèle (bon teint ultrachic) et le contenu de l'assiette étonnent tout autant. La cuisine d'inspiration asiatique se révèle fine et créative, et la formule déj particulièrement intéressante. Service sérieux et agréable. Et une terrasse verdoyante ouverte seulement le midi en semaine aux beaux jours. Bref, du beau, du bon, du bon... heur !

Le Chalet des Îles (plan nord A2, **12**) : *porte de la Muette, lac Inférieur du bois de Boulogne, 75016. ☎ 01-42-88-04-69. • reservation@lechaletdesiles.net • lechaletdesiles.net • Ⓜ Rue-de-la-Pompe. En voiture depuis la porte de la Muette. Stationnement gratuit, puis descendre à l'embarcadère. Tlj midi et soir. En sem, formule déj 26 € ; brunch (plantureux buffet) dim 60 € ; carte env 60 € ; bar dansant à partir de 16h.* Cet authentique chalet suisse offert par Napoléon III à l'impératrice Eugénie a été transporté en pièces détachées de Suisse au XIXe s ! Sur une île du lac Inférieur, on prend le large le temps d'un repas après une courte traversée en bateau. Une escapade champêtre en plein bois de Boulogne : plusieurs terrasses, feu de cheminée en hiver, tables rondes propices aux confidences. À la carte, des classiques réalisés à base de produits frais et de qualité. À 2, on vous conseille une table au restaurant, sur le balcon qui domine le lac. On passe un moment enchanteur, quelle que soit la saison.

Où manger une glace ?

Pascal le Glacier (plan nord B3, **15**) : *17, rue Bois-le-Vent, 75016. ☎ 01-45-27-61-84. • pascaljrc@gmail.com • Ⓜ La Muette. Tlj 10h30-19h, sauf dim-lun. Congés : août. Pot double (mais un seul parfum par pot) 4 € ; pot d'½ litre 14 €.* Pascal Combette ne travaille que des fruits de grande qualité, n'utilise que de l'eau minérale et arrête la production de certains parfums quand il ne trouve pas les fruits à la hauteur de son exigence. Ses sorbets (orange sanguine, mirabelle, mangue...) nous font frissonner de bonheur. Côté glaces, sa vanille de Tahiti et son sorbet cacao vous rendront givré !

Où boire un verre ?

Brach Hôtel (plan nord B3, **23**) : *1, rue Jean-Richepin, 75016. ☎ 01-44-30-10-00. • restaurant@brachparis.com • Ⓜ La Muette ou Rue-de-la-Pompe. Terrasse couverte ouv tte l'année 17h-23h. Pique-nique au potager mai-sept aux beaux jours à partir de 16h (temps limité à 2h). Pas de résa (sauf resto). Cocktail env 20 €.* Encore une fois, l'infatigable Philippe Starck a frappé ! Plus qu'un hôtel chic et branché, c'est un lieu à géométrie variable qui sévit désormais dans ce quartier peu habitué aux remous. Pour un apéro gourmet sur la terrasse (couverte et chauffée en hiver), on passe l'effervescence du restaurant situé au rez-de-chaussée et on grimpe au 1er étage. Assis dans un confortable canapé, on profite de l'ambiance cosy pour trinquer en grignotant une cuisine aux accents asiatiques. Mais notre cœur s'emballe avec l'altitude : c'est le potager urbain, perché au 7e étage, qui vous fera chavirer le temps d'un pique-nique bucolique (gare au chrono, 2h max). Vue panoramique à 360° sur Paname, quel luxe ! Plongé dans le bain norvégien ou allongé sur une chaise longue entre fruits, fleurs, poules (eh oui !), légumes et plantes aromatiques, on est vraiment au 7e ciel ! Bien vu le panier pique-nique agrémenté d'une bouteille de vin ! Assurément propice aux déclarations les plus enflammées ! *NOUVEAUTÉ.*

Hôtel Raphaël *(plan nord D1,* ***20****) : 17, av. Kléber, 75016. ☎ 01-53-64-32-00. • restauration@raphael-hotel.com • raphael-hotel.com • Ⓜ Kléber. Terrasse (salon de thé et bar de nuit) ouv mai-sept par beau temps lun-ven 12h30-14h, 19h30-21h. Soda env 15 € ; cocktail env 25 €. Parking payant.* Un luxueux palace de la capitale. Une terrasse de 300 m² au 7e étage, à la végétation luxuriante, est ouverte en été. On peut s'y prélasser tranquillement au soleil, même si les rumeurs étouffées de la ville nous parviennent au loin. Quant à la vue, elle est splendide et s'étend sur 360°. On apprécie l'endroit assez confidentiel, peu connu des Parisiens, avec certaines tables isolées. Impossible d'être seuls en tête à tête, la tour Eiffel tient la chandelle !

La Gare *(plan nord B3,* ***22****) : 19, chaussée de la Muette, 75016. ☎ 01-42-15-15-31. • commercial@restaurantlagare.com • lagare-paris.com • Ⓜ La Muette ; RER C : Boulainvilliers. Café ouv tlj 15h30-23h ; partie resto ouv tlj 12h-14h30, 19h-23h. Sodas 6-7 € ; cocktails 11-22 €.* Une ancienne gare qui joue les belles ferroviaires ! La salle des pas perdus a judicieusement été transformée en bar, où une jeunesse bien comme il faut aime siroter de très bons cocktails. La déco a été entièrement repensée par la créatrice Laura Gonzalez dans un thème mêlant l'ici et l'ailleurs très coloré. À l'arrière, belle terrasse au calme et dans la verdure, vraiment agréable pour se prélasser au soleil. Les voies et ballast au sous-sol sont devenus un resto. Vraiment joli avec ses airs de campagne chic.

Main dans la main

Auteuil

Chateaubriand, Victor Hugo ou les Goncourt vinrent au village d'Auteuil pour se mettre au vert. Il subsiste de cet ancien village de sereines villas et hôtels particuliers baignant dans une atmosphère champêtre, et de paisibles hameaux – hameau Boileau, villa Molitor, villa de la Réunion, villa Montmorency, la jolie petite rue Pierre-Guérin –, qui nous font indéniablement remonter le temps. Malheureusement, aujourd'hui, ses richesses (architecturales, et autres d'ailleurs) se cachent derrière un attirail qu'il est impossible de braver (caméras, gardien, codes, grilles), ne serait-ce que pour le simple plaisir des yeux...

La rue Chardon-Lagache *(plan sud B2)* **:** au niveau du nº 41, adossé à la villa de la Réunion, l'*hôtel Jassede* fait partie des 1res construction de Guimard. Commandé par un riche négociant du quartier à l'architecte, il est antérieur au *Castel Béranger*, mais il témoigne déjà bien de son style : architecture encore géométrique avec des décrochés de toitures et découpages de volumes de la façade, mélange de matériaux tels que meulière et brique, incrustations de céramiques florales, hautes baies vitrées arrondies. Au nº 16, bel immeuble Art déco celui-là, avec une façade sculptée sur 4 niveaux représentant les travaux des champs.

Le jardin des serres d'Auteuil *(plan sud A2)* **:** *1 bis, av. de la Porte-d'Auteuil (entrée principale) et 1, av. Gordon-Bennett, 75016. ☎ 39-75 (0,05 €/mn). Ⓜ Porte-d'Auteuil. Tlj 8h (9h w-e)-20h30 (19h30 avr et sept, 18h30 mars et oct, 17h fin oct-fin fév). GRATUIT.*

Jardin botanique de la Mairie de Paris : on peut y admirer toute l'année des collections de plantes de toute la planète (orchidées, cactus...), au sein d'un environnement verdoyant, d'une quiétude rare à Paris. Dans les jardins vallonnés, quelques arbres remarquables, dont un chêne vert, un noyer du Caucase et un ginkgo biloba planté en 1895... Sur les bancs qui entourent la pelouse centrale, délicieusement fleurie dès le printemps, les couples s'enlacent pendant que d'autres dévorent des livres. Les serres à la structure métallique bleu-vert, inscrites à l'inventaire des monuments historiques, ont été construites à la fin du XIXe s sur les anciennes pépinières de Louis XV. Ambiance des tropiques garantie, surtout dans la serre principale, le *palmarium,* où s'élève, au-dessus d'une végétation luxuriante, un immense palmier dattier. Volières et bassins d'époque complètent cette impression de jardin d'éden. Des espèces rares et variées à découvrir avec émerveillement dans les différentes serres. Celle consacrée aux plantes de nouvelle Calédonie nous fait découvrir des arbres méconnus. Gare aux épines des cactus (ah, celui nommé le *coussin de belle-mère* a du piquant !) dans une serre ouverte seulement en présence d'un collectionneur. Un endroit magnifique où roucouler en paix en dehors de la période du tournoi de Roland-Garros (de mi-mai à mi-juin). Dans le cadre de l'extension de Roland-Garros, un court de tennis semi-enterré a été créé, entouré de 6 nouvelles serres qui proposent un tour du monde autour de plantes rares venant d'Asie, d'Amérique du Sud, d'Australie et d'Afrique.

Le jardin des Poètes *(plan sud A2)* **:** *av. du Général-Sarrail, 75016. M Porte-d'Auteuil. Jouxte les serres. Mêmes horaires que les serres d'Auteuil.* Petite balade poétique et romantique entre 48 stèles où sont gravés les vers de Ronsard, Villon, Lamartine, à la gloire de mère Nature. Il abrite le buste de *Victor Hugo* par Rodin.

La Fondation Le Corbusier – Maison La Roche *(plan sud B1)* **:** *8-10, sq. du Docteur-Blanche, 75016. ☎ 01-42-88-75-72. • fondationlecorbusier.fr • M Jasmin. Horaires : rens sur le site. Entrée : 10 € ; 5 € sur présentation de ce guide. Billet couplé avec l'appartement-atelier (situé au 24, rue Nungesser-et-Coli) : 15 €.* Charles-Édouard Jeanneret-Gris, dit Le Corbusier, est sûrement l'un des précurseurs de l'architecture et de l'urbanisme modernes. La fondation est installée dans les villas Jeanneret et La Roche, œuvres du maître (1923), qui lui a légué l'ensemble de ses biens. La 1re villa fut construite pour le banquier suisse Raoul La Roche (Le Corbusier fut suisse avant de se faire naturaliser français). Le toit-jardin, grande spécialité de Le Corbusier, est accessible. Le Corbusier affectionnait aussi la peinture, mais ce sont surtout des élèves architectes que vous croiserez sur place. La maison est inscrite sur la liste du Patrimoine mondial de l'Unesco.

La villa Beauséjour *(plan nord A3)* **:** *7, bd Beauséjour, 75016. M La Muette. Accès libre.* Au n° 7, les fondateurs de la villa avaient élu domicile. Sur la gauche, maison dans le style néoclassique, de 1927, avec 3 porte-fenêtres. Au fond de l'allée sur la droite, loin de la rumeur, comme on dit, se cachent 4 chalets, avec rondins de bois et frises sur un soubassement de brique. Le dernier au fond, le n° 6, est entièrement en bois. Il s'agit d'isbas russes construites pour l'Exposition universelle de 1867 destinées à présenter les produits russes, puis remontées ici. Elles ont été inscrites à l'inventaire des Monuments historiques en 1992, 20 ans après l'échec d'un projet de construction d'un immeuble de 9 étages sur le site ! On joue souvent du piano le soir, au fond des villas en bois, quand ce ne sont pas les oiseaux qui y chantent. Mme Récamier et Chateaubriand eurent ici leur maison de campagne, à l'époque où tout ce quartier n'était qu'un vaste parc.

Passy

– ***La rue Raynouard*** *(plan nord B-C3 et plan sud C-D1)* **:** Balzac vécut 7 ans au n° 47 sous le pseudonyme de Mme veuve Breugnol, afin d'échapper à ses créanciers.

Aujourd'hui, la ***maison de Balzac*** *(plan sud D1)* abrite un musée *(tlj 10h-18h, sauf lun et j. fériés ; GRATUIT)* consacré à l'écrivain et à la fameuse Mme Hanska, que Balzac épousa après 18 ans d'échanges épistolaires assidus. Le jardin est à lui seul un petit poème où il fait bon musarder. Un havre de paix à ne manquer sous aucun prétexte. Au nº 43, un adorable escalier dégringole de la colline, enfoui sous la verdure.

La rue Berton *(plan sud D1)* **:** une des rues les plus anachroniques de Paris. Étroite, avec des lampadaires à l'ancienne, des murs couverts de lierre ; ses pavés rappellent le temps jadis. Entre la rue Berton et le musée du Vin, pittoresque passage des Eaux. L'hôtel particulier si bien gardé de la rue d'Ankara fut celui de la princesse de Lamballe, puis du docteur Blanche, qui soigna notamment les maladies mentales de Nerval et de Maupassant. Aujourd'hui, il abrite l'ambassade de Turquie.

Le musée Marmottan-Monet *(plan nord A3)* **:** *2, rue Louis-Boilly, 75016. ☎ 01-44-96-50-33. • marmottan.com • Ⓜ La Muette ; RER C : Boulainvilliers. Tlj 10h-18h (21h jeu), sauf lun ; fermeture des caisses à 17h30. Fermé 1er janv, 1er mai et 25 déc. Entrée : 12 € ; réduc. Audioguide pour les collections permanentes et pour les expos temporaires : 3 €.* C'est dans ce ravissant hôtel particulier de l'historien d'art Paul Marmottan qu'est conservé l'illustre *Impression, Soleil Levant*, qui a donné son nom au mouvement pictural le plus célèbre du monde. Une centaine de toiles de Claude Monet, léguées par sa famille et provenant de sa maison de Giverny. Un ensemble de peintures exceptionnelles signées Berthe Morisot, Manet, Renoir, Pissaro, Sisley, Gauguin sont également présentées dans le décor préservé de l'hôtel particulier.

Baccarat *(plan nord D2)* **:** *11, pl. des États-Unis, 75116. ☎ 01-40-22-11-00. Ⓜ Boissière ou Iéna. ♿ Tlj 10h-18h, sauf mar, dim et j. fériés. Entrée : 10 € ; réduc ; gratuit moins de 18 ans et pers handicapées.* Dans l'ancien hôtel particulier de Marie-Laure de Noailles, muse et mécène au XXe s d'artistes en tout genre, la célèbre manufacture de cristal a choisi d'installer sa boutique, ses bureaux, un resto – le *Cristal Room Baccarat* – et une galerie-musée. Le tout redécoré par le maître en architecture fantasmagorique, Philippe Starck lui-même. Cet hôtel est spectaculaire. Elle dévoile les murs en parchemin imaginés par Jean-Michel Frank dans les années 1920 et les portes en bronze d'Eileen Gray. Vases, coupes, verres, candélabres dits « du tsar Nicolas II ». Splendide ! L'occasion de se rappeler que l'amour est aussi fragile que du cristal... Faites un petit tour dans la salle de bal voisine. On s'y croirait. Musique, maestro !

Le musée Yves-Saint-Laurent *(plan nord D2)* **:** *5, av. Marceau, 75016. ☎ 01-44-31-64-00. • museeyslparis.com • Ⓜ Alma-Marceau. Tlj 11h-18h (21h ven), sauf lun ; dernière entrée 45 mn avt la fermeture. Fermé 1er janv, 1er mai et 25 déc. Entrée : 10 € ; réduc.* Vous voici dans cet hôtel particulier Napoléon III où fut installée de 1974 jusqu'à sa fermeture en 2002 la maison de haute couture du célèbre couturier. Aujourd'hui transformée en musée, on y découvre les salons de réception, mais aussi quelques robes ou pièces emblématiques du style Saint-Laurent, comme la robe Mondrian, la saharienne ou le smoking, à travers un parcours rétrospectif et des expositions temporaires. Le plus émouvant reste l'atelier du créateur, laissé tel quel après son départ, où l'on entre en chuchotant.

Petit itinéraire romantique

Le bois de Boulogne

Sur les 856 ha, plusieurs arbres bicentenaires, comme le fameux chêne rouvre du Pré-Catelan, qui fait 6,60 m de circonférence. L'espèce dominante est le chêne. C'est Philippe Auguste qui achète à l'abbaye de Saint-Denis ce vestige de la forêt de Rouvray (de *roburerum,* chênes). En 1852, Napoléon III fait don du bois à la Ville de Paris et Haussmann le réaménage au goût du jour (enfin, de Napoléon III, qui se piquait d'horticulture depuis son exil anglais !) : grottes, cascades, chemins sinueux, pagodes, lacs et même un chalet suisse d'origine, entièrement remonté, décors de rêve pour scènes pittoresques ! La Ville de Paris a ajouté aux allées cavalières et aux pistes pour cyclistes des parcours sportifs qui sont très fréquentés. La nuit aussi, mais il ne s'agit pas des mêmes sports ! Pour votre gouverne, sachez que le Bois a toujours eu une réputation un peu sulfureuse : le château de Madrid, aujourd'hui disparu, abrita les amours illégitimes de François Ier avec la Belle Ferronnière, puis avec la duchesse d'Étampes. Au XVIIIe s, on s'y retrouvait en cachette, on s'y battait en duel. Un endroit très vivant, quoi !

Le lac Inférieur, ou Grand Lac (location de barques), d'une superficie de 11 ha, entoure 2 îles, réunies par un pont. La plus grande, accessible en bateau *(2 € la traversée)* abrite le café-restaurant du *Chalet des Îles* (voir « Où manger ? »). Mais rien ne vous empêche de venir avec votre pique-nique, à déballer sous les grands arbres ou sur un banc, au pied de la statue romantique *Les Deux Arbres,* à la pointe nord de l'île. Un lieu de promenade propice aux déclarations. Si son cœur ne chavire pas, c'est qu'il est de pierre... Le carrefour des Cascades (1,2 km du carrefour du Bout-des-Lacs) est situé entre le lac Inférieur et le lac Supérieur, ou Petit Lac.
Le bois de Boulogne se parcourt à pied, certains le disent. Vous pouvez faire son tour complet en randonneur pédestre de grandes vertus (12 km, circuit partant de la station de métro Porte-Maillot, 4h sans les arrêts). Vous pouvez aussi le traverser en 6 km et 2h de la station de métro Porte-Maillot à la station Porte-d'Auteuil, par l'hippodrome et le moulin de Longchamp, la Grande Cascade et les serres d'Auteuil. Balades sympathiques en suivant le balisage jaune et rouge du GR de pays. Réf. : topoguide *Paris à pied,* éd. FFRP, avec cartes.

***La Fondation Louis-Vuitton** (plan nord A1) : 8, av. du Mahatma-Gandhi, 75016. ☎ 01-40-69-96-00. • fondationlouisvuitton.fr • Ⓜ Les Sablons. Navette depuis la pl. de l'Étoile (av. de Friedland) ttes les 20 mn : 2 € A/R. Lun et mer-jeu 12h-19h, ven 12h-21h (23h 1er ven de chaque mois), sam-dim 11h-20h. Fermé mar. Entrée : 16 € ; réduc. Librairie. Resto* Le Franck *confié au chef Jean-Louis Nomicos (tlj 12h-19h, sauf mar ; sur résa le soir mer-jeu, nocturne ven-sam ; formule déj 28 €, plats 24-35 €).*
Comme à son habitude, et pour notre plus grand plaisir, Franck O. Gehry signe ici un geste architectural fort comme un gigantesque vaisseau toutes voiles gonflées dehors. Impression renforcée lorsque l'on s'en approche par le bassin à déversement duquel semble émerger la structure de béton, pierre et verre. Bien que le bâtiment soit imposant dans le paysage, il s'en dégage une impression de légèreté due à sa faible emprise au sol et à sa structure très aérienne. L'intérieur, tout en courbe et en transparence, est presque labyrinthique par moments. On peut y découvrir, par roulement, tous les 3 mois, la collection permanente d'art contemporain de Bernard Arnault, mais aussi des expositions temporaires à caractère historique ou thématique, qui, gageons-le, feront parler d'elles.
Au gré des déambulations au fil des salles et des recoins, on débouche sur de grandes terrasses qui s'échelonnent sur différents niveaux et offrent une vue sur le Bois et Paris, mais surtout sur la banlieue ouest telle que l'on a rarement l'occasion de la découvrir.

***Le parc de Bagatelle :** bois de Boulogne. ☎ 01-53-64-53-80. Ⓜ Porte-Maillot, puis bus n° 244, pour entrer par la grille d'honneur, allée de Longchamp. Autre entrée par la grille de Sèvres : Ⓜ Pont-de-Neuilly, puis bus n° 43. Tlj de 9h30 au coucher du soleil (au plus tôt à 17h en hiver, au plus tard à 20h en été). Entrée payante mai-oct : 2,50 € ; réduc.* Parc de 24 ha qui entra dans l'histoire au XVIIIe s comme lieu de plaisir et de rendez-vous galants.
Quelque 10 000 rosiers issus de 1 000 variétés différentes offrent un spectacle magnifique de fin mai à fin septembre. Depuis un siècle s'y déroule tous les ans

le Concours international des roses nouvelles. Le jardin mérite aussi une promenade au début du printemps pour y admirer les 2 millions de bulbes qui tapissent les grandes pelouses, et, à la fin de l'été, c'est le potager décoratif que l'on peut visiter. Même en hiver, ce parc romantique demeure enchanteur grâce à la variété de ses perspectives, à la beauté de ses bassins animés par de craintives poules d'eau, de placides canards et des cygnes majestueux. La diversité des paysages y est pour beaucoup : jardins à l'anglaise, à la française, belvédère dominant les alentours, ainsi que le kiosque de l'impératrice et les gloriettes.
Près de la grille de Sèvres, aux abords d'une belle construction en brique rouge surplombée de clochetons (le restaurant du parc), on peut, aux beaux jours, faire un arrêt thé-goûter sous les frondaisons ombragées.
Expositions temporaires et manifestations grand public.

Le Pré-Catelan : *bois de Boulogne.* Au cœur du bois de Boulogne, le jardin du Pré-Catelan est un havre de paix, propice à la détente et aux langoureuses étreintes.
Une légende attribue l'origine du nom à l'histoire d'Arnault Catelan, jeune troubadour chargé de porter des essences et des liqueurs provençales à Philippe le Bel, qui habitait à Passy. Le jeune musicien fut assassiné par l'escorte envoyée par le roi. Les bandits espéraient trouver de l'or dans la cassette ; ils furent démasqués par l'odeur des parfums dont ils s'étaient aspergés. Une pyramide surmontée d'une croix fut élevée sur le lieu du crime.

– ***Le jardin Shakespeare :*** jardin de poche très soigné, qui se visite surtout à la belle saison, en amoureux, au soleil. En pleine verdure, éloigné des voitures et de toute nuisance sonore, c'est magique, d'autant plus lorsque l'on sait que les nombreuses variétés de fleurs sont celles citées dans l'œuvre de Shakespeare. Évidemment, le week-end, vous ne serez pas seuls.

Où pique-niquer ?

– ***Dans le jardin Sainte-Périne*** *(plan sud B-C2)* **:** *entrée au 39, rue Mirabeau ou av. de Versailles, 75016.* Ⓜ *Mirabeau.* Difficile de soupçonner la présence d'un parc à l'anglaise aussi grand et agréable. On y trouve de vastes pelouses (libres d'accès), un théâtre de verdure, des platanes, des érables, des frênes, des tilleuls et de gros massifs d'iris, de dahlias, d'azalées, etc.
Ou au ***Pré-Catelan,*** sur les vastes pelouses où il est autorisé de se poser (voir ci-dessus).

17e ARRONDISSEMENT

• Plan *p. 204-205*

C'est drôle comme un quartier peut changer de couleur selon que l'on se dirige vers l'ouest ou vers l'est. Prenez le 17e, par exemple : assoupi comme un gros matou côté parc Monceau (lequel, soit dit en passant, appartient au 8e), avec ses boulevards calmes et ses immeubles cossus, et ses gamins qu'on dirait tout droit sortis de la B.D. *Les Triplés.* Vers Villiers, en revanche, et jusqu'à l'écoquartier Clichy-Batignolles, Paris s'éveille, s'anime, avec des rues-marchés vivantes, de nature à réveiller toutes les envies.

Où dormir ?

Coups de cœur

Hôtel Champerret-Héliopolis *(plan B2, **1**) : 13, rue d'Héliopolis, 75017. ☎ 01-47-64-92-56. • contact@hotel-heliopolis.com • champerret-heliopolis-paris-hotel.com • Ⓜ Porte-de-Champerret ; RER C : Pereire-Levallois. ♿ Doubles 112-145 €.* Avec ses géraniums débordant des fenêtres, ce petit hôtel au charme provincial, très calme, conserve un esprit « maison d'hôtes » rassurant. Une vingtaine de chambres seulement, assez classiques, certaines avec un petit balcon, sont impeccablement tenues. Et l'adorable patio comme le salon lumineux ont un vrai cachet ! Une adresse conviviale doublée d'un accueil particulièrement attentionné. Presque la campagne à Paris, même pour les prix ! Un petit coup de cœur.

Hôtel Jardin de Villiers *(plan zoom, **3**) : 18, rue Claude-Pouillet, 75017. ☎ 01-42-67-15-60. • hotel@jardindevilliers.com • jardindevilliers.com • Ⓜ Villiers. Doubles 110-190 €.* Dans une rue discrète, un hôtel pimpant et tout moderne. Pas de lézard côté chambres, la literie est impeccable et tout le confort au rendez-vous (plateau de courtoisie, veilleuses, salles de bains impeccables). Camaïeu du beige au brun côté déco, qui manque peut-être un peu de fantaisie à notre goût. Le bonus, c'est la terrasse fleurie et le petit déjeuner servi sous la véranda. Également une salle de sport au sous-sol.

Coups de folie

Hôtel Rendez-Vous *(plan zoom, **6**) : 13, rue Lécluse, 75017. ☎ 01-86-95-99-27. • batignolles@hotelrendezvousparis.com • hotelrendezvousparis.com • Ⓜ Place-de-Clichy. Doubles 140-220 €.* À 2 pas du métro mais dans une rue calme, cet hôtel mise tout sur le style et l'élégance de ses chambres. Cadre très cosy assuré par de beaux velours bleu roi et vert sapin, et esprit chic avec des touches de bois et dorées. On a aimé les illustrations aux murs, tirées d'encyclopédies botaniques. On a même chipé l'idée pour chez nous ! Sous les toits, belles chambres mansardées, absolument charmantes. Salles de bains modernes et immaculées, et propreté exemplaire. Ajouter un accueil des plus souriant, et on oublierait presque que les chambres manquent un peu d'espace. *NOUVEAUTÉ.*

Hôtel Tilsitt Étoile *(plan B3, **4**) : 23, rue Brey, 75017. ☎ 01-43-80-39-71. • tilsitt@sister-hotels.com • tilsitt.com • Ⓜ Ternes ou Charles-de-Gaulle-Étoile ; RER A : Charles-de-Gaulle-Étoile. Doubles 120-200 €. Parking payant.* Dans une petite rue au calme, le *Tilsitt* est une adresse charmante. Le hall lumineux et coloré

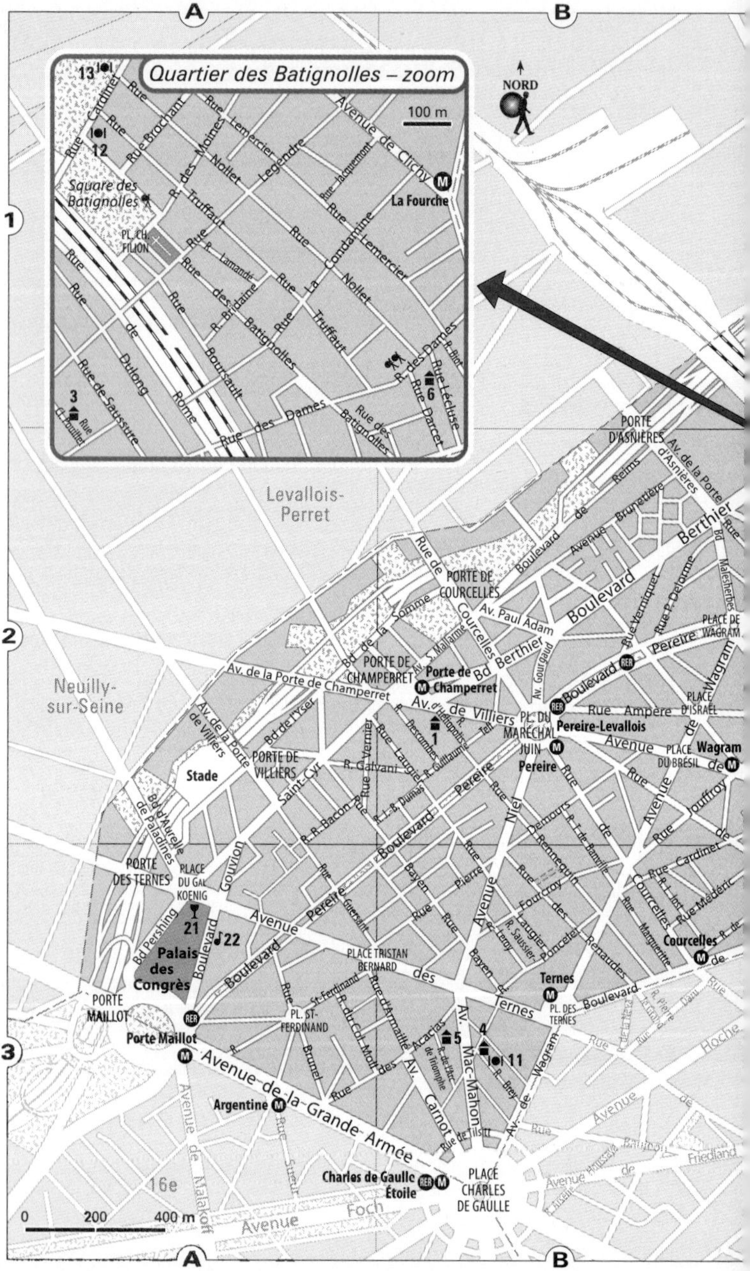
A
B
1
2
3
NORD
Quartier des Batignolles – zoom
100 m
Rue Cardinet
Rue Brochant
Rue des Moines
Rue Lemercier
Rue Legendre
Avenue de Clichy
Rue Jacquemont
La Fourche
Square des Batignolles
Rue Truffaut
Nollet
PL. CH. FILLION
R. Lamandé
Rue La Condamine
Rue Lemercier
R. Bridaine
Rue des Batignolles
Rue Nollet
Rue de Dulong
Rue de Saussure
Rome
Boursault
Rue des Dames
Rue des Batignolles
R. des Dames
Rue Darcet
Rue Lécluse
R. Biot
Cl. Pouillet
13
12
3
6
Levallois-Perret
Neuilly-sur-Seine
PORTE D'ASNIÈRES
Av. de la Porte d'Asnières
Boulevard de Reims
Avenue Brunetière
Boulevard Berthier
Bd Malesherbes
Rue de Courcelles
PORTE DE COURCELLES
Av. Paul Adam
Bd de la Somme
Av. S. Mallarmé
PORTE DE CHAMPERRET
Porte de Champerret
Av. de la Porte de Champerret
Bd Berthier
Av. Gourgaud
Rue Verniquet
Rue P. Delorme
PLACE DE WAGRAM
Boulevard Pereire
Pereire-Levallois
Rue Ampère
PLACE D'ISRAËL
Avenue de Wagram
Av. de Villiers
PL. DU MARÉCHAL JUIN
Pereire
Avenue de Villiers
PLACE DU BRÉSIL
Wagram
Rue Jouffroy
Bd de l'Yser
Av. de la Porte de Villiers
PORTE DE VILLIERS
Stade
R. Galvani
Rue Vernier
Rue Laugier
R. Descombes
R. d'Héliopolis
R. Guillaume Tell
Saint-Cyr
R. R. Bacon
R. J.-B. Dumas
Boulevard Pereire
Rue Niel
Rue Demours
R. T. de Banville
Rue Rennequin
Bd d'Aurelle de Paladines
PORTE DES TERNES
PLACE DU GAL KOENIG
Gouvion
Rue Guersant
Rue Bayen
Rue Pierre
Avenue Niel
Rue Fourcroy
R. Saussier-Leroy
Rue Laugier
Rue Poncelet
Rue des Renaudes
Rue Cardinet
R. J. Ibert
Rue Médéric
Rue Margueritte
Courcelles
Bd Pershing
21
22
Palais des Congrès
Boulevard Gouvion St-Cyr
Avenue des Ternes
PLACE TRISTAN BERNARD
Ternes
PL. DES TERNES
Boulevard de Courcelles
PORTE MAILLOT
Porte Maillot
Rue St-Ferdinand
PL. ST-FERDINAND
R. du Col. Moll
Rue d'Armaillé
Rue des Acacias
R. de l'Arc de Triomphe
Av. Mac-Mahon
4
5
11
R. Brey
Av. de Wagram
Rue Brunel
Avenue Carnot
Rue de Tilsitt
Avenue de la Grande-Armée
Argentine
Avenue de Malakoff
16e
Charles de Gaulle Étoile
PLACE CHARLES DE GAULLE
Avenue Foch
Avenue Hoche
Avenue de Friedland
0
200
400 m

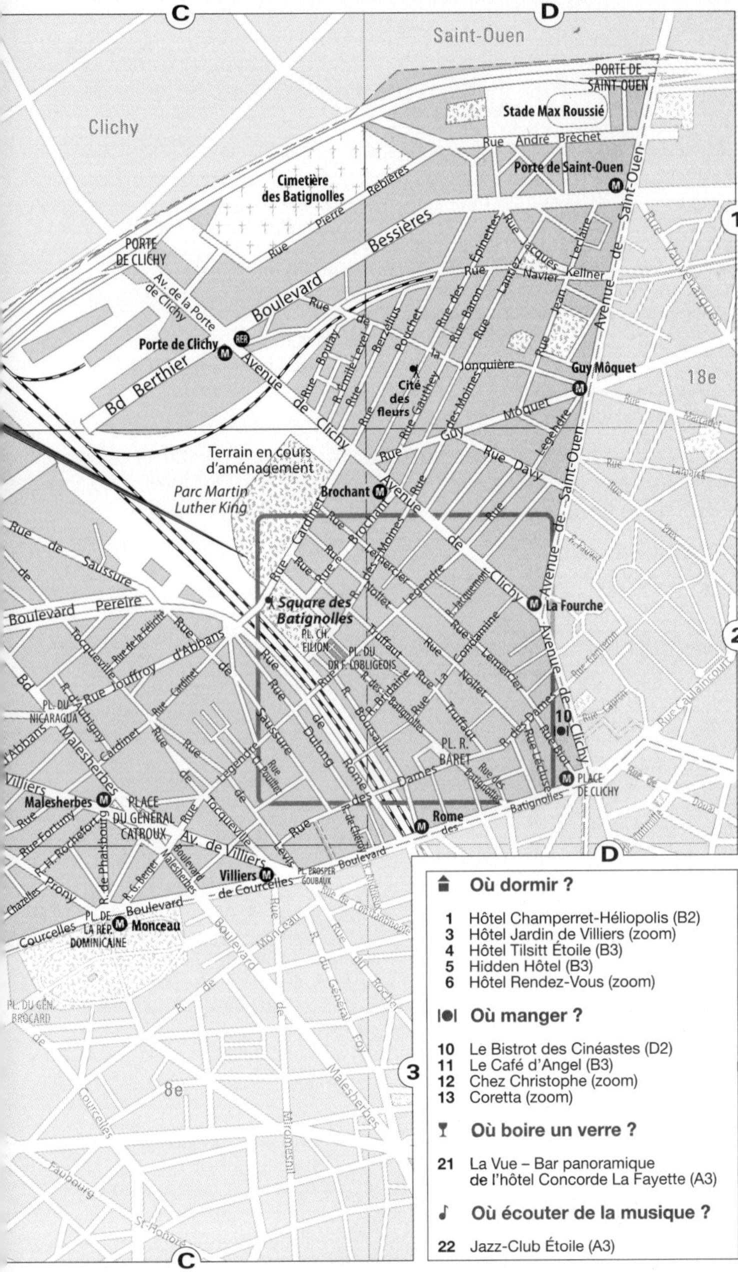

Où dormir ?

1 Hôtel Champerret-Héliopolis (B2)
3 Hôtel Jardin de Villiers (zoom)
4 Hôtel Tilsitt Étoile (B3)
5 Hidden Hôtel (B3)
6 Hôtel Rendez-Vous (zoom)

Où manger ?

10 Le Bistrot des Cinéastes (D2)
11 Le Café d'Angel (B3)
12 Chez Christophe (zoom)
13 Coretta (zoom)

Où boire un verre ?

21 La Vue – Bar panoramique de l'hôtel Concorde La Fayette (A3)

Où écouter de la musique ?

22 Jazz-Club Étoile (A3)

17e ARRONDISSEMENT

annonce la tendance : contemporain, raffiné et confortable, cet hôtel du quartier de l'Étoile abrite une quarantaine de chambres de bon confort. Les supérieures disposent de leur propre petite terrasse au rez-de-chaussée ou bien d'un balcon pour celles au 6e étage. Accueil souriant et professionnel. Un hôtel surtout fréquenté pour une clientèle d'affaires.

17e

Hidden Hôtel *(plan B3,* ***5****)* **:** *28, rue de l'Arc-de-Triomphe, 75017. ☎ 01-40-55-03-57. • contact@hidden-hotel.com • hidden-hotel.com • Ⓜ Ternes ou Charles-de-Gaulle-Étoile. Doubles 140-400 € ; petit déj 19 €.* Le *Hidden* cache bien son jeu. Derrière sa façade en bois brut, plus que surprenante au cœur du Paris haussmannien, on découvre un véritable nid douillet, où le design épuré et le luxe des installations s'accommodent de matériaux nobles : pierre, ardoise, bois, et bien sûr de beaux voilages de lin autour des lits, qui créent des cocons intimes. Salles de bains ouvertes tout à fait dans l'air du temps. On se croirait presque dans un chalet au pied des pistes. Une adresse à découvrir en amoureux, si le budget suit.

Où manger ?

Coup de cœur

Le Bistrot des Cinéastes *(plan D2,* ***10****)* **:** *7, av. de Clichy, 75017. ☎ 09-67-55-40-34. • cinema-des-cineastes.fr • Ⓜ Place-de-Clichy. ♿ Tlj 18h-minuit. Congés : août. Plats 15-20 € ; carte env 25 €.* Il fallait le dégotter celui-là, bien planqué à l'étage d'un ancien cabaret devenu cinéma d'art et d'essai ! Là-haut se cache un secret jalousement gardé, un petit bistrot à l'image du quartier : coloré et bohème. La déco suit les tendances du moment. La surprise en revanche est dans l'assiette. Une cuisine teintée d'exotisme et d'originalité où se mêlent sucré et salé, aigre et doux, épices et herbes aromatiques. Un conseil : piochez à la carte, partagez entre copains et arrosez le tout d'un p'tit ballon de rouge. *NOUVEAUTÉ.*

Coups de foudre

Le Café d'Angel *(plan B3,* ***11****)* **:** *16, rue Brey, 75017. ☎ 01-47-54-03-33. Ⓜ Charles-de-Gaulle-Étoile. Lun-ven 12h-14h, 19h-22h. Fermé w-e et j. fériés. Menus 28-36 € ; carte env 40 €.* Le cadre rétro cache un élégant bistrot réputé parmi les gens du quartier. Une salle chaleureuse avec, en toile de fond, les fourneaux visibles derrière le bar, et une délicieuse cuisine qui revisite le terroir comme chez les grands (normal, le chef, Jean-Marc Gorsy, est un ancien du *Jules Verne)*, avec un zeste de fantaisie en sus. Menus d'un remarquable rapport qualité-prix.

Chez Christophe *(plan zoom,* ***12****)* **:** *148, rue Cardinet, 75017. ☎ 09-80-76-38-86. • 148cardinet@gmail.com • Ⓜ Brochant. ♿ Tlj sauf dim. Carte env 35 €.* Un cadre très spacieux qui colle à la mode. Décor industriel tout en baies vitrées, belle hauteur sous plafond, mezzanine, briques et banquettes, et un long bar convivial. La spécialité : les grillades. Et une terrasse (bon... la rue est passante).

Coup de folie

Coretta *(plan zoom,* ***13****)* **:** *151 bis, rue Cardinet, 75017. ☎ 01-42-26-55-55. • restaurantcoretta@gmail.com • restaurantcoretta.com • Ⓜ Brochant. ♿ Tlj midi et soir. Menu déj 28 € puis autres menus 37-68 €.* Un bistrot-gastro adossé au parc Martin-Luther-King. Grandes baies vitrées donnant sur rue et jardin, fourneaux ouverts sur le rez-de-chaussée (autre grande salle à l'étage), carrelages graphiques, parquets, boiseries, éclairages : la déco répond à un design étudié. Même précision dans les assiettes, avec une cuisine de marché, fine et particulièrement inventive. La chef mexicaine insuffle à ses plats d'exaltantes notes d'exotisme. Excellentes formules déj. Service impeccable.

Où boire un verre ?

🍸 ⛱ ***La Vue - Bar panoramique de l'hôtel Concorde La Fayette*** *(plan A3,* ***21****)* **:** *3, pl. du Général-Koening, 75017. ☎ 01-40-68-51-31. Ⓜ Porte-Maillot. Tlj 17h-1h (2h w-e et j. fériés). Cocktails 18-25 €, avec ou sans alcool ; coupe de champagne à partir de 22 €.* Et si on faisait un tour par le ciel ? Allez, on monte dans l'ascenseur et en route pour une incursion romantique au 33e étage de ce chic hôtel parisien ! Ambiance tamisée, fauteuils et moquette rouge baiser, moelleuses banquettes face à l'immense baie vitrée. Et à vos pieds, l'ouest de Paris s'offre à vous (s'installer le plus à gauche possible, sinon vous ne profiterez que des embouteillages de la porte Maillot). Clientèle essentiellement internationale et aisée, mais fallait-il le préciser ? DJ le soir du jeudi au samedi. Dommage que les prix des cocktails s'envolent avec l'altitude !

17e

Où écouter de la musique ?

♩ ***Jazz-Club Étoile*** *(plan A3,* ***22****)* **:** Le Méridien Étoile, *81, bd Gouvion-Saint-Cyr, 75017. ☎ 01-40-68-30-42. • jazzclub.etoile@lemeridien.com • jazzclub-paris.com • Ⓜ Porte-Maillot. Ouv selon programmation. Résa recommandée.* Ce dinosaure de la scène jazz parisienne a vu passer les plus grands, de Fats Domino à BB King, en passant par Cab Calloway ou Dizzie Gillespie. La faune est constituée avant tout de connaisseurs, même si quelques très chics clients de l'hôtel se laissent happer par les notes résonnant jusqu'à la réception. Attention, ici on écoute religieusement (et donc en silence) les mélanges de funk, soul, R'n'B, blues, gospel, qui font la particularité du lieu. Idéal pour une soirée raffinée, mais surtout pas prétentieuse.

Main dans la main

Vers le quartier des Batignolles

Le village des Batignolles ne fut rattaché à Paris qu'en 1860, par un décret de Napoléon III. Ce cadeau de Nouvel An ne plut pas beaucoup aux Batignollais, qui décidèrent de garder les traditions de leur village. Là, quelques petits fermiers et de modestes artisans vivaient en compagnie de bourgeois parisiens qui y avaient établi leur résidence secondaire, l'air y étant réputé très sain. La famille de Paul Verlaine habitant au 45, rue Lemercier, le futur poète passa son enfance dans ce quartier et fit ses études au lycée Chaptal, sur le boulevard des Batignolles. Stéphane Mallarmé, surnommé « le prince des poètes », réunissait à son domicile, au no 89 de la rue de Rome, toute l'intelligentsia parisienne de l'époque à ses mardis littéraires.

Petit itinéraire romantique

🚶 Allez flâner dans le quartier des Épinettes. La ***cité des Fleurs*** *(plan D1)* fut dessinée en 1847, entre l'avenue de Clichy et le no 59 de la rue de La Jonquière *(Ⓜ Brochant),* avec obligation, pour chaque propriétaire, de planter au moins 3 arbres à fleurs dans son jardin. D'où son nom. Le résultat est tout bonnement fabuleux : des petites maisons de 2 ou 3 étages avec jardin privatif offrent un bon bol d'air et invitent à une promenade romantique. Les façades recouvertes de vigne vierge, le calme, les petits oiseaux, les marrons qui tombent à l'automne : c'est la campagne en plein Paris. Et même l'exotisme, avec ces bambous et ces palmiers ! Comme il est agréable de pouvoir flâner en admirant les belles architectures et les couleurs si bucoliques de ces superbes hôtels particuliers ! On s'imaginerait bien vivre ici, nous... *Accès public piéton tlj 7h-19h (13h dim et j. fériés).*

On aime bien aussi la ***rue des Dames*** *(plan zoom).* Chaleureuse, animée, avec un vieux fond populaire. Au 10, ***rue Nollet*** vécut Verlaine de 1851 à 1865. Une pensée émue pour Jacques Brel, qui habita au 28, ***rue Lemercier,*** petite cité paisible. Jardinets bordant une voie grossièrement pavée, immeubles discrets. Feuilles, fleurs et douceur de vivre.

La longue *rue Legendre (plan C-D2),* une ex-voie romaine, vous conduira à l'adorable petite ***place du Docteur-Félix-Lobligeois.*** Une vraie petite place provinciale avec une église (Sainte-Marie-des-Batignolles), des arbres, des restos et de petits immeubles pas bien hauts. Nous, on adore. Certains veinards ont leur balcon donnant sur cette verdure.

Derrière l'église, le ***square des Batignolles*** *(plan zoom),* mignon, propret et sympathique. C'est le plus grand des squares de quartier voulus par Napoléon III. Tous les éléments typiques de l'esthétique paysagère de l'époque y sont rassemblés : pièce d'eau, rivière artificielle, allées tortueuses, etc.

Et de l'autre côté de la rue Cardinet, un véritable quartier est sorti de terre autour des 10 ha de chlorophylle du ***parc Clichy-Batignolles-Martin-Luther-King.*** Le gigantesque chantier de l'***écoquartier Clichy-Batignolles*** (aussi appelé « quartier Martin-Luther-King ») a pris fin. Locaux commerciaux, cinéma, logements, bureaux et équipements publics constituent aujourd'hui les 54 ha de ce gigantesque chantier commencé en 2005. Sans oublier l'ouverture du nouveau palais de justice de Paris dessiné par Renzo Piano, architecte du Centre Pompidou.

LES BATIGNOLLES DE BARBARA

Pour les fans de Barbara, le jardin des Batignolles est d'abord un air qui leur trotte dans la tête. Rue Brochant, au nº 6, ils iront faire un tour devant la maison natale de celle qui, enfant, jouait au square des Batignolles, quand il y avait encore de la poudre de perlimpinpin, le soir, pour soigner les peines de cœur.

18e ARRONDISSEMENT

• Plan p. 210-211

La butte Montmartre, incontournable Mont-Saint-Michel parisien, mérite un pèlerinage en amoureux, avec le funiculaire qui se donne des airs de petit train des Andes ! La place du Tertre s'apprécie à l'aube, quand on y est encore un peu seul ; on se réfugie ensuite dans les ruelles autour du square de Saint-Vincent et son jardin sauvage. Entre 2 murs recouverts de lierre et de glycine, un musée insolite et d'étonnantes perspectives sur Paris par-delà les vignes. On ne manquera pas la rue des Abbesses, qui monte au zénith des endroits à la mode, ni le marché de la rue Lepic, animé et popu. Le *cimetière de Montmartre* est un must du batifolage, avec ses bustes signés Rodin, les tombes d'amoureux célèbres, comme la Dame aux camélias, alias Rose Alphonsine Plessis, ou Berlioz le séducteur. Sur celle de Stendhal, cette épitaphe engageante : « Vivre, aimer, être milanais. » Tout un programme !

Où dormir ?

Coups de foudre

Ermitage Sacré-Cœur *(plan B2, **1**) : 24, rue Lamarck, 75018. 06-12-49-05-15. • ermitagesacrecoeur@wanadoo.fr • ermitagesacrecoeur.fr • Ⓜ Lamarck-Caulaincourt. Double 110 € ; appart 140 €. Parking payant.* Cet hôtel particulier Napoléon III est situé dans l'une des parties les plus villageoises de Montmartre. Très proche de l'esprit de la chambre d'hôtes, il renferme des chambres très bien tenues, décorées dans un style bonbonnière avec bibelots, statuettes et tableaux aux murs. 2 d'entre elles donnent de plain-pied sur un jardinet, 3 autres offrent une vue géniale sur Paris ; ce sont, bien sûr, celles qu'il faut réserver en priorité. C'est tellement cosy que, pour un peu, vous prétendriez avoir une résidence secondaire à Paris... Également des studios très pratiques. Accueil dévoué d'un adorable couple de retraités.

Regyn's Montmartre *(plan zoom, **2**) : 18, pl. des Abbesses, 75018. ☎ 01-42-54-45-21. • resa@hotel-regyns-montmartre.net • hotel-regyns-paris.com • Ⓜ Abbesses. Doubles 70-170 € ; petit déj 10 €.* On ne peut être mieux placé que sur la place des Abbesses. 22 chambres coquettes et dotées de tout le confort moderne. La déco rétro apporte une petite touche bucolique grâce aux murs tendus de toile de Jouy bleue, rouge ou jaune, et aux appliques florales. Depuis les 4e et 5e étages, vue exceptionnelle sur Paris et la tour Eiffel. Excellent accueil.

Timhotel Montmartre *(plan zoom, **4**) : 11, rue Ravignan (pl. Émile-Goudeau), 75018. ☎ 01-42-55-74-79. • montmartre@timhotel.com • timhotel.com • Ⓜ Abbesses ou Pigalle. Doubles 90-200 € ; petit déj 14 €.* Sur une place adorable et romantique à souhait, cet hôtel de chaîne tire son épingle du jeu. Les chambres, sobres et contemporaines, sont impeccables et de bon confort. Belle vue sur la capitale et la tour Eiffel à partir du 4e étage. Mais côté place, c'est charmant aussi ! Dans tous les cas, la situation reste hautement stratégique. Accueil très sympathique et efficace.

Coups de folie

Le Relais Montmartre *(plan zoom, **5**) : 6, rue Constance, 75018. ☎ 01-70-64-25-25. • contact@relaismontmartre.fr • hotel-relais-montmartre.com • Ⓜ Abbesses ou Blanche. Doubles 150-270 € ; petit déj 15 €.* Une adresse très cosy, au calme, idéale pour les amoureux de Montmartre...

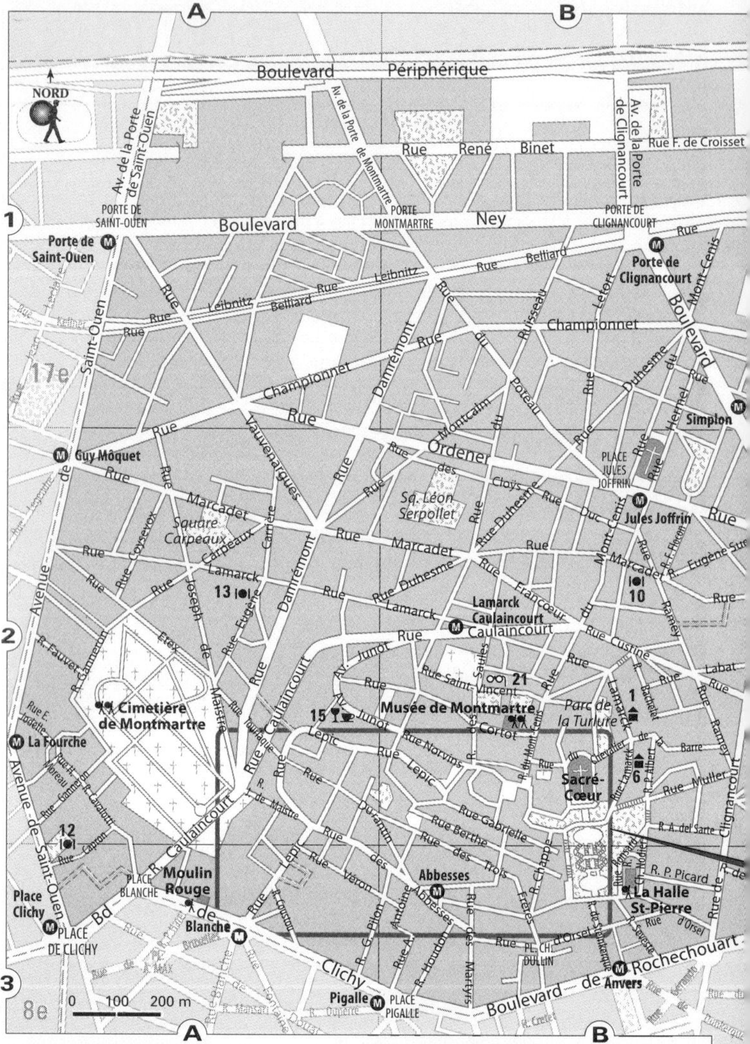

Où dormir ?

1 Ermitage Sacré-Cœur (B2)
2 Regyn's Montmartre (zoom)
4 Timhotel Montmartre (zoom)
5 Le Relais Montmartre (zoom)
6 Hôtel Montmartre mon Amour (B2)

Où manger ?

10 L'Esquisse (B2)
11 Le Coq Rico (zoom)
12 Le BAL Café (A2-3)
13 Étsi (A2)

Où boire un verre ?

15 Le Très Particulier (A2)
16 Le Bar à Bulles (zoom)

Où sortir ?

21 Au Lapin Agile (B2)
22 Le Moulin Rouge (zoom)

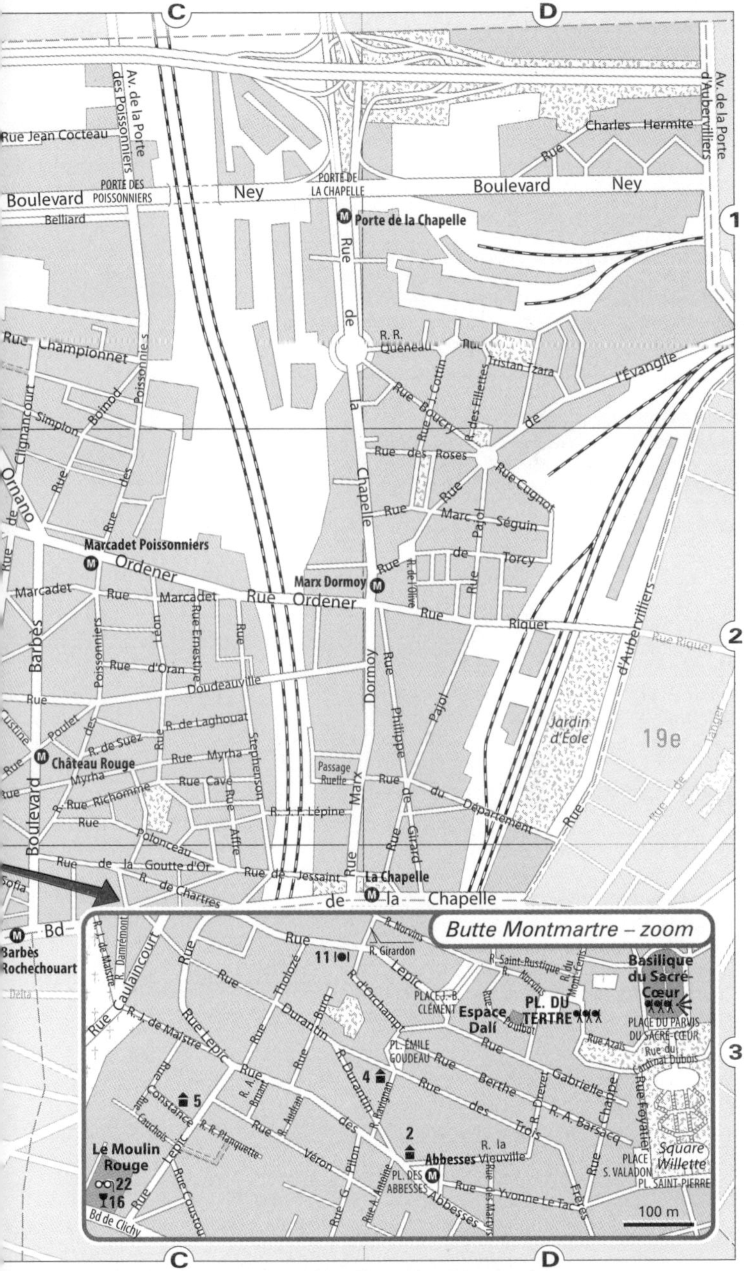

18e ARRONDISSEMENT

et pour les amoureux tout court. Ambiance bucolique et charmante dans les chambres à la déco raffinée : de la couleur, des meubles élégants, et même des poutres apparentes dans certaines. Adorable ! Petit déjeuner servi dans une belle cave voûtée ou dans une courette l'été. Excellentes prestations pour cet hôtel qui offre un joli air de campagne chic en plein Paris. Accueil charmant.

Hôtel Montmartre mon Amour *(plan B2, **6**) : 7, rue Paul-Albert, 75018. ☎ 01-46-06-03-03. • hotelmontmartremonamour.com • Ⓜ Anvers ou Château-Rouge. Doubles 100-250 € ; petit déj 15 €.* Rouge, pourpre, noir... les couleurs de la réception donnent le ton. Célibataires endurcis, passez votre chemin : cet hôtel est un hymne à l'amour, dont Montmartre constitue un décor idéal. Des couples célèbres – Victor Hugo et Juliette Drouet, Jean-Paul Sartre et Simone de Beauvoir, Paul Gauguin et Tehura... – inspirent les couplets de cet hymne par des jeux de citations et de portraits graphiques. Résultat : une décoration inspirée, un parti pris assumé pour des chambres cosy et un brin coquines. En revanche, les plus chères, regroupées dans un bâtiment à l'arrière, sont plus grandes mais se contentent d'une vue sur une courette. *NOUVEAUTÉ.*

18e

Où manger ?

Coups de foudre

L'Esquisse *(plan B2, **10**) : 151 bis, rue Marcadet, 75018. ☎ 01-53-41-63-04. • contact@esquisse-restaurant.fr • Ⓜ Lamarck-Caulaincourt ou Jules-Joffrin. Tlj sauf dim-lun 12h-14h (12h30-14h30 sam), 20h-22h30. Congés : 3 sem en août. Formules déj 18-23 € ; le soir, carte 45-50 €.* Bien planquée dans ce petit coin branché-bobo juste ce qu'il faut, cette exquise *Esquisse* cumule les atouts. Cadre de bistrot vintage, parquet, bancs et chaises en bois, joli comptoir ouvrant sur la cuisine. L'ardoise suit les saisons et l'humeur du chef, avec de belles combinaisons qui réveillent les classiques revus et corrigés avec une pointe d'originalité. Détonnant ! On se laisse guider pour les vins, là aussi surprenants et toujours convaincants. Même la sélection de bières et eaux-de-vie invite au voyage... Chapeau l'artiste !

Le BAL Café *(plan A2-3, **12**) : 6, impasse de la Défense, 75018. ☎ 01-44-70-75-51. • balcafeotto@gmail.com • le-bal.fr • Ⓜ Place-de-Clichy. ♿ Tlj sauf lun-mar 12h (11h w-e)-19h. Formules déj en sem 18-22 € ; brunch sam-dim (pas de résa) env 20 € ; carte env 30 €.* Le BAL, c'est d'abord un espace d'exposition dédié à l'image. Mais c'est aussi un excellent petit café au cadre sobre et contemporain, bien caché dans une impasse tranquille, hors du tumulte de l'avenue de Clichy. À la carte, une cuisine de saison sans frontière, qui voyage au gré du marché. Parfait pour une pause café l'après-midi, surtout en terrasse, en face du petit jardin des Deux-Nèthes. Clientèle bobo montmartro-batignollaise.

Étsi *(plan A2, **13**) : 23, rue Eugène-Carrière, 75018. ☎ 01-71-50-00-80. • etsi-paris.fr • Ⓜ Lamarck-Caulaincourt. Ouv le soir mar-sam, plus sam midi. Mezze à partager 9-14 € ; carte env 35 €.* Poussez la porte de ce joli bistrot aux couleurs des Cyclades pour goûter à une cuisine grecque moderne et délicate. La jeune chef, Mikaela Liaroutsos, a fait ses gammes chez Michel Rostang et Cyril Lignac avant d'ouvrir ici le resto de ses rêves. Les *mezze* sont d'une rare finesse et les plats marient habilement bistronomie à la Paname et saveurs de la mer Égée. *NOUVEAUTÉ.*

Coup de folie

Le Coq Rico *(plan zoom, **11**) : 98, rue Lepic, 75018. ☎ 01-42-59-82-89. • lecoqrico.com • Ⓜ Lamarck-Caulaincourt. Tlj midi et soir. Plat du jour 18 € le midi en sem ; carte env 20-25 € au déj, env 50 € le soir.* Juste en face du *Moulin de la Galette*, la cantine néochic d'Antoine Weistermann fait courir le Tout-Paris ventre à terre, malgré les côtes, dans l'espoir de trouver encore une table de libre. La carte est tout entière dédiée aux plats d'antan et aux belles volailles d'aujourd'hui. On ne se pose pas de questions existentielles, on savoure poulets, canettes et pigeons cuits à la perfection (pochés au bouillon avant d'être rôtis, hmm) et on redemande un cornet de frites maison à manger avec les doigts. Service chic décalé, on adore.

Où boire un verre ?

Le Très Particulier (plan A2, **15**) : *23, av. Junot, 75018. ☎ 01-53-41-81-40. • reception@hotel-particulier-montmartre.com • hotel-particulier-montmartre.com • Ⓜ Lamarck-Caulaincourt. Tlj 18h-2h, sauf dim-lun. Cocktails 14-18 € ; coupe de champagne 14 €.* Non, nous ne vous jouons pas un mauvais tour. Cette grande grille noire défend une pépite que seuls les initiés savent dénicher. Sonnez à l'interphone et pénétrez dans cette belle impasse privée bordée de jardins. Là, noyé dans la verdure, se dissimule un hôtel particulier. On entre par le grand salon, où un resto-bar dans le style des années 1930 prend ses aises, avant de descendre dans le *speakeasy* caché au sous-sol. Jardin d'hiver coiffé d'une verrière, terrasse d'un romantisme exquis : quelle classe ! Les cocktails maison, variés, inventifs et pas donnés sont vraiment exceptionnels.

Le Bar à Bulles (plan zoom, **16**) : *4, cité Véron, 75018. ☎ 09-73-23-79-72. • barabulles@lamachinedumoulinrouge.com • lamachinedumoulinrouge.com • Ⓜ Blanche ou Place-de-Clichy. Mar-ven 18h-minuit, sam 12h-2h, dim 11h-16h. Cocktails 8-14 €. Tapas 6-13 € ; brunch (sam-dim 12h-14h) 24 €.* Qui n'a jamais rêvé d'apercevoir les coulisses du *Moulin-Rouge* ? Caché derrière les ailes du plus célèbre moulin parisien, ce bar aux couleurs acidulées offre une pause estivale dans un Paris qui fait parfois grise mine. Sous une belle collection d'abat-jour loufoques, le cadre rétro-bobo impose son style : chaises dépareillées, profonds fauteuils, carrelage à motifs et papier peint à damier noir et blanc. Mais la pépite, c'est cette vaste et superbe terrasse en hauteur, bien cachée à l'abri du boulevard. En été, on sirote son cocktail à l'abri d'un parasol en piochant parmi les tapas originales et fraîches (mais pas données). On se croirait à la campagne, sauf que ce moulin-là clignote ! *NOUVEAUTÉ.*

18e

Où sortir ?

Au Lapin Agile (plan B2, **21**) : *22, rue des Saules, 75018. ☎ 01-46-06-85-87. • infos@au-lapin-agile.com • au-lapin-agile.com • Ⓜ Lamarck-Caulaincourt. « Veillée » tlj 21h-1h, sauf lun. Entrée + 1 conso : 28 € (20 € pour les étudiants en sem).* Le doyen des cabarets de Montmartre. Rien n'a changé ici depuis l'époque où Brassens y chantait pour la 1re fois, où Pierre Brasseur et Annie Girardot récitaient des poésies, où Nougaro et Caussimon en faisaient les grands soirs ! Le spectacle s'étire en douceur, en humour et en émotion jusqu'à 1h du matin ; on ne voit pas le temps passer, reprenant en chœur les refrains les plus connus. De jeunes chanteurs, vedettes de demain, font revivre les vieilles chansons françaises.

Le Moulin-Rouge (plan zoom, **22**) : *82, bd de Clichy, 75018. ☎ 01-53-09-82-82. • information@moulinrouge.fr • moulinrouge.fr • Ⓜ Blanche. Spectacle à 21h ou 23h à partir de 90 € ; formules dîner-spectacle à partir de 185 €.* Au *Moulin-Rouge,* on plonge dans l'Histoire de Paris avec un grand « H ». Ce moulin aux ailes scintillantes fait la renommée de la France d'Osaka à Los Angeles. Pour le côté historique, voir la rubrique « Petit itinéraire romantique ». Aujourd'hui, *Le Moulin,* c'est une centaine d'artistes sous contrat, 1 000 costumes, une vingtaine d'habilleuses, 400 perruques et postiches... En tout, 450 personnes travaillent chaque jour pour assurer que *Le Moulin* tourne bien. La revue « Féerie » nous émerveille par ses décors, ses mises en scène, ses prouesses artistiques et ses costumes qui sont un formidable concentré du savoir-faire français. Eh oui, ici tout est fait maison, des chaussures de cancan aux plumes d'autruche sur les coiffes ! Envoûté en pénétrant dans la salle aux décors forains, on ressort de là ébahi et subjugué. En un mot : féerique !

Main dans la main

Montmartre

On vous en supplie, laissez tomber la voiture ! De toute façon, vous passerez des heures à chercher une place pour la garer et vous finirez sur un trottoir. Il y a un funiculaire pour ceux que rebutent les escaliers de la Butte (ça rime !), depuis la place Suzanne-Valadon *(M Anvers).* Ou alors prenez le *Montmartrobus,* hyper pratique. Il sillonne (de 7h50 à 0h35) tout Montmartre, de Pigalle à Jules-Joffrin, en empruntant toutes les rues intéressantes. Au fait, chères lectrices, ça paraît idiot de le rappeler, mais chaussez des souliers plats... Nombreuses sont les rues pavées !

*** ***Le Sacré-Cœur** (plan zoom) :* c'est l'inévitable et énorme pâtisserie qui trône sur la Butte (et la carte postale la plus vendue). Cette basilique résulta d'un « vœu national » exprimé par l'Église catholique pour expier les crimes de la Commune de Paris... On ne pouvait pas être plus clair. La basilique fut édifiée avec de la pierre de Château-Landon (au nord-est de Paris) qui, sous l'effet de l'eau de pluie, sécrète une substance blanche (le calcin) que l'on pourrait prendre pour de la peinture. Plus il pleut, plus le Sacré-Cœur est blanc... Yeux dans les yeux, on monte au Sacré-Cœur pour la vue spectaculaire sur Paname. Et même si c'est ultra-cliché, impossible de ne pas se laisser embarquer par le panorama.
Monter dans le *dôme* vaut le coup *(entrée par la gauche de l'église, à l'extérieur ; ouv 9h-20h30 juin-sept, 9h30-19h mars-mai et oct ; entrée : 7 €... et 300 marches raides et étroites).* De là-haut, panorama circulaire admirable, qui permet de surplomber les jardins et les potagers habituellement cachés par de hauts murs, le vieux cimetière et le beau chevet de Saint-Pierre.

*** ***La place du Tertre** (plan zoom) :* elle existait déjà au XIVe s. Plusieurs belles demeures du XVIIIe s. Au no 5 siégea la 1re mairie de Montmartre, en 1790. Le matin, au lever du soleil, on a l'impression de traverser une place de village. Le soir, c'est le métro à 18h. Dire que c'est un endroit touristique est d'une évidente banalité. Surdose de vendeurs de croûtes, de crayonneurs de portraits (2 peintres au mètre carré, c'est réglementé !), de bistrots chers, etc. Cependant, vous y trouverez une animation, des couleurs, des lumières particulières.

** ***Le musée de Montmartre** (plan B2) : 12, rue Cortot, 75018. ☎ 01-49-25-89-39. • museedemontmartre.fr • M Lamarck-Caulaincourt ou Anvers. Tlj 10h-18h (19h avr-sept ; nocturne jusqu'à 22h chaque mer en juil-août). Entrée : 13 € (17 € avec une boisson lors des nocturnes), audioguide inclus ; réduc.*
L'un des musées parisiens les plus charmants. Établi dans la Maison du Bel Air, l'une des plus anciennes de la Butte, datant du XVIIe s. Celle-ci est entourée de 3 jardins reconstitués selon la palette impressionniste et surplombe les fameuses *vignes du Clos-Montmartre* et le *Lapin Agile.*
En 1876, Auguste Renoir loue une partie de cette maison de campagne en décrépitude et y peint plusieurs de ses chefs-d'œuvre, dont le plus connu est *Le Bal du moulin de la Galette,* que l'on peut admirer au musée d'Orsay. Suzanne Valadon

et son fils, le peintre Maurice Utrillo, habitèrent l'atelier au 2e étage de l'hôtel Demarne. Raoul Dufy et Émile Bernard y séjournèrent également, sans oublier Francisque Poulbot, qui immortalisa la bouille des gosses de Montmartre.
Nombreux témoignages de la riche vie des cabarets d'antan, tableaux et affiches truculentes et originales, signés Modigliani, Kupka, Utrillo, Steinlen et Toulouse-Lautrec, mais aussi un zinc de vieux bistrot de quartier et une grande maquette de Montmartre.
On termine la visite par l'***hôtel Demarne.*** Ses expositions temporaires valent toujours le coup, mais la surprise est ailleurs. On y découvre l'***atelier-appartement de Suzanne Valadon et de Maurice Utrillo,*** entièrement meublé et plein d'atmosphère.

Le Café Renoir : *Ouv seulement mer, sam-dim 11h30-17h. Formule déj 17,50 €. Accessible seulement avec un billet d'entrée du musée.* C'est le salon de thé du musée. Un havre de paix en plein Paname, avec sa terrasse déroulée dans un jardin romantique. Parfait pour déjeuner (soupes, quiches...) ou goûter.

La Halle Saint-Pierre *(plan B3)* **:** *2, rue Ronsard, 75018. ☎ 01-42-58-72-89. • hallesaintpierre.org • Ⓜ Anvers ou Abbesses. Lun-ven 11h-18h, sam 11h-19h, dim 12h-18h. Fermé 1er janv, 1er mai et 25 déc. Entrée expo : 9 € ; réduc.* Au pied du Sacré-Cœur et face au marché Saint-Pierre, les anciennes halles Saint-Pierre possèdent une superbe architecture métallique du XIXe s, très bien rénovée. La Halle Saint-Pierre a pour vocation de privilégier la création contemporaine et, dans cet esprit, organise plusieurs expositions temporaires par an. Son rez-de-chaussée abrite une galerie d'art brut contemporain *(accès libre),* qui expose de jeunes artistes différents chaque mois, et un auditorium.

Petit itinéraire romantique

Le jeu consiste à faire tout le tour de Montmartre en évitant le maximum de voitures et de touristes, sans repasser par la place du Tertre.

➢ Empruntez la ***rue Saint-Rustique*** *(plan zoom),* déjà une oasis de calme à 20 m de la place du Tertre. La plus ancienne rue de Montmartre, sans trottoirs, avec gros pavés, ruisseau axial, bordée de croquignolettes maisons provinciales.

➢ ***Rue des Saules*** *(plan B2),* ne pleurez pas, il n'y en a plus. Alors laissez-vous glisser vers la maison rose où vécut Utrillo. Vous avez maintenant rendez-vous avec le « château des Brouillards ». Déjà, la jolie ***rue de l'Abreuvoir*** a détourné vos pas, entre une rangée de demeures villageoises fleuries et un grand parc sauvage.

➢ Elle mène ***place Dalida*** (avec son buste), à l'angle de la rue Girardon et de l'allée des Brouillards. Hommage mérité à la grande chanteuse populaire qui habitait non loin, rue d'Orchampt. Yolanda Gigliotti repose au cimetière de Montmartre : on peut apercevoir sa statue grandeur nature en remontant la rue Caulaincourt et en regardant sur la droite, avant d'arriver rue Joseph-de-Maistre, au bout du pont surplombant le cimetière.

➢ L'***allée des Brouillards*** *(plan B2)* commence timidement au milieu du virage. Très étroite, bordée d'une balustrade de pierre et de pavillons. Derrière les hauts murs, que de jardins secrets ! Si, malheureusement, il n'est plus nécessaire d'attendre la levée du brouillard pour apercevoir le « château », il reste que le coin a bien du charme. Pour faire craquer les amoureux, c'est l'endroit idéal. Le château en question est en fait une folie construite au XVIIIe s pour un riche aristocrate. Gérard de Nerval y avait sa maison de campagne et l'acteur Jean-Pierre Aumont y vécut. Renoir occupa un temps un pavillon au no 8 de l'allée.

➢ Au bout de l'allée des Brouillards, vous atteignez le ***square Suzanne-Buisson*** *(plan B2).* Style Art déco, tout en terrasse, très romantique avec sa rotonde en mosaïque. Bordé de quelques pavillons, avec une fontaine au milieu. Devant un tel calme, la statue de saint Denis en perd la tête tout en regardant les joueurs de boules. Sortie avenue Junot.

➢ ***L'avenue Junot*** *(plan A-B2)* **:** les Champs-Élysées de Montmartre. Les maisons les plus chères du quartier. Vous n'y rencontrerez jamais trop de monde. Anormalement large. Percée en 1910 à travers le « maquis », un terrain parsemé d'arbres et recouvert de baraques et de cabanons en planches. Poulbot et de nombreux peintres y habitèrent. C'était la campagne à Paris, avec potagers, basses-cours et chèvres. Aujourd'hui, beaux échantillons, tout du long, de l'architecture moderne et Art déco des années 1920.

➢ Sur la Butte, survivant de la douzaine de grands moulins de Montmartre avec le moulin Radet, le ***moulin de la Galette*** *(plan zoom ; à l'angle des rues Girardon et Lepic),* construit en 1640 et aussi appelé le Blute-fin (qui vient de « bluter », soit tamiser la farine pour la séparer du son). À la fin du XIXe s, il devint l'attraction d'un fameux bal populaire, immortalisé par Renoir. Toulouse-Lautrec venait y boire un saladier de vin chaud aromatisé de cannelle et s'encanailler avec les apaches.

➢ Au 11, avenue Junot, dans le ***hameau des Artistes*** *(plan A2),* de gros pavillons et ateliers se dissimulent derrière un portail obstinément clos. Un dernier escalier mène à la rue Lepic. Au no 13 habita Poulbot, qui réalisa la mosaïque de la façade ; au no 15, maison construite par l'architecte autrichien Adolf Loos pour Tristan Tzara. On accède à la ***villa Léandre*** par le 23 bis, avenue Junot. Cossue, monstrueuse de paix et de tranquillité, insolente de verdure, cette villa semble défier les époques et se fixer dans un immuable instant privilégié. Max Ernst y séjourna un moment. En bas de l'avenue Junot, c'est le retour dans le temps présent avec le flot des voitures de la rue Caulaincourt.

➢ Face à la villa Léandre, prenez plutôt la rue Simon-Dereure pour avoir le plaisir de repasser dans l'allée des Brouillards, puis la rue Girardon à gauche jusqu'à la ***rue Saint-Vincent*** *(plan B2),* l'une des plus pittoresques de la Butte, chantée par tous les poètes, dont Aristide Bruant. Bordée d'un côté par le modeste ***cimetière Saint-Vincent*** (où sont enterrés Utrillo et Marcel Aymé), de l'autre par un trottoir surélevé, avec rampe en fer. Aristide Bruant habita au no 30. Charmant square Roland-Dorgelès à l'angle de la rue des Saules et face aux vignes. En continuant rue Saint-Vincent, juste après les vignes, un petit jardin sauvage est tout à fait surprenant. Ouvert uniquement d'avril à octobre les samedi et dimanche après-midi. On y trouve une mare et des espèces rares qui contribuent à créer une biodiversité (digitale pourpre, pavot somnifère...).

VENDANGES À MONTMARTRE

À l'angle des rues Saint-Vincent et des Saules, l'un des endroits les plus charmants de Montmartre. Sur la colline dégringolent les dernières vignes de la Butte. Elles produisaient un petit vin appelé « picolo » (d'où le verbe « picoler »). C'est un gamay que l'on vendange début octobre. On compte environ 2 000 pieds de vigne, qui donnent près de 1 500 bouteilles de Clos Montmartre vendues aux enchères au profit des œuvres sociales de la Butte.

➢ Après la rue Saint-Vincent, empruntez sur la droite la ***rue du Mont-Cenis*** *(plan B2),* qui fut longtemps la seule voie d'accès au nord de la Butte. Elle reliait l'abbaye de Montmartre à celle de Saint-Denis. Au no 22, Berlioz habita une maison paysanne de 1834 à 1836.

➢ Rejoignez la ***rue du Chevalier-de-La-Barre.*** Saluez au passage ce brave Jean-François Lefèvre, chevalier de La Barre, libre penseur, victime de l'intolérance, qui fut roué puis décapité pour avoir refusé de saluer une procession religieuse. Le tracé de sa rue est d'ailleurs assez anarchique. Elle démarre en rue, se transforme en escalier puis, au croisement avec la rue Paul-Albert, devient finalement voie piétonne. Ce carrefour, la nuit, dans le pâle halo des réverbères, est l'un des coins les plus romantiques de la Butte. Pour descendre, vous avez le choix entre l'abrupt passage Cottin ou la rue du Chevalier, large et placide, qui se rétrécit brutalement avec un pittoresque surplomb jusqu'à la rue Ramey. Pour aller au plus court, vous pouvez aussi suivre la rue Paul-Albert.

➢ Traversez ensuite les jardins du Sacré-Cœur pour gagner la rue Gabrielle, puis, plus loin sur la droite, l'escalier du Calvaire. Adorable petite ***place du Calvaire*** avec 2 bancs qui n'attendent que les amoureux.

➢ ***La rue Poulbot*** *(plan zoom)* **:** ancienne « impasse Traînée », déjà ruelle au XIVe s, elle musarde, campagnarde et tortueuse à souhait. Elle porte donc le nom du célèbre créateur du « gamin de Montmartre » qui orne tant de chaumières de par le monde.

➢ ***La place Jean-Baptiste-Clément*** *(plan zoom)* **:** elle évoque l'ancien maire de Montmartre pendant la Commune de Paris et l'auteur d'une des plus belles chansons françaises, *Le Temps des cerises*. Écrite plus de 10 ans après la Commune, tout le monde y reconnut, au travers de l'image des cerises, l'allusion au drapeau rouge et à l'espoir renaissant. Au milieu du square, un cerisier a été planté en souvenir. Picasso vécut rue Gabrielle, au niveau de la place Jean-Baptiste-Clément.

➢ La petite et étroite ***rue de la Mire*** rappelle ensuite que le méridien de Paris passe juste là. À emprunter pour rejoindre la rue Ravignan. En bas de celle-ci, la ***place Émile-Goudeau,*** l'une des plus charmantes de la Butte. Au no 13, le célèbre ***Bateau-Lavoir,*** où tant d'artistes séjournèrent. Malheureusement, à peine classé, il brûla. Aujourd'hui, des ateliers modernes sans grand charme l'ont remplacé en respectant cependant l'architecture primitive : 1 étage sur la place et 3 donnant sur un joli jardin extérieur, rue Garreau. Une vitrine illuminée retrace l'histoire du *Bateau-Lavoir.* Un de ses 1ers locataires fut un certain Pablo Ruiz Blasco, connu plus tard sous le nom de Picasso. Son atelier était dans un désordre effarant. Original et iconoclaste, il aimait à dire « mon espèce de boîte à ordures » en parlant de sa somptueuse villa. C'est au *Bateau-Lavoir* que Picasso peignit les fameuses *Demoiselles d'Avignon,* qui n'étaient ni demoiselles ni d'Avignon, puisque l'artiste avait, avant tout, voulu représenter les prostituées du Barrio Chino à Barcelone. Formes cassées, recomposées, Picasso bouscula les techniques habituelles au point que ses propres amis crurent à un canular. C'était la naissance du cubisme... D'autres locataires prestigieux furent des « passagers du *Bateau* » : Van Dongen, André Salmon, Pierre Mac Orlan, Max Jacob, Juan Gris... Sur la place, une fontaine Wallace.

➢ La petite ***rue d'Orchampt,*** calme, paisible, très provinciale, abritait l'hôtel particulier de Dalida.

➢ ***Rue Durantin*** *(plan zoom),* plusieurs artistes travaillent dans des boutiques sur rue, donnant l'occasion de les voir à l'œuvre. Quelques boutiques branchées de déco, bijoux, mode ont aussi élu domicile dans cette rue. Sans compter de chouettes bistrots à l'ambiance montmartroise.

En poursuivant main dans la main votre balade jusqu'à la place des Abbesses, vous tomberez nez à nez avec le ***Mur des Je t'aime,*** une création du poète et musicien Frédéric Baron. « Je t'aime » écrit 1 000 fois et décliné en plus de 300 langues sur de la lave émaillée, voilà l'aboutissement de 8 années d'un travail dont le but (plutôt touchant) n'est autre que de faire partager un message d'amour et de fraternité. En venant à bout de son projet, Frédéric Baron, en association avec Claire Kito, sait qu'il ne changera pas le monde, mais il invite les promeneurs, et bien sûr tous les amoureux, à jeter un regard naïf sur ce symbole tout simple et charmant. Certains le trouveront peut-être un peu cucul, mais nous, on aime bien, et nos amoureux au cœur pur apprécieront sans doute la démarche personnelle de ce poète, qui est avant tout une invitation au rêve. • *lesjetaime.com* •

➢ ***La rue Lepic*** *(plan zoom)* **:** elle part de la place Blanche et grimpe en épousant lascivement le contour de la colline. Van Gogh habita au nº 54 et Jean-Baptiste Clément au nº 112. Le bas de la rue, entre la place Blanche et la rue des Abbesses, est un marché animé. Après vos courses, ne manquez pas d'aller, au nº 12, boire un verre au *Lux Bar,* qui possède une superbe décoration murale en céramique de 1910 représentant *Le Moulin-Rouge.* Presque en face, au nº 9, une entrée de service en demi-coupole du *Moulin-Rouge Palace.* Au nº 16 s'ouvre le passage Lepic, bordé de jolis pavillons avec des jardins cachés.

➢ ***L'avenue Frochot* :** en vérité dans le 9e arrondissement (mais le détour vaut le coup !), elle débute à l'angle des rues Frochot et Victor-Massé. L'une des petites merveilles de ce quartier qui, décidément, ne nous ménage pas ses surprises. Allez-y le soir, vers minuit, lorsque vous aurez une surdose de néons meurtriers, de racolages sordides et de hot-dogs tièdes et fades. Bordée de grosses villas cossues avec de croquignolets jardins, charmante place ronde entourée d'arbres, d'ateliers d'artistes. Ici même vécut le grand réalisateur Jean Renoir. Un simple grand panneau publicitaire sépare cet itinéraire « spécial amoureux romantiques » de la place Pigalle. Les bruits mêmes semblent s'arrêter au panneau. Surréaliste mais, malheureusement, il faudra attendre que quelqu'un sorte, car il y a un code !

18e

Le Moulin-Rouge *(plan A3)* **:** *82, bd de Clichy, 75018.* Ⓜ *Blanche.* • *moulinrouge.fr* • Ⓜ *Blanche. Dîners et spectacles ts les soirs. Voir « Où sortir ? ».* Il continue, avec le french cancan, à symboliser la grande tradition montmartroise. Colette, nue au Moulin-Rouge : « Colette se donna en spectacle sur la scène du Moulin-Rouge en compagnie de son amie (et amante) Missy, le 28 novembre 1906, ce qui provoqua un énorme scandale. Missy, travestie en homme, interprétait le rôle d'un savant qui découvrait une momie, Colette, et lui ôtait ses bandelettes. Quand la momie était nue, les 2 personnages s'enlaçaient en une étreinte que rendait extraordinairement scandaleuse ce que le Tout-Paris savait. » *Guide historique du Paris libertin,* de Marc Lemonier. Aujourd'hui, la revue « Féerie » fait rêver les spectateurs presque tous les soirs de l'année.

Le BAL *(plan A2-3)* **:** *6, impasse de la Défense, 75018.* ☎ *01-44-70-75-50.* • *le-bal.fr* • Ⓜ *Place-de-Clichy.* ♿ *Mer 12h-20h, jeu-dim 12h-19h. Fermé lun-mar. Entrée : 7 € ; réduc.* Au calme, à 2 pas du tumulte de l'avenue de Clichy, on y accède par une impasse au pavement balisé par de petites lumières. À l'initiative – et aujourd'hui sous la présidence – de Raymond Depardon, l'ancienne salle de bal des Années folles abrite un bel espace contemporain consacré au document visuel sous toutes ses formes : photo, bien sûr, ainsi que vidéo, cinéma et nouveaux médias. Des expos temporaires essentiellement, mais pas seulement : on y trouve aussi une petite librairie sur le sujet, et un bon petit resto – le ***BAL Café*** (voir la rubrique « Où manger ? ») – avec une poignée de tables en terrasse qui donnent sur le jardin des Deux-Nèthes. Également des conférences et des cycles de cinéma. Une chouette escale.

Comme Harold et Maude

Le cimetière de Montmartre *(plan A2)* **:** *entrée av. Rachel, 75018. Tlj 8h (8h30 sam, 9h dim)-18h. Munissez-vous d'un plan à l'entrée.* Il est venu s'installer naturellement dans une ancienne carrière de plâtre. S'il renferme son pesant de célébrités, il se révèle aussi intéressant par la beauté de ses sculptures et l'architecture de certaines tombes. Loin d'être sinistre, il permet de marivauder en partant sur les traces de nombreux artistes.

Dès l'entrée, avenue Rachel, tout de suite à droite, *Sacha Guitry.* Dans les 2 premières allées à gauche, tombe toute simple de *Louis Jouvet* et celle de *Rose Alphonsine Plessis,* la Marguerite Gautier de *La Dame aux camélias.* Un panneau à l'entrée indique l'adresse : « Au rond-point, à gauche ».
Pour ceux qui s'intéressent aux œuvres délirantes ou tout simplement pittoresques, essayez de trouver la tombe émouvante de l'architecte *Laurecisque* (1re division), sculpté entre sa femme et son fils morts très jeunes, la réplique du *Moïse* de Michel-Ange sur la tombe du banquier *Osiris* (3e division) et la tombe hexagonale d'un certain *Devange* (17e division). Le mausolée consacré à *Delphine Fix* (3e division) vaut le déplacement : son visage est splendide. Dans la 26e division, les amateurs de gags trouveront une tombe *Pajot-Sommier* ! Au point culminant du cimetière, la tombe la plus célèbre est celle de *Dalida,* toujours fleurie ; sa statue et les lettres dorées irradient. ***Michel Berger*** repose à côté de sa fille Pauline et non loin de son père, ***Jean Hamburger. France Gall*** les a depuis rejoints, sous le mausolée de verre.

19e ARRONDISSEMENT

• Plan p. 222-223

Côté balades, ici, on a le choix ! Il y a bien sûr le charme rétro du parc des Buttes-Chaumont, ses ponts, ses collines, sa grotte et sa cascade ; à moins que l'on ne préfère le parc résolument moderne de la Villette, avec des ribambelles d'endroits où faire un pique-nique ou bien improviser une petite sieste au soleil. Dans les 2 cas, vous ne serez pas tout seuls... Si vous recherchez le calme, allez donc prendre le frais le long du canal de l'Ourcq, ou explorer les rues provinciales et fleuries du quartier de la Mouzaïa.

Où manger ?

Coups de cœur

Simonetta (plan B2, **10**) : *32, quai de la Marne, 75019. ☎ 01-42-81-32-63. Ⓜ Ourcq ou Crimée. Tlj midi et soir (en continu le w-e). Pizzas et pâtes 13-18 €.* Jolie patine, déco soignée, plantes vertes aux murs et cuisines ouvertes, d'emblée le lieu nous plaît ! Concentrons-nous sur l'assiette. Des pizzas à la pâte généreuse et aux garnitures franches, des pâtes al dente aux sauces à s'en lécher les doigts, le tout cuisiné avec de savoureux produits de la Botte. Un bémol pour les *antipasti,* un peu chiches. Mais la terrasse au bord du canal redonne le sourire.

La Trattoria by Gustu *(plan A2,* ***11****) : 6-8, pl. de la Bataille-de-Stalingrad, 75019. ☎ 01-80-48-33-40. • christophe@larotonde.com • grandmarchestalingrad.com • Ⓜ Stalingrad ou Jaurès. Tlj, sauf dim soir. Tapas et plats 9-19 €, pizzas 10-18 € ; carte env 25 € ; brunch-buffet dim (à partir de 12h) 27 €.* Coiffé par la coupole de la Rotonde, un bistrot italo-corse bien dans l'air du temps. Le bâtiment néoclassique a été repensé comme un lieu de vie cosy avec mobilier dépareillé et lumière tamisée. Dans l'assiette, des produits sourcés, de saison, locaux (certains légumes poussent sur le toit !) et, bien sûr, italiens et corses. Cochon de lait, pizza au *brocciù, mozzarella fior di latte...* Tout est sélectionné avec soin, jusqu'aux vins des copains restés sur l'île de Beauté. Très bien aussi pour siroter un cocktail au *Refuge,* le bar attenant, ou sur l'agréable terrasse de la Rotonde. Et pour couronner le tout, le brunch est vraiment généreux. *NOUVEAUTÉ.*

Où boire un verre ?

Rosa Bonheur (plan B3, **20**) : *dans le parc des Buttes-Chaumont, 2, allée de la Cascade, 75019. ☎ 01-71-60-29-01. • rosabonheur.fr • Ⓜ Botzaris. ♿ Quand le parc est fermé, on accède alors par la grille en face du 74, rue Botzaris. Ouv jeu-dim en hiver, tlj en été, horaires selon programmation.* Au milieu du parc des Buttes-Chaumont, voici une guinguette chaleureuse et branchée, qui fait briller le soleil toute l'année. Le soir venu, un vent de folie souffle sur le pavillon : on déguste alors quelques tapas accompagnés de vins naturels ou de cocktails, puis on danse sur des *DJ sets.* La clientèle est éclectique, et comme c'est souvent archiplein, mieux vaut arriver tôt. En été, la terrasse et le parc nous feraient presque oublier qu'on est à Paris !

Le Pavillon des Canaux *(plan B2,* ***21****) : 39, quai de la Loire, 75019. ☎ 01-73-71-82-90. • contact@pavillondescanaux.com • lepavillondescanaux.com • Ⓜ Laumière ou Riquet. Tlj 10h-minuit.* Traîner dans sa baignoire, inviter une dizaine de potes à dîner, buller en terrasse, boire un coup les pieds dans l'eau... Imaginez la vie à Paris dans une maison de famille ! Planté au bord du bassin de la Villette, *Le Pavillon,* c'est chez vous mais en plus grand. Chambres, salons, cuisine et même salle de bains, chaque pièce est ouverte aux Parisiens en manque d'espace. Mobilier vintage, papier peint coloré, abat-jour loufoques et céramiques à motifs plantent un décor rétro et convivial. Parfait pour le p'tit noir du matin, un thé (avec pâtisserie) dans l'aprèm, des cocktails et bières en soirée accompagnés de tapas.

Où se détendre à 2 ?

■ ***Hammam Medina Center*** *(plan B2,* **25***)* **:** *43-45, rue Petit, 75019. ☎ 01-42-02-31-05. • hammam-medina.com • Mixte avec maillot sam 10h-21h. Forfait classique 47 € (entrée hammam, gommage, savon noir et délices orientaux), forfait détente 63 € (massage à l'huile d'amande douce en plus), peignoir, serviettes, paréos et chaussures antidérapantes inclus.* Hammam aux belles dimensions avec plusieurs salles tièdes et chaudes et un bassin d'eau froide. En arrivant, n'oubliez pas de suspendre votre clé (de casier) au tableau afin d'être sûrs d'être appelés pour le passage au *khessa* (le gant de gommage). Après avoir procédé à toutes les ablutions de rigueur, il ne vous reste plus qu'à vous prélasser dans la vaste et douillette salle de repos. C'est également là que se déroulent les massages. Enfin, ne prévoyez rien d'autre qu'une soirée calme et tendre en sortant de ce havre de volupté et de détente.

Main dans la main

L'église Saint-Serge *(plan B2)* **:** *93, rue de Crimée, 75019. Ⓜ Laumière. Fermé en dehors des offices (lun-sam à 7h et 18h, dim à 10h).* Engagez-vous dans cette discrète impasse verdoyante un peu hors du temps. Au bout, ravissante église russe, fort peu connue et qui provoque un réel dépaysement. Intérieur, comme souvent, splendide ; atmosphère tamisée, beaucoup de charme et de sérénité !

Le Centquatre *(plan A2)* **:** *104, rue d'Aubervilliers, 75019. • 104.fr •* Un ensemble dédié à la création artistique contemporaine qui occupe le beau bâtiment des anciennes pompes funèbres municipales, l'ancienne « usine à deuil ». Des espaces sont offerts à la création, à la diffusion et à l'exposition de multiples disciplines, des arts plastiques aux arts du spectacle. Le *104* abrite aussi un café (bien planqué) et organise de nombreuses soirées.

Petit itinéraire romantique

Ici, pas de monuments grandioses ou d'architectures particulières, mais plein de jardins secrets au fond desquels se nichent d'adorables pavillons recouverts de lierre.

Les villas de la Mouzaïa *(du nom d'une gorge d'Algérie ; plan C2-3)* **:** *2 km, 45 mn sans les arrêts, de la station de métro Porte-de-Pantin ou Pré-Saint-Gervais au métro Botzaris.*
Sur les hauteurs de Chaumont et de Belleville, il fait bon se perdre à la saison des fleurs. Les ruelles ont pour noms « villas » ou « allées » et se succèdent, encombrées de glycines, de lilas, de seringas et de rosiers.
De la station de métro Porte-de-Pantin, vous contournez le lycée d'Alembert pour remonter les *allées* piétonnes *Arthur-Honegger* et *Darius-Milhaud.* Cette inspiration musicale invite à écouter les oiseaux cachés dans les haies des petits jardins ou dans les tulipiers des allées. Par les rues Goubet et d'Hautpoul, les panoramas plongent

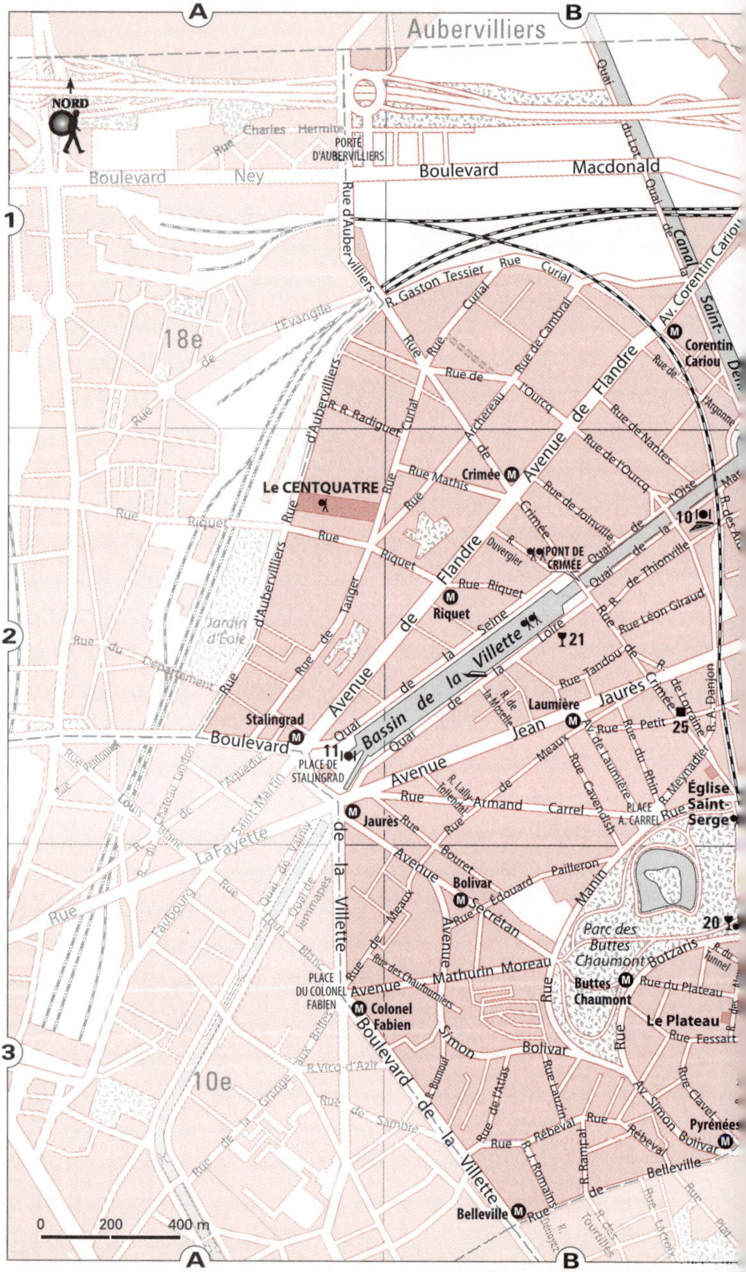
A
B
1
2
3
NORD
Aubervilliers
Rue Charles Hermite
PORTE D'AUBERVILLIERS
Boulevard Ney
Boulevard Macdonald
Quai du Lot
Quai de la Gironde
Canal Saint-Denis
Av. Corentin Cariou
Rue d'Aubervilliers
R. Gaston Tessier
Rue Curial
Rue de l'Évangile
18e
Rue de Cambrai
Corentin Cariou
Rue de l'Argonne
Rue de l'Ourcq
Avenue de Flandre
R. Radiguet
Rue Archereau
Rue de Nantes
Rue Mathis
Crimée
Rue de Crimée
Rue de Joinville
Rue de l'Oise
10
Le CENTQUATRE
Rue Riquet
R. Duvergier
PONT DE CRIMÉE
Quai de la Marne
Quai de l'Oise
R. de Thionville
Riquet
Rue de Tanger
Rue de la Seine
Rue de la Loire
Rue Léon Giraud
Jardin d'Éole
Rue du Département
Bassin de la Villette
21
Rue Tandou
R. de Lorraine
R. A. Danjon
R. de la Moselle
Laumière
Avenue Jean Jaurès
Rue Petit
25
Stalingrad
Boulevard de la Villette
Quai de Seine
11
PLACE DE STALINGRAD
Rue Pajol
Rue de l'Aqueduc
Rue Louis Blanc
Rue du Château Landon
Rue La Fayette
Rue Saint-Martin
Quai de Valmy
Quai de Jemmapes
Jaurès
R. Lally Tollendal
Rue Armand Carrel
Rue de Meaux
Rue Cavendish
Av. de Laumière
Rue du Rhin
R. Meynadier
PLACE A. CARREL
Église Saint-Serge
Rue Bouret
Avenue Secrétan
Bolivar
Rue Édouard Pailleron
Rue Manin
Parc des Buttes Chaumont
20
Rue Botzaris
R. du Tunnel
Rue du Faubourg Saint-Martin
Rue des Chaufourniers
Avenue Mathurin Moreau
Buttes Chaumont
Rue du Plateau
Le Plateau
Rue Fessart
PLACE DU COLONEL FABIEN
Colonel Fabien
Avenue Simon Bolivar
Rue Grange aux Belles
R. Vicq-d'Azir
10e
Rue de Sambre
R. Burnouf
Rue de l'Atlas
Rue Lauzin
Rue Rébeval
R. J. Romains
R. Rampal
Rue Clavel
Pyrénées
Rue de Belleville
Belleville
R. des Tourtilles
0
200
400 m

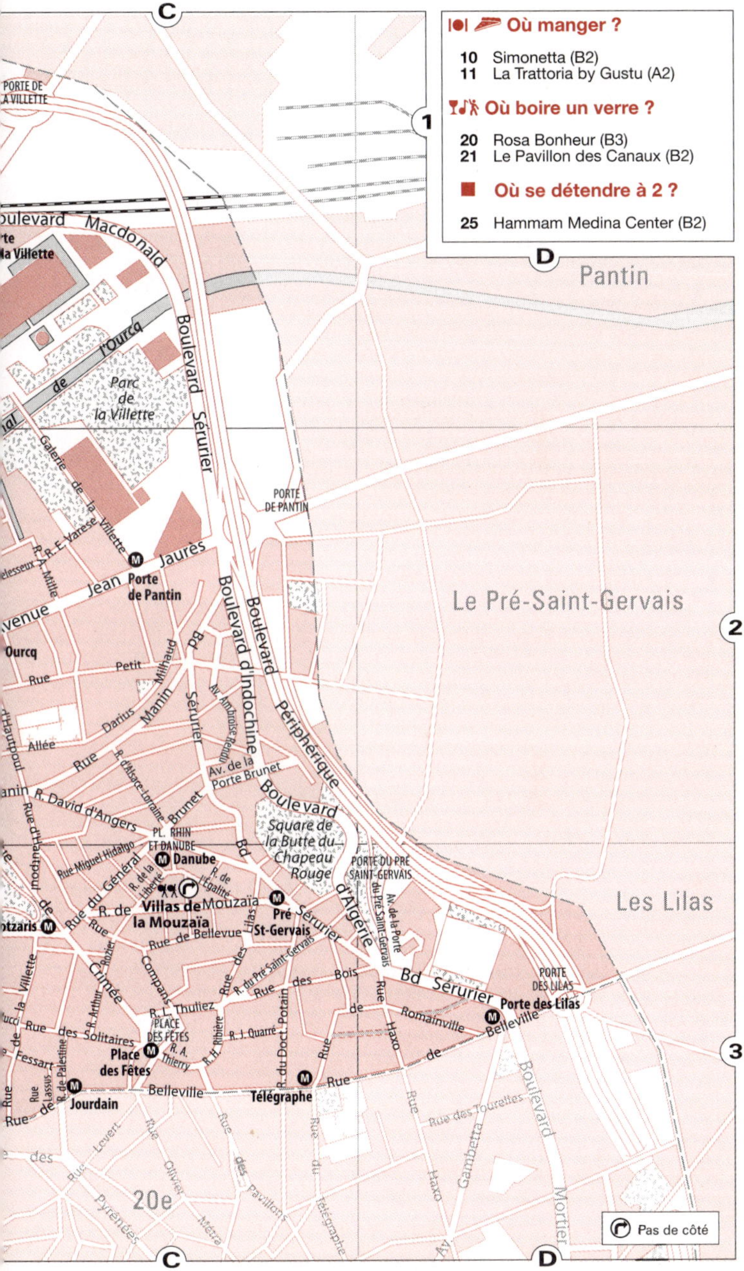
Où manger ?
10 Simonetta (B2)
11 La Trattoria by Gustu (A2)
Où boire un verre ?
20 Rosa Bonheur (B3)
21 Le Pavillon des Canaux (B2)
Où se détendre à 2 ?
25 Hammam Medina Center (B2)
Pas de côté
C
D
1
2
3
Pantin
Le Pré-Saint-Gervais
Les Lilas
20e
PORTE DE LA VILLETTE
Boulevard Macdonald
Parc de la Villette
Galerie de la Villette
Boulevard Sérurier
PORTE DE PANTIN
Porte de Pantin
Avenue Jean Jaurès
R. E. Varese
Boulevard d'Indochine
Boulevard Périphérique
Petit
Rue Manin
Av. Ambroise Rendu
Av. de la Porte Brunet
R. David d'Angers
Square de la Butte du Chapeau Rouge
PL. RHIN ET DANUBE
Danube
Rue Miguel Hidalgo
Rue du Général
R. de la Liberté
R. de l'Égalité
Villas de la Mouzaïa
R. de Mouzaïa
Pré St-Gervais
Sérurier
Bd d'Algérie
PORTE DU PRÉ SAINT-GERVAIS
Av. de la Porte du Pré Saint-Gervais
Rue de Bellevue
R. du Pré Saint-Gervais
Rue des Bois
Bd Sérurier
PORTE DES LILAS
Porte des Lilas
Rue de Romainville
Rue Haxo
Rue de Belleville
R. L. Thuiliez
PLACE DES FÊTES
Place des Fêtes
R. A. Thierry
R. H. Ribière
R. J. Quarré
R. du Doct. Potain
Télégraphe
Jourdain
Rue des Solitaires
Rue Compans
Rue de Crimée
Rue de la Villette
R. Arthur Rozier
R. de Palestine
R. Fessart
Rue Lassus
Rue d'Hautpoul
Rue des Lilas
Rue des Tourelles
Boulevard Mortier
Av. Gambetta
Rue du Télégraphe
Rue des Pavillons
Rue Olivier Métra
Rue Levert
Rue des Pyrénées
Ourcq
Rue Darius Milhaud
Allée
R. d'Alsace-Lorraine
Botzaris

en contrebas sur l'espace vert du cimetière de la Villette. La rue Manin longe le parc des Buttes-Chaumont pour parvenir aux hauteurs de Belleville qui dominent l'est de Paris (128,50 m). Continuez plutôt par la rue Compans jusqu'à la curieuse *rue Miguel-Hidalgo.* Ici, flânez dans les impasses aux noms et aux ambiances poétiques : *villa Rimbaud, villa Paul-Verlaine, villa Claude-Monet.* Quel dépaysement ! Les noms de Bellevue et Belleville s'expliquent par les panoramas sur Paris et les constructions basses des petites villas bâties sur les pentes recouvrant les anciennes carrières.
Au sud de la place Rhin-et-Danube, promenez-vous autour des villas qui donnent sur les rues de l'Égalité et de la Liberté, ainsi que sur la belle rue de Mouzaïa. Suivant votre humeur, vagabondez par la luxuriante *villa de Bellevue,* où les moulins tournaient au vent... il y a un demi-siècle. La *villa Amalia* est l'une des plus belles : bordée de vieux réverbères et d'arbres, c'est une enfilade de petits jardins fleuris. Dans la *villa de Fontenay,* les rosiers débordent sur la voie de passage et font comme une tonnelle. Dans la *villa du Progrès,* le progrès vous fait face, béton et grues. Contraste garanti ! Puis *villa Émile-Loubet,* en pente, d'un charme tout provincial. La *villa de la Renaissance* offre de jolies portes couvertes de lierre (n° 9, par exemple). Plus secrète. Perspective intéressante dans la *villa Danube,* elle aussi bordée de belles maisons. La *villa Marceau* est plus cossue. Dans la *villa Laforgue,* au bout de l'allée, saisissement en se retournant : de la verdure à perte de vue. Mais où est donc passé Paris ? La *villa Boërs* donne sur le clocher de l'église. Mignon tout plein ! Les rues de Bellevue et Arthur-Rozier conduisent à la *villa Albert-Rohida,* qui redescend par un escalier surréaliste sur la rue de Crimée. Vous voici bientôt arrivés à l'est du parc des Buttes-Chaumont et au métro Botzaris.

19e

Un canal qui se prend pour la mer

Le ***bassin de la Villette*** *(plan A-B2)* fut creusé au début du XIXe s et inauguré en grande pompe en 1808, le jour anniversaire du sacre de Napoléon Ier. Au XIXe s, il servit souvent de patinoire lors des hivers rigoureux. Aujourd'hui, ses bords ont été aménagés en agréable promenade. Le paysage industriel s'est quasi estompé pour céder la place à la classique architecture des quartiers « rénovés ». Aujourd'hui, c'est tout un quartier qui s'est transformé et attire toujours plus de curieux. La rotonde abrite désormais un café-resto-bar-boîte, et les quais de Loire et de Seine sont peuplés de cafés, restaurants et péniches. Aménagés avec brio, on y joue à la pétanque en été ou on se prélasse sur l'une des innombrables terrasses, et on étale sa nappe pour un pique-nique estival en profitant de la douceur le long de l'eau.

Dans le prolongement du bassin de la Villette, le ***canal de l'Ourcq*** continue de se transformer en un lieu de vie agréable, où il fait bon s'extirper du chahut parisien.

Le ***pont de Crimée*** *(plan B2)* est le dernier pont-levis (et en activité !) de Paris. Il fonctionne avec de drôles de roues articulées sur des colonnes grecques à crémaillère. La société qui le construisit créa également les ascenseurs hydrauliques de la tour Eiffel. Des dates de naissance partout sur les colonnes et la belle plaque en céramique de la maisonnette à l'entrée du pont, pour rappeler son âge vénérable : 1885. Un coup d'œil sur le bassin de la Villette, et Venise n'est pas si loin ! Si vous passez par là quand il se lève, admirez le spectacle !

Le parc de la Villette *(plan C1-2)*

M Porte-de-Pantin. Accessible aussi par le nord : M Porte-de-la-Villette ou Corentin-Cariou. • lavillette.com •
Le parc s'étend sur 55 ha, ce qui en fait, par sa taille, le plus grand parc parisien. Il recouvre complètement l'ancien site du marché national de la viande, entre la

porte de Pantin et la porte de la Villette, au confluent du canal de l'Ourcq et du canal Saint-Denis. Il comprend la *Cité des Sciences et de l'Industrie,* la *Cité de la Musique* et la *Grande Halle,* le théâtre *Paris Villette,* le théâtre *Tarmac,* ainsi que le *Zénith,* la *Géode,* l'*Argonaute,* le *Trabendo,* des pavillons d'exposition, des espaces pour les chapiteaux de cirque et de cabaret, ainsi que la nouvelle *Philharmonie de Paris* signée Jean Nouvel.

Vaste ensemble réalisé entre 1984 et 1997 et, disons-le, assez réussi, tant pour le contenu des Cités que pour l'architecture des bâtiments et du parc lui-même. Sur plus de 3 km de promenades offerts aux piétons comme aux cyclistes, il égrène une dizaine de jardins à thème, à la croisée des chemins entre l'ancien et le futur, les arts et la science, la nature et la ville.

Bernard Tschumi a dessiné un parc au concept révolutionnaire. D'abord, quadrillant les 35 ha de lignes imaginaires, plan d'un vaste damier aux cases de 120 m de côté, il planta à chaque intersection des folies : 26 édifices cubiques plus ou moins éclatés, ici augmentés d'une tourelle, d'un escalier extérieur, là éventrés, creux – clins d'œil aux constructivistes russes. S'y trouvent un point d'information, une buvette, diverses activités... Complétant cette géométrie, 2 axes piétons – est-ouest et nord-sud – traversent le parc, reliant la porte de Pantin à celle de la Villette, et Paris à la banlieue (en fait, le périph') en longeant le canal de l'Ourcq : lignes d'abscisses et d'ordonnées. Puis 2 « prairies », cercle et triangle, vastes plages vertes. Enfin, rompant l'ordre rigide mais toujours fantaisiste, un chemin courbe et bleu, traversant les jardins des Miroirs, des Vents et des Dunes, des Bambous (superbe bambouseraie), des Voltiges, etc. Multiples sont les atmosphères qui se succèdent, souvent ludiques, aux essences variées, agrémentées de jeux d'eau, de sculptures.

Toujours dans le parc, de mi-juillet à mi-août, le *cinéma en plein air* : reprises de classiques et de films d'auteur. *Se renseigner pour les programmes au ☎ 01-40-03-75-75. • villette.com •*

Balade sur le bassin de la Villette et le canal Saint-Martin

Paris-Canal : *19-21, quai de la Loire, 75019. ☎ 01-42-40-29-00. • pariscanal.com • De mi-mars à mi-nov : du parc de la Villette, départ tlj à 14h40 (rdv à 14h30) de « La Folie des Visites du Parc », au cœur du parc (Ⓜ Porte-de-Pantin). Du musée d'Orsay, tlj à 9h45 (rdv à 9h30) ; départ quai Anatole-France, le long du parking du musée d'Orsay (Ⓜ Solférino). Le reste de l'année : dim essentiellement. Résa indispensable par tél. Prix : 22 €.* 3 bateaux bien sympa, *La Guêpe Buissonnière, Le Martin-Pêcheur* et *Le Canotier,* pour descendre (ou remonter) le canal Saint-Martin en péniche ! Pourquoi ne pas prendre le temps de vivre et de savourer des moments de calme, de détente, 2h30 durant, au rythme des écluses qui glougloutent avec bonheur ? Pour la description détaillée du parcours, se reporter au chapitre « 10e arrondissement ». Départ, donc, du parc de la Villette, puis franchissement du célèbre pont de Crimée (dernier pont-levis à Paris) ; on peut ensuite admirer la belle rotonde de Ledoux.

Balade en bateau électrique : *avec* ***Marin d'Eau Douce,*** *37, quai de la Seine, bassin de la Villette, entre le cinéma MK2 et la passerelle de la Moselle, 75019. Résa fortement conseillée au ☎ 09-70-71-40-60. • marindeaudouce.fr • Mars-nov, tlj. Bateaux de 5, 7 et 11 places. Avec 5 places à bord, compter 70-140 € pour 2h.* Après un briefing sur le fonctionnement du bateau, les manœuvres et les règles de navigation, on vogue sur le bassin de la Villette (location 1h), on franchit le pont levant de Crimée et on remonte tranquillement le canal de l'Ourcq, au fil de l'eau. En partant 2h, on traverse le parc de la Villette, on dépasse les grands moulins de Pantin et le centre national de la danse. Si vous avez une demi-journée devant vous, accostez au parc de la Bergère pour pique-niquer.

Où pique-niquer ?

– ***Aux Buttes-Chaumont*** *(plan B3)* **:** Ⓜ *Buttes-Chaumont, Botzaris ou Laumière.* Un autre poumon de Paris. Anciennes carrières de gypse dont la réputation était immense. Il en était régulièrement expédié aux États-Unis, d'où le nom de « quartier d'Amérique » encore donné à tout le territoire situé entre la rue Manin, la rue de Mouzaïa et le parc (la station de métro Rhin-et-Danube est aussi aménagée dans une ancienne carrière). En plein Paris, le parc présente vraiment un visage imprévisible. Une véritable « montagne », mélange de roches et de béton, trône au milieu, reliée par un pont suspendu et un autre en brique. Sur son sommet, un petit temple d'où vous embrasserez un panorama splendide. Tout autour, un lac, nourri par les eaux du canal Saint-Martin tout proche. Avec leurs cascades, leurs rigoles qui traversent les chemins, leurs balustrades en ciment imitant les branches d'arbres, leur terrain accidenté, les Buttes-Chaumont représentent un lieu de sortie idéal pour les amoureux en mal de nature. En hiver, quand le lac est gelé, mais aussi le reste de l'année, car vous adorerez la balade sur le lac. Ça dure à peine 5 mn et vous rejoignez le bas du belvédère. Lorsque les beaux jours reviennent, le samedi voit son lot de mariés défiler pour se faire prendre en photo sur le lac (de quoi vous donner des idées !). Il y a aussi les concerts sous le kiosque.

La célèbre grotte-cascade est ouverte au public. Une machinerie permettait de monter l'eau du canal et de la faire retomber en une superbe cascade. En été, nombreux concerts en plein air.

20e ARRONDISSEMENT

• Plan *p. 228-229*

Maurice Chevalier chantait déjà le charme de Ménilmuche... Bien sûr, depuis les années 1930, le quartier a changé, et les pelleteuses ont eu raison de bon nombre de petites maisons, certes insalubres mais pittoresques. Heureusement, des associations tenaces résistent à l'appétit des promoteurs. Ce qui fait la force de ce quartier, c'est le mélange de ses populations. Ici cohabitent sans façon Chinois, Asiatiques, Maghrébins, Arméniens, ce qui donne au 20e un air de Babel. Au marché de Belleville, les nems dorés côtoient les *makrout* dégoulinantes de miel, la *soubressade* apostrophe le saucisson, la coriandre rivalise avec la menthe dans un match amical de parfums. De quoi improviser un pique-nique amoureux sur la terrasse-belvédère du parc de Belleville, qui offre une vue magnifique sur Paris, les méandres de la Seine et la tour Eiffel posée comme un point d'exclamation...

Où dormir ?

Coup de cœur

Hôtel Scarlett (plan A1, **1**) : *1, rue Jouve-Rouve, 75020. ☎ 01-77-38-81-81. • contact@hotelscarlett.com • hotelscarlett.com • Ⓜ Pyrénées. ♿ Doubles 79-224 €.* Un bel hôtel typiquement parisien, rénové de fond en combe avec une trentaine de chambres, de tailles variables, toutes parfaitement équipées. L'ensemble est cosy, charmant, très agréable. *NOUVEAUTÉ.*

Coups de foudre

Hôtel Comète (plan C3, **2**) : *14 bis, rue des Maraîchers, 75020. ☎ 01-43-72-51-96. • contact@hotelcomete.com • hotelcomete.com • Ⓜ Porte-de-Vincennes. Doubles 120-200 € ; petit déj 13 €.* Cette *Comète*-là a tout d'une pépite ! Dès le hall, murs turquoise étoilés, plafond doré parsemé de constellations et globes terrestres nous transportent dans les nuages. Les 30 chambres, simplement superbes, déclinent le même thème, arborant de chaleureux tons du brun au bleu, entre terre et ciel. Niveau confort, tout y est : minibar, machine Nespresso, literie de qualité et calme absolu. Le coin petit déj et sa déco lunaire ou le salon avec sa bibliothèque à disposition donnent des envies d'évasion. On aime aussi l'agréable courette aux beaux jours. Accueil et service parfaits.

Mama Shelter (plan B2, **3**) : *109, rue de Bagnolet, 75020. ☎ 01-43-48-48-48. • paris@mamashelter.com • mamashelter.com • Ⓜ Gambetta ou Alexandre-Dumas. Doubles 79-229 € ; petit déj continental 9 €, petit déj 17 €.* Cet hôtel *hype* et branché, à l'architecture ultramoderne pensée par Philippe Starck, a posé ses fondations de verre et d'acier en bordure des voies ferrées désaffectées de l'ancienne Petite Ceinture. L'intérieur, forcément très design, est vraiment étonnant ! Plafond en ardoise pour gribouiller dessus, salon d'hôtes avec tables en verre incrustées d'écrans LCD, bar en U rétro-éclairé au mobilier surprenant et à l'ambiance *arty* très bobo. Les chambres (de la « Small Mama » à la « XL Mama ») se parent de couleurs sombres, néons, masques de cartoon transformés en luminaires, iMac, lecteur CD-DVD, carrelage immaculé pour les salles de bains high-tech... le tout dans un style chic urbain. Accueil détendu, peut-être un brin désinvolte. Fait également resto et bar (voir la rubrique « Où manger ? »).

Où dormir ?

1 Hôtel Scarlett (A1)
2 Hôtel Comète (C3)
3 Mama Shelter (B2)

Où manger ?

3 Mama Shelter (B2)
10 Le Zéphyr (A1)

Où boire un verre ?

20 La Maroquinerie (B1)

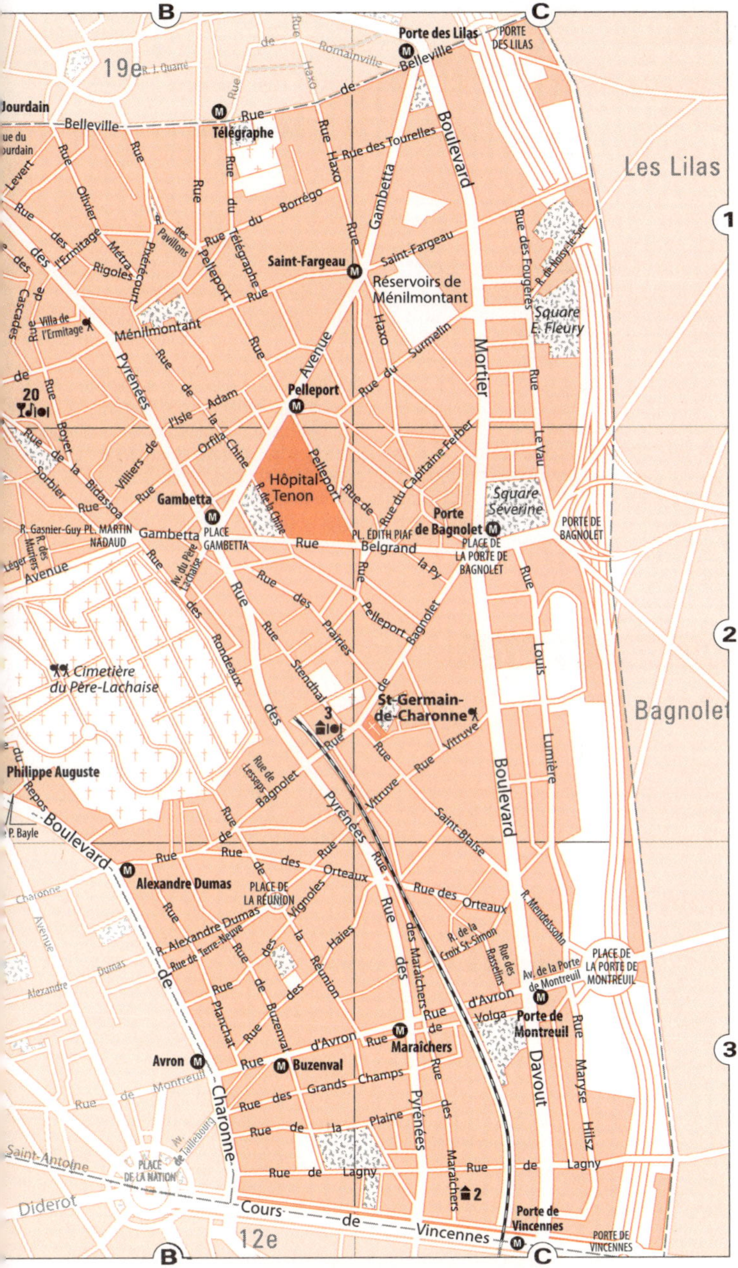

20e ARRONDISSEMENT

Où manger ?

Coup de cœur

🍴 ☂ ***Le Zéphyr*** *(plan A1, **10**) : 1, rue du Jourdain, 75020. ☎ 01-46-36-65-81. Ⓜ Jourdain. ♿ Tlj 8h30-2h (1h en hiver) ; service 12h-23h. Plats 12-20 € ; formule 12,50 € ; brunch 20 €.* Dans son décor Art déco de 1928 superbement conservé, *Le Zéphyr* brille d'une flamme naturelle mais modeste, dans ce quartier populaire connaissant des « faims de mois » parfois difficiles. Que les gourmets se rassurent, midi et soir on y propose en service continu une ardoise de plats maison, une sélection de vins de producteurs à prix doux et de jolis desserts. En résumé, on a rarement vu un lieu qui allie aussi bien une cuisine légère et une bonne gouaille de quartier dans un tel décor !

Coup de foudre

🍴 ☂ ***Mama Shelter*** *(plan B2, **3**) : 109, rue de Bagnolet, 75020. ☎ 01-43-48-45-45. • food.paris@mamashelter.com • mamashelter.com • Ⓜ Gambetta ou Alexandre-Dumas. ♿ Tlj ; service 7h-11h (petit déj), 12h-15h, 19h-minuit. Résa quasi indispensable. Formules petit déj 10-17 € ; formules déj sauf dim 21-24 € ; carte 35-40 € ; pizzas 9-16 € ; brunch dim 44 €. Parking payant.* *Mama Shelter* « superStarck » ! La pièce qui se joue devant vous a été mise en scène par le célèbre designer, et nul ne peut ignorer le gigantesque tableau noir au plafond, graffité à la craie de couleur. La carte se concentre sur des produits simples, des classiques revisités et des plats à partager : *burrata* tomates cerises, parmentier de confit de canard, tartare-frites, pizzas... Simple et efficace, mais pour un peu de calme et d'intimité, c'est loupé.

Où boire un verre ?

🍸 🍴 ♪ ***La Maroquinerie*** *(plan B1, **20**) : 23, rue Boyer, 75020. ☎ 01-40-33-35-05. • resto@lamaroquinerie.fr • lamaroquinerie.fr • Ⓜ Gambetta. ♿ Bar-resto-concert ts les soirs (service 18h-23h).* Sur les hauteurs de Ménilmontant, une ancienne maroquinerie joliment reconvertie en salle de concerts et resto. On sirote son verre assis dans la cour sous le soleil, debout au comptoir ou à l'abri. Une bien belle adresse. Également une vraie salle de concerts avec une bonne programmation éclectique tendance rock et musiques actuelles.

Main dans la main

Le vieux village de Charonne

Annexé en 1860, c'est l'un des moins connus des Parisiens. Aujourd'hui, nous vous convions à une promenade calme et nostalgique. Choisissez une de ces douces journées de printemps, quand les cerisiers sont en fleur...

🚶 Descendez au métro Porte-de-Bagnolet, sortie « Boulevard Mortier » *(plan C2)*. Montez la volée de marches (80 !) de la rue du Père-Prosper-Enfantin, qui se trouve sur la droite au début de la rue Géo-Chavez, et vous voilà en pleine ***campagne à Paris.*** En haut, on découvre de croquignolettes maisons en pierre meulière ou en brique, avec petits jardins fleuris et coquets balcons. Rue Irénée-Blanc, rue Jules-Siegfried, rue Georges-Perec, puis rue Paul-Strauss, les maisons sont toutes plus mignonnes les unes que les autres. L'explication se trouve derrière la place Octave-Chanute, où la rue des Montibœufs, aujourd'hui anodine, accueillait dans la 1re moitié du XIXe s une importante carrière de gypse. On construisit alors, au début du XXe s, sur les remblais, une centaine de pavillons bon marché pour les ouvriers.

L'église Saint-Germain-de-Charonne (plan C2) **:** *4, pl. Saint-Blaise, 75020.* Ⓜ *Porte-de-Bagnolet.* Adorable, émouvante sur son tertre avec son petit cimetière de campagne. Édifiée au XIIe s, reconstruite au XVe, puis amputée au XVIIIe de ses travées. Quelques ajouts au XIXe s en font un petit chef-d'œuvre d'asymétrie. Aujourd'hui, seul le clocher provient de l'édifice original.

Petits itinéraires romantiques

Ménilmuche

« Ménilmontant, mais oui madame. C'est là que j'ai laissé mon cœur. C'est là que je viens retrouver mon âme. Toute ma flamme, tout mon bonheur... » Charles Trenet nous chantait son amour pour ce quartier en 1938. Aujourd'hui, on le trouve toujours aussi attachant, avec ses rues escarpées, ses impasses planquées et ses grandes avenues agitées.

Départ à la station de métro Père-Lachaise, pour s'engouffrer dans la ***rue des Amandiers*** *(plan A-B2).* On s'échappe ***rue des Partants,*** sur la droite, pour commencer l'ascension et la découverte de ce quartier populaire parisien, qui n'en finit plus d'être réhabilité.

On poursuit courageusement la remontée pour rejoindre la ***rue Gasnier-Guy*** (ça grimpe sec !) et son minijardin partagé sur la gauche, baptisé « Papilles et Papillons ». Arrivé en haut, on tombe sur une curieuse maison à l'architecture en faux rondins de bois en plâtre. C'est aujourd'hui une crèche. En face, la ***place Martin-Nadaud*** et ses terrasses font le plein aux beaux jours. Traverser le ***square du Docteur-Jacques-Joseph-Grancher*** sur la gauche. Parterres de fleurs et bancs offrent une jolie pause au soleil.

20e

La ***villa de l'Ermitage*** *(plan B1)* ne déçoit pas son monde. Un havre de paix où les habitations sont à hauteur d'hommes et les courettes pleines de surprises. À savourer lentement. Arrivés rue de l'Ermitage, on file par la droite jusqu'aux pittoresques escaliers de la ruelle Fernand-Raynaud, que l'on descend allègrement jusqu'à la paisible ***rue des Cascades*** *(plan B1).*

Belleville

Belleville est un grand village où se mêlent toutes les cultures et tous les genres : peintres et sculpteurs en quête d'inspiration, stars en mal d'intimité, artisans et vieux Bellevillois à la recherche du temps perdu.

➢ La ***rue Jouye-Rouve*** mène en bas du parc de Belleville.

Retrouvez la ***rue de Belleville*** *(plan A-B-C1),* qui n'a pas, à ce niveau, trop changé. Le no 38 aligne 4 courettes en enfilade. Au no 40, cour secrète avec fontaine et réverbères au look d'autrefois. D'autres portes s'ouvrent, certains jours, sur de mignonnes courettes. Ne pas hésiter à tenter sa chance ou à revenir dans le quartier en mai, pendant les « Portes ouvertes de Belleville », quand les ateliers d'artistes et les arrière-cours livrent leurs secrets. Avant d'atteindre la rue des Pyrénées, une plaque sur une maison, au no 72, rappelle qu'Édith Piaf naquit là... sur les marches du perron.

Comme Harold et Maude

Le cimetière du Père-Lachaise (plan B2) **:** *16, rue du Repos, 75020.* Ⓜ *Père-Lachaise ou Philippe-Auguste. Entrée principale bd de Ménilmontant, au bout de la rue de la Roquette. Tlj 8h (8h30 sam, 9h dim et j. fériés)-18h*

(17h30 de mi-nov à mi-mars). Aucune visite guidée organisée par la mairie, il faut contacter des guides privés. Vous trouverez gratuitement des plans généraux à la conservation.

Une destination de promenade unique avec ses 44 ha. Le Père-Lachaise est finalement le... plus grand espace vert de la capitale ! Un calme ponctué par le chant des oiseaux, des nichoirs pour différents petits animaux, des ruches. Un fol après-midi en compagnie des morts les plus sympathiques de la terre. Tour à tour tragiques, joyeux, sinistres, ludiques, avec parfois une sacrée dose d'étrange et de sensualité (mais oui !).

Quand le Père-Lachaise fut créé, en 1804, les Parisiens, habitués à se faire enterrer dans et à côté des églises, marquèrent des réticences à s'expatrier aussi « loin » de Paris. C'est pourquoi les autorités eurent recours au marketing et organisèrent, de façon très publicitaire, le transfert des restes d'Héloïse et Abélard, Molière et La Fontaine en 1817. La perspective d'être enterré auprès de morts aussi illustres provoqua évidemment un engouement, teinté de snobisme, pour la nouvelle nécropole. Les urbanistes de l'époque, ne manquant pas d'humour, baptisèrent une des rues bordant le cimetière « rue du Repos » !

Entrez par le boulevard de Ménilmontant. Bizarrement, la tombe de *Colette,* l'une des 1res à gauche de l'avenue du Puits, n'est pas submergée de chats larmoyants. Retour dans l'avenue principale à gauche. *Musset* possède évidemment une épitaphe en forme de poème : « Mes chers amis, quand je mourrai, plantez un saule au cimetière... » Problème pour ses fans, tous les saules plantés meurent rapidement. À côté, la tombe de son ennemi : le baron *Haussmann.* En face, des gens connus : *Arago, Ledru-Rollin. Félix Faure,* mort à l'Élysée dans les bras d'une courtisane, est représenté sur son tombeau enveloppé dans le drapeau de l'alliance franco-russe. On ne résiste pas à l'envie de vous rappeler l'anecdote : « Le président a-t-il toujours sa connaissance ? » « Non, elle est partie par l'escalier ! »

Au milieu de l'avenue, le *monument aux morts.* Une légende prétend que le jour de l'inauguration, les autorités exigèrent que le drap qui couvrait le monument ne soit pas complètement enlevé, afin que la foule ne fût pas horrifiée par les fesses nues des statues. En continuant tout droit après Félix Faure, la tombe de *Falguière,* concurrent de Rodin.

Redescendez vers l'avenue du Puits et l'allée longeant la rue du Repos pour rendre visite à une grande amoureuse, la comédienne *Rachel.* Un peu plus loin, le tombeau du peintre *Pissarro.* Au-dessus, *Héloïse* et *Abélard* sont désormais réunis pour l'éternité. Curieusement, les infortunés amants moururent à 63 ans tous 2, à 22 ans d'intervalle. Héloïse obtint l'autorisation, même abbesse, de rejoindre Abélard dans la tombe. La légende raconte que celui-ci ouvrit les bras pour la recevoir !

Jim Morrison, chanteur des Doors, est un peu excentré dans la 6e division. De l'avenue Casimir-Perier, empruntez les chemins Serré et Maison, jusqu'au carrefour avec le chemin de Lesseps. En principe, ses fans flèchent l'itinéraire à la craie. Pendant des années espace de non-droit, le lieu, surveillé par un gardien, est redevenu calme. Des concerts de guitare s'improvisent souvent autour de sa tombe.

Après le chemin de la Vierge, les chemins *Molière* et *La Fontaine* mènent évidemment à nos 2 grands écrivains... qui ne sont peut-être pas là. Il est douteux, vu les conditions de liquidation des cimetières parisiens à la fin du XVIIIe s, que l'on ait pu réellement retrouver leurs ossements. Sur le tombeau de La Fontaine... une fable, bien sûr !

Chemin Denon (11e division), on découvre *Chopin.* Son cœur est à Varsovie, muré dans un pilier d'église. Une charmante Muse de la musique lui tient compagnie. Ses admirateurs lui cassent régulièrement un doigt (sitôt replâtré). En face, le regretté *Pierre Desproges,* qui n'a pas trop mal choisi son site. Pas loin, d'autres musiciens, dont *Bellini.*

Dans la transversale no 3, dans le quartier limitrophe à l'avenue circulaire (97e division), tombe d'*Édith Piaf,* toujours très fleurie bien qu'elle ne se trouve pas dans une ligne intérieure. Elle est à la hauteur de la famille *Léger. Modigliani* est en face, un peu plus à l'ouest, à la hauteur du caveau *Kanjovneff.*

Division n° 44, *Simone Signoret* et *Yves Montand* reposent dans une sépulture très simple. Ils ont précédé *Mouloudji* et *Gilbert Bécaud,* voisins de *Sarah Bernhardt. Marie Trintignant* repose à l'angle des 43e et 23e divisions, à côté de *Daniel Toscan du Plantier.*
Carrefour avenue des Thuyas, sur la gauche, vous ne pourrez manquer la tombe la plus mégalo du Père-Lachaise : l'immense pyramide conique à l'italienne de *Félix de Beaujour,* diplomate fortuné à défaut d'être célèbre.
Descendez le chemin du Mont-Louis jusqu'à l'intersection avec l'avenue de la Chapelle pour admirer l'une des sculptures les plus intéressantes du cimetière : la pietà sur la tombe de *Cino del Duca,* celui qui fit rêver des millions de jeunes filles avec le journal *Nous deux.* Pietà extraordinaire de réalisme, pour la 1re fois représentée debout.

Où pique-niquer ?

– ***Dans le parc de Belleville*** *(plan A1)* **:** *tlj 8h (9h w-e)-17h45 (21h30 en été).*
Il offre une vue imprenable sur la capitale. Lorsque vous l'abordez de la rue Bisson, vous découvrez avant tout l'escalier monumental (aux réminiscences architecturales années 1930). À 108 m du sol, on y découvre tout Paris sous un autre jour avec, en prime, un beau jardin en paliers. En face de vous, les 2 tours les plus célèbres de la ville : Montparnasse et Eiffel. Installés sur un banc avec Paris à vos pieds, vous lui ferez tourner la tête !

HOMMES, CULTURE, ENVIRONNEMENT

LIRE À 2

– ***Nadja,*** d'André Breton (Paris, 1928 ; Folio nº 73, 1972). Une rencontre hors du commun et hors du temps entre le narrateur et une inconnue qui se promène dans les rues de Paris. La rencontre dont vous rêviez avant d'avoir trouvé l'âme sœur, non ?
– ***Bastille tango,*** de Jean-François Vilar (Paris, 1986 ; Actes Sud, Babel Noir, 2013). Une histoire d'amour qui sert de prétexte à un polar noir qui a pour toile de fond le temps où la Bastoche n'était pas encore un quartier à la mode et où l'on dansait le tango rue de Lappe. La démolition du quartier commençait à peine. C'était dans les années 1980. Avant l'Opéra-Bastille.
– ***Les Coups de foudre qui ont fait la France,*** de Gavin's Clemente-Ruiz (Librairie Vuibert, 2014). Ou comment des destinées croisées ont pu avoir un tel retentissement ! On connaît l'histoire de France, mais c'est à l'envers du décor que s'intéresse l'auteur : l'amour ! À travers des détails romanesques et des anecdotes, il revient sur les noms mythiques : Clovis et Clotilde, Diane de Poitiers et Henri II, la comtesse de Castiglione et Napoléon III, Pierre et Marie Curie...
– ***Guide historique du Paris libertin,*** de Marc Lemonier (La Musardine, 2015). Des lieux et quartiers plus ou moins familiers qu'on découvre sous un angle insolite, mêlant anecdotes et histoire des mœurs à Paris du Moyen Âge jusqu'à aujourd'hui, avec photos et illustrations à la clé. À embarquer dans vos pérégrinations coquines en complément du *Routard* !
– ***Le Spleen de Paris,*** de Charles Baudelaire (Paris, 1869 ; Le Livre de Poche nº 1179, 2003). Les divagations poétiques d'un des plus grands auteurs français de tous les temps, qui nous font apprécier la ville comme les reflets de l'âme. À réciter à sa belle au cours d'une promenade un soir sur les quais.
– ***Harold et Maude,*** de Colin Higgins (Folio nº 1611, 1984). Du célèbre scénario furent tirés un film culte dans les années 1970, une pièce et un roman. Véritable référence et ode à l'amour libre entre un jeune homme de 20 ans et une excentrique octogénaire.
– ***Les Ruines de Paris,*** de Jacques Réda (Gallimard, 1993). Pour une fois, un petit livre en prose de celui qui est sans aucun doute le 1er poète de la capitale. De la Butte-aux-Cailles à Passy, en passant par Belleville et Montmartre (où vont tous les amoureux au moins une fois), on se laisse guider à travers les secrets et les mystères de Paris.

SAINT-VALENTIN

Considérée aujourd'hui comme une fête commerciale où l'on se doit d'offrir des fleurs, du chocolat ou une petite attention à son ou sa bien-aimé(e) ou à sa potentielle conquête, la Saint-Valentin ne date pourtant pas d'hier. L'origine de cette tradition rappelle l'une des nombreuses fêtes de l'Antiquité romaine, les *lupercales,* célébrées à la fin de l'année romaine, le 15 février, en l'honneur de Lupercus, dieu de la Fertilité et de la Fécondité.
Plusieurs étapes marquaient le déroulement de cette fête : on commençait par le sacrifice d'un bouc ou de plusieurs chèvres qu'on dépeçait et dont on coupait la

langue. Les luperques, alors armés des langues et des peaux de bêtes, frappaient les jeunes femmes pour les rendre fécondes ! *Me Too* était encore loin...
À cette occasion, une loterie était organisée. On tirait au sort un garçon et une fille pour former des couples pendant la durée des lupercales ou pendant une année, selon les versions. Cette fête, devenue un rituel pour le moins barbare, ne cessa qu'en 495, à la demande du pape Gélase Ier.
Voici donc l'origine de cette vieille coutume qui consiste à se choisir un amoureux le 14 février, jour de la Saint-Valentin, et non plus le 15. Il est probable que l'Église ait voulu occulter le souvenir de mœurs si décadentes ! D'autant plus que l'histoire de ce cher Valentin est beaucoup plus charmante et romantique ! L'empereur Claude II avait interdit les mariages à Rome pour inciter les hommes à s'engager dans les nombreuses campagnes militaires de l'époque. C'est alors qu'intervint Valentin, le fameux protecteur des amoureux. En dépit des ordres de l'empereur, il mariait les jeunes couples en secret. Mais Valentin fut démasqué et mourut en prison le 14 février 270. Ce n'est que plus tard qu'il fut canonisé, et la Saint-Valentin remplaça alors les lupercales.
Désormais, vous ne fêterez plus la Saint-Valentin par hasard !

PETITS TRUCS ET ASTUCES POUR ÉVITER LES ABUS ET MAUVAISES SURPRISES

Un routard informé en vaut 2 ! Pour éviter les désagréments en tous genres, il est bon de les connaître. Voici un petit vade-mecum destiné à parer aux coûts et aux coups de bambous.

Bien sûr, nos enquêteurs veillent au grain, et les établissements qui ne répondent plus à nos critères ou abusent sont vite supprimés de nos guides. La réciproque est aussi valable. N'oublions pas que les hôteliers et restaurateurs font un métier difficile. S'ils se doivent de toujours garder le sourire, nous nous devons de les respecter en n'arrivant pas chez eux en terrain conquis.

À L'HÔTEL

1 – Arrhes ou acompte ? : au moment de réserver votre chambre par téléphone – par précaution, toujours confirmer par écrit (ou mail) –, il n'est pas rare que l'hôtelier vous demande de verser à l'avance une certaine somme, celle-ci faisant office de garantie. Il est d'usage de parler d'arrhes (et non d'acompte). Légalement, aucune règle n'en précise le montant. Toutefois, ne versez que des arrhes raisonnables : 25 à 30 % du prix total, sachant qu'***il s'agit d'un engagement définitif sur la réservation*** de la chambre. Cette somme ne pourra donc pas être remboursée en cas d'annulation de la réservation, sauf cas de force majeure qu'il vous faudra justifier (maladie ou accident) ou en accord avec l'hôtelier si l'annulation est faite dans des délais jugés raisonnables. Si, au contraire, l'annulation est le fait de l'hôtelier, il doit vous rembourser le double des arrhes versées. Si vous avez réservé une chambre (sans avoir rien versé) et que vous avez un empêchement, ***passez un coup de téléphone pour annuler,*** c'est la moindre des politesses.

2 – Subordination de vente : les hôteliers ont interdiction de pratiquer la subordination de vente. C'est-à-dire qu'***ils ne peuvent pas vous obliger à réserver plusieurs nuits d'hôtel si vous n'en souhaitez qu'une.*** Dans le même ordre d'idées, on ne peut vous obliger à prendre votre petit déjeuner ou vos repas dans l'hôtel ; ce principe, illégal, est cependant toléré en pratique, surtout en haute saison, dans les zones touristiques, où la demande est bien plus importante que l'offre !

3 – Les réservations en ligne : elles se sont généralisées. Mais voilà, si les centrales de réservation en ligne sont devenues incontournables, elles ne garantissent pas systématiquement de meilleurs prix qu'en direct. En outre, les promesses ne sont pas toujours tenues et l'on constate parfois des dérives, telles que promos bidons, descriptifs exagérés, avis d'internautes truqués... Les hôteliers s'estiment souvent étranglés par les commissions abusives prélevées au passage. ***N'hésitez pas à réserver directement auprès de l'hôtel.*** Aujourd'hui, la plupart alignent leurs prix sur ceux des sites commerciaux. Autre avantage, vous pouvez préciser le type de chambre souhaité (sur rue, sur jardin) et obtenir des renseignements fiables sur l'établissement.

4 – Responsabilité en cas de vol : un hôtelier ne peut en aucun cas dégager sa responsabilité pour des objets volés dans la chambre d'un de ses clients, même si ces objets n'ont pas été mis au coffre. En d'autres termes, les éventuels panonceaux dégageant la responsabilité de l'hôtelier n'ont aucun fondement juridique.

AU RESTO

1 – Les prix : ils sont libres, mais ***l'affichage est obligatoire*** à l'extérieur de l'établissement, de manière visible. Tous les menus doivent être affichés, même le moins cher. Ils doivent être identiques à ceux que l'on vous présente à l'intérieur.

2 – Formule ou menu ? Généralement, la formule est une proposition écourtée comprenant entrée + plat ou plat + dessert. Avec parfois un verre de vin et/ou le café. De fait, elle est moins chère que le menu, en principe complet (entrée + plat + dessert). Très souvent, les formules et les 1ers menus (les moins chers) ne sont ***servis qu'en semaine et/ou seulement au déjeuner,*** et plus rarement avant certaines heures (12h30 et 20h environ). C'est parfaitement légal, à condition toujours que ce soit clairement indiqué sur le panneau extérieur et sur le menu que l'on vous présente une fois installé. Il arrive qu'il disparaisse comme par enchantement (humm, mauvais signe…). Demandez-les, ça ne mange pas de pain.

3 – Attention aux suppléments. Certains menus imposent 3 suppléments pour 5 plats proposés. Cherchez l'erreur !

4 – Le « fait maison » : depuis que la législation existe, pour parer au sous-vide et tout congelé, et parallèlement valoriser le travail de restaurateurs scrupuleux, le « fait maison » (logo d'une casserole surmontée d'un toit de maison avec cheminée) apparaît comme un faire-valoir évident et rassurant. Même s'il ne garantit pas le 100 % maison (la loi est un peu tordue, et il n'y a pas de contrôle), ni la qualité du chef ! Cela dit, ***c'est un bon début.***

5 – La carte en dit long ! Voici, foi d'enquêteur, quelques trucs très simples pour analyser un menu : tout d'abord la ***brièveté de la carte*** est un bon gage de fraîcheur ; quand les produits sont locaux et de saison, c'est encore mieux ! On peut aussi questionner le serveur. Sa franchise (ou son embarras) vous en dira long. Autre indice : si la carte n'est composée que de plats passe-partout dont certains peuvent nécessiter des cuissons très longues (parmentier de canard, suprêmes de volaille en sauce, souris d'agneau, bourguignon...), ce n'est pas forcément bon signe, surtout s'ils sont servis trop rapidement. Même topo avec les desserts bistrotiers type tarte Tatin, mi-cuit ou mousse au chocolat, crème brûlée, panna cotta, tiramisù qui sortent soit du congélateur, soit d'une brique ! Tout comme les mignardises qui accompagnent le café gourmand souvent surfacturé, insipide… et certainement pas « maison ». Un bon chef n'est pas forcément un bon pâtissier. Et il a rarement le temps de préparer 36 desserts ! Enfin, en dehors des zones côtières, on évite les poissons et fruits de mer le lundi… les livraisons ayant rarement lieu le week-end !

6 – Commande jugée insuffisante : sachez qu'il est illégal de pousser le client à la consommation.

7 – *Doggy bag :* la lutte anti-gaspi a du bon ! Si la pratique du *doggy bag* est déjà bien répandue dans certains pays, en France on a longtemps traîné la patte. À partir de juillet 2021, les restaurateurs seront dans l'obligation de proposer à leurs clients ce qu'ils auront laissé dans leur assiette. Dans les faits, certains le pratiquent déjà. Alors, n'hésitez pas à le demander, même si cela n'est pas (encore) dans nos habitudes culturelles.

8 – Eau : une carafe d'***eau du robinet*** est ***gratuite*** à condition qu'elle accompagne un repas. On ne peut pas vous la refuser, sauf si elle est jugée impropre à la consommation par décret. Dans certains restos, on vous l'apporte d'office en guise de bienvenue. Un vrai bon point ! La bouteille d'***eau minérale*** doit, quant à elle, comme le vin, être ouverte devant vous. L'arnaque consiste parfois à proposer d'emblée une eau minérale, facturée au prix fort. À la question du serveur : « … et pour l'eau, plate ou gazeuse ? », vous pouvez répondre : « une carafe, s'il vous plaît ».

9 – Vins (et autres alcools) : la marge la plus importante des restaurateurs ! Et certains en abusent… Au-delà de 2 verres (gare aux prix exorbitants), il peut être plus intéressant de commander une bouteille, quitte à l'emporter en fin de repas si elle n'est pas terminée. Sinon, ne pas hésiter à demander un ***petit vin de pays en pichet,*** l'occasion de découvrir ainsi des petites cuvées locales et bon marché.

les ROUTARDS sur la FRANCE 2021-2022

(dates de parution sur • *routard.com* •)

Découpage de la FRANCE par le ROUTARD

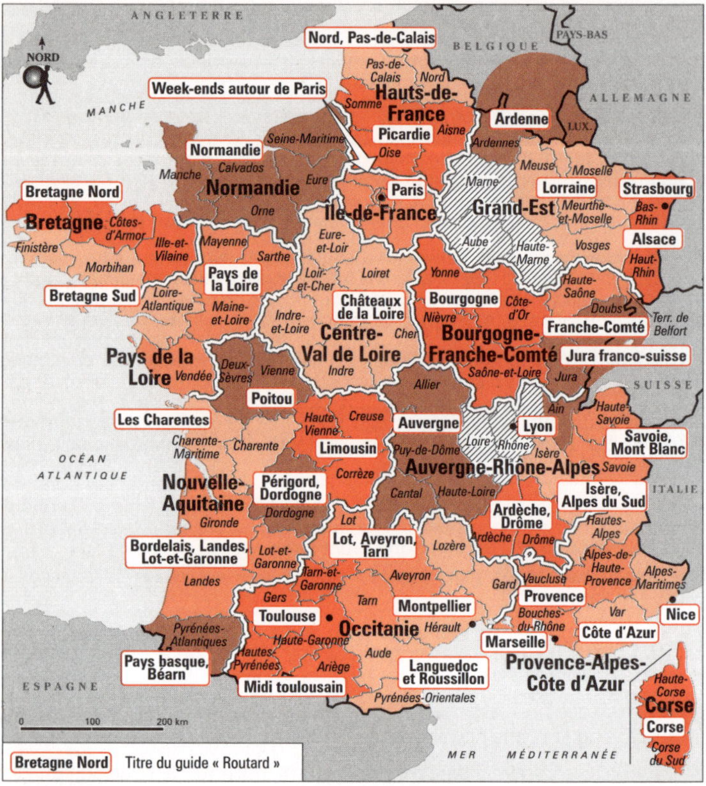

Autres guides sur la France

- Nos meilleurs campings en France
- Nos meilleures chambres d'hôtes en France

Autres guides sur Paris

- Paris
- Paris balades
- Restos et bistrots de Paris
- Le Routard des amoureux à Paris
- Week-ends autour de Paris

Le Routard à vélo

- EuroVelo6
- La Bourgogne du Sud à vélo
- La Flow Vélo
- La Loire à Vélo
- La Vélodyssée (Roscoff-Hendaye)
- Le Canal des 2 mers à vélo
- Paris Île-de-France à vélo
- ViaRhôna
- Les plus belles escapades à Vélo en France

les ROUTARDS sur l'ÉTRANGER 2021-2022

(dates de parution sur • ***routard.com*** •)

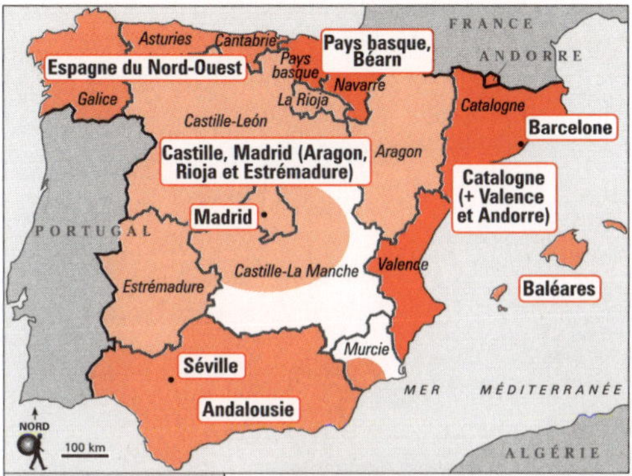

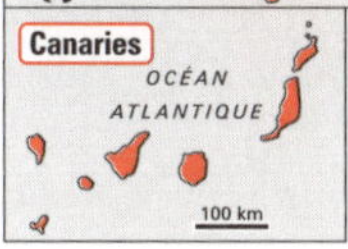

Découpage de l'ESPAGNE par le ROUTARD

Découpage de l'ITALIE par le ROUTARD

Autres pays européens

- Allemagne
- Angleterre, Pays de Galles
- Autriche
- Belgique
- Bulgarie
- Crète
- Croatie
- Danemark, Suède
- Écosse
- Finlande
- Grèce continentale
- Hongrie
- Îles grecques et Athènes
- Irlande
- Islande
- Madère
- Malte
- Norvège
- Pays baltes : Tallinn, Riga, Vilnius
- Pologne
- Portugal
- République tchèque, Slovaquie
- Roumanie
- Suisse

Villes européennes

- Amsterdam
- Berlin
- Bruxelles
- Budapest
- Copenhague
- Dublin
- Lisbonne
- Londres
- Moscou
- Naples
- Porto
- Prague
- Saint-Pétersbourg
- Stockholm
- Vienne

les ROUTARDS sur l'ÉTRANGER 2021-2022

(dates de parution sur • *routard.com* •)

Découpage des ÉTATS-UNIS par le ROUTARD

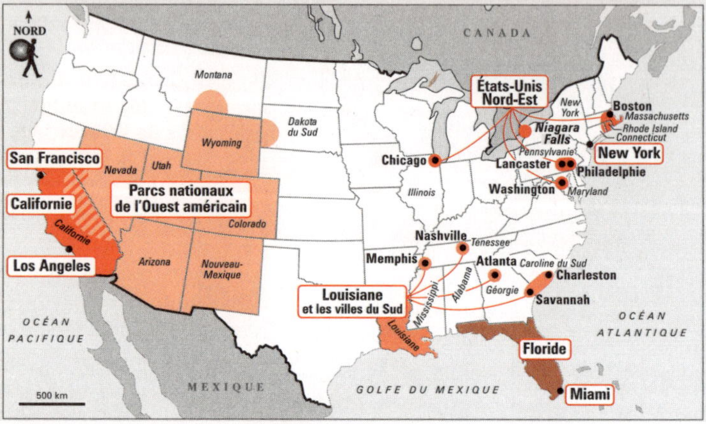

Autres pays d'Amérique

- Argentine
- Brésil
- Canada Ouest
- Chili et île de Pâques
- Colombie
- Costa Rica
- Équateur et les îles Galápagos
- Guatemala, Belize
- Mexique
- Montréal
- Pérou, Bolivie
- Québec et Ontario

Asie et Océanie

- Australie côtes est et nord + Red Centre
- Bali, Lombok
- Bangkok
- Birmanie (Myanmar)
- Cambodge, Laos
- Chine
- Hong Kong, Macao, Canton
- Inde du Nord
- Inde du Sud
- Israël et Palestine
- Istanbul
- Jordanie
- Malaisie, Singapour
- Népal
- Shanghai
- Sri Lanka (Ceylan)
- Thaïlande
- Tokyo, Kyoto et environs
- Turquie
- Vietnam

Afrique

- Afrique du Sud
- Égypte
- Kenya, Tanzanie et Zanzibar
- Maroc
- Marrakech
- Sénégal
- Tunisie

Îles Caraïbes et océan Indien

- Cuba
- Guadeloupe, Saint-Martin, Saint-Barth
- Île Maurice, Rodrigues
- Madagascar
- Martinique
- République dominicaine (Saint-Domingue)
- Réunion

Guides de conversation

- Allemand
- Anglais
- Arabe du Maghreb
- Arabe du Proche-Orient
- Chinois
- Croate
- Espagnol
- Grec
- Italien
- Japonais
- Portugais
- Russe
- G'palémo (conversation par l'image)

Livres-photos/Livres-cadeaux

- La France de Stéphane Bern **(nouveauté)**
- Voyages
- Voyages : États-Unis
- Voyages : France
- Voyages : Italie
- Road Trips Monde
- Road Trips en France **(nouveauté)**
- 120 coins secrets en Europe
- 50 voyages à faire dans sa vie
- 1 200 coups de cœur dans le monde
- 1 200 coups de cœur en France
- 52 week-ends dans les plus belles villes d'Europe
- 52 week-ends coups de cœur en France
- 52 escapades nature en France **(nouveauté)**
- Cahier de vacances du Routard

Nous tenons à remercier tout particulièrement Loup-Maëlle Besançon, Thierry Bessou, Gérard Bouchu, François Chauvin, Grégory Dalex, Fabrice Doumergue, Cédric Fischer, Carole Fouque, Nicolas George, Michelle Georget, David Giason, Claude Hervé-Bazin, Emmanuel Juste, Dimitri Lefèvre, Fabrice de Lestang, Romain Meynier, Éric Milet, Pierre Mitrano, Jean-Sébastien Petitdemange, Thomas Rivallain et Jean Tiffon pour leur collaboration régulière.

Brice Andlauer
Jean-Jacques Bordier-Chêne
Agnès Debiage
Coralie Delvigne
Jérôme Denoix
Tovi et Ahmet Diler
Clélie Dudon
Sophie Duval
Alain Fisch
Bérénice Glanger
Adrien et Clément Gloaguen
Sébastien Jauffret
Alexia Kaffès
Augustin Langlade
Jacques Lemoine
Aline Morand
Louis Nagot
Caroline Ollion
Martine Partrat
Odile Paugam et Didier Jehanno
Céline Ruaux
Prakit Saiporn
Nejma Tahri Hassani
Alice Tonasso
Caroline Vallano

Direction : Sidonie Chollet
Direction éditoriale : Élise Ernest
Édition : Matthieu Devaux, Olga Krokhina, Gia-Quy Tran, Julie Dupré, Emmanuelle Michon, Pauline Janssens, Amélie Ramond, Margaux Lefebvre, Julie Wood, Lucie Léna et Ionah Vasseur
Ont également collaboré : Dorica Lucaci, Clémence Toublanc et Marie Sanson
Cartographie : Frédéric Clémençon et Aurélie Huot
Contrôle de gestion : Jérôme Boulingre et Yannis Villeneuve
Secrétariat : Catherine Maîtrepierre
Fabrication : Nathalie Lautout et Audrey Detournay
Relations presse : COM'PROD, Fred Papet. ☎ 01-70-69-04-69.
• *info@comprod.fr* •, Martine Levens (Belgique) et Maureen Browne (Suisse)
Illustration : Anne-Sophie de Précourt
Direction marketing : Stéphanie Parisot, Élodie Darty et Charlotte Brou
Couverture : le-bureau-des-affaires-graphiques.com
Silhouette du Routard : Clément Gloaguen (d'après Solé)
Maquette intérieure : le-bureau-des-affaires-graphiques.com, Thibault Reumaux et npeg.fr
Contact Partenariats : Jérôme Denoix • *jeromedenoix@gmail.com* •
Contact Partenariats et régie publicitaire : Florence Brunel-Jars
• *fbrunel@hachette-livre.fr* •

INDEX DES HÔTELS, RESTOS, BARS ET BOÎTES

INDEX CULTUREL

INDEX CULTUREL

LISTE DES PLANS

UNE PANDÉMIE INOUÏE !

Depuis toujours, ***Le Routard*** **se plaît à dénicher hôteliers et restaurateurs** qui accueillent nos lecteurs avec sourire et professionnalisme. Malgré toute notre vigilance, certains d'entre eux auront malheureusement fermé quand ce livre sortira. De même, les horaires et modalités d'accueil de certains sites et musées auront été momentanément modifiés. Cette terrible **pandémie de Coronavirus** a, on le sait, des conséquences importantes pour tous les professionnels du tourisme. **Nous sommes de tout cœur avec eux !**

« OSONS LE PAS DE CÔTÉ »

Le surtourisme ? Tous concernés. Et pourtant, à l'écart des grands flux touristiques, il existe plein de pépites méconnues, souvent oubliées des circuits trop encombrés. Ici un site ignoré ; là un quartier secret ; plus loin un village caché au charme discret, avec un troquet d'une autre époque.Il existe une infinité de lieux peinards que l'on a envie de mettre en avant avec ce pictogramme. Un vagabondage enfin calme favorisé aussi par les **visites aux heures creuses**. Vive le *slow trip* !

#osonslepasdecote

Remarque importante aux hôteliers et restaurateurs

Les enquêteurs du *Routard* travaillent dans le plus strict anonymat. Aucune réduction, aucun avantage quelconque, aucune rétribution n'est jamais demandé en contrepartie. Face aux aigrefins, la loi autorise les hôteliers et restaurateurs à porter plainte.

Avis aux lecteurs

Le Routard, ce n'est pas comme le bon vin, il vieillit mal. On ne veut pas pousser à la consommation, mais évitez de partir avec une édition ancienne. Les modifications sont souvent importantes.

Les réductions accordées à nos lecteurs ne sont jamais demandées par nos rédacteurs afin de préserver leur indépendance. Les hôteliers et restaurateurs sont sollicités par une société de mailing, totalement indépendante de la rédaction, qui reste donc libre de ses choix. De même pour les autocollants et plaques émaillées.

Avec routard.com, choisissez, organisez, réservez et partagez vos voyages !

✓ Rejoignez la plus grande communauté francophone de voyageurs : **plusieurs millions d'internautes.**

✓ Échangez avec les routarnautes : forums, photos, avis d'hôtels.

✓ Retrouvez aussi toutes les informations actualisées pour choisir et préparer vos voyages : près de 300 guides destinations, une centaine de dossiers pratiques et un magazine en ligne pour découvrir tous les secrets de votre destination.

✓ Enfin, comparez les offres pour organiser et réserver votre voyage au meilleur prix.

Les **Routards** *parlent aux* **Routards**

Faites-nous part de vos expériences, de vos découvertes, de vos tuyaux et de vos coups de cœur. Aidez-nous à remettre l'ouvrage à jour. Indiquez-nous les renseignements périmés. Faites profiter les autres de vos adresses nouvelles, combines géniales... On adresse un exemplaire gratuit de la prochaine édition à ceux qui nous envoient les meilleurs courriers, pour la qualité et la pertinence des informations.
Quelques conseils cependant:
– Envoyez-nous votre courrier le plus tôt possible afin que l'on puisse insérer vos tuyaux sur la prochaine édition.
– N'oubliez pas de préciser l'ouvrage que vous désirez recevoir, ainsi que votre adresse postale.
– Vérifiez que vos remarques concernent l'édition en cours et notez les pages du guide concernées par vos observations.
– Quand vous indiquez des hôtels ou des restaurants, pensez à signaler leur adresse précise et, pour les grandes villes, les moyens de transport pour y aller. Si vous le pouvez, joignez la carte de visite de l'hôtel ou du resto décrit.
En tout état de cause, merci pour vos nombreux mails.

122, rue du Moulin-des-Prés, 75013 Paris

• *guide@routard.com* • *routard.com* •

Routard Assurance *2021*

Enrichie au fil des années par les retours des lecteurs, *Routard Assurance* reste l'assurance voyage référence des globe-trotters. Tout y est inclus, même la **Covid** : frais médicaux, assistance rapatriement, bagages, responsabilité civile... Avant votre départ, appelez *AVI* pour un conseil personnalisé. Besoin d'une **attestation Covid**, d'un avis médical, d'une prise en charge dans un hôpital ? Téléchargez l'appli mobile *AVI International* pour garder le contact avec *AVI Assistance* et disposer d'un vaste réseau médical à travers le monde. *AVI Assistance* est disponible 24h/24 pour une réponse en temps réel. De simples frais de santé en voyage ? Envoyez les factures à *AVI* dès votre retour, ils vous remboursent sous une semaine. *Le Colisée Gardens, 10 avenue de l'Arche, CS 70126, 92419 Courbevoie Cedex. ☎ 01-44-63-51-00. • avi-international.com • Ⓜ La Défense.*

Édité par Hachette Livre (58, rue Jean-Bleuzen, CS 70007, 92178 Vanves Cedex, France)
Photocomposé par Jouve (1, rue du Docteur Sauvé, 53100 Mayenne, France)
Imprimé par Jouve Print (Quai n° 2, 733, rue Saint-Léonard, BP 3, 53101 Mayenne Cedex, France)
Achevé d'imprimer : mars 2021
Collection n° 15 - Édition n° 01
46/8614/8
I.S.B.N. 978-2-01-787117-0
Dépôt légal : mars 2021

PAPIER À BASE DE FIBRES CERTIFIÉES